Sophie Katharina Schindler

Social Media und Journalismus

Eine qualitative Befragung von Journalistinnen und Journalisten zur Bedeutung von Social Media für Recherche und Berichterstattung

Politische Kommunikation

herausgegeben von Prof. Dr. Frank Brettschneider

ISSN 2195-1500

1 *Markus S. Müller*
Die Stimmen der Anderen – Presseschauen als Wegbereiter einer europäischen Öffentlichkeit?
Brücken in ausländische Medienarenen als Mittel zur Reduzierung des europäischen Demokratiedefizits
ISBN 978-3-8382-0420-8

2 *Justina Bülow*
Pflege(notstand) in Deutschland
Eine Inhaltsanalyse von Medien-Frames
ISBN 978-3-8382-1710-9

3 *Sophie Katharina Schindler*
Social Media und Journalismus
Eine qualitative Befragung von Journalistinnen und Journalisten zur Bedeutung von Social Media für Recherche und Berichterstattung
ISBN 978-3-8382-1816-8

Sophie Katharina Schindler

SOCIAL MEDIA UND JOURNALISMUS

Eine qualitative Befragung von Journalistinnen und Journalisten zur Bedeutung von Social Media für Recherche und Berichterstattung

Bibliografische Information der Deutschen Nationalbibliothek
Die Deutsche Nationalbibliothek verzeichnet diese Publikation in der Deutschen Nationalbibliografie; detaillierte bibliografische Daten sind im Internet über http://dnb.d-nb.de abrufbar.

Bibliographic information published by the Deutsche Nationalbibliothek
Die Deutsche Nationalbibliothek lists this publication in the Deutsche Nationalbibliografie; detailed bibliographic data are available in the Internet at http://dnb.d-nb.de.

Covergrafik: © Tony Hegewald / PIXELIO

ISBN-13: 978-3-8382-1816-8

Printed in the EU

Inhaltsverzeichnis

Abstract

Journalistinnen/Journalisten stehen eine Vielzahl von Social-Media-Plattformen zur Verfügung. Diese Plattformen sind ein alltägliches Werkzeug und liefern eine große Bandbreite verschiedener Themen und Akteurinnen/Akteuren. Vorangegangene Studien beschränkten sich auf oberflächliche Analysen. Das bedeutet, dass häufig nur einzelne Aspekte oder Social-Media-Plattformen abgefragt wurden. Mit der vorliegenden Studie wird deshalb die bestehende Forschung vertieft und erweitert. Es gilt herauszufinden, wie Social Media von Journalistinnen/Journalisten genutzt und in den Arbeitsprozess einbezogen werden. Im Fokus der Arbeit stehen daher vier Fragen:

1. Welche Bedeutung haben Social Media für die Recherche von Journalistinnen/Journalisten?
2. Welche Rolle spielen Social Media für die Berichterstattung von Journalistinnen/Journalisten?
3. Welche Social-Media-Dienste werden für die Recherche und Berichterstattung herangezogen?
4. Welche Akteurinnen/Akteure und Themen in Social Media spielen für die Recherche und Berichterstattung eine Rolle?

Um diese Fragen zu beantworten, wurden qualitative Leitfadeninterviews mit 16 Journalistinnen/Journalisten geführt. Der semi-strukturierte Leitfaden thematisiert die Aspekte Recherche, Qualität der Berichterstattung, eigene Kommunikation und Zukunft des journalistischen Arbeitsprozesses. Zur Auswertung der Aussagen der 16 Journalistinnen/Journalisten wurde die inhaltlich strukturierende sowie die evaluative Inhaltsanalyse genutzt und mit MAXQDA Analytics Pro 2022 umgesetzt. Es zeigte sich unter anderem, dass Facebook, Instagram und Twitter am häufigsten für die unterschiedlichen Recherchezwecke genutzt werden und dass Social Media die Nachrichtenauswahl beeinflussen. Relevante Akteurinnen/Akteure auf Social Media sind (nachrichtliche) Medienformate, Expertinnen/Experten, andere Journalistinnen/Journalisten, Personen des öffentlichen Lebens, Politiker/-innen und Kommunen. Trend-Themen werden am ehesten auf Social Media betrachtet und Social-Media-Beiträge werden zum Ausschmücken von journalistischen Inhalten verwendet. Die Studie enthält jedoch keine exakt quantifizierbaren Ergebnisse und ist dadurch nicht repräsentativ. Weitere vertiefende Forschung in diesem Bereich sollte quantitativ und mit einer größeren Stichprobe geschehen.

Abbildungsverzeichnis

Tabellenverzeichnis

1 Einleitung

1.1 Relevanz und Problemstellung

Es ist das Jahr 2022, Tatjana Geßler und Georg Bruder warten im Fernsehstudio darauf, die Nachrichtensendung *SWR Aktuell* zu moderieren. Auf ihren Smartphones gehen sie die neusten Meldungen durch, damit ihnen kein Ereignis entgeht. In letzter Minute wird ein Selfie gepostet, um die Zuschauer/-innen mit hinter die Kulissen zu nehmen.

„Hashtags werden zu Medienereignissen, Likes zu Nachrichtenfaktoren und Tweets ersetzen Pressemitteilungen" (von Nordheim, 2018, Abs. 1). Redaktionen stehen heute eine Vielzahl von Social-Media-Plattformen zur Verfügung (Neuberger et al., 2014, S. 11). Diese Plattformen sind nicht mehr nur dann eine Quelle, wenn Journalistinnen/Journalisten keinen anderen Zugang zum Geschehen haben, sondern ein alltägliches Werkzeug. Sie bilden eine öffentliche Sphäre und sind dadurch eine wichtige Quelle für journalistische Recherchen und die Beobachtung öffentlicher Debatten (von Nordheim et al., 2018, S. 808). Social Media liefern folglich eine große Bandbreite verschiedener Themen und Journalistinnen/Journalisten durchsuchen innerhalb dieser „das bereits Publizierte nach relevanten Informationen" (Neuberger et al., 2014, S. 22). So bieten sich den Journalistinnen/Journalisten weitere Möglichkeiten, als im Vorhinein die Initiative zu ergreifen und potenzielle Quellen zu identifizieren, anzusprechen und zu befragen (Neuberger et al., 2014, S. 22). Ohne viel Aufwand können sie diversen Akteurinnen/Akteuren folgen. Dadurch werden die Möglichkeiten des professionellen Journalismus erweitert und bereichert (Plotkowiak et al., 2012, S. 20). Trotzdem sind Social-Media-Dienste auch eine Herausforderung für den Journalismus, da sie die Schritte des journalistischen Arbeits- und Produktionsprozesses verändern (Meckel et al., 2012, S. 25–26). Eine Folge ist z. B., dass der Informationsvorsprung von Journalistinnen/Journalisten gegenüber ihrem Publikum und die Exklusivität der Inhalte und Themen durch die einfache Zugänglichkeit geringer werden. Außerdem veranlasst die unklare Herkunft von Informationen Journalistinnen/Journalisten dazu, sich nicht allein auf Social Media zu verlassen. Die Informationen gelten als Anstoß für eine Recherche und werden im besten Fall mit anderen Quellen gegengeprüft (Neuberger et al., 2014, S. 23). Der professionelle Journalismus hat sich an die heutige Medienlandschaft angepasst und es besteht eine Wechselbeziehung zwischen Journalismus und Social Media (von Nordheim et al., 2018, S. 808).

Vorangegangene Forschungsprojekte griffen die vorliegende Thematik auf und untersuchten z. B. die journalistische Recherche im Netz mit den Fragen, wo Journalistinnen/Journalisten recherchieren, wie sie Social Media nutzen und wie sie die Recherche bewerten (Preppner & Sievert, 2016, S. 1). Daneben gingen Neuberger et al. (2014, S. 11) der Frage nach, welche Chancen der Einbezug von Social Media im journalistischen Arbeitsprozess birgt. Des Weiteren gibt es auch kritische Analysen (siehe z. B. Bossio 2017; Bruns 2018). Oftmals beschränken sich die genannten Studien auf eine eher oberflächliche Analyse. Das bedeutet, dass häufig nur einzelne Aspekte oder Social-Media-Plattformen abgefragt wurden oder der Fokus auf anderen Themen wie z. B. der Publikumsbeteiligung lag. Mit der vorliegenden Studie wird deshalb die bestehende Forschung vertieft und erweitert. Es gilt herauszufinden, wie Social Media von Journalistinnen/Journalisten genutzt und in den Arbeitsprozess einbezogen werden und welche Chancen und Risiken dabei für die journalistische Recherche und Berichterstattung existieren. Daraus ergibt sich die übergreifende Frage für die vorliegende Arbeit:

Wie beeinflussen Social Media den Arbeitsprozess der Recherche und die Berichterstattung von Journalistinnen/Journalisten?

1.2 Ziel und Aufbau der Arbeit

Vor diesem Hintergrund behandelt die vorliegende Arbeit den Stellenwert von Social-Media-Diensten in der täglichen Arbeit von Journalistinnen/Journalisten. Das Ziel der Studie ist es herauszufinden, ob professionelle Journalistinnen/Journalisten Social Media in den Arbeitsprozess einbeziehen und wie sie dabei vorgehen. Der Fokus liegt auf den Punkten Recherche und Berichterstattung, dabei spielen bspw. die journalistische Qualität oder Nachrichtenfaktoren im Zusammenhang mit Social Media eine Rolle. Ebenso soll herausgefunden werden, welche Kanäle für welche Recherchezwecke genutzt werden und ob es in den Redaktionen Leitfäden oder interne Kodizes für die Social-Media-Nutzung gibt.

In Kapitel zwei erfolgt zunächst die Aufbereitung des theoretischen Hintergrunds der Forschungsarbeit (2). Dafür wird die Studie im Forschungsfeld der Kommunikationswissenschaft und der Journalismusforschung eingeordnet (2.1). Daraufhin wird der wissenschaftliche Konsens zur Journalismusforschung (2.1) und zur Social-Media-Forschung (2.2) betrachtet sowie die Zusammenführung der beiden Forschungsfelder im aktuellen Forschungsstand. Bei der Journalismusforschung werden der Recherche-Ansatz sowie der aktuelle Forschungsstand zur Qualität der Berichterstattung aufgeführt. Darüber hinaus findet ein Exkurs in die Nachrichtenwerttheorie statt. Bei der Social-Media-Forschung wird die Entwicklung von Social Media und deren aktueller Stand aufgezeigt. In Kapitel 2.3 werden die Forschungsfragen der Studie aufgestellt.

Daran anknüpfend wird im empirischen Teil der Arbeit das qualitative Leitfadeninterview und dessen Auswertung mit der qualitativen Inhaltsanalyse nach Kuckartz und Rädiker (2022) besprochen (3). Das Kapitel enthält die Wahl der Methode (3.1), den Aufbau des Leitfadens (3.2), die Beschreibung der Stichprobe (3.3), die Schilderung des Untersuchungsablaufs (3.4), die Beschreibung der Auswertung mittels qualitativer Inhaltsanalyse (3.5) und Gütekriterien (3.6). Darauf folgen die Ergebnisse der qualitativen Leitfadeninterviews (4) und die damit einhergehende Darstellung der Bedeutung von Social Media im Arbeitsprozess von Journalistinnen/Journalisten (4.1). Kapitel 4.2 widmet sich der Rolle von Social

Media für die Berichterstattung. Es folgt Kapitel 4.3, in welchem die Bedeutung der Social-Media-Dienste für die Recherche betrachtet wird. Am Ende des Kapitels werden die relevanten Akteurinnen/Akteure und Themen auf Social Media (4.4), der journalistische Arbeitsprozess (4.5) und dessen mögliche Zukunft (4.6) dargestellt. Kapitel 5 finalisiert die Arbeit mit einer Schlussbetrachtung. Die Ergebnisse werden diskutiert und in den Forschungsstand eingeordnet (5.1). Es wird ein Fazit gezogen, welches sowohl theoretische Implikationen als auch solche für die journalistische Praxis enthält (5.2). Zuletzt werden Limitationen der Studie aufgezeigt und ein Ausblick für weitere Forschung gegeben (5.3).

2 Theoretische Grundlagen

Die theoretischen Grundlagen der Studie sind in drei inhaltliche Teile gegliedert. Zu Beginn (2.1) wird die Journalismusforschung allgemein behandelt, es wird auf die Unterpunkte Einordnung im Forschungsfeld der Kommunikationswissenschaft, Recherche und Berichterstattung eingegangen. Anschließend (2.2) werden Social Media definiert und die für die Studie relevanten Kanäle vorgestellt. Der dritte Teil (2.3) verknüpft dann die Journalismus- und Social-Media-Forschung. Die daraus resultierenden Forschungslücken schaffen abschließend die Basis der Relevanzbegründung und der in Kapitel 2.4 aufgeführten Forschungsfragen.

2.1 Theoretische Verortung in der Journalismusforschung

2.1.1 Theoretische Einordnung im Forschungsfeld der Kommunikationswissenschaft und der Journalismusforschung

In Abbildung 1 ist dargestellt, wo die Studie im Forschungsfeld der Kommunikationswissenschaft angesiedelt ist. Sie ist Teil der Kommunikatorforschung und liegt in der Journalismusforschung. Bei der Journalismusforschung fällt sie unter die sozialintegrativen Theorien.

Abbildung 1

Einordnung der Studie in Theorien und Forschungsfelder der Kommunikationswissenschaft und der Journalismusforschung

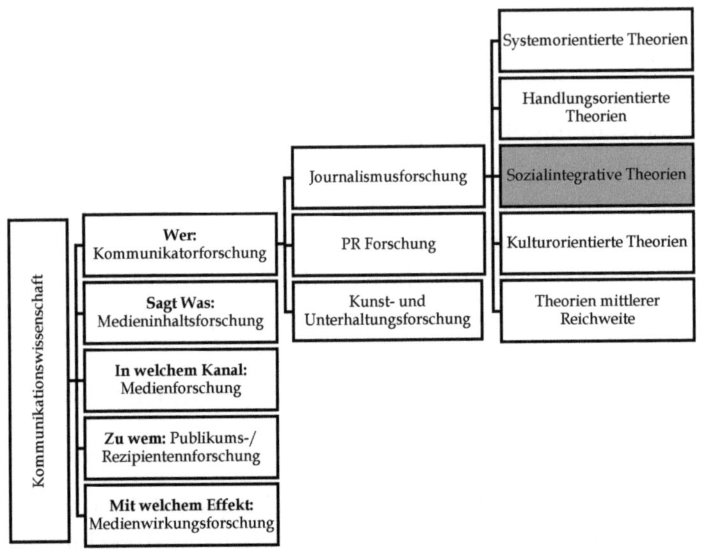

Anmerkung. Ansiedlung in den sozialintegrativen Theorien. Eigene Darstellung in Anlehnung an Löffelholz, 2003, S. 29; Mast, 2018, S. 86 und Arens 2008, S. 198.

Die Einordnung der Studie basiert grundsätzlich auf der Lasswell-Formel. Der Kommunikationsforscher und Politikwissenschaftler H. D. Lasswell veröffentlichte im Jahr 1948 einen Aufsatz zur Struktur und Funktion von Kommunikation in der Gesellschaft (Arens, 2008, S. 198). Er beschreibt den Kommunikationsprozess folgendermaßen: „WER sagt WAS in welchem KANAL zu WEM mit welchem EFFEKT?" (Lasswell, 1948, zit. n. Arens, 2008, S. 198). Diese analytische Aufteilung der gesellschaftlichen Kommunikation ist als Lasswell-Formel in die Medien- und Kommunikationsforschung eingegangen. Es handelt sich dabei nicht um eine wissenschaftliche oder mathematische Formel und auch nicht um ein verbales Kommunikationsmodell, sondern um eine Heuristik. Diese folgt der Logik der *journalistischen W-Fragen* für den Aufbau einer Nachricht und bietet so eine erste Systematik für die empirische

Kommunikationsforschung (Bentele et al., 2013, S. 182). Anhand der Lasswell-Formel werden auch die kommunikationswissenschaftlichen Forschungsbereiche definiert (Burkart, 2002, S. 493). *Wer* steht für die Kommunikatorforschung[1], *sagt was* für die Medieninhaltsforschung, *in welchem Kanal* definiert die Medienforschung, das *zu wem* die Publikums- bzw. Rezipientenforschung und *mit welchem Effekt* bezeichnet die Medienwirkungsforschung (Arens, 2008, S. 198; Burkart, 2002, S. 493). Anhand dieser strukturierten Aufteilung kann die vorliegende Studie in den ersten Teil der Lasswell-Formel eingeordnet werden (Kommunikatorforschung). Der Kommunikatorbegriff verweist auf die verschiedenen Rollen des Kommunikationsprozesses. Quellen (Kommunikatorinnen/Kommunikatoren) stehen mit Rezipientinnen/Rezipienten in Verbindung. Zusammenfassend beschäftigt sich die Kommunikatorforschung mit Strukturen, Prozessen und Leistungen der Entstehung von Medienangeboten (Löffelholz, 2003, S. 29). Die Journalismusforschung stellt im Rahmen der Kommunikatorforschung eines der zentralen Forschungsfelder der Publizistik- und Kommunikationswissenschaft dar. Sie analysiert in Bezug auf die Gesellschaft, „was Journalismus für die Öffentlichkeit unter welchen Bedingungen leistet und welche Einflussfaktoren das journalistische Handeln bestimmen" (Wyss & Keel, 2010, S. 339). Demzufolge wird eine Studie im Bereich der Kommunikatorforschung durchgeführt, bei der die Kommunikatorinnen/Kommunikatoren (hier Journalistinnen/Journalisten) im Fokus stehen und befragt werden.

Auch innerhalb der Journalismusforschung gibt es eine große Anzahl verschiedener theoretischer Ansätze. Abbildung 1 veranschaulicht, dass die Studie im Bereich der sozialintegrativen Theorien des Journalismus angesiedelt ist. Die sozialintegrativen Ansätze verbinden systemtheoretische Überlegungen mit dem Handeln von Personen. Ziel dieser Ansätze ist es, eine Verbindung zwischen der Makroebene Gesellschaft und der Mikroebene der/des handelnden Journalistin/Journalisten herzustellen (Mast, 2018, S.

1 Bei feststehenden Begriffen der Forschung wird in dieser Arbeit das generische Maskulinum verwendet. Alle Geschlechteridentitäten werden dabei ausdrücklich auch gemeint, soweit es für die Aussage erforderlich ist.

86). Wyss (2016, S. 266) betont, dass Journalistinnen/Journalisten zwar am Prozess der Strukturbildung beteiligt sind, ihr Handeln sich jedoch auf system- und organisationsspezifische Regeln, Ressourcen und institutionalisierte Praktiken bezieht. Mithilfe dieser theoretischen Zugänge wird eine Analyse und Erklärung des journalistischen Handelns in der Gesellschaft ermöglicht.

2.1.2 Definition und Funktionen von Journalismus

Für die qualitativen Interviews mit Journalistinnen/Journalisten ist es hilfreich, sich zuerst mit den Grundlagen des Journalismus zu befassen. In der vorliegenden Studie wird Journalismus nach Meier (2018, S. 14) definiert: „Journalismus recherchiert, selektiert und präsentiert Themen, die neu, faktisch und relevant sind. Er stellt Öffentlichkeit her, indem er die Gesellschaft beobachtet, diese Beobachtung über periodische Medien einem Massenpublikum zur Verfügung stellt und dadurch eine gemeinsame Wirklichkeit konstruiert [...].“ Außerdem haben Politik und Gesellschaft Erwartungen an den Journalismus. Er hat eine öffentliche Aufgabe, die für eine demokratische Gesellschaft unerlässlich ist. „Sie besteht darin, über das gesellschaftliche Geschehen zu informieren, an der Meinungsbildung der Bürger mitzuwirken sowie Entscheidungsträger zu kritisieren und kontrollieren“ (Mast, 2018, S. 63). Journalismus kann demnach als ein gesellschaftliches Teilsystem mit der Funktion der Beobachtung der Gesellschaft bezeichnet werden. Durch Journalismus wird Öffentlichkeit hergestellt, indem Themen ausgewählt werden und objektiv über diese berichtet wird. Um diese Anforderungen zu erfüllen, ist die Autonomie eine wichtige Eigenschaft des Journalismus (Neuberger & Kapern, 2013, S. 29).

Wer sich als Journalist/-in bezeichnen kann, haben die Berufsvertreter/-innen selbst definiert (Neuberger & Kapern, 2013, S. 24). Der Deutsche Journalisten-Verband (DJV) hat ein Berufsbild erarbeitet, in dem die Gemeinsamkeiten und die Facetten des Berufs beschrieben werden. In der Informationsbroschüre des DJV aus dem Jahre 2020 heißt es: „Journalistin oder Journalist ist, wer professionell Informationen, Meinungen und Unterhaltung mittels Wort, Bild, Ton oder Kombinationen dieser Darstellungsmittel über analoge und digitale Medienkanäle erarbeitet und verbreitet". Auf diese Definition stützt sich die vorliegende Studie, wenn von Journalistinnen/Journalisten die Rede ist. Lünenborg (2005, S. 41–42) und Altmeppen und Greck (2012, S. 13) verweisen zuletzt auf eine Problematik der Journalismusforschung: In früheren Studien wurde der Nachrichtenjournalismus als Nonplusultra der Forschungspraxis gehandhabt. Andere journalistische Tätigkeiten und Ressorts spielten nur eine untergeordnete Rolle. Aus diesem Grund werden in dieser Studie nicht nur mit klassischen Nachrichtenjournalistinnen/-journalisten Interviews geführt, sondern Journalistinnen/Journalisten verschiedener Fachrichtungen und Ressorts befragt.

Darüber hinaus hat sich das journalistische Rollenverständnis aufgrund der digitalen Medienwelt verändert (Mast, 2018, S. 67). Die Rolle hat sich vom *Gatekeeper* hin zum *Gatewatcher* gewandelt (Mast, 2018, S. 69). *Gatekeeping* beschreibt die journalistische Kontrolle darüber, welche Inhalte an die Öffentlichkeit gelangen (Bruns, 2009, S. 107). Die Gründe der Nachrichtenauswahl eines *Gatekeepers* sind vielseitig und können bspw. Persönlichkeitsmerkmale, die redaktionelle Linie oder vermutetes Publikumsinteresse sein (Mast, 2018, S. 69). Durch die Öffentlichkeit im Internet kann jede/r Informationen bereitstellen und sich vernetzen. Die Aufgabe, Nachrichten gezielt auszuwählen, wird somit hinfällig (Mast, 2018, S. 70). So entwickelte sich der Begriff *Gatewatcher*. Die *Gatewatcher* beobachten, welche Inhalte verfügbar sind und identifizieren Informationen mit der Absicht, sie in ihre Berichterstattung einfließen zu lassen (Bruns, 2009, S. 113). Mast (2018, S. 70) nennt außerdem die Aufgabe des *Kuratierens*, d. h. relevante Informationen aufzuspüren und zu bündeln. Welche Kriterien für Auswahlentscheidungen wichtig sind und an welchen Zielen der Qualität sich die Journalistinnen/Journalisten orientieren, wird in den Kapiteln 2.1.3 und 2.1.4 weiter ausgeführt.

2.1.3 Die journalistische Recherche

In diesem Abschnitt wird auf den journalistischen Arbeitsprozess eingegangen. Es stellt sich die Frage: Woher haben die Journalistinnen/Journalisten die Materialien und Informationen über die sie berichten (Mast, 2018, S. 294)? Die Informationsquellen und -kanäle sowie der Prozess der Recherche stehen in diesem Kapitel im Fokus. Darüber hinaus wird ein kurzer Vergleich zwischen der analogen und der digitalen Recherche gezogen.

Mast (2018, S. 294) nennt drei Arten, wie Nachrichten oder Geschichten in die Redaktionen gelangen: Erstens durch Nachrichtenagenturen, wie z. B. die Deutsche Presse-Agentur (dpa). Zweitens durch Public Relations, also durch Pressemitteilungen von Organisationen und Institutionen. Drittens über die Recherche. Letztere eignet sich vor allem dann, wenn die Redaktionen ihrem Publikum exklusive Meldungen präsentieren wollen. Es wird deutlich, dass die Recherche ein zentraler Teil des journalistischen Arbeitens ist (Nuernbergk, 2018, S. 102). Das Wort *Recherche*, stammt aus dem Französischen und entspricht als journalistischer Fachausdruck dem, was das Wörterbuch übersetzt: Nachsuchung, Untersuchung, Aufsuchung und Nachforschung (von La Roche et al., 2013, S. 14). Haller (2004, S. 39) definiert journalistische Recherche wie folgt: „Unter historischem Blickwinkel hat sich die journalistische Recherche seit Ende des 19. Jahrhunderts zu einem professionellen Verfahren entwickelt, mit dem Aussagen über Vorgänge beschafft, geprüft und beurteilt werden." Daran anknüpfend betont Mast (2018, S. 295–296), dass die Recherche ein erlernbares Handwerk ist. Dieses erfordert gewisse journalistische Kompetenzen und Fähigkeiten, wie z. B. Reflexionsvermögen, Skepsis gegenüber Quellen und Meinungen, kritische Überprüfung und Unabhängigkeit. Angelehnt an Haller (2004, S. 41ff) und Machill et al. (2008, S. 34), werden in dieser Arbeit unter dem Begriff Recherche alle Handlungen der journalistischen Wissensgewinnung verstanden, die mindestens einem der nachfolgenden Ziele nachgehen:

- Evaluation der Relevanz eines Themas
- Überprüfung von verfügbaren Informationen
- Erweiterung von Ausgangsinformationen

- Finden von neuen Informationen

Die journalistische Recherche hat sich seit dem 19. Jahrhundert weiterentwickelt und findet heutzutage sowohl in der analogen, als auch in der digitalen Welt statt (Kaiser, 2015, S. 33ff). Die analogen Möglichkeiten der Recherche sind z. B. Pressekonferenzen, Interviews, Vor-Ort-Termine sowie Archive. Durch das Internet ergeben sich zum aktuellen Zeitpunkt zahlreiche weitere Recherchemöglichkeiten. Konkret sind Informationen durch Suchmaschinen, Internetseiten, Social Media, Newsletter, Foren und Datenbanken sowie Big Data zugänglich (Kaiser, 2015, S. 59ff). Das Recherchieren hat sich durch das Internet verändert, denn der Einsatz von Social Media und Suchmaschinen steht heutzutage am Anfang vieler Recherchen und begleitet „das Arbeiten im Journalismus auch in späteren Phasen des Nachrichtenprozesses" (Nuernbergk, 2018, S. 102). Unter den dargestellten Bedingungen der Recherche haben sich die zur Verfügung stehenden Quellen für Informationen über neue und aktuelle Ereignisse erweitert (Prochazka, 2020, S. 19). Wer also Social Media in der täglichen journalistischen Arbeit ausblendet, verpasst wichtige Neuigkeiten. Der Blick auf die Kurznachrichten von bspw. Twitter ist für die Journalistinnen/Journalisten mittlerweile mindestens so wichtig, wie der Blick in das Angebot der Nachrichtenagenturen. Aufgrund der Tatsache, dass auf Social Media jede/r etwas posten kann, sind die Informationsquellen allerdings nicht mehr rein journalistisch (Kaiser, 2015, S. 76; Welchering, 2020, S. 5). Bei der Recherche wird in der Literatur zwischen *Informationsquellen* und *Informationskanälen* unterschieden. *Informationsquellen* werden als Urheber/-innen bzw. Anbieter/-innen von Informationen verstanden. Die technischen Verbreitungsmittel, über die Informationsquellen ihre Inhalte verbreiten, werden dagegen als *Informationskanäle* definiert (Prochazka, 2020, S. 19–20).

Wie bereits in Kapitel 2.1.2 thematisiert, übernehmen neue Akteurinnen/Akteure oder Algorithmen *Gatekeeper-Funktionen* (Schmidt et al., 2017, S. 98). Die Journalistinnen/Journalisten entscheiden damit nicht mehr alleine, welche Ereignisse, Nachrichten oder Informationen an die Öffentlichkeit gelangen und wie diese Inhalte aufbereitet werden (Mast, 2018, S. 69; S. 416). Neuberger et al. (2014, S. 26) geben zudem an, dass Social Media zur Einbeziehung des Publikums verwendet werden. Publikumsbeiträge fließen so in die journalistische Recherche ein. Aufgrund der Gegebenheiten von Social Media ist es von Interesse herauszufinden, wie Journalistinnen/Journalisten das aktive Publikum in der Recherche einbeziehen und ob sie neben der dargestellten, gezielten Recherche auch durch Zufall auf Themen aufmerksam werden.

2.1.4 Nachrichtenauswahl im Journalismus

Im vorangegangenen Kapitel wurde die journalistische Recherche thematisiert. Doch an welchen Kriterien und Zielsetzungen orientieren sich die Journalistinnen/Journalisten, wenn es darum geht, eine Auswahl aus den verschiedenen Nachrichten zu treffen (Mast, 2018, S. 71)? Zur Beantwortung der Frage wird in diesem Kapitel das Konzept zur Auswahl der Nachrichten aufgezeigt, dafür wird zunächst die Nachrichtenwerttheorie herangezogen. „Die Nachrichtenwerttheorie soll drei Sachverhalte erklären und prognostizieren - die Auswahl, die Platzierung und den Umfang von Nachrichten“ (Kepplinger & Bastian, 2000, S. 462). Ausgangspunkt der Theorie sind dabei Ereignisse. Diesen Ereignissen ordnet die Nachrichtenwerttheorie dann einen Nachrichtenwert zu, der durch die Kombination verschiedener Nachrichtenfaktoren bestimmt wird (Sommer et al., 2012, S. 383). Folglich bestimmen die Nachrichtenfaktoren den Nachrichtenwert von Ereignissen und Themen. Je mehr Nachrichtenfaktoren bei einem Ereignis vorliegen und je stärker die einzelnen Nachrichtenfaktoren zutreffen, desto höher ist der Nachrichtenwert. Die Forscher J. Galtung und M. H. Ruge entwickelten 1965 die klassischen Nachrichtenfaktoren (Galtung & Ruge, 1965, zit. n. Mast, 2018, S. 80–81):

- Frequenz
- Schwellfaktor (Intensität des Ereignisses)
- Eindeutigkeit
- Bedeutsamkeit (kulturelle Nähe/ Betroffenheit, Relevanz)
- Konsonanz (Erwartung)
- Überraschung (Unvorhersehbarkeit, Seltenheit)
- Kontinuität

- Variation
- Bezug auf Elite-Nation (wirtschaftlich, militärisch)
- Bezug auf Elite-Person (prominente oder mächtige Personen)
- Personalisierung
- Negativismus (Konflikt, Kontroverse, Aggression, Zerstörung oder Tod)

Galtung und Ruge (1970) unterscheiden zudem zwischen drei Sorten von Ereignissen. „Die prominenten Ereignisse, die (fast) alle Nachrichtenfaktoren (stark) erfüllen" (Galtung & Ruge, 1970, zit. n. Uhlemann, 2012, S. 118), die durchschnittlichen Ereignisse, die entweder bestimmte Nachrichtenfaktoren oder Komplementärfaktoren erfüllen und den Vorgängen, die keine Ereignisse werden, da sie wenige oder keine Nachrichtenfaktoren aufweisen (Galtung & Ruge, 1970, zit. n. Uhlemann, 2012, S. 118). Komplementärfaktoren können das Fehlen eines Nachrichtenfaktors ersetzen und existieren nach den Überlegungen von Galtung und Ruge für alle oder einige der Nachrichtenfaktoren (Uhlemann, 2012, S. 118). Die Nachrichtenfaktoren bestimmen jedoch nicht nur darüber ob, sondern wie über das Ereignis berichtet wird, da sie die Berichterstattung gleichzeitig verzerren. Journalistinnen/Journalisten berichten eher die Aspekte eines Ereignisses, die den Nachrichtenfaktoren entsprechen (Mast, 2018, S. 80). Zusammenfassend wirken Nachrichtenfaktoren auf die Auswahl von Themen sowie auf die Art und Weise der Aufbereitung und Darstellung dieser. Welche Themen also zu Nachrichten werden, bestimmen die Nachrichtenfaktoren, welche im Zusammenspiel die Nachrichtenwerte bilden (siehe Abbildung 2). In der Literatur liegen unterschiedliche Auffassungen der Nachrichtenwerttheorie vor. So ordnete Schulz „18 Nachrichtenfaktoren in sechs Dimensionen ein: Zeit, Nähe, Status, Dynamik, Valenz und Identifikation" (Verhovnik, 2012, S. 272). Daneben weiteten Staab (1998) und Maier et al. (2006) die Nachrichtenfaktoren aus (Boetzkes et al., 2008, S. 64). Die vorliegende Studie bezieht sich jedoch auf die Nachrichtenfaktoren nach Galtung und Ruge (1965) und die drei Dimensionen des Nachrichtenwerts nach Mast (2018, S. 82–83). Dabei sind die folgenden drei Dimensionen zentral: Der

Neuigkeitswert beschreibt, was das Publikum aktuell interessieren könnte. Der *Gefühlswert* spricht Emotionen an und untergliedert sich in Ungewöhnliches, Spektakuläres und Abweichendes. Der dritte Nachrichtenwert ist der *Nutzwert*, welcher die Folgen für das Publikum aufzeigt und Handlungsempfehlungen darlegt. Abbildung 2 ist ein Beispiel für die Nachrichtenauswahl. Die Nachrichtenfaktoren sind den Nachrichtenwerten untergeordnet.

Abbildung 2

Einordnung der Nachrichtenfaktoren zu Nachrichtenwerten nach der Nachrichtenwerttheorie

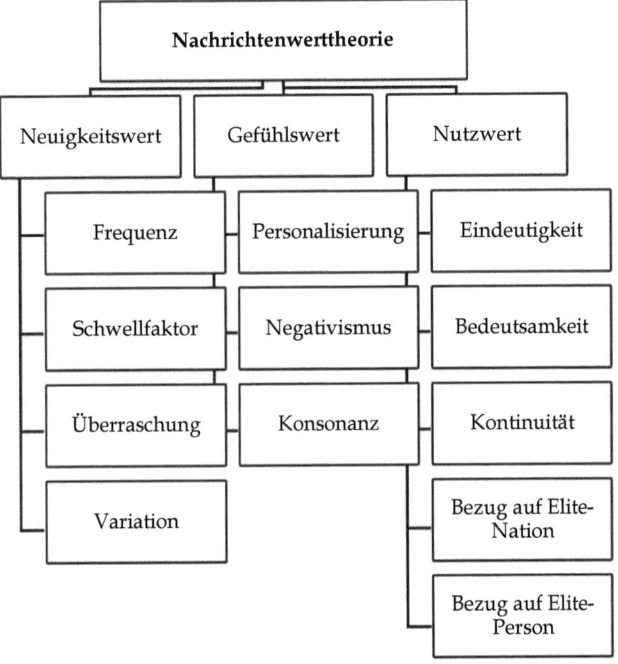

Anmerkung. Eigene Darstellung in Anlehnung an Mast, 2018, S. 82–83.

Nachrichtenfaktoren steuern das journalistische Selektionsverhalten sowie das Interesse der Mediennutzer/-innen. Im Laufe der journalistischen Historie haben sich die Nachrichtenfaktoren und -werte geändert und an die Bedingungen der Medienlandschaft angepasst (Boetzkes et al., 2008, S. 65). Durch das Internet und Social Media liegt eine neue Situation vor. Es gibt wenige Analysen, wie sich die Nachrichtenfaktoren und -werte durch den Einbezug von Social Media im Journalismus verändern. Die Nachrichtenwerte sind für die vorliegende Studie essenziell, da untersucht wird, ob Journalistinnen/Journalisten sich bei ihrem Arbeitsprozess an Nachrichtenwerten orientieren und welche Rolle Social Media dabei spielen.

2.1.5 Qualität im Journalismus

Was sind Kriterien für journalistische Qualität und wie kann die Qualität gesichert werden? Mit diesen Fragen beschäftigt sich der nachfolgende Teil dieser Arbeit. Wilke (2003, S. 35) stellte fest: „Die Debatte über journalistische Qualität ist fast so alt, wie die periodische Presse selbst [...].“ Die journalistische Qualitätsforschung lässt sich in drei Fachbereiche unterteilen: *Qualitätsdefinition*, *Qualitätsmessung* und *Qualitätssicherung*. Die *Qualitätsdefinition* beschäftigt sich mit den Grundlagen journalistischer Qualität und deren Definition. Die *Qualitätsmessung* befasst sich mit dem (genauen) Gegenstand der Messung. Der letzte Punkt bezieht sich auf die *Qualitätssicherung*, die sich den Faktoren für ein qualitativ hochwertiges Angebot widmet (Neuberger & Kapern, 2013, S. 126–127).

Salopp formuliert ist sich die Forschung bei der journalistischen Qualitätsdebatte nur in dem Punkt einig, dass sie sich uneinig ist. Die Forschungslage zur journalistischen Qualität hat sich zwar weiterentwickelt und verbessert, trotzdem sind Ansätze, die *journalistische Qualität* in eine Theorie einzubinden, die Ausnahme geblieben (Bucher, 2003, S. 11). Ruß-Mohl konstatiert: „Qualität im Journalismus definieren zu wollen, gleicht dem Versuch, einen Pudding an die Wand zu nageln“ (Ruß-Mohl, 1992, zit. n. Rau, 2005, S. 65). Damit stimmen Neuberger und Kapern (2013, S. 127) überein, sie deklarieren die journalistische Qualität als „nichts Objektives, das ein für alle Mal definiert werden kann“. Trotzdem gibt es gewisse Leitlinien und Mindestanforderungen, die durch Rechts- und Berufsnormen entstehen. Wenn im Folgenden von Qualität im Journalismus gesprochen wird, bezieht sich das auf nachfolgende Erwartungen und Perspektiven nach Neuberger und Kapern (2013, S. 128) und Mast (2018, S. 201):

- *Erwartungen des Publikums:* Rezipientinnen/Rezipienten orientieren sich am Nutzen, den sie haben, wenn sie Medienangebote konsumieren. Dabei erwarten sie Gratifikationen wie z. B. einen Überblick über das Tagesgeschehen oder korrekte Informationen zu aktuellen Ereignissen zu erhalten. Weitere Punkte sind Verständlichkeit, Attraktivität und Akzeptanz.
- *Erwartungen von Expertinnen/Experten*: Medienkritiker/-innen, Wissenschaftler/-innen, Politiker/-innen und die Vertreter/-innen der gesellschaftlich relevanten Gruppen in den Rundfunkräten definieren, was die Medien für die Gesellschaft leisten sollen. Darunter fallen Faktoren wie Aktualität, Relevanz, Unabhängigkeit und Richtigkeit.
- *Erwartungen von Organisationen*: Redaktionen haben es sich einerseits zur Aufgabe gemacht, fremde Erwartungen zu befriedigen, andererseits müssen sie auch eine „öffentliche Aufgabe" erfüllen. Die öffentliche Aufgabe ist für eine Demokratie wichtig und umfasst Vielfalt, Neutralität und Ausgewogenheit.

Die genannten Kriterien für journalistische Qualität sind laut Mast (2018, S. 201) weder vollständig noch überschneidungsfrei. Ergänzend dazu diskutieren Arnold (2008, S. 502) und Neuberger und Kapern (2013, S. 145) Qualität im Journalismus unter weiteren Kriterien: Objektivität, Transparenz, Glaubwürdigkeit, Analyse, Wertung/Kritik und Diskurs sowie medienspezifische Anforderungen. Des Weiteren ist es für die journalistische Qualität vonnöten, die Werte einer demokratischen Gesellschaft zu befolgen und sich an gesetzlichen Regelungen sowie journalismusinterne Kodizes zu halten (Arnold, 2008, S. 503). Hervorzuheben ist, dass die Kriterien nicht universell gültig sind, sondern je nach Mediengattung, journalistischem Selbstverständnis und Thema unterschiedlich wichtig sind (Mast, 2018, S. 201). Der genannte Kriterienkatalog hilft, die offenen Fragen des Leitfadens (3.2) einzuordnen und zu formulieren.

An die *Qualitätsdefinition* schließt sich nach Neuberger und Kapern (2013, S. 126–127) die *Qualitätsmessung an*. Eine Art der Qualitätsmessung journalistischer Beiträge kann anhand einer

Inhaltsanalyse geschehen, welche die Qualität der Beiträge misst (Neuberger & Kapern, 2013, S. 143). Aus forschungspragmatischen Gründen wird eine solche Qualitätsmessung in dieser Studie nicht durchgeführt. Vielmehr wird die *wahrgenommene journalistische Qualität* abgefragt. Dabei gilt es herauszufinden, ob Journalistinnen/Journalisten eine Änderung der journalistischen Qualität durch den Einbezug von Social Media wahrnehmen.

Viele Teile des Journalismus und der Massenmedien unterliegen ökonomischen Zwängen. Das wirft die Frage auf, wie Journalistinnen/Journalisten trotzdem Qualität sicherstellen. Hierbei ist zu beachten, dass Qualität und *Qualitätssicherung* im Journalismus schon lange nicht mehr nur die individuelle Verantwortung von Journalistinnen/Journalisten sind (Pürer, 2015, S. 79). Einfluss haben die allgemeinen politischen, rechtlichen, ökonomischen, technischen und sonstigen gesellschaftlichen Randbedingungen des Mediensystems. Trotzdem gibt es Abläufe zur Qualitätssicherung. Redaktionen und Rundfunkanstalten haben bspw. ein Qualitätsmanagement (Neuberger & Kapern, 2013, S. 144). Buß (2003, S. 272–276) führt grundsätzliche Regelungen für alle Angebote an: Einerseits sind die gesetzlichen Grundlagen zu beachten, andererseits gilt es Ziele zu formulieren und deren Einhaltung oder Erreichung zu erfassen. Dabei gibt es *Standardziele* und *spezifische Ziele*. Unter *Standardziele* fallen bspw. der Informationsgehalt oder die Aktualität eines Angebots. *Spezifische Ziele* betreffen die Formate selbst und decken Punkte wie Themen der Sendung, Moderation oder Interviewpartner/-innen ab. Zudem findet Qualitätssicherung nicht nur in den Redaktionen statt, sondern auch berufsintern, in der Aus- und Weiterbildung sowie in der medienkritischen Öffentlichkeit. Daneben bestehen Selbstregulierungseinrichtungen wie der Deutsche Presserat (Neuberger & Kapern, 2013, S. 144). Daher ist das Ziel der vorliegenden Studie herauszufinden, an welchen Kriterien sich Journalistinnen/Journalisten zur Qualitätssicherung tatsächlich orientieren und welche Rolle Social Media dabei spielen.

2.2 Theoretische Verortung in der Social-Media-Forschung

2.2.1 Entwicklung und aktueller Stand von Social Media

Um den Einfluss von Social Media auf den Journalismus zu analysieren und einzuordnen, ist es hilfreich, vorab die Entwicklung und die Charakteristika der Social-Media-Dienste zu betrachten. Social Media der Gegenwart setzen „eine längere Tradition der Medienentwicklung fort" (Schmidt, 2013, S. 9). Eisenegger et al. (2021, S. 18–19) zeigen auf, dass seit den 2000er Jahren ein dritter, digitaler Strukturwandel in der Öffentlichkeit erfolgt. Sie begründen den Wandel durch die „Plattformisierung", d. h. dass globale (Tech-)Plattformen einen großen Einfluss auf die Struktur und die Inhalte öffentlicher Kommunikation haben (Eisenegger et al., 2021, S. 18–19). Diese „(Tech-)Plattformen lassen sich als algorithmisch gesteuerte Digital-Infrastrukturen beschreiben" (Eisenegger et al., 2021, S. 20). Dort werden Ausprägungen menschlicher Interaktion in Daten umgewandelt (Eisenegger et al., 2021, S. 20). Diese Erkenntnisse sind von Bedeutung, um Social Media für die vorliegende Studie abzugrenzen und einzuordnen. Social Media gehören zu den beschriebenen (Tech-)Plattformen. Sie sind dadurch sozial, dass „sie Teil von Kommunikationsakten, Interaktionen und sozialem Handeln sind" (Schmidt & Taddicken, 2017, S. 4). Eine formale Definition des Begriffs *Social Media* erfordert zunächst eine Abgrenzung zu zwei verwandten Konzepten, die oftmals im Zusammenhang mit Social Media genannt werden: *Web 2.0* und *User-Generated-Content (UGC)* (Kaplan & Haenlein, 2010, S. 60). Der Begriff *Web 2.0* bezeichnet die Veränderung der Nutzung des World Wide Web. Er beschreibt also eine Plattform, auf der Beiträge nicht mehr von einzelnen Personen erstellt und veröffentlicht, sondern von allen Nutzerinnen/Nutzern kontinuierlich und partizipativ verändert werden. Während Anwendungen wie persönliche Webseiten, Enzyklopädien und die Idee des Publizierens von Beiträgen in den Zeitraum des *Web 1.0* gehören, werden sie im *Web 2.0* durch Blogs und Wikis ergänzt. *UGC* ist die Summe aller Arten, in denen Menschen Social Media nutzen. Dieser Begriff wird in der Regel verwendet, um die verschiedenen Formen von Medieninhalten zu beschreiben, die öffentlich zugänglich sind und von Endnutzerinnen/-nutzern erstellt werden (Kaplan & Haenlein, 2010, S. 61). Social Media sind demnach eine Einheit internetbasierter Anwendungen, die auf den ideologischen und technologischen Grundlagen des *Web 2.0* aufbauen und somit die Kreation und den Austausch von nutzergenerierten Inhalten ermöglichen (Kaplan & Haenlein, 2010, S. 61). Zu den Social-Media-Diensten zählen *soziale Netzwerke*, *Messenger-Dienste*, *Media-Sharing-Plattformen* sowie *(Micro-)Blogs* und *Online-Foren* bzw. *Online-Communities* (Kreutzer et al., 2020, S. 236). Die vorliegende Arbeit bezieht sich auf relevante und täglich genutzte Social-Media-Plattformen, welche sich aus der ARD/ZDF-Onlinestudie (2021) erschließen. Die für die Studie relevanten Plattformen sind Instagram, Facebook, Snapchat, Twitter, TikTok und Telegram (Beisch & Koch, 2021, S. 489).

2.2.2 Beschreibung der relevanten Social-Media-Plattformen

Da die genannten Social-Media-Plattformen Anstoß für diese Studie sind, werden deren Funktionen und Spezifitäten in diesem Abschnitt kurz erläutert. Die Studie untersucht den Einfluss der verschiedenen Social-Media-Plattformen auf den journalistischen Arbeitsprozess. Kreutzer et al. (2020, S. 251) unterscheiden grundsätzlich zwischen sozialen Netzwerken, Blogs/ Microblogs, Media-Sharing-Plattformen, Messenger-Diensten und Online-Foren/Communities. Zuerst werden die sozialen Netzwerke betrachtet. Das wichtigste soziale Netzwerk für private Anwender/-innen ist Facebook. Es zeichnet sich durch Teilen von Inhalten, Emotionalität, *Gefällt mir-Angaben* und privatem Austausch per Chat aus (Kreutzer et al., 2020, S. 251–253). Instagram, welches auch einige Funktionalitäten sozialer Netzwerke hat, wird den Media-Sharing-Plattformen zugeordnet (Kreutzer et al., 2020, S. 248–251). Zu diesen gehören auch YouTube und TikTok. Media-Sharing-Plattformen ermöglichen es, diverse Inhalte wie Videos, Fotos, Audioinhalte im Internet zugänglich zu machen und sich darüber auszutauschen (Wille-Baumkauff, 2015, S. 82). Privatpersonen und Unternehmen können auf den genannten Plattformen Bilder oder

(Kurz-)Videos hochladen, sie mit anderen teilen und die Beiträge anderer kommentieren und bewerten (Kreutzer et al., 2020, S. 288). Darüber hinaus werden Microblogging-Dienste betrachtet. Microblogging ist eine Art des Bloggens, bei der die Beitragslänge auf eine festgelegte Zeichenzahl (häufig unter 200) begrenzt ist (Kreutzer, 2016, S. 127). Der international bekannteste Microblogging-Dienst ist Twitter (Kreutzer et al., 2020, S. 279). Twitter wird in über 40 Sprachen angeboten und es werden jeden Tag ca. 500 Mio. Kurzmeldungen (Tweets) versendet (Kreutzer et al., 2020, S. 279; Twitter, 2019). Neben Twitter bietet das zu Twitter zugehörige Tool Tweetdeck (www.tweetdeck.com) Funktionen, um die Menge an Inhalten zu organisieren. Es ermöglicht, bestimmte Inhalte gezielt zu suchen und zu finden, parallel verschiedenen Twitter-Listen zu folgen, Inhalte zu filtern, Benachrichtigungen einzurichten oder Erwähnungen bestimmter Schlagworte oder Hashtags zu folgen (Spangenberg, 2015, S. 115). Zuletzt werden die Messenger-Dienste abgebildet. Vor allem die Messenger WhatsApp, Facebook-Messenger und Snapchat sind beliebt. Eigenschaften dieser Dienste sind das hohe Engagement der Nutzer/-innen und die direkte Kommunikation zwischen Nutzerinnen/Nutzern durch Sofortnachrichten (Kreutzer et al., 2020, S. 292). Ein weiterer relevanter Messenger-Dienst ist Telegram (Beisch & Koch, 2021, S. 497). In dieser Studie werden die Messenger Telegram und Snapchat näher untersucht, der Facebook-Messenger zählt in dieser Arbeit zu Facebook allgemein.

Es wird deutlich, dass die verschiedenen Social-Media-Plattformen verschiedene Schwerpunkte haben und damit unterschiedlich verwendet werden. Für die vorliegende Forschungsarbeit ist es deshalb von Interesse herauszufinden, wie die Eigenheiten der Plattformen für die Recherche und die Berichterstattung eingesetzt werden.

2.2.3 Forschungsstand Social Media und Journalismus

„[Es] haben sich sowohl innerhalb als auch außerhalb von Medienorganisationen und Redaktionen weitere journalistische Felder und Tätigkeiten herausgebildet wie etwa das Community Management und Social-Media-Aktivitäten, Datenjournalismus sowie die Entwicklung und Umsetzung journalistischer Digitalstrategien" (DJV, 2020, S. 7). Wie also binden Journalistinnen/Journalisten Social Media in ihren Arbeitsprozess ein? Die Verbindung der Forschungsgebiete Social Media und Journalismus liefert wichtige Erkenntnisse, um konkrete Forschungsfragen zu formulieren und die Untersuchung zu planen. Mit dem Übergang des Journalismus in eine digitale, online- und Social-Media-gestützte Umgebung kam es zu bedeutenden Veränderungen innerhalb der Branche und der journalistischen Praxis (Bossio, 2017, S. 27). Mehrere empirische Untersuchungen zeigen, dass Journalistinnen/Journalisten Social Media immer häufiger als Quelle nutzen (Plotkowiak et al., 2012, S. 3). Einen Überblick über durchgeführte empirische Studien und deren Ergebnisse gibt Tabelle 1.

Nuernbergk (2018, S. 111) betont, dass die Forschung zum Internetjournalismus zwar schon länger den Einsatz computergestützter Recherchemittel im Blick hat, Social Media aber erst später eine Rolle spielten. Erst seit dem Jahr 2010 zeigte sich eine breitere Nutzung im Arbeitsprozess. Diese Entwicklung lässt sich aus den Zahlen verschiedener Redaktionsbefragungen ablesen; insbesondere aus den Befragungen von Nachrichtenredaktionen 2006 und Internetredaktionen 2007, im Rahmen des Münsteraner DFG-Projekts „Journalismus im Internet" (Nuernbergk, 2018, S. 111). In einer qualitativen Studie zu sozialen Medien und Journalismus führte das „SocialSensor" Projektteam im Jahr 2012 qualitative, nicht-repräsentative Tiefeninterviews mit 14 Journalistinnen/Journalisten durch (Spangenberg, 2015, S. 121–122). Es wurden dabei ausschließlich Journalistinnen/Journalisten befragt, die aktiv und regelmäßig Social Media nutzten. Das Ziel der Studie war es, einen Eindruck über ihre Arbeitsweise zu erhalten und herauszufinden, in welchen Bereichen Defizite bestehen. Unter anderem haben die Forscher/-innen herausgefunden, dass Twitter, bzw. Tweetdeck, das am häufigsten genutzte Tool war, um Trends zu erkennen. Für die Interaktion mit Nutzerinnen/Nutzern wurde Facebook am häufigsten verwendet. Außerdem spielten Twitter und Facebook bei der Informationsvermittlung eine wichtige Rolle (Spangenberg, 2015, S. 121–122). In einer weiteren Studie befragten Hanitzsch et al. (2016, S. 1ff) in den Jahren 2014 und 2015 in ihrer Studie „Worlds of Journalism“ 775 Journalistinnen/Journalisten. Die Studie zeigte, dass der Einfluss von Socia-Media (insbesondere Facebook und Twitter), nutzergenerierten Inhalten und dem Wettbewerb in der journalistischen Branche in den letzten fünf Jahren am stärksten zugenommen hat. Eine Mehrheit der deutschen Journalistinnen/Journalisten gab an, dass unter anderem auch der Druck zu sensationellen Nachrichten sowie das Feedback des Publikums zugenommen haben.

Weitere Untersuchungen zu Social Media und Journalismus stammen von Neuberger et al. (2014) und Neuberger (2018) im Auftrag der Landesanstalt für Medien (LfM) Nordrhein-Westfalen. Dabei wurde die Nutzung von fünf verschiedenen Social-Media-Diensten (Twitter, Facebook, Google+, YouTube und Blogs) „in Bezug auf 24 mögliche Verwendungsweisen untersucht“ (Neuberger et al., 2014; Nuernbergk, 2018, S. 117–118). Insgesamt befragten sie in ihrer Forschungsarbeit 105 Internetredaktionsleiterinnen/-leiter. Neuberger et al. (2014, S. 57) kamen zu dem Ergebnis, dass Facebook und Twitter in den befragten Redaktionen am häufigsten für Recherchezwecke genutzt wurden. Facebook wurde bspw. bei der Suche nach Themen und zur Recherche bei Meinungsverteilungen herangezogen (Neuberger, 2018, S. 48). Ebenfalls wurde Facebook für das Auffinden von Augenzeugen verwendet. Twitter war, laut der Befragung, gut geeignet, um prominente Quellen zu beobachten, Expertinnen/Experten zu finden, Expertennetzwerke zu pflegen und Fakten zu recherchieren (Neuberger et al., 2014, S. 57; Neuberger et al., 2018, S. 48). „Für kurze Eilmeldungen und Live-Berichterstattung [wurde] ebenfalls Twitter bevorzugt“ (Neuberger, 2018, S. 48). Der Fokus der Studie lag jedoch auf Redaktionen von Lokalzeitungen und nicht auf individuellen Journalistinnen/Journalisten verschiedener Mediengattungen. Zu ähnlichen Ergebnissen kommt die Befragungsstudie von Preppner und Sievert (2016, S. 8) zur journalistischen Arbeitsweise im digitalen Umfeld. Twitter und Blogs nutzten Journalistinnen/Journalisten häufiger als die Allgemeinbevölkerung. Preppner und Sievert befragten 2.329 Journalistinnen/Journalisten aus verschiedenen Ressorts. Bei den Sport- und Lokaljournalistinnen/-journalisten lag z. B. Facebook vorne. Die Politik- und Wirtschaftsjournalistinnen/-journalisten nutzten Twitter und Blogs und für die Politikjournalistinnen/-journalisten spielte vor allem Twitter eine wichtige Rolle.

Forscher/-innen fanden außerdem mittels einer Inhaltsanalyse von 900 Artikeln heraus, dass die Nutzung von Social-Media-Quellen massiv zugenommen hat. Dabei war Twitter eine bedeutendere Quelle für die Berichterstattung als Facebook (von Nordheim et al., 2018, S. 821ff). Beim „Cision's 2022 State of the Media Report" wurden 3.890 Journalistinnen/Journalisten aus 17 verschiedenen Ländern befragt. In dieser Studie wurde der Begriff *Journalist* ausgeweitet und es wurden Medienschaffende aus den Bereichen Print (Zeitungen/Zeitschriften), Rundfunk (TV/Radio/Podcast), Online-Nachrichten, Blogger/-innen oder Freiberufler/-innen und Influencer/-innen befragt. Die Sprache der Umfrage wurde für jedes Land und jeden Markt übersetzt und lokalisiert. Die Forscher/-innen fanden heraus, dass die größte Herausforderung von Journalistinnen/Journalisten ist, ihre Glaubwürdigkeit als vertrauenserweckende Nachrichtenquelle aufrechtzuerhalten und den Vorwurf von Fake-News zu verteidigen. Auf die Fragestellung, wie wichtig Social Media für verschiedene Gesichtspunkte ihrer Arbeit sind, gaben 20 % der Journalistinnen/Journalisten an, darüber „Inhalte zu veröffentlichen oder zu bewerben". Weltweit war Facebook die Plattform, die Journalistinnen/Journalisten am häufigsten aus beruflichen Gründen nutzten (63 %), um Informationen zu beschaffen, mit ihrem Publikum zu interagieren und Inhalte zu veröffentlichen oder zu bewerben. Darauf folgten Twitter (59 %) und LinkedIn (56 %). Die Studie fokussierte sich auf die genannten Herausforderungen von Journalistinnen/Journalisten und auf die Art und Weise, wie sie arbeiten.

Zusammenfassend werden Social Media im Arbeitsprozess von Journalistinnen/Journalisten einbezogen. Trotzdem fokussierte sich die bisherige Forschung zu Social Media und Journalismus primär auf Facebook, Twitter und Blogs. Durch die Weiterentwicklung der Medienlandschaft ist es von Bedeutung, weitere Plattformen in die Forschung einzubeziehen, denn die großen und etablierten Social-Media-Anbieter müssen sich gegen neuere und junge Netzwerke behaupten (Beisch & Koch, 2021, S. 498.). Die

Foto- und Video-Plattform Instagram hat in den letzten Jahren an Relevanz gewonnen und auch die Video-Plattform TikTok ist inzwischen von erheblicher Bedeutung (Beisch & Koch, 2021, S. 498.). Außerdem soll herausgefunden werden, ob Journalistinnen/Journalisten auch durch Zufall auf Themen stoßen, wie sie die unterschiedlichen Plattformen zur Recherche nutzen, welche Vor- und Nachteile sich daraus ergeben und worauf sie bei der Berichterstattung achten. Das Untersuchungsobjekt sind journalistische Individuen und ihre Handlungsmuster. Diese verschiedenen Ansätze bilden die Basis für die vorliegende Studie.

Tabelle 1

Übersicht empirischer Studien zu Social Media und Journalismus

Autor/-in	Empirisches Design	Stichprobe (*N*)	Ergebnisse
Spangenberg (2015)	Qualitative Befragung	N = 14 Journalistinnen/Journalisten	Twitter, bzw. Tweetdeck, war das am häufigsten genutzte Tool, um Trends zu erkennen Für die Interaktion mit Nutzerinnen/Nutzern wurde Facebook am häufigsten genannt Twitter und Facebook spielten bei der Informationsvermittlung eine wichtige Rolle YouTube ist für Journalistinnen/Journalisten die populärste Plattform zum Speichern und Verbreiten von Videos
Neuberger et al. (2014); Neuberger (2018)	Befragung	N = 105 deutsche Internetredaktionsleiterinnen/-leiter	Facebook und Twitter wurden am häufigsten für Recherchezwecke genutzt Facebook wurde bei der Suche nach Themen, zur Recherche bei Meinungsverteilungen und für das Auffinden von Augenzeugen verwendet Twitter wurde verwendet, um prominente Quellen zu beobachten, Expertinnen/Experten zu finden, Expertennetzwerke zu pflegen, Fakten zu recherchieren, für kurze Eilmeldungen und Live-Berichterstattung
Hanitzsch et al. (2016)	Befragung	N = 775 Journalistinnen/Journalisten	Der Einfluss von sozialen Medien (insbesondere Facebook und Twitter), nutzergenerierten Inhalten und dem Wettbewerb in der journalistischen Branche, hat in den untersuchten fünf Jahren am stärksten zugenommen Eine Mehrheit der deutschen Journalistinnen/Journalisten gab an, dass unter anderem auch der Druck zu sensationellen Nachrichten sowie das Feedback des Publikums zugenommen haben

Autor/-in	Empirisches Design	Stichprobe (*N*)	Ergebnisse
Preppner und Sievert (2016)	Befragung	N = 2.329 Journalistinnen/Journalisten aus verschiedenen Ressorts	Twitter und Blogs nutzten Journalistinnen/Journalisten häufiger als Bürger/-innen Bei den Sport- und Lokaljournalistinnen/-journalisten führte Facebook Die Politik- und Wirtschaftsjournalistinnen/-journalisten nutzten vor allem Twitter und Blogs und für die Politikjournalistinnen/-journalisten spielte Twitter eine wichtige Rolle
Von Nordheim et al. (2018)	Inhaltsanalyse	N = 900 Artikel	Die Nutzung sozialer Medien nahm nach einer Phase der Stagnation wieder zu Die Nutzung von Social Media-Quellen hat massiv zugenommen Twitter ist eine bedeutendere Quelle für die Berichterstattung als Facebook Im Ländervergleich sind Journalistinnen/Journalisten der Süddeutschen Zeitung weit weniger auf soziale Medien angewiesen als ihre Kolleginnen/Kollegen von der New York Times und The Guardian
Cision State of the Media Report (2022)	Befragung	N = 3.890 Journalistinnen/Journalisten aus 17 verschiedenen Ländern	Größte Herausforderung ist die Aufrechterhaltung der Glaubwürdigkeit und die Bekämpfung des Vorwurfs von *Fake-News* Auf die Frage, wie wichtig Social Media für verschiedene Punkte ihrer Arbeit sind, gaben 20 % der Journalistinnen/Journalisten an, „Inhalte zu veröffentlichen oder zu bewerben“ Weltweit wurde Facebook von den Journalistinnen/Journalisten am häufigsten aus beruflichen Gründen genutzt (63 %), etwa um Informationen zu beschaffen, mit dem Publikum zu interagieren und Inhalte zu veröffentlichen oder zu bewerben, gefolgt von Twitter (59 %) und LinkedIn (56 %)

2.2.4 Verhältnis von Social Media und Journalismus

Um das Verhältnis zwischen Social Media und Journalismus zu klassifizieren, schlagen Neuberger et al. (2014, S. 18) drei mögliche Beziehungen vor:

- *Konkurrenz:* Amateurinnen/Amateure können Social Media verwenden, um journalistische Angebote zu gestalten. Dieser partizipative Journalismus tritt in Konkurrenz zum professionellen Journalismus.
- *Komplementarität:* Es besteht ein Ergänzungsverhältnis zwischen Social Media und Journalismus. Solche komplementären Beziehungen entstehen zwischen Redaktionen, ihren Quellen (Recherche) und ihrem Publikum (Monitoring).
- *Integration:* Redaktionen legen selbst Social-Media-Accounts unter ihrer Marke an. In diesem Fall treten sie als Anbieter auf den verschiedenen Plattformen auf. Dies hat den Vorteil, dass die journalistischen Inhalte auf den Social-Media-Plattformen redaktionell verantwortet und kontrolliert werden können und dem Publikum die Möglichkeit zur Beteiligung eingeräumt wird.

Besonders die *komplementäre Beziehung* zwischen Social Media und Journalismus spielt für die vorliegende Studie eine wichtige Rolle, weswegen bei dieser Kategorie vor allem die Recherche im Mittelpunkt steht. Die Journalistinnen/Journalisten beobachten demnach, was sich in den sozialen Netzwerken abspielt (Neuberger et al., 2014, S. 22). In welchem Umfang Journalistinnen/Journalisten Social Media für die Recherche und Berichterstattung einbeziehen, ist ein Erkenntnisinteresse der vorliegenden Studie.

2.3 Forschungsfragen

Angesichts der theoretischen Grundlagen und der Zielsetzung, die Auswirkung von Social Media auf die Recherche und Berichterstattung von Journalistinnen/Journalisten zu untersuchen, beabsichtigt die vorliegende Arbeit, die folgenden Forschungsfragen zu beantworten. Ziel ist es zu klären, wie Journalistinnen/Journalisten Social Media für die Recherche in ihrer Redaktion verwenden. Außerdem wird die Bedeutung von Social Media für die Recherche erforscht. Ein weiteres Erkenntnisinteresse dieser Studie liegt darin, zu analysieren, ob Journalistinnen/Journalisten gezielt auf den genannten Plattformen recherchieren, oder ob sie hauptsächlich durch Zufall auf Themen stoßen. Des Weiteren sollen die Vor- und Nachteile der Social-Media-Recherche identifiziert werden. Zuletzt gilt es zu erforschen, ob es (interne) Kodizes zum Einbezug von Social Media gibt (Arnold, 2008, S. 503). Diese Punkte bilden die Grundlage für die erste Forschungsfrage:

F1: Welche Bedeutung haben Social Media für die Recherche von Journalistinnen/Journalisten?

Nachfolgend wird die Rolle von Social Media für die Berichterstattung erforscht. Die Nachrichtenauswahl sowie die journalistische Qualität werden in Zusammenhang mit Social Media betrachtet. Darüber hinaus sind auch Chancen und Risiken des Einbezugs von Social Media bei der Berichterstattung von Belang. Die zweite Forschungsfrage lautet demnach:

F2: Welche Rolle spielen Social Media für die Berichterstattung von Journalistinnen/Journalisten?

Neben dem Einfluss von Social Media auf die Recherche und Berichterstattung von Journalistinnen/Journalisten sind konkrete Social-Media-Dienste von Bedeutung (Neuberger et al., 2014, S. 57). Im Zuge dessen wurde folgende Forschungsfrage entwickelt:

F3: Welche Social-Media-Dienste werden für die Recherche und Berichterstattung herangezogen?

Anhand dieser Fragen soll herausgefunden werden, welche Kanäle aktuell von den Journalistinnen/Journalisten während des Arbeitsprozesses verwendet werden, da sich die Nutzung der Social-Media-Plattformen verändert hat und sich stetig weiterentwickelt (Beisch & Koch, 2021, S. 498ff). Außerdem ist es von Interesse, zu untersuchen, wie die unterschiedlichen Social-Media-Plattformen in den Prozess einbezogen werden. Es stellen sich unter anderem die Fragen, ob bspw. aus den genannten Foto- und Video-Plattformen Bildmaterial von Augenzeugen für die Berichterstattung verwendet wird oder ob diese nur als Informations- oder Inspirationsquelle dienen. Zuletzt gilt es zu erforschen, welche Personen, Organisationen und Themen für den journalistischen Arbeitsprozess von Bedeutung sind, d. h., wird Input aus der breiten Gesellschaft einbezogen oder (wie) werden Expertinnen/Experten beobachtet, ausfindig gemacht und kontaktiert (Neuberger et al., 2014, S. 57)? Die letzte Forschungsfrage lautet daher:

F4: Welche Akteurinnen/Akteure und Themen in Social Media spielen für die Recherche und Berichterstattung eine Rolle?

3 Methodisches Vorgehen

In diesem Kapitel wird das methodische Vorgehen beschrieben. Dafür werden vorab die Gründe für die Entscheidungen in Bezug auf die Methode aufgeführt (3.1). Daraufhin folgt der Aufbau des qualitativen Leitfadens für die Interviews (3.2). Durch die Erstellung des Leitfadens kann mit der eigentlichen Untersuchung begonnen werden. Ihr Ablauf lässt sich in Auswahl der Expertinnen/Experten für die Interviews (3.3), Durchführung der Interviews (3.4) und die Auswertungsphase (3.5) unterteilen. Die für die Studie relevanten Gütekriterien werden in Kapitel 3.6 thematisiert.

3.1 Methode

Die Forschungsfragen werden mit einem qualitativen Verfahren beantwortet. Ein quantitatives Vorgehen wird aus den folglichen Gründen nicht in Betracht gezogen. Das Aufstellen und Überprüfen von Hypothesen zum Einfluss von Social Media auf die Recherche und die Berichterstattung von Journalistinnen/Journalisten erschien nicht zielführend. Der Forschungsstand bietet zwar Befragungsstudien von Journalistinnen/Journalisten, diese fußen jedoch auf einer schmalen Datenbasis und beziehen nicht alle aktuellen Social-Media-Dienste ein. Mit der qualitativen Vorgehensweise wird Kritik an der Oberflächlichkeit der vorangegangenen Studien geübt. Im Zuge dessen sollen die bereits vorhandenen Ergebnisse erweitert und neue Erkenntnisse gewonnen werden. Qualitative Ansätze streben die Entdeckung oder Generierung von Theorieaussagen anhand empirischer Daten an. „Eine neue Entdeckung ist zum Beispiel schon anhand eines einzigen Interviews, einer Beobachtung oder eines Dokuments möglich" (Brüsemeister, 2008, S. 9). Die Forschung erschließt mit qualitativen Methoden neue Sachverhalte, wodurch die Fallzahl eine geringere Rolle spielt als in den quantitativen Methoden (Brüsemeister, 2008, S. 9). Vor allem bei gesellschaftlichen Wandlungsprozessen, bei denen neue Phänomene hervorgebracht werden, zu denen keine bzw. nur unvollständige Erklärungen vorliegen, kommt die qualitative Forschung zu tragen

(Mey & Ruppel, 2018, S. 206). Außerdem werden mit qualitativen Analysemethoden Fragestellungen bearbeitet, die Handlungsstrategien und soziale Phänomene zum Thema haben (Dresing & Pehl, 2018, S. 6). D. h. es geht nicht darum, *dass* eine Handlungsweise vorliegt, sondern um die Frage nach dem *Wie* (Strübing, 2018, S. 27). Für diese Studie eignet sich der qualitative Ansatz, da sich das Mediensystem weiterentwickelt hat und die daraus resultierenden individuellen Handlungsmuster von Journalistinnen/Journalisten untersucht werden sollen.

Nach dem Beschluss, qualitativ zu forschen, wurde die Methode des Leitfadeninterviews mit Expertinnen/Experten gewählt. Expertinnen/Experten sind Personen, welche Verantwortung tragen „und damit über einen privilegierten Zugang zu Informationen über Personengruppen, Soziallagen, Entscheidungsprozesse, Politikfelder usw. […]" verfügen (Meuser & Nagel, 2009, S. 470). Ziel ist es, durch Leitfadeninterviews in die Tiefen des journalistischen Arbeitens einzudringen und den Einbezug von Social Media im Arbeitsprozess von Journalistinnen/Journalisten auszumachen. Dabei werden möglichst vielfältige Perspektiven und Blickwinkel erfasst. Das Interview anhand eines Leitfadens gehört zu den semistrukturierten Erhebungsformen zur Ermittlung verbaler Daten (Misoch, 2019, S. 65). Strübing (2018, S. 101) deklariert das Leitfadeninterview als typischste Form qualitativer Forschungsinterviews. Als Leitfadeninterview werden alle Interviewformen bezeichnet, die halbstrukturiert vorgehen. Es handelt sich dabei um einen Metabegriff, der verschiedene Interviewformen umschließt (Misoch, 2019, S. 65). In der Forschungsarbeit werden Experteninterviews mit Journalistinnen/Journalisten durchgeführt. Der Interviewleitfaden dient „der Vermittlung der Anforderungen von Strukturiertheit und Offenheit im Interview" (Strübing, 2018, S. 102). Des Weiteren gibt der Leitfaden eine thematische Rahmung und Fokussierung vor. Er stellt sicher, dass alle wichtigen Themenkomplexe im Interview angesprochen werden und gewährleistet eine bessere Vergleichbarkeit der Daten (Misoch, 2019, S. 66). Das methodologische Ziel des semi-strukturierten Leitfadeninterviews besteht darin, ein alltägliches Gespräch zu simulieren und gleichzeitig mit hinreichender Zuverlässigkeit eine Reihe von Themen anzusprechen, um das Forschungsthema umfänglich zu erschließen. Der Leitfaden für die Experteninterviews enthält eine Zusammenstellung von Themen und Fragen, ohne in der Fragenformulierung und Reihenfolge zu restriktiv zu sein. Die befragten Journalistinnen/Journalisten haben dadurch die Chance, ihre Perspektiven und Einschätzungen zwanglos zu äußern und neue Themen anzuschneiden (Strübing, 2018, S. 102–103). Mit diesem Verfahren wird festgestellt, wie die Befragten Themen bewerten, wie sie zu ihren Bewertungen kommen und welche Aspekte für sie bedeutsam sind. Die Interviewdaten liefern nicht nur Antworten auf eine Frage, sondern auch Begründungen, Motive, Annahmen und Argumentationsmuster (Dresing & Pehl, 2018, S. 7). Unbekannte Sichtpunkte und Handlungsmuster der Journalistinnen/Journalisten sollen so aufgedeckt werden.

Zusammenfassend lässt sich das methodische Vorgehen in eine Erhebungs- und eine Auswertungsphase gliedern. In der Erhebungsphase werden die leitfadengestützten Interviews mit den Journalistinnen/Journalisten geführt. Darauf folgt die Auswertungsphase, auf die im Anschluss an den Aufbau des Leitfadens und die Stichprobenbeschreibung eingegangen wird.

3.2 Aufbau des Leitfadens

Nach der Wahl der Datenerhebungsmethode erfolgt in diesem Abschnitt die Vorstellung des semi-strukturierten Leitfadens. Ausgehend von den Forschungsfragen dieser Studie wurde ein Fragenkatalog entwickelt. Die vier Forschungsfragen der Studie charakterisieren das Wissen, das beschafft werden muss, und legen die für die Studie relevanten Themen fest. Die Fragen für den Leitfaden wurden anhand folgender Kriterien entwickelt: Die Fragen wurden einfach und einzeln formuliert, sodass nicht eine Frage mehrere Fragen enthält (Misoch, 2019, S. 263). Außerdem wurden die Fragen zielgerichtet, aber offen formuliert (Gläser & Laudel, 2009, S. 131). Der Leitfaden enthält verschiedene Typen von Interviewfragen, die sich an der Typisierung nach Gläser und Laudel (2009, S. 130) orientieren.

Die Struktur des Leitfadens ist für den Erfolg der Interviews bedeutend, denn auch bei der qualitativen Forschung gibt es Ausstrahlungseffekte. Die Fragen wurden so angeordnet, dass inhaltlich zusammengehörende Themen nacheinander und in einem Sinnabschnitt behandelt werden (Gläser & Laudel, 2009, S. 146). Demzufolge ist der Leitfaden in fünf thematische Blöcke aufgeteilt: Erstens in den Block mit allgemeinen Informationen zur Person, welcher auch als Aufwärm- und Einstiegsphase oder Warm-Up bezeichnet wird. Es folgt der Hauptteil, welcher aus den Blöcken Recherche, Qualität der Berichterstattung und eigene Kommunikation besteht. Den Schluss bildet ein Block mit Abschlussfragen (Misoch, 2019, S. 68). Der erarbeitete Interviewleitfaden befindet sich in Anhang 2.

Der Leitfaden beginnt mit den Informationen über die Studie und deren Zielsetzung. Die Journalistinnen/Journalisten werden über die Vertraulichkeit der Daten informiert. Diesem allgemeinen Teil folgen die eigentlichen Fragenblöcke des Interviewleitfadens. Der Block mit den **Informationen zur Person** soll den Befragten den Einstieg in das Interview erleichtern. Die anfängliche Scheu und die ungewohnte Situation werden mit diesen Fragen überwunden (Misoch, 2019, S. 68). Der vorliegende Interviewleitfaden enthält in diesem Teil (1.) allgemeine Fragen zur Person, (2.) zum beruflichen Hintergrund und (3.) eine Frage zur Social-Media-Nutzung im Arbeits- und im Privatkontext. Diese Aufwärmphase führt zum Hauptteil. Dieser gliedert sich in drei Themenblöcke. Der erste Block des Hauptteils widmet sich dem Thema **Recherche**. Die erste Frage (1.) zielt darauf ab, herauszufinden, wie Social Media für die Recherche herangezogen werden und welche Bedeutung Social Media für die journalistische Recherche haben. Frage zwei (2.) fragt ab, welche Social-Media-Plattformen dafür herangezogen werden. Die dritte Frage (3.) basiert auf dem bestehenden Fragebogen von Neuberger et al. (2014, S. 163) und fragt detailliert ab, welche Social-Media-Plattformen sich besonders gut für folgende Zwecke eignen:

- Augenzeugen, die befragt oder zitiert werden können
- Gegenprüfung von Informationen
- Themenideen

- Resonanz auf die eigene Berichterstattung
- Fakten über ein aktuelles Ereignis
- Hinweise auf Quellen im Internet
- Meinungsverteilung zu einer Streitfrage
- Expertinnen/Experten, die befragt oder zitiert werden können
- Hintergrundinformationen zu bestimmten Themen
- Aufbau und Pflege von Expertennetzwerken
- Kontinuierliche Beobachtung prominenter Quellen

Neben der gezielten Recherche über Social Media ist es von Interesse herauszufinden, ob Journalistinnen/Journalisten auch durch Zufall auf Themen aufmerksam werden. Aus diesem Grund wurde die vierte Frage (4.) entwickelt: „Man kann auf Social-Media-Plattformen gezielt nach Themen suchen. Oder man kann per Zufall darauf stoßen. Wie ist das bei Ihnen? Recherchieren Sie immer gezielt über Social Media oder stoßen Sie auch durch Zufall auf Themen? Können Sie das in etwa in Prozenten ausdrücken - in wieviel Prozent der Fälle suchen Sie gezielt - und in wieviel Prozent der Fälle stoßen Sie per Zufall auf ein Thema?" Darauf folgt Frage fünf (5.), welche Akteurinnen/Akteure und Themen auf Social Media abfragt. Sind nur journalistische Quellen von Bedeutung oder werden auch nicht journalistische Quellen für die Recherche herangezogen? Nachfolgend (6.) wird abgefragt, welche Vor- und Nachteile die Recherche über Social Media gegenüber anderen Recherchequellen hat. Der Themenblock zur Recherche schließt mit der Frage sieben (7.) ab, welche Regeln in der jeweiligen Redaktion bei der Social Media-Recherche gelten (Neuberger et al., 2014).

Der zweite Themenblock des Hauptteils bildet den Bereich **Berichterstattung** ab. Zu Beginn (1.) wird abgefragt, welche Kriterien bei der Nachrichtenauswahl von Journalistinnen/Journalisten eine Rolle spielen. Diese Frage basiert auf den Nachrichtenfaktoren nach Galtung & Ruge (1965) und den Nachrichtenwerten nach Mast (2018, S. 80-81). Die zweite Frage (2.) knüpft an diese Thematik an und bezieht Social Media mit ein. Dabei wird abgefragt, inwiefern Social Media die Auswahl von Nachrichten beeinflussen. Das Erkenntnisinteresse dieser Frage liegt darin, herauszufinden, ob durch die Nutzung von Social Media mehr oder weniger Nachrichtenfaktoren einbezogen werden. Anschließend (3.) wird gefragt, an welchen Kriterien sich Journalistinnen/Journalisten orientieren, um qualitative Beiträge zu verfassen. Die Definition qualitativer Beiträge umfasst hier z. B. Richtigkeit, Vollständigkeit, Einhaltung ethischer Grund-sätze, Objektivität, Transparenz und Glaubwürdigkeit (Neuberger & Kapern, 2013, S. 144; Prochazka & Schweiger, 2020, S. 199). Die folgende Frage (4.) sammelt Informationen darüber, was Journalistinnen/Journalisten unternehmen, um die Qualität der Beiträge zu verbessern. Frage fünf (5.) zielt auf die wahrgenommene journalistische Qualität durch den Einbezug von Social Media ab. Dabei gilt es herauszufinden, ob die Journalistinnen/Journalisten eine Änderung der journalistischen Qualität durch den Einbezug von Social Media wahrnehmen. Die letzte Frage (6.) des Themenblocks erfragt die wahrgenommenen Chancen und Risiken für die Berichterstattung, wenn Social Media im Arbeitsprozess einbezogen werden.

Im dritten und kürzesten Themenblock des Hauptteils kommt die **eigene Kommunikation** der Journalistinnen/Journalisten zur Sprache. Die erste Frage (1.), eine Filterfrage, zielt darauf ab, herauszufinden, ob die Journalistinnen/Journalisten im Arbeitskontext journalistische Beiträge für Social Media verfassen. Nur wenn diese Frage bejaht wird, folgen die weiteren Fragen des Themenblocks. Die anschließende Frage (2.) ermittelt, ob die Journalistinnen/Journalisten in ihren Beiträgen direkt auf Social-Media-Quellen verweisen und in welchem Kontext dies geschieht. In Frage drei (3.) liegt das Forschungsinteresse bei dem Feedback des Publikums. Es soll identifiziert werden, wie die Journalistinnen/Journalisten das Feedback zu ihrer eigenen Kommunikation wahrnehmen und wie sie darauf reagieren. Zuletzt wird in der vierten Frage (4.) nach einem Best-Practice-Beispiel gefragt, wie individuell oder in der Redaktion auf Publikumsbeteiligung über Social Media eingegangen wurde.

Die **Ausklang- und Abschlussphase** beendet das Interview und bietet Platz für eine abschließende Reflexion der Themen. Diese Phase ist besonders wichtig, um die Befragten aus der Interviewsituation hinauszuführen und das Ende anzuzeigen (Misoch,

2019, S. 68–69). Die erste Abschlussfrage (1.) fasst das gesamte Thema zusammen: „Wie beurteilen Sie den journalistischen Arbeitsprozess in Zusammenhang mit Social Media?" Frage zwei (2.) ermittelt den Ausblick des Themengebiets. Die Befragten sollen eine Einschätzung über die Zukunft des journalistischen Arbeitsprozesses, unter dem Einfluss der sich ständig weiterentwickelnden Social-Media-Landschaft geben. Die letzte Frage des gesamten Interviewleitfadens fordert auf, bislang unerwähnte, für die Themenstellung aber relevante Informationen hinzuzufügen: „Gibt es von Ihrer Seite noch Punkte, die Sie gerne hinzufügen möchten?" (Misoch, 2019, S. 68–69).

3.3 Auswahl und Beschreibung der Stichprobe

Bei der qualitativen Forschung ist kein repräsentatives Sample mit einer entsprechend großen Fallzahl vonnöten. Im Grunde erfasst man meistens nur eine kleine Stichprobe (Kelle & Kluge, 2010, S. 41). Qualitative Untersuchungen sagen nicht aus, ob die zuvor ausgewählten Personengruppen „in einem statistischen Sinne repräsentativ sind, sondern ob deren Handlungsmuster und die theoretischen Bausteine, die man aus ihnen entwickelt, breit genug streuen, so dass sich das untersuchte Phänomen ausreichend erklären lässt" (Brüsemeister, 2008, S. 173). Konkret bedeutet das, dass die Einheiten der Stichprobe ausgewählt werden, weil sie Merkmale oder Eigenschaften aufweisen, die für die Fragestellung der Untersuchung von Belang sind. Diese Eigenschaften sind z. B. soziodemografische Merkmale, spezifische Erfahrungen, Verhaltensweisen oder Rollen (Ritchie et al., 2003, S. 77). Die qualitative Forschung ist demnach immer an einer theoretisch begründeten Stichprobenauswahl interessiert (Brüsemeister, 2008, S. 173). Die Interviewten selbst stehen im Experteninterview nicht im Vordergrund, sie gelten als Träger/-innen von speziellem Wissen und stehen innerhalb eines Funktionskontextes im Zentrum des Forschungsinteresses (Misoch, 2019, S. 120). Die Auswahl der Expertinnen/Experten fand infolgedessen bewusst, in Abhängigkeit der theoretischen Fragestellung statt (siehe auch Scholl, 2018, S. 25). Trotz des Funktionskontextes und des theoretischen Erkenntnisinteresses wird der Inhalt eines Interviews vor allem durch die Interviewpartner/-innen bestimmt (Gläser & Laudel, 2009, S. 117). Da die Bedeutung von Social Media für die Recherche und Berichterstattung von Journalistinnen/Journalisten erforscht wird, wurden auch nur Journalistinnen/Journalisten befragt. Die Auswahl dieser erfolgte in Bezug auf die Definition von Journalismus aus dem Kapitel 2.1.2. Es wurden demzufolge nur Journalistinnen/Journalisten befragt und keine Influencer/-innen, Blogautorinnen/-autoren oder weitere Medienschaffende. Nicht relevant war das Kriterium, ob jemand hauptberuflich oder nebenberuflich als Journalistin/Journalist arbeitet und ob sie/er festangestellte oder freie Journalistinnen/Journalisten sind (siehe auch Machill et al., 2008, S. 18). In der finalen Stichprobe erfolgten Interviews mit 16 Journalistinnen/Journalisten aus verschiedenen Medienunternehmen (siehe Tabelle 2). Um Vielfalt zu gewährleisten, wurde darauf geachtet, letztere aus privaten und öffentlich-rechtlichen Medienhäusern zu befragen. Von den 16 Interviewpartner/-innen arbeiten sechs im Printbereich, fünf im Bereich Radio, drei im multimedialen Rundfunk (insbesondere Fernsehen) und zwei im Bereich Social-Media-Journalismus. Es ist darauf hinzuweisen, dass die Journalistinnen/Journalisten des Printbereichs zum Teil auch im Online-Journalismus tätig sind, da die meisten Zeitungen Online-Angebote haben. Die Altersspanne erstreckte sich von 21 bis 55 Jahren, wobei das Durchschnittsalter bei 35 Jahren lag. Die Stichprobe bestand aus neun weiblichen Teilnehmerinnen und sieben männlichen Teilnehmern. Tabelle 2 zeigt alle Interviewpartner/-innen mit ihren Merkmalen auf.

Tabelle 2

Merkmale der interviewten Expertinnen/Experten

	Mediengattung	Unternehmen	Funktion/ Ressort	Geschlecht	Alter
J1	Social Media	Kesselgeschichten von Dasding	Lokales, News, Comedy	w	21
J2	Radio	Hitradio Antenne 1	Radio-Moderatorin	w	35
J3	Rundfunk	SWR Studio Stuttgart	Multimedia-Redakteur und Auslandskorrespondent	m	32
J4	Social Media und Multimedia	SWR Wirtschaft und Umwelt	Multimedia-Redakteurin bei Marktcheck	w	24
J5	Radio	bigFM	Radio-Moderator	m	34
J6	Radio	bigFM	Journalistischer Volontär	m	24
J7	Rundfunk	SWR Aktuell	Nachrichtensprecher	m	43
J8	Rundfunk	SWR Studio Stuttgart	Multimedia-Redakteur	m	30
J9	Print	Freie Journalistin und DJV	Freiberufliche Kulturjournalistin und Referentin für Öffentlichkeitsarbeit	w	42
J10	Print	LIFT das Stuttgart Magazin	Print-Redakteurin für Shopping, Politik und Gesellschaft	w	27
J11	Radio	Dasding	Radio-Moderatorin	w	25

Fortsetzung Tabelle 2

Merkmale der interviewten Expertinnen/Experten

	Mediengattung	Unternehmen	Funktion/ Ressort	Geschlecht	Alter
J12	Radio	ARD	Korrespondentin Odenwald	w	55
J13	Print und Online	Süddeutsche Zeitung	Digital-Volontärin	w	24
J14	Print	Böblinger Kreiszeitung	Lokaler Kultur- und Online-Redakteur	m	48
J15	Print	Freie Journalistin	Lokaljournalistin	w	41
J16	Print	Zeit	Redakteur	m	50

3.4 Durchführung der Experteninterviews

In diesem Abschnitt wird die Durchführung der Experteninterviews mit den Journalistinnen/Journalisten beschrieben. In Kapitel 3.4.1 wird der Pretest und dessen Ablauf erklärt. Im Anschluss folgen in Kapitel 3.4.2 die Untersuchungsdurchführung, der Interviewablauf und Angaben zur Transkription nach Dresing und Pehl (2018).

3.4.1 Pretest

Der Leitfaden der Studie basiert zum Teil auf ungeprüften Annahmen über das Untersuchungsfeld. So ist es möglich, dass die Fragen nicht die beabsichtigte Wirkung haben (Gläser & Laudel, 2009, S. 150). Deshalb wurde vor der Durchführung der eigentlichen Interviews ein Pretest durchgeführt. Durch den Pretest wird erkannt, ob die Fragen verständlich sind, ob die Formulierungen stimmen und ob der Leitfaden in der Interviewsituation gut handhabbar ist (Brosius et al., 2016, S. 131). Der Pretest fand am 17.05.2022 statt. Gläser und Laudel (2009, S. 150) empfehlen, ebendiesen Test mit Menschen durchzuführen, welche mit den späteren Interviewpartnerinnen/-partnern vergleichbar sind. Infolgedessen wurde der Pretest mit einer Social-Media-Journalistin durchgeführt. Durch das Test-Interview ergaben sich zwei Änderungen in der Formulierung. Die erste Anpassung fand in der Aufwärm- oder Einstiegsphase statt. Die dritte Frage (3.) zur Social-Media-Nutzung im Arbeits- und im Privatkontext wurde in dem Sinne falsch verstanden, dass die Testperson nur die Social-Media-Plattformen nannte, die sie nur im Arbeits- und im Privatkontext gemeinsam nutzt. Die ursprüngliche Frage „Welche Social-Media-Plattformen nutzen Sie im Arbeits- und im Privatkontext?" wurde abgeändert. Die neue Formulierung lautet: „Welche Social-Media-Plattformen nutzen Sie im Arbeitskontext und welche im Privatkontext? Gibt es Überschneidungen?". Im Themenblock zur Recherche wurde bei der dritten Frage eine Aufforderung zur Begründung der Antwort hinzugefügt. „Welche Social-Media-Plattform ist besonders gut für [...] und warum? Begründen Sie Ihre Entscheidung in ein bis zwei Sätzen." Insgesamt beantwortete die Teilnehmerin des Pretests die Fragen des Leitfadens sinnvoll.

3.4.2 Untersuchungsdurchführung

Rekrutierung der Stichprobe

Um für die Durchführung und die Dokumentation der Interviews Transparenz zu schaffen, erfolgen Angaben zur Interviewvorbereitung und dem Interviewablauf. Die Rekrutierung der Teilnehmer/-innen fand zum einen über schriftliche Einladungen per E-Mail statt, zum anderen veröffentlichte der DJV einen Online-Beitrag, auf den sich die Journalistinnen/Journalisten selbst per Mail melden konnten (siehe Anhang 1, S. 90–91). In der E-Mail und in dem Aufruf wurde das Ziel der Untersuchung beschrieben (Gläser & Laudel, 2009, S. 160). Durch die schriftliche Einladung wussten die Teilnehmer/-innen, auf welche Thematik das Interview abzielt. Die einzelnen Fragen des Leitfadens blieben jedoch bis zum Interview unbekannt. Diese Vorgehensweise wurde ausgewählt, um die Befragung ohne vorher überlegte Antworten offen zu gestalten und im Interviewablauf gegebenenfalls direkt nachzufragen. Bei positiver Rückmeldung, wurde ein Termin vereinbart. Der

Erhebungszeitraum erstreckte sich vom 17.05.2022 bis zum 15.06.2022. Die Interviews hatten eine Dauer zwischen ca. 15 und 70 Minuten.

Durchführung der Interviews

Die Interviews mit den Journalistinnen/Journalisten fanden zum Teil persönlich und zum Teil per Videokonferenz statt. Die Videokonferenzen wurden mit den Anwendungen *Zoom* und *Microsoft Teams* durchgeführt. Ein Interview wurde in der Gruppe geführt (J5 und J6) und eines wurde schriftlich ausgefüllt (J9). Die Interviews wurden alle von der Urheberin der Leitfadens geführt, weshalb eine Interviewer/-innenauswahl und -schulung hinfällig war (Misoch, 2019, S. 131). Die Interviewerin präsentierte sich als Person, die ein professionelles Anliegen hat. Allerdings wurde darauf geachtet, dass die Gesprächssituation so natürlich wie möglich ablief (Gläser & Laudel, 2009, S. 172). Laut Strübing (2018, S. 104) hängt das Leitfadeninterview von der kompetenten Handhabung ab. Deshalb wurde beim Abhalten der Interviews auf nachfolgende Punkte geachtet: Obwohl der Leitfaden Frage für Frage abgearbeitet wurde, sollte das Gespräch natürlich gehalten und nicht zu strikt am Leitfaden orientiert sein, da sonst die Interaktion mit den Befragten und weitere relevante Themen verloren gehen. Um diese Offenheit zu gewährleisten, stellte die Interviewerin Nachfragen oder ließ Fragen aus, die zuvor schon beantwortet wurden. Daneben wurde auf das Grundprinzip der Neutralität geachtet, sodass eine wertneutrale Haltung gegenüber dem/der Interviewpartner/-in vorlag. Dadurch konnten diese frei und unbeeinflusst über ihre eigenen Erfahrungen berichten und ihre Meinungen kundtun (Misoch, 2019, S. 235). Abschließend wurde verdeutlicht, dass das Interview beendet ist und alle Fragen gestellt wurden. Nach Abschluss des Interviews wurde dem/der Interviewpartner/-in die Möglichkeit eingeräumt, selbst Fragen zu stellen und Genaueres über das Forschungsprojekt zu erfahren (Gläser & Laudel, 2009, S. 191).

Dokumentation der Interviews

Zu Beginn des Interviews wurden die Interviewpartner/-innen gebeten, einer Aufzeichnung des Interviews zuzustimmen, sodass keine Information verloren geht (Gläser & Laudel, 2009, S. 171). Zudem wurde versichert, dass die Daten anonym erfasst werden. Alle Journalistinnen/Journalisten stimmten der Aufnahme ihrer verbalen Daten zu. Die Gespräche wurden mit der kostenlosen Sprachmemo-App von Apple im MP3-Format aufgezeichnet.

Transkription der Interviews

Der folgende Abschnitt thematisiert die Verschriftlichung der verbalen Daten, auch als Transkription bezeichnet (Misoch, 2019, S. 263). Die Sprachaufnahmen wurden mit Hilfe der Software Express Scribe transkribiert. Die Transkripte dieser Studie wurden anhand der inhaltlich-semantischen Transkription nach Dresing und Pehl (2018, S. 21) erstellt. Die Interviews wurden wörtlich transkribiert, d. h. nicht lautsprachlich oder zusammenfassend. Daneben wurden Wortverschleifungen an das Schriftdeutsch angenähert. Aus „was suchen" wurde „etwas suchen" oder aus „auf so ner kurzen Seite" wurde „auf so einer kurzen Seite". Des Weiteren wurden Dialekte ins Hochdeutsche übersetzt, umgangssprachliche Partikel transkribiert, Stottern geglättet und abgebrochene Wörter ignoriert. Sobald die Befragten Wortdoppelungen als Stilmittel zur Betonung nutzten, wurden sie aufgenommen, ansonsten wurden sie aus forschungspragmatischen Gründen aus dem Transkript gestrichen. Darüber hinaus wurden Halb-sätze, denen die Vollendung fehlte, mit dem Abbruchzeichen „/" gekennzeichnet und Rezeptionssignale wie „ähm, hm, aha, ja, genau" wurden nicht transkribiert, es sei denn, sie galten als direkte Antwort auf eine Frage oder sie gaben einer Aussage eine andere Bedeutung (Dresing & Pehl, 2018, S. 21; Gläser & Laudel, 2009, S. 194). Unverständliche Wörter wurden mit „(unv.)" gekennzeichnet oder mit dem vermuteten Wortlaut, z. B. „(Journalist?)". Einzelne emotionale nonverbale Äußerungen der befragten Person, welche Aussagen unterstützten oder verdeutlichten (wie lachen oder seufzen), wurden beim Einsatz in Klammern festgehalten (Dresing & Pehl, 2018, S. 22). Zuletzt wurden die

Spracheinheiten durch Kürzel, die interviewende Person durch ein „I" und die befragte Person durch ein „J" (für Journalistin/Journalist) gekennzeichnet. Die Journalistinnen/Journalisten wurden innerhalb der verschiedenen Transkripte durchnummeriert (J1-J16). Außerdem wurden Fragen, Kommentare und Bemerkungen der Interviewerin transkribiert. Nur zustimmende Äußerungen, wie „mhm, aha", wurden nicht mit niedergeschrieben. Die Transkripte wurden als Rich Text Format (RTF-Datei) gespeichert und befinden sich in Anhang 4 (Dresing & Pehl, 2018, S. 22).

3.5 Auswertung

Die Analyse und die Auswertung der Daten wurden in mehrere Abschnitte aufgeteilt. Kapitel 3.5.1 gibt einen Überblick über das Auswertungsinstrument der qualitativen Inhaltsanalyse. Es folgt in Kapitel 3.5.2 die Bestimmung der Analyseeinheiten und Analysetechnik, welche die Schritte der Aufbereitung der Daten durch initiierende Textarbeit und die Codierung enthalten. Abschließend wird in Kapitel 3.5.3 die inhaltlich strukturierende und die evaluative Auswertung beschrieben.

3.5.1 Auswertungsinstrument qualitative Inhaltsanalyse

Die Auswertung der Leitfadeninterviews geschah anhand der qualitativen Inhaltsanalyse nach Kuckartz und Rädiker (2022). Die Definition der qualitativen Inhaltsanalyse bildet die Grundlage der Auswertung dieser Forschungsarbeit:

> „Unter qualitativer Inhaltsanalyse wird die systematische und methodische kontrollierte wissenschaftliche Analyse von Texten, Bildern, Filmen und anderen Inhalten von Kommunikation verstanden. Es werden nicht nur manifeste, sondern auch latente Inhalte analysiert. Im Zentrum der qualitativen Analyse stehen Kategorien, mit denen das gesamte für die Forschungsfrage(n) bedeutsame Material codiert wird. Die Kategorienbildung kann deduktiv, induktiv oder deduktiv-induktiv erfolgen […]; sie kann sowohl kategorienorientiert, als auch fallorientiert erfolgen" (Kuckartz & Rädiker, 2022, S. 39).

Kuckartz und Rädiker (2022, S. 104) stellen drei Methoden der qualitativen Inhaltsanalyse vor: die inhaltlich strukturierende, die evaluative und die typenbildende qualitative Inhaltsanalyse. In dieser Studie wurden die inhaltlich strukturierende und die evaluative Inhaltsanalyse kombiniert. Bei den verschiedenen Formen der Inhaltsanalyse nach Kuckartz und Rädiker (2022) bilden Kategorien einen zentralen Bestandteil der Analyse. „Unter dem Begriff Kategorie wird das Ergebnis einer Klassifizierung von Einheiten verstanden“ (Kuckartz, 2018, S. 37). Die Anwendung von Kategorien auf Forschungsdaten bezeichnet man als codieren (Kuckartz & Rädiker, 2022, S. 59). Deshalb werden die Begriffe Kategorien und Codes in dieser Arbeit synonym verwendet. Die inhaltlich strukturierende Inhaltsanalyse diente der Entwicklung des Kategoriensystems. Dabei wurde in der ersten Phase entlang von Hauptkategorien codiert, die aus dem eingesetzten Leitfaden stammten. Darauf folgte die nächste Phase, in der die Kategorien am Material weiterentwickelt und ausdifferenziert wurden. Die Kategorienbildung erfolgte demnach deduktiv-induktiv. Vereinzelt wurde auch auf die evaluative Inhaltsanalyse zurückgegriffen. Diese kennzeichnet eine Einschätzung, Klassifizierung und Bewertung von Inhalten durch die Forscher/-innen (siehe Kuckartz, 2018, S. 97; Kuckartz & Rädiker, 2022, S. 157). Aus dem qualitativen Material heraus wurden so zum Teil auch ordinale Kategorien gebildet. Aus dieser Vorgehensweise wurde das Kategoriensystem für die Studie entwickelt. Realisiert wurde die qualitative Inhaltsanalyse mit der Software MAXQDA Analytics Pro 2022[2].

3.5.2 Bestimmung der Analyseeinheiten und der Analysetechnik

Die initiierende Textarbeit war nach der Transkription der erste Auswertungsschritt. Die Texte wurden sorgfältig gelesen. Gedanken zu Auffälligkeiten, Besonderheiten und ersten Auswertungsideen wurden in Form von *Memos* schriftlich festgehalten. Auf den ersten Schritt folgte dann die Entwicklung von thematischen Hauptkategorien. Diese wurden deduktiv aus den Forschungsfragen sowie dem Leitfaden abgeleitet (Kuckartz & Rädiker, 2022, S. 132–133). Alle Fragen des Leitfadens konnten in Kategorien

2 Funktionsbezeichnungen von MAXQDA und erstellte Codes werden im Folgenden kursiv gesetzt.

übersetzt werden. Aus der theoretischen Fundierung wurden zudem schon vereinzelt Subkategorien gebildet. In Anhang 3 befinden sich die aus dem Leitfaden entwickelten Kategorien. Der nächste Schritt bestand aus dem ersten Codierprozess. Erste Textabschnitte wurden Kategorien zugewiesen und irrelevante Textstellen oder Textpassagen blieben uncodiert (Kuckartz & Rädiker, 2022, S. 134). Während und nach dem ersten Codierprozess fand eine Ausdifferenzierung der zunächst noch relativ allgemeinen Kategorien statt. Dabei gab die Guideline für die induktive Kategorienbildung von Kuckartz und Rädiker (2022, S. 90) Orientierung. Die Texte wurden sequenziell bearbeitet und die Subkategorien direkt am Material gebildet. Die Subkategorien wurden in Form einer Liste den Hauptkategorien untergeordnet, sodass ein hierarchisches Kategoriensystem entstand. Daraufhin wurde das Material erneut anhand des deduktiv-induktiv entwickelten Kategoriensystems untersucht und codiert. Alle Codierungen der Hauptkategorien mit Subkategorien wurden gelöscht, denn diese dienten zur Strukturierung des Kategoriensystems und zur ersten Sichtung des Materials. Hauptkategorien ohne Subkategorien blieben bestehen, z. B. die Kategorie *Beispiel Publikumsbeteiligung*. Während des Codierprozesses wurden außerdem weitere relevante Dimensionen identifiziert und es konnten immer wieder Subkategorien der Liste zu abstrakteren oder allgemeineren Subkategorien geändert werden. Abbildung 3 zeigt schematisch den Ablauf der Datenaufbereitung in Form der Erstellung des deduktiv-induktiven Kategoriensystems und den Codierprozess.

Abbildung 3

Ablauf der Datenaufbereitung und Entwicklung des Kategoriensystems

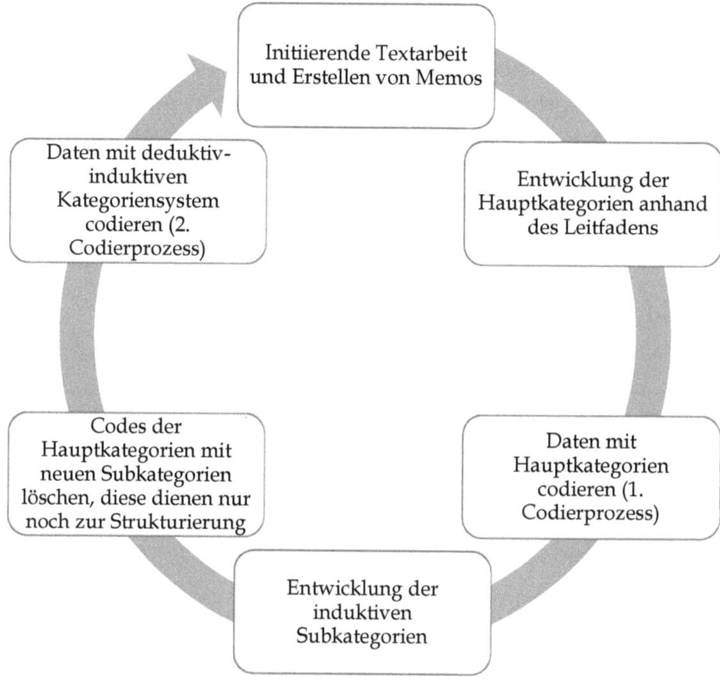

Anmerkung. Eigene Darstellung, in Anlehnung an Kuckartz & Rädiker, 2022, S. 132.

Das deduktiv-induktiv entwickelte Kategoriensystem der vorliegenden Arbeit besteht aus fünf inhaltlichen Blöcken, welche die Struktur des Leitfadens haben. Der erste Block liefert formale Kategorien mit allgemeinen Informationen zur Person (Kuckartz & Rädiker, 2022, S. 57). Die Kategorien des Hauptteils beziehen sich auf Recherche, Berichterstattung und eigene Kommunikation. Eine exemplarische Kategorie für den Recherche-Teil ist die deduktive Hauptkategorie *Themen und Akteure*[3], darunter ordnet sich die ebenfalls deduktive Subkategorie *Akteure*, mit den induktiven Sub-

3 Bei der Benennung der Kategorien und Subkategorien wurde aus Platzgründen nicht gegendert, es werden alle Geschlechter-identitäten gleichermaßen angesprochen.

Sub-Kategorien *Experten, Journalisten, (nachrichtliche) Medienformate, Politik/Kommunen, Personen des öffentlichen Lebens* und *Sonstige* ein. Den Schluss bilden Kategorien, welche aus den Abschlussfragen abgeleitet wurden. Es wurde außerdem eine Kategorie mit dem Namen *Sonstige wichtige Aussagen* erstellt, sodass keine wichtigen Informationen verloren gehen. Abbildung 4 zeigt beispielhaft einen kleinen und vereinfachten Ausschnitt aus dem Kategoriensystem sowie dessen deduktiv-induktiven Charakter. Die Kategorien des finalen Systems sind analytischer, evaluativer, thematischer und theoretischer Art (Kuckartz & Rädiker, 2022, S. 56–57).

Abbildung 4

Ausschnitt aus dem Kategoriensystem

Themen und Akteure (D)

Akteure (D)

Experten (I)

Journalisten (I)

(Nachrichtliche) Medienformate (I)

Politik/Kommunen (I)

Personen des öffentlichen Lebens (I)

Sonstige (I)

Themen (D)

Regionales/Lokales (I)

Trends (I)

Zielgruppe / Bedeutsamkeit (I)

(D) = deduktive Kategorien

(I) = induktive Kategorien

Zur intersubjektiven Nachvollziehbarkeit der Kategorien und zur anschließenden Erstellung des Kategoriensystems in Form eines Codebuchs wurde die *Code-Memo-Funktion* genutzt. *Code-Memos* dienen dazu, Definitionen für die Kategorien in MAXQDA festzuhalten und während der Codierung immer wieder abzurufen. Die *Code-Memos* der vorliegenden Studie enthalten alle wichtigen Informationen zur Vergabe der jeweiligen Codes: die Frage des Leitfadens, die inhaltliche Beschreibung, die Anwendung des Codes, die Herkunft des Codes (deduktiv oder induktiv) und Ankerbeispiele. Ankerbeispiele sind Zitate aus dem qualitativen Material. Sie helfen, die konkrete Anwendung einer Kategorie zu illustrieren (Kuckartz & Rädiker, 2022, S. 66). Konnte kein besonders typisches Beispiel für einen Code identifiziert werden, wurden mehrere Ankerbeispiele in die Beschreibung aufgenommen. Das gesamte Codebuch befindet sich in Anhang 3.

Das Kategoriensystem dient der Strukturierung, doch der eigentliche Sinn und Zweck der Kategorien ist die entsprechende Codierung der Daten, die als „codierte Segmente" bezeichnet werden (Kuckartz & Rädiker, 2022, S. 67). Die Codierregeln nach Kuckartz und Rädiker (2022, S. 136) dienten als Orientierung für dieses Vorgehen. So wurden bei der Zuordnung von Textstellen zu Codes in der Regel Sinneinheiten codiert, welche meistens einen vollständigen Satz umfassten. Trotzdem wurden auch Teilsätze codiert, da es bei der Verschriftlichung eines Interviews oft nicht eindeutig ist, wo ein Komma und wo ein Punkt zu setzen ist (Kuckartz & Rädiker, 2020, S. 45). Aufgrund der Forschungsfrage, die Nutzung einzelner Social-Media-Dienste zu untersuchen, wurden teilweise auch einzelne Wörter, wie z. B. einzelne Social-Media-Dienste, codiert. Umfasste die Sinneinheit mehrere Sätze oder Absätze, wurden diese ebenfalls codiert. Es wurde darauf geachtet, dass die codierten Textstellen auch allein verständlich sind (Kuckartz & Rädiker, 2022, S. 69). Die Codiereinheiten wurden nicht vorab bestimmt, „das bedeutet, dass sich die codierten Segmente durchaus überlappen können oder ineinander verschachtelt sein können" (Kuckartz & Rädiker, 2022, S. 69). Die Codierung erfolgte ebenfalls mit der qualitativen Analyse-Software MAXQDA Analytics Pro 2022.

3.5.3 Ablauf der Analyse

Zur Auswertung der Aussagen der 16 Journalistinnen/Journalisten wurde die inhaltlich strukturierende sowie die evaluative Inhaltsanalyse genutzt und mit MAXQDA Analytics Pro 2022 umgesetzt (Kuckartz & Rädiker, 2022, S. 129ff). Das zuvor entwickelte Kategoriensystem bildet die thematische Struktur der folgenden Analyseschritte. Insgesamt umfasst das Kategoriensystem etwa 204 einzelne Kategorien, verteilt auf bis zu drei Hierarchieebenen. Bei der Auswertung konnte über eine Kategorie direkt auf die Textstelle zum entsprechenden Aspekt oder Thema zugegriffen werden. Die Anwendung von 204 Kategorien auf 16 Fälle ergab insgesamt 986 Codierungen. Bei der qualitativen Auswertung gibt es zwei grundlegende Strukturierungsdimensionen: Fallzusammenfassungen oder die kategorienbasierte Auswertung (Kuckartz & Rädiker, 2022, S. 108). Bei der inhaltlich strukturierenden Inhaltsanalyse stehen die Themen und Subthemen im Fokus des Auswertungsprozesses (Kuckartz & Rädiker, 2022, S. 147). Die Auswertung lief aus diesem Grund kategorienbasiert nach Themen ab. In fallvergleichender Perspektive wurden die vorgenommenen Codierungen einer Kategorie abgerufen, um den jeweiligen Aspekt eines Themas auszuwerten und zu verschriftlichen. Die Ergebnisdarstellung ist nach den Forschungsfragen und den analysierten Themen und Aspekten gegliedert. Teilweise wurden einzelne Kategorien auch für Häufigkeitsanalysen (Quantifizierungen) genutzt, um bspw. einen Überblick über die Subkategorien zu schaffen. Für die Kategorien evaluativer Art wurde die evaluative Inhaltsanalyse in Form der qualitativ-interpretativen Auswertung herangezogen. Die Ausprägungen in Form der Subkategorien wurden in Zusammenhang mit den Argumenten der Befragten betrachtet und eingeordnet (Kuckartz & Rädiker, 2022, S. 168).

3.6 Gütekriterien

Die gängigen Gütekriterien empirischer Forschung sind Objektivität, Reliabilität und Validität. Für die qualitative Forschung müssen diese allerdings modifiziert, redefiniert und erweitert werden

(Misoch, 2019, S. 245–246). Objektivität auf die qualitative Inhaltsanalyse anzuwenden erscheint wenig sinnvoll, da es darum geht, Meinungen oder Einstellungen zu erheben und in Zusammenhang zu stellen. Deshalb wird die Objektivität für den Bereich qualitativer Forschung redefiniert und als Neutralität verstanden. Diese sorgt dafür, dass die Datenerhebung und -auswertung möglichst wenig durch die Forscher/-innen beeinflusst wird (Misoch, 2019, S. 248). Im gesamten Forschungsprozess wurde auf eine neutrale Haltung geachtet. Die Reliabilität wird in dieser Arbeit nach dem Vorschlag von Flick (2010, S. 398) gewährleistet. Die reformulierte Reliabilität bezieht sich folglich auf die prozedurale Konzeption und zielt darauf ab, das Zustandekommen der Daten transparent zu machen (Flick, 2010, S. 398). Das Vorgehen der Auswertung der Daten und die Interpretation des Datenmaterials sollte offengelegt werden, da bei der qualitativen Forschung immer ein gewisser individueller, „subjektiver" Spielraum vorliegt (Bogner et al., 2014, S. 94). Zusammenfassend kann die prozedurale Reliabilität durch die detaillierte Verfahrensdokumentation sichergestellt werden (Misoch, 2019, S. 250). Diese Kriterien bildeten Grundlage und Maßstab für die jeweiligen Schilderungen in den Kapiteln 3.1 bis 3.5, die den Forschungsprozess intersubjektiv nachvollziehbar machen (Misoch, 2019, S. 250). Zuletzt werden interne und externe Validität betrachtet, welche Kuckartz und Rädiker (2022, S. 235) für die qualitative Forschung auch als Glaubwürdigkeit oder Verlässlichkeit (interne Validität) und Übertragbarkeit oder Passung (externe Validität) bezeichnen. Zur Erfüllung der Validität erfolgte die Erstellung des Leitfadens eng an den Forschungsfragen und der bestehenden Forschung. Auch die transparente Darlegung des Forschungsprozesses war hierbei zielführend.

Ein kritischer Aspekt der Güte bezieht sich auf die konkrete Interviewdurchführung. Im Abschnitt 3.4.2 wurde die Auseinandersetzung mit der Interviewführung beschrieben. Die relevanten Themen wurden abgedeckt und die Journalistinnen/Journalisten konnten sich offen und frei äußern sowie neue Standpunkte aufzeigen. Bei der Transkription und der Codierung der Daten fiel jedoch auf, dass an einigen Stellen mehr spontane Nachfragen hätten eingebracht werden können. Ein hartnäckigeres Nachfragen hätte wichtige zusätzliche Informationen liefern können. Bei den späteren Interviews wurden allerdings häufiger spontane Nachfragen eingebracht als bei den anfänglichen Interviews.

4 Ergebnisse

Die Struktur der nachfolgenden Kapitel orientiert sich an den vier Forschungsfragen. In Kapitel 4.1 soll mit der Beschreibung der Bedeutung von Social Media für die journalistische Recherche die erste Forschungsfrage beantwortet werden. Im Anschluss wird (4.2) die Rolle von Social Media für die Berichterstattung analysiert. Im Kapitel 4.3 werden konkrete Social-Media-Dienste betrachtet. Schließlich wird (4.4) der Fokus auf Akteurinnen/Akteure und Themen gelegt. Das Kapitel 4.5 dreht sich um den journalistischen Arbeitsprozess und das letzte Kapitel (4.6) um dessen Zukunft. Die Ergebnisse werden dargestellt und mit den aussagekräftigsten Zitaten illustriert.

4.1 Die Bedeutung von Social Media für die journalistische Recherche

In diesem Kapitel wird die erste Forschungsfrage beantwortet: „Welche Bedeutung haben Social Media für die Recherche von Journalistinnen/Journalisten?“. Dafür bildet Kapitel 4.1.1 ab, wie Social Media für die Recherche verwendet werden und welche Bedeutung sie dabei für die Journalistinnen/Journalisten haben. In 4.1.2 wird geklärt, ob journalistische Themen eher gezielt gesucht oder durch Zufall gefunden werden. Abschließend werden Vor- und Nachteile der Social-Media-Recherche aufgezeigt (4.1.3).

4.1.1 Social-Media-Recherche

Die Journalistinnen/Journalisten wurden gefragt, wie sie Social Media für die Recherche in ihrer Redaktion verwenden und welche Bedeutung Social Media dabei für sie haben. Die Antworten ließen sich in vier Subkategorien einordnen. Social-Media-Nutzung wurde vermehrt genannt, um das aktuelle Geschehen zu verfolgen, Interviewpartner/Protagonisten zu finden, Meinungsverteilungen zu identifizieren und Themen zu finden. Am häufigsten wurde dabei die Themenfindung über Social Media erwähnt. Abbildung 5 zeigt den Überblick über die genannten Kategorien, sie dient der

Übersicht und stellt keinen Anspruch auf Repräsentativität. Eine befragte Person konnte verschiedene Kategorien aufzählen. Im Folgenden werden die genannten Kategorien beschrieben, begründet und mit Zitaten ausgeführt.

Abbildung 5

Anzahl der Aussagen der Kategorien der Social-Media-Nutzung für die Recherche

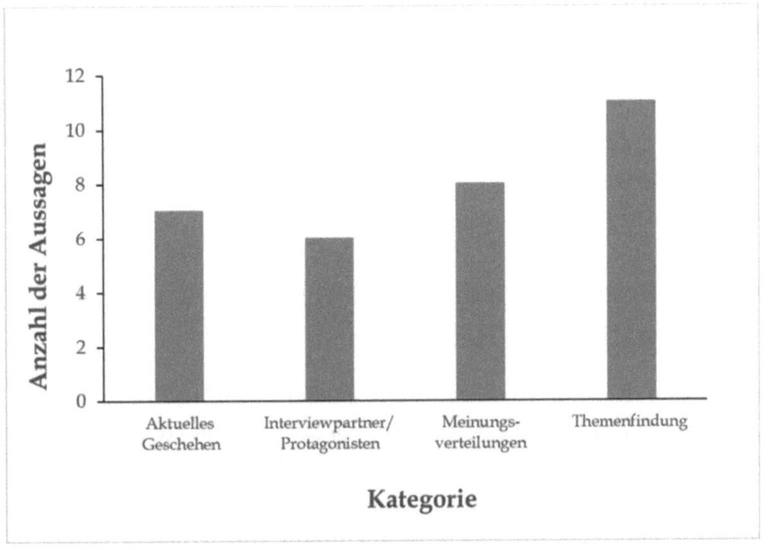

Anmerkung. Darstellung in absoluten Zahlen, N = 16, Mehrfachnennungen möglich.

Aktuelles Geschehen

Die Kategorie **aktuelles Geschehen** wurde in sieben Interviews genannt. Demnach helfen Social Media den Journalistinnen/Journalisten, sich daran zu orientieren, was die Menschen aktuell beschäftigt und was es Neues gibt (J1, Pos. 11; J7, Pos. 14; J11, Pos. 11). Sie thematisierten dabei, dass Social Media oft der schnellste Weg ist, auf aktuelle Informationen zuzugreifen. In diesem Zusammenhang wurde vor allem die Plattform Twitter genannt:

> „Twitter ist eine Art Ticker-Plattform, die mir oft in bestimmten Situationen hilft" (J8, Pos. 10).

> „Allgemein wird bei uns in der Redaktion Social Media zum einen dafür genutzt, um wirklich ein bisschen auf dem Laufenden zu bleiben und an Politiker/-innen auch nah dranzubleiben. Gerade wenn ich auf Twitter schaue. Es ist einfach ein Medium, wo du sehr schnell mitbekommst, wenn irgendwo etwas passiert und auch deine eigene Arbeit ein bisschen nach außen präsentieren kannst" (J13, Pos. 10).

Die Antworten bezogen sich, wie bei J13, auch auf das aktuelle Geschehen in der Politik. Über Social Media haben die Journalistinnen/Journalisten einen direkten Zugang zu politischen Akteuren und deren aktuellen Themen (J14, Pos. 12). Ein Auslandskorrespondent betonte außerdem die Wichtigkeit von Social Media in anderen Ländern:

> „[W]eil wir gerade auch aus und für Regionen berichten, bei denen es auch viele Restriktionen gibt, Russland z. B. oder auch im arabischen Raum, da kann man gar nicht darauf warten, bis irgendetwas in der Zeitung erscheint, weil da die Medien kontrolliert werden, im großen Stil - oder auch in Südamerika - und da spielt sich einfach viel mehr ab, über Social Media, als hier" (J3, Pos. 11).

Die für die Interviewpartner/-innen relevanten Themen und Akteurinnen/Akteure werden in Kapitel 4.4 weiter ausgeführt.

Interviewpartner/Protagonisten

Social Media dienen zudem der Identifikation von Protagonistinnen/Protagonisten für journalistische Beiträge, da diese über die Möglichkeiten von Social Media leicht gefunden und kontaktiert werden können (J10, Pos. 13; J15, Pos. 12).

> „Und darüber hinaus wird Social Media bei uns viel auch zur Protagonisten-Suche genutzt. Wenn man für irgendein Thema Protagonisten[4] braucht, dass man dann halt mal auf Facebook oder Instagram sucht [...]" (J13, Pos. 10).

Außerdem werden verschiedene Social-Media-Dienste dafür herangezogen, Personen des öffentlichen Lebens zu beobachten und im Anschluss darüber zu berichten:

---

4 Die Gespräche wurden wörtlich transkribiert, dadurch besteht eine uneinheitliche geschlechtergerechte Sprache.

„In der Recherche verwenden wir Social Media hauptsächlich, um neue Themen und neue Protagonist/-innen zu finden, weil heutzutage viele interessante Persönlichkeiten auch einen großen Social-Media-Auftritt haben. Und weil man da einfach schon viel über sie herausfinden und sie überhaupt finden kann" (J1, Pos. 11).

„[D]ie allererste Anlaufstelle ist natürlich deren Social-Media-Auftritt, also wenn ich irgendetwas recherchiere oder über einen Künstler sagen will, schaue ich natürlich, was haben die gepostet, gerade auf Instagram, auf TikTok, was machen die auf Facebook oder Twitter." (J2, Pos. 11).

Hier wurden bereits spezifische Social-Media-Dienste angesprochen. In Kapitel 4.3 befindet sich eine detaillierte Auswertung, welche Social-Media-Dienste für welchen Zweck herangezogen werden.

Meinungsverteilungen

Vermehrt thematisierten die Journalistinnen/Journalisten, dass Social Media sinnvoll sind, um Diskussionen zu verfolgen und dadurch ein Meinungsbild der Gesellschaft zu bekommen (J9, Po. 11; J8, Pos. 10; J12, Pos. 11).

„Wo ich jetzt mehr Relevanz darin gefunden habe, weil ich einfach gemerkt habe, dass diese Geschwindigkeit, die Twitter irgendwie hat, dass ich die echt gut finde, da du sehr schnell an ein gewisses Meinungsbild kommst, wo du dich sehr gut dran orientieren kannst, wo du weißt, das ist gerade irgendwie der Tonus der Gesellschaft" (J6, Pos. 21).

„Ich selbst und die meisten, die ich kenne, benutzen es natürlich eher, um sich einen Eindruck zu verschaffen: Über was wird gesprochen, was ist heute irgendwie in der Diskussion, was ist gerade viral, wie geht es den Leuten, um auch so ein bisschen ein Tagesgefühl zu kriegen" (J7, Pos. 14).

Dabei merkten zwei Journalistinnen an, dass Social Media für den lokalen Journalismus sehr bedeutsam sind.

„Außerdem benutze ich lokale Social-Media-Sachen, generell so Stuttgart-Accounts, um zu sehen, was halt lokal los ist, was die Leute gerade beschäftigt" (J2, Pos. 11).

„Bei der Recherche geht es tatsächlich darum, wenn es ein Thema ist, dass man guckt, wie sich die Leute über dieses Thema in den sozialen Netzwerken austauschen. Da sind die Leute besonders bei Facebook sehr aktiv, hier im ländlichen Raum" (J15, Pos. 12).

Themenfindung

Am häufigsten wurde die Themenfindung über Social Media angesprochen. Social Media liefern Ideen, Themen, Anreize und Problematiken (J1, Pos. 11; J6, Pos. 21; J8, Pos. 11; J13, Pos. 10). Dabei spielte eine Rolle, dass Themen auf Social Media sehr aktuell sind:

> „Das macht es eben auch möglich, Themen vorher zu generieren, von denen man auch sonst vielleicht erst zwei Wochen später erfahren wird" (J3, Pos. 11).

Außerdem beschrieben zwei Journalistinnen die Art und Weise, wie sie aktiv Themen über Social Media suchen. J10 (Pos. 13) beschreibt, dass sie überregionale Themen betrachtet und versucht, diese für die lokale Berichterstattung herunterzubrechen. Eine weitere Journalistin beschreibt die aktive Themensuche über Hashtags:

> „Also wir gehen halt unter die Hashtags, die wir in unseren Beiträgen benutzt haben und liken da alles durch und kommentieren bei Leuten und folgen ihnen dann. Und darüber kriege ich Themenideen [...] und das machen wir dann auf unseren Kanal, weil wir genau die ansprechen wollen. D. h., da gibt es sehr viel Inspiration, wenn ich mir Beiträge anschaue, andere Kanäle, aber auch Privatpersonen" (J4, Pos. 11).

Eine Radio-Journalistin betonte, dass sie die verschiedenen sozialen Netzwerke auch in der Freizeit nicht mehr nur privat nutzen kann, sondern dass sie auch nach der Sendung die Augen nach Themen offenhält (J11, Pos. 8). Des Weiteren wurde in dieser Kategorie auch die Publikumsbeteiligung an der Themenfindung erwähnt. Zwei Aussagen bezogen sich darauf, dass Zuschauer/-innen über Social Media Themen vorschlagen, die Journalistinnen/Journalisten direkt anschreiben und mit den Themen konfrontieren (J14, Pos. 12; J15, Pos. 12).

> „Also z. B. ist es so, dass wir von außen immer wieder mal Hinweise bekommen, über Facebook. Das hat dann teilweise recht humorvollen Charakter. Also ich kann mich erinnern an einen Post von jemandem, der geschrieben hat: ‚Tatütata, was ist da los?'" (J14, Pos. 12).

Bedeutung von Social Media für die Recherche

Unter die Hauptkategorie Social-Media-Recherche fällt auch die Kategorie Bedeutung. Diese erfasste evaluativ die Bedeutung von Social Media für die Recherche. Es gibt drei Subkategorien: keine/niedrige Bedeutung, mittelstarke Bedeutung und hohe Bedeutung. Die Interviewpartner/-innen nannten dabei vermehrt, dass Social Media für die Recherche eine hohe Bedeutung haben (J7, Pos. 14; J11, Pos. 11; J12, Pos. 11).

> „Also, Social Media z. B. im Studio Stuttgart hat für mich persönlich eine große Relevanz, weil ich glaube, dass immer mehr Menschen, also dass nicht mehr nur junge Menschen auf Social Media unterwegs sind, sondern auch Menschen der mittleren Generation, also so um die 50 oder 60 und die sind sehr aktiv auf verschiedenen Kanälen und wenn sie was stört, dann posten sie auch was dazu oder verteilen das in irgendeiner Form im Internet" (J3, Pos. 11).

> „Also für mich ist Social Media extrem wichtig, weil ich eben diesen Open Source Intelligence Schwerpunkt habe [...]" (J13, pos. 10).

> „[U]nd da würde ich schon sagen, hat [Social Media] eine große Bedeutung für die Recherche" (J15, Pos. 12).

Die Journalistinnen/Journalisten, die Social Media eine hohe Bedeutung für die Recherche zuschreiben, stammen aus unterschiedlichen Mediengattungen und Ressorts. Sie sind zwischen 24 und 55 Jahre alt. Daneben überschneiden sich auch die Begründungen der Radiojournalistinnen und -journalisten. Sie finden Social Media für die Recherche relevant, da der Fokus ihrer Berichterstattung auf Themen rund um Künstlerinnen/Künstlern liegt. Die Informationen zu letzteren sind über Social Media leicht zugänglich. Teilweise werden Originaltöne für die Radiosendung verwendet.

> „Also ich persönlich verwende es eigentlich super häufig, ich würde sogar sagen zu 70 % ehe ich irgendetwas google, aber das liegt hauptsächlich natürlich daran, dass wenn ich mal was mache, dass ich sehr häufig über Künstler spreche und die allererste Anlaufstelle ist natürlich deren Social Media-Auftritt, also wenn ich irgendetwas recherchiere oder über einen Künstler sagen will, schaue ich natürlich, was haben die gepostet, gerade auf Instagram, auf TikTok, was machen die auf Facebook oder Twitter" (J2, Pos. 11).

> „Und wir müssen beim Radio, also gerade bei uns am Sender, immer gucken: ‚Ist das für die Masse relevant oder ist es nicht für die Masse relevant?' Ein Beispiel was gut bei Social Media geht, [...], ist das Thema Amber Heard und Jonny Depp, also dieser Prozess, der auf Social Media durch die Decke ging [...]. Und sowas können wir natürlich auch für die Sendung nutzen. Um jetzt bei dem Beispiel zu bleiben, es gibt natürlich Ausschnitte aus diesem Prozess, die bei Social Medial durch die Decke gehen, das kann man auch mal benutzen" (J5, Pos. 19).

Social Media haben für die meisten Befragten eine hohe Bedeutung für die Recherche. Trotzdem wurden einzelne Aussagen gemacht, die widersprechen. Ein Journalist aus dem multimedialen Rundfunk reflektierte über die individuelle Nutzung:

> „Auch wenn ich das benutze und wahrscheinlich einer bin, von den Kollegen, die das in regulären Recherchen noch eher mal anwenden, benutze ich es natürlich viel weniger als ich es vielleicht sollte oder könnte" (J8, Pos. 11).

Eine Aussage zielte darauf ab, dass Social Media keine Bedeutung für die Recherche haben. Der Journalist stammt aus dem Print-Bereich und ist 55 Jahre alt:

> „Also ich bin wahrscheinlich einer der vermutlich vielen Gesprächspartner von Ihnen, die behaupten, es hätte keine Bedeutung oder wenig Bedeutung. Ich bin kein Meinungsjournalist. Twitter ist in meiner Wahrnehmung voller Meinungen. Ich äußere dort meine Meinung auch. Da ich aber bei der ZEIT z. B. keine Leitartikel oder Kommentare schreibe, hilft mir Twitter auch nicht dabei, meine Argumente zu schärfen, etwas auszuprobieren, auf Gegenargumente zu warten" (J16, Pos 14).

Zusammenfassend wird deutlich, dass Social Media von den meisten Journalistinnen/Journalisten, aus den verschiedenen Mediengattungen und Ressorts, für die Recherche herangezogen werden und eine hohe Bedeutung haben. Trotzdem gibt es vereinzelt Aussagen, dass Social Media für den individuellen Arbeitsprozess von geringer oder keiner Bedeutung sind.

4.1.2 Journalistische Themen – gezielte Suche oder Zufallsfund?

Bezüglich der Suche nach Themen für journalistische Beiträge wurden die Interviewpartner/-innen gefragt, in wieviel Prozent der Fälle sie gezielt auf Social Media nach Themen suchen und in wieviel Prozent der Fälle die Themenfindung durch Zufall geschieht.

Dabei wurde herausgefunden, dass die Themensuche auf Social Media überwiegend zufällig abläuft (J6, Pos. 65; J7, Pos. 39; J9, Pos. 38; J10, Pos. 40; J11, Pos. 46; J12, Pos. 36; J13, Pos. 32; J16, Pos. 18).

> „Also ich würde sagen, definitiv öfter durch Zufall auf ein Thema, weil wenn ich gezielt etwas suche, dann google ich oder so, deswegen würde ich sagen: 85 % durch Zufall und 15 % gezielt" (J1, Pos. 37).

> „Also gezielte Suche ist tatsächlich in den sozialen Netzwerken wirklich ein bisschen weniger als das Spontane. Da würde ich vielleicht so sagen: 40, 60, also 40 % gezielt und 60 % durch Zufall" (J15, Pos. 43).

Fünf Journalistinnen/Journalisten gaben an, dass die Recherche zu 50 % durch Zufall passiert und zu 50 % gezielt abläuft (J3, Pos. 36; J4, Pos. 43; J5, Pos. 64; J8, Pos. 37).

> „Das hält sich ungefähr die Waage, weil ich immer wieder auf Suche gehen muss. Wenn dann gerade keine Geschichte vorliegt oder ich zu dem Thema irgendwie noch Informationen haben will. Aber ich stoße auch immer wieder drauf. Also 50 / 50 würde ich sagen" (J14, Pos. 41).

Zuletzt berichtete eine Radio-Journalistin, dass sie hauptsächlich gezielt auf Social Media recherchiert:

> „Also ich würde sagen 80 % / 20 %. 80 % gezielt und 20 % zufällig, wobei die 80 % eben hauptsächlich Star-Informationen sind, die ich ganz gezielt suche, und die 20 % sind die Sachen, die mein Algorithmus und meine Timeline mir eben auf meinen Feed spülen und sobald etwas mehr als zwei Mal auftaucht, werde ich hellhörig" (J2, Pos. 37).

4.1.3 Vor- und Nachteile der Social-Media-Recherche

Die Journalistinnen/Journalisten wurden nach den Vor- und Nachteilen der Recherche über Social Media gefragt. Abbildung 6 zeigt die daraus gebildeten Kategorien. Die hervorgehobenen Kategorien finden sich ähnlich auch in den Vor- und Nachteilen der Berichterstattung über Social Media wieder (4.2.3), da es für die Interviewpartner/-innen schwierig war, zwischen den Vor- und Nachteilen der Recherche und der Berichterstattung über Social Media zu unterscheiden. Im Folgenden werden die Kategorien weiter ausgeführt.

Abbildung 6

Genannte Vor- und Nachteile der Recherche auf Social Media

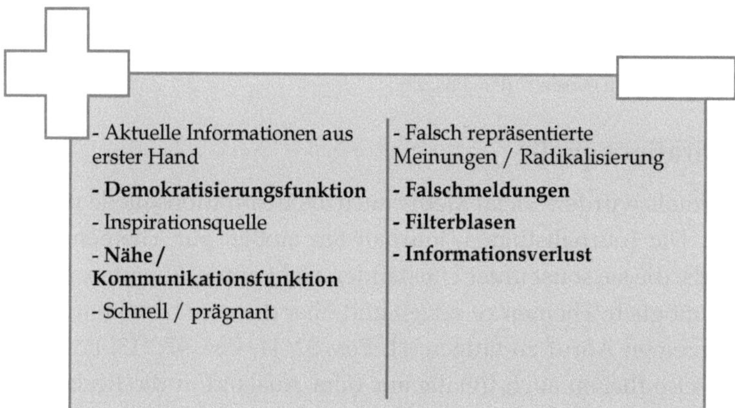

Aktuelle Informationen

Ein genannter Vorteil der Recherche über Social Media ist der Zugriff auf aktuelle Informationen aus erster Hand. Dabei ist vor allem der direkte Zugang zu Künstler/-innen oder Personen des öffentlichen Lebens zentral (J6, Pos. 27; J11, Pos. 53).

> „Vorteile sind auf jeden Fall, dass man gerade im Falle von Künstlern First-Hand-Informationen bekommt, dadurch dass man davon ausgehen kann, dass diese Künstler den Account selbst führen oder aber eben deren Team es führt, also dass deren Informationen, die da rausgegeben werden, sind in dem Fall vielleicht nicht unbedingt die Wahrheit, aber eben das, was der Künstler als die Wahrheit verkaufen möchte" (J2, Pos. 41).

Demokratisierungsfunktion

Immer wieder wurde die Demokratisierungsfunktion angesprochen oder umschrieben. Als klaren Vorteil sahen die Journalistinnen/Journalisten, dass Social Media vielen Menschen eine Bühne geben, die sonst nicht zu Wort kommen. Deshalb sind, laut J3 (Pos. 42), Social Media auch gerade bei der Recherche ernst zu nehmen. Menschen, die sich für ähnliche Themen interessieren, finden zusammen und berichten über diese Themen, daraufhin erlangen letztere Reichweite und dadurch auch Relevanz. Des Weiteren helfen Social Media Grenzen zu überwinden:

> „Gleichzeitig finde ich aber auch, dass [...] Twitter einfach Grenzen niederreißt. Das heißt, ich bin ja wirklich ganz dicht dran an den Gedankengängen eines Spitzenpolitikers oder eines Aktivisten, der sich für Fahrradwege in München einsetzt“ (J16, Pos. 22).

Inspirationsquelle

Mehrmals wurden Social Media auch als Inspirationsquelle dargestellt. Die Journalistinnen/Journalisten stoßen auf Themen oder Trends, die sie sonst unter Umständen nicht entdeckt hätten. Dabei ist es möglich, Themen zu setzen und über diese zu berichten, ohne bspw. einen Anruf zu tätigen (J1, Pos. 52; J4, Pos. 47; J13, Pos. 38). Teilweise fließen auch Inhalte aus dem Ausland in die Recherche von lokalen Journalistinnen/Journalisten ein. Es wurde angemerkt, dass das ohne Social Media nicht möglich wäre (J14, Pos. 45). Ein Journalist nutzt Social Media außerdem für die Recherche, um seine Moderationen für die Fernsehnachrichten anzureichern:

> „Man kriegt Ideen, Anreize und Inspirationen. Also Ideen und Inspirationen sowohl für Themen als auch für Moderationen. Also wie hänge ich eine Moderation auf oder wo hänge ich ein Thema auf. Da geht es manchmal so weit, dass ich sogar kleine Geschichten finde, die dazu passen“ (J7, Pos. 44).

Nähe / Kommunikationsfunktion

Die Nähe und die Kommunikationsfunktion von Social Media wurden als große Chance deklariert.

> „Vorteil ist, dass du die Experten oder die Betroffenen immer direkt anschreiben kannst. Du musst nicht über den Pressesprecher gehen oder über einen Manager, oft kannst du die direkt einfach anschreiben [...]“ (J11, Pos. 53).

Social Media erleichtern den journalistischen Arbeitsprozess, da sich Journalistinnen/Journalisten viel Zeit und Mühe sparen, indem sie die Menschen direkt kontaktieren. Sie müssen damit nicht mehr über die offiziellen Stellen, wie Pressesprecher/-innen, anfragen (J11, Pos. 53). Außerdem werden Journalistinnen/Journalisten über Social Media direkt vom Publikum kontaktiert und können auch leichter Gesprächspartner/-innen oder Betroffene kontaktieren (J14, Pos. 19; J15, Pos. 49). Zudem wurde auch der vereinfachte Zugang zu Expertinnen/Experten oder Politiker/-innen genannt (J12, Pos. 42; J14, Pos. 19; J16, Pos. 22).

> „Die Vorteile? Definitiv darin, dass man direkten Zugang hat. Ich habe das Gefühl, teilweise wird es auch öfter gecheckt. Manchmal bekomme ich auf Social Media schneller eine Antwort von potenziellen Gesprächspartner/-innen, als über eine E-Mail. Teilweise gibt es auch keine E-Mail. Viele wollen tatsächlich den Kontakt über Social Media haben" (J10, Pos. 44).

Social Media vereinfachen demnach die Kommunikation. Es wird eine Nähe hergestellt, sodass auf der gleichen Ebene kommuniziert werden kann. Außerdem bekommen Journalistinnen/Journalisten mit, was die Menschen beschäftigt, wie es ihnen geht und wie sie auf bestimmte Themen reagieren (J6, Pos. 77).

> „Dann ist das der große Vorteil, dass du schnell mitkriegst, wie es Leuten geht oder wie Leute darüber gerade denken, reagieren oder was sie dabei umtreibt" (J8, Pos. 41).

> „Der Vorteil ist, dass ich relativ nah an den Leuten bin. Und mich eben nicht auf die vermeintliche Expertise von Kollegen verlassen muss. Und dass ich eben auch Stimmungen, Stimmungsbilder einfangen kann, die mir helfen, Themen auch einzuschätzen" (J12, Pos. 42).

Schnell / prägnant

Mehrere Interviewpartner/-innen nannten auch den Vorteil der schnellen Art und Weise von Social Media an Informationen zu gelangen. Tabelle 3 zeigt alle Aussagen, die zum Thema Schnelligkeit gemacht wurden. Hervorzuheben ist die Aussage von J8 (Pos. 41), die begründet, dass die Schnelligkeit in Katastrophenfällen von großer Bedeutung ist. J9 (Pos. 42) betont ergänzend dazu, dass die Ereignisse auf Social Media in Echtzeit geteilt werden. Dadurch gelangen die Journalistinnen/Journalisten schneller an die Informationen als über klassische Wege (z. B. Zeitungen). J1 (Pos. 43) und J10 (Pos. 44) schätzen die komprimierte und prägnante Darstellung auf Social Media. Diese hilft dabei, einen ersten Überblick über aktuelle Themen und Informationen zu gewinnen.

Tabelle 3

Aussagen zur Schnelligkeit der Recherche über Social Media

Dimension	Beispiel-Zitat
Kurze, prägnante Informationen	*„Ein Vorteil ist auf jeden Fall, dass es immer kurz und knackig ist und die wichtigsten Punkte meistens da sind" (J1, Pos. 43).*
Kurze, prägnante Informationen	*„Außerdem ist es sehr komprimiert dargestellt, das ist teilweise für den ersten Überblick so wahnsinnig wichtig, dass man eben schnell viele Informationen oder eben diese strukturierten Informationen ansehen kann" (J10, Pos. 44).*
Schnelligkeit	*„Social Media hat den Vorteil, dass es schnell ist" (J5, Pos. 19)*
Schnelligkeit	*„Social Media ist grundsätzlich viel schneller. Das hat einen riesengroßen Vorteil" (J5, Pos. 70).*
Schnelligkeit	*„Also die Vorzüge sind ganz klar, man kriegt schnell mit über was gesprochen wird" (J7, Pos. 44).*
Schnelligkeit in Katastrophensituationen	*„Vorteile ganz klar, dass es schneller ist. Gerade in, wir nennen es K-Fall, Katastrophenfall, wenn das Busdepot in die Luft fliegt oder wenn Überschwemmungen sind und solche Sachen" (J8, Pos. 41).*
Ereignisse in Echtzeit	*„Die Kanäle sind nah am aktuellen Geschehen und bilden Ereignisse praktisch in Echtzeit ab, das ist ein Vorteil (J9, Pos. 42).*

Falsch repräsentierte Meinungen / Radikalisierung

Ein vielfach genannter Nachteil von Social Media für die Recherche war die Kategorie **falsch repräsentierter Meinungen** bis hin zur Radikalisierung. Betont wurde von den Journalistinnen/Journalisten, dass die Leute, die sich von irgendetwas gestört fühlen, sich auf Social Media eher äußern. Diese Menschen repräsentieren aber nicht die wirkliche Mehrheit oder gar ein Stimmungsbild der Gesellschaft (J3, Pos 43, Pos. 57; J12, Pos. 42; J15, Pos. 49). Ergänzend dazu nannte ein Journalist die Schweigespirale und das Problem der False Balance (J7, Pos. 70).

> „Was der Nachteil ist, dass die Wortmächtigen dann auch wirkmächtiger werden. Also ob sich jetzt der nicht populistische oder nicht so eloquente, aber genauso schlaue Mensch, auf Twitter genauso zeigt, das bezweifle ich" (J16, Pos. 22).

Eine Journalistin äußerte sich direkt zum Thema Radikalisierung:

> „Problematisch ist aber die Tendenz der schnellen Radikalisierung von Meinungen im Netz“ (J9, Pos. 42).

Zusammenfassend sehen Journalistinnen/Journalisten einen Vorteil darin, zu beobachten, was die Menschen gerade beschäftigt (J6, Pos 77). Es ist ihnen jedoch bewusst, dass die Meinungen nicht repräsentativ für die gesamte Gesellschaft sind. Das sehen sie als großen Nachteil.

Falschmeldungen

Falschmeldungen, Fake-News und unseriöse Quellen sind weitere häufig genannte Nachteile der Recherche über Social Media (J2, Pos. 42; J5, Pos 19, Pos. 70; J6, Pos 71; J11, Pos. 52; J12, Pos. 42; J13, Pos. 38). Außerdem verbreiten sich Falschmeldungen über Social Media schnell und Nutzer/-innen vertrauen diesen Informationen, ohne sie zu hinterfragen (J1, Pos 43). Die Recherche wird dadurch aufwendiger und es ist schwieriger, an glaubwürdige Informationen zu gelangen:

> „Und auf der anderen Seite ist es natürlich das klassische Thema von Fake-News und falschen Informationen und Vermischung von Fakten und Meinungen. Wir haben als Journalisten zwar immer die Aufgabe Fakten abzugleichen und mehrere Quellen abzugleichen, aber bei Social Media erst recht, weil die Leute oft irgendwo etwas hören und dann irgendetwas daraus machen, das ist so ein bisschen ‚Stille Post‘ und das macht die Recherche noch ein bisschen aufwendiger“ (J3, Pos. 44).

> „Die Nachteile sind, dass Social Media immer sehr mit Vorsicht zu genießen ist. Das ist eine Erfahrung, die ich oft gemacht habe und nach wie vor mache, dass Menschen Dinge teilen, ungeprüft teilen und für bare Münze nehmen. Also einfach: Es ist noch aufwendiger und noch schwieriger, glaubwürdige Informationen zu bekommen, weil da einfach viele Leute mit einer eigenen Agenda unterwegs sind“ (J14, Pos. 45).

Ein Faktencheck oder eine zweifache Überprüfung ist laut den Journalistinnen/Journalisten bei Social-Media-Informationen immer notwendig (siehe z. B. J1, Pos. 45; J10, Pos. 44). Weitere Regeln für den journalistischen Arbeitsprozess befinden sich in Kapitel 4.1.4.

Filterblasen

Oft wird die Relevanz von Themen auf Social Media überschätzt oder falsch eingeschätzt, da jeder/jede Journalist/-in eine eigene Filterblase hat. Diese Problematik wurde mehrmals als Nachteil beschrieben. Themen werden algorithmisch ausgespielt und sind deshalb nicht für alle Nutzer/-innen allgegenwärtig (J3, Pos. 43, Pos. 51; J5, Pos 19, Pos, 35; J6, Pos. 21; J15, Pos 66).

> „Ich stoße unbewusst auf Themen, das passiert durch Sachen, die in meiner Bubble stattfinden und das ist glaube ich nicht immer so gut, weil dann denkt man, das passiert in meiner Bubble, das ist bei allen anderen auch so präsent, aber es ist nur vielleicht in meiner eigenen Bubble und in meinem eigenen Social-Media-Feed präsent und dann überschätze ich vielleicht, wie wichtig das Thema für meine Zielgruppe ist. Das passiert schon auch manchmal, dass ich denke, das ist mega das Thema und dann zieht es bei der Community halt nicht so krass, wie ich es erwarten würde" (J4, Pos. 49).

Eine Journalistin reflektierte, dass man die eigenen Filterblasen durch Recherche in die Breite erweitern sollte. Dadurch kann man verschiedene Perspektiven auf ein Ereignis bekommen (J9, Pos. 42). Insgesamt wird die Recherche durch die Filterblasen verzerrt und es ist wichtig, zu differenzieren, wie relevant Themen für die Zielgruppe der Journalistinnen/Journalisten sind.

Informationsverlust

Ein weiterer Nachteil ist, dass Social Media nicht immer für valide und stichhaltige Fakten geeignet sind (J7, Pos. 46; J8, Pos. 41). Letztere sind schnell und prägnant, dadurch gehen jedoch, laut der Befragten, oft Informationen verloren oder Themen werden nur kurz angeschnitten (J1, Pos, 43; J8, Pos. 41). Außerdem werden Inhalte vereinfacht und zugespitzt dargestellt, um mehr Aufmerksamkeit zu bekommen. Eine Journalistin schildert die Situation wie folgt:

> „Um das Publikum bei der Stange zu halten, werden Inhalte oft skandalisiert und zugespitzt. Sachliche Information bleibt schneller auf der Strecke und auch die Journalistinnen/Journalisten werden immer mehr in Beschleunigungsprozesse gezwungen, die eine fundierte Recherche erschweren. Diese Beschleunigung in den sozialen Netzwerken kann auch zu einer Trivialisierung der Berichterstattung führen: Weil man nur noch wenig Zeit hat, in die Tiefe zu recherchieren, kann man in bestimmten Bereichen nur

> noch oberflächliche Betrachtungen eines Sachverhaltes liefern. Will man mehr Zeit investieren, wird man von den sich auf den sozialen Netzwerken überschlagenden Ereignissen überholt, die eigene Berichterstattung ist dann schon wieder veraltet. Darin liegt die größte Gefahr für einen ernsthaften Journalismus" (J9, Pos. 42).

Die Journalistinnen/Journalisten greifen zwar Social-Media-Themen auf, diese müssen dann jedoch aufbereitet und mit weiteren Informationen gegengeprüft und vertieft werden (J10, Pos. 44). Die Recherche wird durch diese Bedingungen erschwert. Auch bei der Berichterstattung ist die im Zitat geschilderte Oberflächlichkeit ein Problem (siehe 4.3.2, Kategorie Oberflächlichkeit).

4.1.4 Regeln für die Social-Media-Recherche

In der vorliegenden Arbeit galt es unter anderem herauszufinden, ob es in den Redaktionen (interne) Kodizes zum Einbezug von Social Media gibt oder an welchen Kriterien sich Journalistinnen/Journalisten zur Qualitätssicherung orientieren. Aus diesem Grund wurden die Interviewpartner/-innen auch nach Regeln der Social-Media-Recherche gefragt. Die meisten Aussagen bezogen sich dabei auf das **Zwei-Quellen-Prinzip**. Social Media werden zur Inspiration und Themenfindung genutzt, diese Themen werden dann mit weiteren Quellen gegengeprüft (J1, Pos. 45; J2, Pos. 44; J9, Pos. 44; J14, Pos. 47; J16, Pos. 37). Für eine gute Recherche sind mehrere unabhängige Quellen vonnöten (J3, Pos. 46; J4, Pos. 51; J10, Pos. 46; J11, Pos. 55). Außerdem lassen sich die Journalistinnen/Journalisten die Fakten bestätigen, indem sie sich z. B. selbst ein Bild vor Ort machen oder die Polizei anrufen (J7, Pos. 50). Sie konfrontieren Betroffene und lassen diese Stellung beziehen, anstatt nur den Berichten auf Social Media zu folgen (J13, Pos. 40; J16, Pos. 24). Neben dem **Zwei-Quellen-Prinzip** beschrieben die Journalistinnen/Journalisten häufig, dass es ungeschriebene Regeln für die Recherche über Social Media gibt (J2, Pos. 44), oder dass die gleichen Regeln, wie auch im klassischen Journalismus gelten (J3, Pos. 46; J8, Pos. 43; J12, Pos. 40). Darunter fällt auch das **Vier-Augen-Prinzip**, welches vermehrt genannt wurde (J1, Pos. 45; J7, Pos. 50; J11, Pos. 55). Einige der Interviewpartner/-innen berichteten, dass sie sich an rechtlichen Rahmenbedingungen orientieren (J13, Pos. 38, Pos. 40).

Außerdem gab es zwei Aussagen, die sich auf Schulungen für die Recherche auf Social Media bezogen (J8, Pos. 43; J10, Pos. 46). Abbildung 7 zeigt einen Überblick über die genannten Regeln der Social-Media-Recherche.

Abbildung 7

Überblick über die genannten Regeln der Social-Media-Recherche

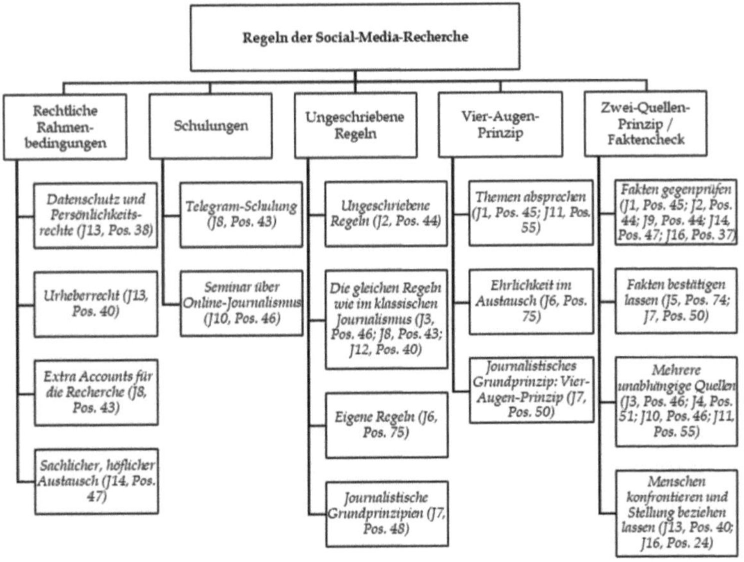

4.2 Die Rolle von Social Media für die Berichterstattung

Dieses Kapitel widmet sich der Beantwortung der zweiten Forschungsfrage: „Welche Rolle spielen Social Media für die Berichterstattung von Journalistinnen/Journalisten?". Ausgewertet wurden zunächst die Nachrichtenauswahl (4.2.1) und die journalistische Qualität in Zusammenhang mit Social Media (4.2.2). Im Anschluss daran befinden sich in Kapitel 4.2.3 die Chancen und Risiken des Einbezugs von Social Media für die Berichterstattung.

4.2.1 Nachrichtenauswahl

Kriterien der Nachrichtenauswahl

Die Kriterien der Nachrichtenauswahl, die von den Befragten aufgezeigt wurden, bestätigen zum Teil die in der wissenschaftlichen Theorie aufgeführten Kriterien. Wann ein Thema zur Nachricht wird, hängt von den klassischen Nachrichtenwerten ab. So bezogen sich mehrere Aussagen auf den **Gefühlswert** (J2, Pos. 47; J3, Pos. 49; J5, Pos. 78; J13, Pos. 45; J14, Pos. 52).

> „EGUN – jetzt fällt es mir wieder ein. E steht für Emotionalität, ist es etwas, was etwas mit den Menschen macht, wenn sie es hören, oder ist es ihnen eigentlich egal" (J8, Pos. 47).

Neben dem Gefühlswert spielte bei den Befragten der **Neuigkeitswert** eine wichtige Rolle (J1, Pos. 50; J3, Pos. 49; J5, Pos. 78; J8, Pos. 47; J9, Pos. 47; J13, Pos. 45).

> „Wir sind eben keine Tageszeitung. Wir schreiben Vorankündigungen. Bei uns ist der erste Nachrichtenwert tatsächlich, dass es weit in der Zukunft stattfindet. Also im Moment planen wir die Juni-Ausgabe deswegen, wenn wir jetzt noch Sachen für den Juni reinkriegen, bringt das uns nichts und deswegen kommt es tatsächlich auf den Zeitpunkt einer bestimmten Veranstaltung oder eines bestimmten Happenings an" (J10, Pos. 49).

> „Es muss gesprächswertig sein, es muss neu sein, es muss auch schon ein bisschen meinungsweisend sein" (J11, Pos. 58).

Journalistinnen/Journalisten orientieren sich außerdem am **Nutzwert**, wenn es darum geht, eine Auswahl aus den verschiedenen Nachrichten zu treffen (J1, Pos. 50; J3, Pos. 49; J4, Pos. 54; J7, Pos. 53; J10, Pos. 49; J13, Pos. 45; J15, Pos. 54; J16, Pos. 29).

> „Ich achte darauf, ob es andere Menschen betrifft, ob ich es in meinem Umfeld mitbekomme und ich gucke natürlich auch, ob das Menschen – vielleicht jetzt noch nicht, aber später – auch irgendwie betreffen wird. Qualität heißt, es muss irgendwie relevant sein. Das ist erstmal der wichtigste Punkt" (J2, Pos. 53).

Auch die **Regionalität** und der Bezug zur **Zielgruppe** ist für die Nachrichtenauswahl von Bedeutung (J1, Pos. 50; J5, Pos. 78; J6, Pos.

79; J7, Pos. 53; J8, Pos. 47; J9, Pos. 47; J10, Pos. 49; J12, Pos. 47; J13, Pos. 45).

Einfluss von Social Media auf die Nachrichtenauswahl

Weiterhin war es für diese Arbeit von Interesse herauszufinden, ob die Nachrichtenauswahl von Social Media beeinflusst wird. Laut den Journalistinnen/Journalisten haben Social Media einen **hohen Einfluss** auf die Nachrichtenauswahl (J6, Pos. 84):

> „Also, wenn es um Künstler-Recherche geht, auf jeden Fall sehr. Da ist Social Media tatsächlich das Erste, was ich mir angucke, wenn ich Musikmoderationen habe. Zu welchem Künstler kann ich jetzt gerade etwas machen" (J2, Pos. 49).

> „Aber Social Media beeinflusst die Auswahl natürlich, also Twitter macht das Ganze aktueller, also wir sind viel schneller dabei, als das früher war" (J3, Pos. 51).

> „Stark, weil Social Media auch manchmal die Themen kreiert und wir manchmal auch einfach über Social-Media-Themen sprechen, die gäbe es natürlich nicht, wenn es keine Social Media gäbe" (J11, Pos. 60).

> „Social Media ist insofern hilfreich, weil man dann immer wieder bei bestimmten Themen sieht, was die auslösen im Internet. Also wenn sich zu einem bestimmten Thema die Leute sehr stark äußern oder diskutieren, beeinflusst uns das schon" (J14, Pos. 54).

Der hohe Einfluss von Social Media auf die Nachrichtenauswahl wird deutlich, doch er wird nicht von allen als positiv betrachtet. Eine Print-Journalistin aus dem Kulturbereich äußert sich kritisch:

> „Online-Trends sind aber sicherlich ein entscheidender Faktor und die Social Media sind maßgeblich dafür verantwortlich, dass bestimmte Themen aus dem Portfolio der Berichterstattung verschwinden. Da online kaum über kulturelle Ereignisse diskutiert wird, findet sie auch im immer geringeren Maß statt" (J9, Pos. 49).

Einige Journalistinnen/Journalisten gaben aber auch an, dass Social Media **wenig**, bis **keinen Einfluss** auf die Nachrichtenauswahl haben.

> „Nein, weil ich habe am Anfang gesagt, dass das ein Recherchetool von vielen ist. Deshalb ist das nicht anders als bei den anderen, sogar eher weniger.

Bei einer klassischen Nachrichtensendung ist das wirklich ein Tool von vielen und es spielt eine untergeordnete Rolle" (J7, Pos. 55).

„Also ich würde sagen, dass eigentlich Social Media weniger da miteinbezogen wird. Ganz einfach, weil Social Media eher ein Gegencheck oder eine Gegenrecherche ist" (J8, Pos. 49).

„Beeinflussen nicht direkt. Wenn dann, weil wir über Social Media auf ein Thema kommen. Das beeinflusst natürlich schon die Themen. Aber es ist jetzt nicht so, dass wir jeden Instagram-Trend als Thema aufnehmen" (J10, Pos. 51).

„Also ich glaube nicht, dass wir dadurch andere Nachrichtenfaktoren einbeziehen oder andere dadurch unwichtiger werden" (J13, Pos. 47).

Zwei Befragte sehen den Einfluss von Social Media auf die Nachrichtenauswahl als **mittelstark** an:

„Ich finde Social Media kann ein guter Zusatz sein" (J5, Pos. 83).

„Teilweise mit, natürlich, weil man dann auch merkt, welches Thema brennt. Und dann fragt man nochmal nach und guckt nach den Hintergründen und zeigt vielleicht auf, warum das Thema so aktuell ist. Oder wenn man merkt, da wird ein Problem geschildert, dann fragt man natürlich bei der Kommune oder bei den Stellen nach. Wie kann man dieses Problem beheben? Vielleicht so zu 20 %? 20 % oder 30 % würde ich sagen" (J15, Pos. 56).

4.2.2 Journalistische Qualität

Die Journalistinnen/Journalisten wurden nach der wahrgenommenen Qualität im Journalismus gefragt. Dabei galt es herauszufinden, ob sie eine Änderung der journalistischen Qualität durch den Einbezug von Social Media wahrnehmen. Die Argumente zur journalistischen Qualität überschneiden sich mit den Vor- und Nachteilen aus den Kapiteln 4.1.3 und 4.2.3, deshalb wird im Folgenden nur eine kurze Übersicht über die Aussagen zur journalistischen Qualität gegeben. Von den meisten Befragten wurde eine Änderung festgestellt, doch hat sich die journalistische Qualität beim Einbezug von Social Media sowohl verbessert als auch verschlechtert. Der Großteil der Journalistinnen/Journalisten wägte also ab:

„Also eine Veränderung, die ich feststelle, ist, dass die **Qualität manchmal leidet**, wenn es um Tempo geht. Also Social Media erzeugt einen gewissen

> Druck. Bestes Beispiel sind Polizeimeldungen oder solche Dinge, die dann hereinkommen und schnell wieder herausgejagt werden sollen und dann manchmal Tempo vor Sorgfalt erwartet wird […]. Ansonsten ist es so, dass Social Media natürlich auch **eine Qualitätsverbesserung** bringt, weil wir sehr, sehr schnell Rückmeldungen bekommen zu dem, was wir da machen. Und wenn wir Fehler machen und darauf hingewiesen werden, dann können wir diese gegebenenfalls noch korrigieren, bevor der Artikel gedruckt wird, weil er vielleicht einfach im Internet schon mal vorher draußen ist" (J14, Pos. 60).

So nannten fast alle Interviewpartner/-innen Argumente für eine **bessere journalistische Qualität**, hinsichtlich der Aspekte des schnellen Zugriffs auf verschiedene Quellen, Feedback oder Rückmeldung vom Publikum. Auch ein besserer Zugang zu Betroffenen, verschiedenen Meinungen, neuen Formaten sowie die Demokratisierungsfunktion oder die Platzierung von spitzeren Themen wurden genannt (J1, Pos. 58-60; J4, Pos. 62-63; J5, Pos. 90; J6, Pos. 89; J7, Pos. 66; J10, Pos. 57; J12, Pos. 55; J15, Pos. 64; J16, Pos. 39). Gleichzeitig thematisierten sie **zahlreiche Risiken**, die Social Media für die journalistische Qualität bergen:

> „Das Publikum ist eher bereit, nicht-journalistischen Beiträgen Aufmerksamkeit und Glauben zu schenken als denen journalistischer Profis […]. Deshalb werden Nachrichten in schnellerer Taktung mit geringerer Inhaltstiefe veröffentlicht, um mit der Schnelligkeit der sozialen Medien halbwegs mithalten zu können. Zwar beachten die Medien nach wie vor die gesetzten Standards, diese werden aber in ihren Abgrenzungen aufgeweicht. So werden etwa durch Überschriften eigentlich banale Inhalte aufgebauscht, um bei Leser/-innen einen Anreiz zu setzen, einen Text zu konsumieren (J9, Pos. 55).

Die Befragten zählten auf, dass auf Social Media jede/r publizieren kann und so schnell Falschmeldungen entstehen können. Außerdem erwähnten sie, dass die Qualität unter der hohen Geschwindigkeit von Social Media leidet, dass Informationen und Meldungen auf spannende Titel und Bilder reduziert werden (Clickbaiting), dass Themenschwerpunkte verschoben werden, dass manche Themen größer dargestellt werden, als sie es sind und dass Algorithmen und Filterblasen eine einseitige Berichterstattung bedingen (J2, Pos. 55; J3, Pos. 57; J5, Pos. 90; J6, Pos. 89; J7, Pos. 67-68; J8, Pos. 53; J10, Pos. 57; J13, Pos. 55; J14, Pos. 60; J16, Pos. 39).

„Wir müssen schnell unsere News raushauen, damit sie dann auch bei Facebook und bei Twitter wahrgenommen werden. Und das ist der Qualität sicher nicht immer zuträglich, um es mal vorsichtig zu formulieren. Aber da zwingen uns die sozialen Netzwerke zu einer Geschwindigkeit, die der journalistischen Qualität nicht immer guttut“ (J12, Pos. 57)

4.2.3 Vor- und Nachteile der Berichterstattung über Social Media

Die Journalistinnen/Journalisten wurden nach den Vor- und Nachteilen der Berichterstattung über Social Media gefragt. Es ist anzumerken, dass die Grenzen zwischen den Vor- und Nachteilen von Social Media für die Recherche und für die Berichterstattung verschwimmen. Deshalb werden teils Vor- und Nachteile für die Berichterstattung genannt, die bereits bei der Recherche vorgestellt wurden. Daher gibt es eine Reihe ähnlicher Aussagen, aus denen im Folgenden stichprobenartig die aussagekräftigsten veranschaulicht werden. Abbildung 8 zeigt die aus den Antworten abgeleiteten Kategorien. Die hervorgehobenen Kategorien ähneln den Vor- und Nachteilen der Recherche (4.1.3).

Abbildung 8

Genannte Vor- und Nachteile der Berichterstattung auf Social Media

Direktes Feedback

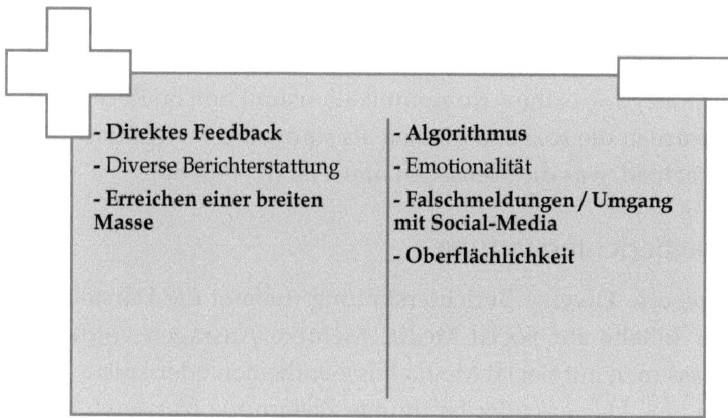

Ein Teilziel der Arbeit war es herauszufinden, an welchen Kriterien sich die Journalistinnen/Journalisten zur Qualitätssicherung orientieren und welche Rolle Social Media dabei spielen. Ein Vorteil von Social Media ist in diesem Kontext, dass letztere den Journalistinnen/Journalisten direktes Feedback vom Publikum übermitteln (J4, Pos. 65). Dieses Feedback der medienkritischen Öffentlichkeit stellt eine Qualitätssicherung dar (Neuberger & Kapern, 2013, S. 144). Der Vorteil des direkten Feedbacks wurde darin gesehen, dass direkt nachvollzogen werden kann, warum ein Beitrag gut ankam oder warum er weniger gut ankam:

> „Man kann auf Social Media direkt alles nachvollziehen mit direktem Feedback und man weiß dann fürs nächste Mal: ‚Was wollen die sehen?' […]. [W]eil wenn 100 Leute einen Kommentar geliket haben, wo darin stand, dass der Protagonist voll die nervige Stimme hat, dann weißt du das und musst es nicht unbedingt ändern, aber du weißt es und du kannst damit arbeiten" (J4, Pos. 85).

Ergänzend dazu stellte ein Lokaljournalist dar, dass dieses direkte Feedback auch eine Art Qualitätsdruck herstellt. Durch diesen Druck werden Themen einbezogen, die das Publikum interessieren. Außerdem betonte er die Wichtigkeit des großen Netzwerks, welches über Social Media zugänglich ist. Dieses Netzwerk liefert neue und aktuelle Inhalte und Themen, welche sonst vielleicht nicht zugänglich wären (J14, Pos. 62). Neben dem Feedback kann man die Nutzer/-innen auch direkt einbeziehen und mit ihnen interagieren, auch das wurde als Vorteil genannt (J12, Pos. 59). Ähnlich zur Kategorie Nähe / Kommunikationsfunktion im Rechercheblock, wurden die sozialen Medien als sinnvolles Tool betitelt, um zu beobachten, was die Menschen umtreibt (J7, Pos. 80).

Diverse Berichterstattung

Die Kategorie **Diverse Berichterstattung** umfasst die Darstellung diverser Inhalte auf Social Media. Mehrere Aussagen verdeutlichen, dass man auf Social Media Nischenthemen oder spitze Themen für eine kleinere oder bestimmte Zielgruppe platzieren kann (J4, Pos. 63; J5, Pos. 19). Des Weiteren können sich auch junge Menschen oder Minderheiten ein Gehör verschaffen und auf eigene

Themen aufmerksam machen. Die journalistische Berichterstattung profitiert von den verschiedenen Sichtweisen (J2, Pos. 59; J3, Pos. 60, Pos. 76).

> „Auf der anderen Seite sind auch Themen relevant, die für manche Zielgruppen einfach relevanter sind, weil das dann in dieser Nische eine Bühne findet. Es ist dann auch okay, dass nicht immer alle Leute ein Thema relevant finden. Aber unsere Berichterstattung profitiert davon, weil sie dadurch diverser wird" (J3, Pos. 60).

> „Ich möchte da noch ein Wort benutzen, das ganz gerne benutzt wird, das Thema Diversität. Ich finde, wir sollten in der Themenauswahl eine gewisse Diversität haben" (J5, Pos. 80).

Social Media liefern laut den Journalistinnen/Journalisten neue Perspektiven und Blickwinkel sowie interessante Quellen und Originaltöne zur Anreicherung der journalistischen Beiträge (J5, Pos. 90; J9, Pos. 59; J11, Pos. 69; J16, Pos. 39). Eine Print-Journalistin erläuterte außerdem den Vorteil, dass man sich als Medium durch die verschiedenen Darstellungsformen auf Social Media neu erfinden kann:

> „[...] wir als Süddeutsche Zeitung sind eigentlich eine Print-Zeitung. Davon kriegt man bei Instagram z. B. aber gar nicht so viel mit, weil wir da Videos machen, oder bei Spotify machen wir Podcasts. Also du kannst dich als Medium neu erfinden und auf ein anderes Level heben, dadurch, dass du soziale Medien nutzt" (J13, Pos. 57).

Erreichen einer breiten Masse

Der am häufigsten genannte Vorteil der Berichterstattung über Social Media ist das Erreichen einer breiten Masse. Viele Menschen haben über Social Media einen leichten Zugang zu Nachrichten. So helfen Social Media dabei, die journalistische Berichterstattung zugänglich zu machen, Menschen zu informieren, Wissen kompakt zu vermitteln und auch Menschen zu erreichen, die nicht über die klassischen Kanäle erreichbar sind (J1, Pos. 63; J3, Pos. 60; J8, Pos. 55; J10, Pos. 59; J14, Pos. 45; J15, Pos. 68). Außerdem wurde als Vorteil genannt, vermehrt auch die junge Generation zu erreichen (J15, Pos. 66).

> „Und der Vorteil von Social Media ist, dass viele verschiedene Altersgruppen und auch soziale Schichten erreicht werden können, in sehr schneller Zeit. Für sie ist es kein Kostenaufwand, wie das z. B. bei Zeitungen der Fall ist. Ein Smartphone hat eigentlich mittlerweile jeder und Instagram oder TikTok kann man kostenlos nutzen" (J11, Pos. 69).

> „Chancen sind natürlich die große Reichweite, die man dadurch hat. Also man erreicht Gruppen, Zielgruppen, die man vorher gar nicht erreicht hat und kann die vielleicht ein bisschen an sich binden" (J13, Pos. 57).

Eine häufig genannte Chance der Berichterstattung über Social Media ist demnach die generelle Demokratisierungsfunktion: Die Menschen haben freien Zugriff auf Informationen und Nachrichten und können gleichzeitig auch ihre Meinungen frei äußern (J1, Pos. 63; J7, Pos. 70, Pos. 78).

Algorithmus / Messbarkeit

Ein großer Nachteil der Berichterstattung über Social Media sind die individuellen Algorithmen. Die Plattformen analysieren, was den Nutzerinnen/Nutzern gefällt und schlagen diesen dann vermehrt ähnliche Beiträge vor. Aufgrund dieser Problematik müssen Journalistinnen/Journalisten stark um deren Aufmerksamkeit kämpfen:

> „Es ist eben dieses Heischen nach Aufmerksamkeit. Das ist so ein bisschen die Gefahr, die ich sehe. Da gibt es gerade in den letzten Monaten auch extrem viele Beispiele, gerade auch seit dem Ukraine-Krieg, wo dann plötzlich irgendwelche Panzer auf irgendwelchen Bildern durch die Timeline fahren" (J7, Pos. 68).

Zudem stellte eine Journalistin dar, dass die journalistischen Beiträge auf Social Media immer bildstark sein müssen, um gut anzukommen:

> „Und es muss bildstark sein, Instagram belohnt Bilder. Es belohnt, dass man Gesichter von Leuten sieht. Es beeinflusst [...] unsere Berichterstattung, weil wir halt Sachen machen müssen, die man schön darstellen kann" (J4, Pos. 58).

Außerdem wurde als Nachteil genannt, dass der Erfolg der Beiträge auf Social Media sehr genau messbar ist:

> „Der Nachteil ist, dass durch dieses direkte Feedback, einiges beeinflusst wird. Ein Thema kann super relevant sein, aber wir kriegen nur ein Viertel der Likes, die wir auf einen anderen Beitrag bekommen. Dann werden wir dieses Thema nicht mehr so häufig spielen. Wir werden an Reichweite gemessen, weil es halt jetzt so gut messbar ist" (J4, Pos. 65).

Emotionalität

Zwei Journalistinnen nannten als Nachteil der Berichterstattung auch die hohe Emotionalität, welche auf Social Media herrscht, sowie den darauf aufbauenden Kontrollverlust.

> „Die Gefahr ist [...] auch ganz klar die Tatsache, dass sehr viele Dinge auf eine viel zu emotionale Ebene gezogen werden. Dadurch, dass jeder seinen Senf dazugeben kann, dadurch dass Kommentare offen sind, driftet das oft sehr vom eigentlichen Thema ab und da bilden sich oft Fronten in einer Härte und einer Kaltherzigkeit, die erschreckend sind" (J2, Pos. 57).

> „Also, dass man eben ganz schnell die Kontrolle über irgendwas verliert [...]. Dass ein Tweet, bei dem man irgendeine falsche Formulierung wählt, eben noch viel größere Auswirkungen haben kann, als wenn man in der Zeitung in der Überschrift einen Buchstabendreher drin hat" (J13, Pos. 58).

Falschmeldungen / Umgang mit Social Media

Auch bei der Frage nach der Berichterstattung nannten die Journalistinnen/Journalisten als Nachteil, dass jede/r auf Social Media Sender/-in sein kann und dadurch Falschmeldungen entstehen. Diese können einfach geteilt und verbreitet werden (J1, Pos. 62; J2, Pos. 42; J11, Pos. 68; J14, Pos. 62).

> „Die Gefahr ist auf jeden Fall, dass jeder Sender sein kann und jeder auch potenzieller Protagonist, dass schnell so eine Welle entstehen kann [...]. Weil auch die Gesellschaft im Moment so ist, dass sie sehr gerne auf solche Wellen aufspringt und das ist ein Problem" (J11, Pos. 68).

Eine weitere genannte Gefahr ist der Umgang mit Social Media in den Redaktionen. Es gibt einige Journalistinnen/Journalisten, die Social Media nicht nutzen können und wollen, was zu internen Problemen führt. Laut J13 (Pos. 58) sind solche Probleme bspw. die adäquate Reaktion auf einen Shitstorm oder das Gespür, einen Shitstorm zu vermeiden.

> „Nachteil was Berichterstattung angeht: Es gibt in den Redaktionen lange noch nicht genug Kompetenz im Umgang mit Social Media, also die Lücke zwischen Leuten, die absolute Social-Media-Experten sind, und den Leuten, denen du erklären musst, wie Twitter funktioniert. Der Unterschied ist halt immer noch sehr, sehr groß. Und das unter einen Hut zu bringen, ist eben sehr schwierig für Redaktionen, weil wir eben alle auf einem ganz unterschiedlichen Level sind. Und das führt dann eben immer wieder mal zu Problemen" (J13, Pos. 58).

Oberflächlichkeit

Am häufigsten wurde die Gefahr der Oberflächlichkeit bei der Berichterstattung über Social Media genannt (J10, Pos. 59). Genauer thematisierten die Journalistinnen/Journalisten die stark heruntergebrochenen Informationen, die Verflachung von Themen oder fehlende Informationen und Fakten. Durch die schnelle Kommunikation ist es nicht möglich, alle Themen in ihrer vollen Breite darzustellen und aus verschiedenen Blickwinkeln zu betrachten (J3, Pos. 59; J8, Pos. 53; J14, Pos. 71). Außerdem wurde Clickbaiting als Nachteil identifiziert. Die Überschriften werden reißerischer, die Bilder ausdrucksstärker und die Beiträge flacher (J12, Pos. 55; J16, Pos. 54).

> „Eine Gefahr ist auch, dass nicht immer alles komplett ausgeschmückt werden kann und vielleicht manche Themen zu kurz kommen und nicht in der Gänze dargestellt werden können. Gerade wenn man darauf eingeht, dass eigentlich immer Pro und Contra dargestellt werden sollte, ist es vielleicht bei manchen Themen schwierig, alles in so einem kurzen Post zusammenzufassen" (J1, Pos. 62).

> „Die Menge muss snackable sein. Wenn das Thema zu groß ist, können wir es auch nicht machen auf Social Media, weil dann müsste man zehn Slides machen und würde trotzdem nicht hinkommen. Wir wollen nichts verkürzt darstellen. Deswegen, wenn das Thema insgesamt zu groß ist, um es herunterzubrechen auf unseren Social-Media-Post, dann machen wir es nicht" (J4, Pos. 56).

> „Die inhaltliche Verflachung und Verengung des Themenspektrums sind ein Hauptproblem und wohl kaum mehr aufzuhalten. Auch der Druck, neue Nachrichten vor allem schnell zu liefern, kann gefährliche Auswirkungen haben" (J9, Pos. 57).

4.3 Social-Media-Dienste für die Recherche

Die zu klärende Frage dieses Kapitels lautet: Wie werden Social Media für die Recherche bestimmter Themen in den Redaktionen eingesetzt? Tabelle 4 kann entnommen werden, dass die befragten Journalistinnen/Journalisten Facebook, Instagram und Twitter am häufigsten für die unterschiedlichen Recherchezwecke nutzen. Instagram und Twitter werden verwendet, wenn es darum geht, Augenzeugen zu finden, die befragt oder zitiert werden können, Hintergrundinformationen zu recherchieren oder Themenideen zu erhalten.

> „Instagram. Also z. B. bei Taff habe ich das auch mitbekommen, dass wir so Leute angeschrieben haben, die eben unter einem bestimmten Hashtag gepostet haben und die dann gefragt, ob sie bei uns mitmachen wollen und ihre Geschichte erzählen wollen" (J4, Pos. 15).

> „Instagram, einfach weil da mehr Erzählerisches und mehr Berichtendes drin ist. Nicht so Ticker-mäßig, man findet oft mehr Hintergründe zu Themen und Verweise" (J8, Pos. 19).

Außerdem wird Twitter oftmals verwendet, um Expertinnen/Experten ausfindig zu machen, die befragt oder zitiert werden können.

> „Twitter, also einfach, weil viele Experten auf Twitter über ihre Arbeit berichten und sagen: ‚Ich habe eine neue Studie veröffentlicht' oder ‚mich beschäftigt gerade das, was der Bundestag beschlossen hat'. Also ganz klar Twitter" (J8, Pos. 29).

Auch Fakten über ein aktuelles Ereignis werden am häufigsten über Twitter recherchiert, da Twitter als sehr schnell und aktuell angesehen wird. Außerdem sind viele offizielle Instanzen, wie z. B. die Polizei auf Twitter aktiv.

> „[W]enn es gerade erst vor 10 Minuten passiert ist und es noch keine absehbaren Pressemitteilungen weder der Polizei noch der Agenturen gibt, dann Twitter" (J3, Pos. 24).

> „Da bin ich tatsächlich bei Twitter, weil da sind, wie schon gesagt, viele offizielle Stellen bei Twitter und da kriegst du schon recht schnell viele Fakten her" (J5, Pos. 44).

Wenn es um die Meinungsverteilung zu einer Streitfrage geht, wird ebenfalls Twitter am ehesten für die Recherche verwendet:

> „Wenn es gerade ein aktuelles Thema ist, wie […], Kliemann und der Maskenskandal, kurz nach dem das aufgekommen ist, da würde ich mir eher Twitter angucken, da dort gefühlt mehr miteinander diskutiert wird und man mehr auf unterschiedliche Meinungen trifft und schneller vor allem" (J3, Pos. 26).

> „Ist schwer ablesbar, da Meinungen in den sozialen Netzwerken schnell verzerrt werden und man selbst schnell in eine Filterblase gerät. Das erfordert gründliche Recherche auch über die Grenzen der eigenen Filterblase hinaus. Über Twitter bekommt man allerdings ein erstes schnelles Stimmungsbild" (J9, Pos. 28).

Für die Beobachtung prominenter Quellen verwenden die Journalistinnen/Journalisten meistens Instagram. Um Resonanz auf die eigene Berichterstattung zu erhalten, wird auch vermehrt Instagram herangezogen:

> „[…] [W]enn Bibi und Julian auf Instagram ihren Beef haben, dann geht man natürlich auf Instagram" (J5, Pos. 61).

> „[I]ch glaube TikTok und Instagram sind so die Plattformen, wo man am meisten Feedback bekommt" (J6, Pos. 39).

Der Aufbau und die Pflege von Expertennetzwerken laufen über LinkedIn ab, da es auf dieser Plattform möglich ist, sich mit Menschen aus der eigenen Branche zu vernetzen.

> „Im Ausland ist es übrigens LinkedIn. Gerade wenn man im Korrespondentennetzwerk unterwegs ist, ist LinkedIn eine Plattform, die größer ist, als man denkt und wo ich auch schon viele Interviews über LinkedIn arrangiert habe" (J3, Pos. 30).

> „Was ich noch zu der Vorfrage hinzufügen kann, ist LinkedIn. LinkedIn nutzen wir auch viel, weil da die Leute einfach ihren Beruf angeben und dann ist das ziemlich gut und schnell, um Experten zu kriegen" (J11, Pos. 44).

Die übrigen Social-Media-Plattformen werden weniger häufig für die Recherche genutzt. Trotzdem werden vereinzelt auch Snapchat, Telegram, TikTok und YouTube für verschiedene Recherchezwecke verwendet. Die Journalistinnen/Journalisten nutzen TikTok zur Inspiration und zum Finden von Themen (J1, Pos. 19; J2, Pos.

19; J6, Pos. 31). Snapchat wird vereinzelt verwendet, um sich ein Bild über Situationen zu verschaffen und Telegram wird verwendet, um Informationen gegenzuprüfen.

> „Snapchat hat mir z. B. bei der Krawallnacht in Stuttgart geholfen, weil da habe ich damals anhand dieser Karte beim Standort Schlossplatz geschaut und da hat man Situationen von mehreren Leuten gefilmt gesehen. Also die gleiche Situation aus verschiedenen Perspektiven" (J6, Pos. 47).

> „Wenn es darum geht, welche Person war an welchem Ort, zu welchem Zeitpunkt, funktioniert da Telegram ziemlich gut. Beispiel: Wir hatten mal, dass ein Neonazi irgendwo begraben wurde und wir wollten wissen, welche aus der Nazi-Szene sind da gewesen und wir konnten das auf Telegram nachvollziehen, weil Fotos zu einer bestimmten Zeit, an einem bestimmten Ort gepostet wurden. Dann konnten wir erkennen, die Person musste zu dem Zeitpunkt dort gewesen sein. Dann konnten wir darüber berichten, dass Neo-Nazigrößen, wie XY dagewesen sind" (J8, Pos. 17).

Zuletzt erwähnte eine Journalistin, dass sie Hintergrundinformationen und Expertinnen/Experten auch über YouTube ausfindig macht. Dafür recherchiert sie auf der Plattform und schaut sich Videos von und mit Expertinnen/Experten an. Anschließend werden diese für die eigene Berichterstattung herangezogen (J4, Pos. 29, Pos. 31). Tabelle 4 enthält zusammenfassend die Aufstellung der genannten Social-Media-Plattformen und deren Nutzungshäufigkeit für die Recherche bestimmter Themen.

Tabelle 4

Nutzungshäufigkeit von Social-Media-Plattformen gegliedert nach Zweck der Nutzung

Nutzung	Facebook	Instagram	LinkedIn	Snapchat	Telegram	TikTok	Twitter	YouTube
Augenzeugen befragen /zitieren	3	8	0	1	0	0	8	2
Expertenmeinungen	2	4	1	0	0	1	8	2
Fakten über ein aktuelles Ereignis	2	2	0	0	1	1	8	0
Gegenprüfung von Informationen	6	4	0	0	1	2	5	1
Hintergrundinformationen	6	8	0	0	0	1	8	2
Hinweise auf Quellen	3	3	0	0	1	1	7	0
Meinungsverteilung	5	3	0	0	0	1	7	0
Netzwerke unter Experten	2	3	9	0	1	1	5	0
Beobachtung prominenter Quellen	1	7	0	1	1	1	5	1
Resonanz auf Berichterstattung	5	7	0	0	0	3	4	1
Themenideen	8	14	0	0	1	3	9	1
Summe	43	63	10	2	6	15	74	10

Anmerkung. Angaben in absoluten Zahlen, N = 16, Mehrfachnennungen möglich, nicht dargestellt ist die Antwort „keine Social-Media-Plattform".

4.4 Akteurinnen/Akteure und Themen

In der Studie galt es zu erforschen, welche Personen, Organisationen und Themen für den journalistischen Arbeitsprozess von Bedeutung sind. Daher wird im folgenden Kapitel die vierte Forschungsfrage beantwortet: „Welche Akteurinnen/Akteure und Themen in Social Media spielen für die Recherche und Berichterstattung eine Rolle?". Kapitel 4.4.1 widmet sich den Akteurinnen/Akteuren und Kapitel 4.4.2 den Themen.

4.4.1 Akteurinnen/Akteure auf Social Media

Die genannten Akteurinnen/Akteure, welche für die Recherche und Berichterstattung auf Social Media von Bedeutung sind, zeigt Abbildung 9.

Abbildung 9

Akteurinnen/Akteure für die Recherche auf Social Media

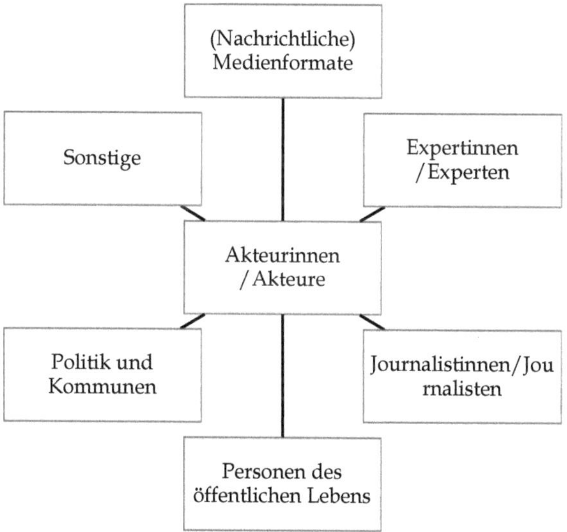

Die Interviewpartner/-innen gaben vermehrt an, dass sie in ihrem Arbeitsprozess der Recherche über Social Media **(nachrichtliche) Medienformate** einbeziehen. Dabei schauen sie sich die Social-Media-Auftritte konkurrierender Medienunternehmen und anderer

Redaktionen an (J6, Pos. 68; J7, Pos. 42). Auch regionale Nachrichtendienste werden im Arbeitsprozess einbezogen (J1, Pos. 41).

> „Und ich muss immer gucken, was macht die Konkurrenz. Also ich folge ganz viel den anderen Medienhäusern in Deutschland, von Spiegel über Deutschlandfunk, Welt, Zeit und dann klar schaue ich auch, was die auf Social Media machen. Ich gucke viel, was die Tagesschau auf Facebook und Twitter und TikTok usw. macht" (J8, Pos. 39).

Die Journalistinnen/Journalisten privater Medien betonten, dass sie vor allem öffentlich-rechtliche Social-Media-Angebote in die Recherche einbeziehen (J5, Pos. 70).

> „Akteur/-innen aus den öffentlich-rechtlichen Netzwerken. Also wie gesagt, die großen Medienhäuser, die wir in Deutschland haben, das sind natürlich sichere Quellen, also wenn die ein Thema machen, dann hat es natürlich Relevanz" (J10, Pos. 42).

Neben den Medienformaten wurden auch die Social-Media-Auftritte anderer **Journalistinnen/Journalisten** thematisiert (J1, Pos. 41; J5, Pos. 57; J6, Pos. 68; J14, Pos. 43). So beobachten die Befragten ihre Kolleginnen und Kollegen und lassen sich von Themen oder der Art und Weise der Aufbereitung von Themen inspirieren.

> „Zum einen natürlich Kollegenbeobachtung, also was machen andere, was treibt andere um. Wobei es natürlich ein Unterschied ist, ob man jetzt Medien anschaut oder tatsächlich Kollegen / Individuen" (J7, Pos. 41).

> „Die journalistischen Kollegen sind tatsächlich dann eher bei so großen Themengebieten relevant, wie beim Klimawandel und so und dann guckt man natürlich auch, was die machen und wie sie es aufbereiten" (J15, Pos. 47).

Eine weitere häufig genannte Kategorie sind **Personen des öffentlichen Lebens**. Unter diese Kategorie fallen Influencer/-innen, Stars, prominente Personen oder Kulturschaffende (J6, Pos. 68). Je nach Themengebiet der Journalistinnen/Journalisten liegt der Fokus auch auf anderen Akteurinnen/Akteuren. Die Radiojournalistinnen/-journalisten achten bspw. auf bekannte Sänger/-innen (J2, Pos. 39). Kulturjournalistinnen/-journalisten legen den Fokus auf Kulturschaffende (J9, Pos. 40). Eine Lokaljournalistin legt den Fokus auf lokale Influencer/-innen (J1, Pos. 41).

> „Aus meiner Sicht, als Kulturredakteur sind es natürlich hauptsächlich Themen im Bereich Theater, Veranstaltungen, Konzerte, Künstler" (J14, Pos. 43).

Häufig wurde auch die Kategorie **Politik** und **Kommunen** angesprochen. Die Journalistinnen/Journalisten betrachten oft Politiker/-innen oder Akteurinnen/Akteure aus der kommunalen Ebene (J13, Pos. 34; J14, Pos. 43). Ein Journalist präzisierte seine Aussage und nannte konkrete Politiker/-innen, wie den Verkehrsminister von Baden-Württemberg oder den Verkehrsminister auf Bundesebene (J8, Pos. 39). Eine weitere Journalistin fasste zusammen:

> „Relevant ist für mich, was kommt von der Kommune? Was kommt von politischen Organisationen? Was kommt von anderen Organisationen oder Vereinen? Und zum Ende dann eher der Privatmensch" (J15, Pos. 45).

Eine freie Journalistin, welche gleichzeitig für den DJV tätig ist, führte aus, dass sie in ihrer Position beim Journalistenverband beobachtet, was Kolleginnen/Kollegen aus anderen Verbänden publizieren. Dabei betrachtet sie Kanäle wie *Reporter ohne Grenzen* (J9, Pos. 40). Zudem gaben zwei Journalistinnen an, dass auch **Expertinnen/Experten** bei der Recherche eine Rolle spielen (J13, Pos. 34).

> „Da bin ich in der Tat nicht nur bei journalistischen Quellen, sondern auch bei anderen Akteuren. Also Leute vor Ort mit Fachkenntnis" (J12, Pos. 40).

Die letzte Kategorie umfasst **sonstige Akteurinnen/Akteure.** Die Befragten nannten sehr konkrete Beispiele, welche Personen in den sozialen Medien für sie relevant sind. Dabei wurden bspw. Unternehmen, Stuttgart21-Gegner/-innen, Verschwörungstheoretiker/-innen oder Corona-Leugner/-innen aufgezählt (J8, Pos. 39; J9, Pos. 40; J10, Pos. 42; J13, Pos. 34). Die Journalistinnen/Journalisten betonten, dass sie Akteurinnen/Akteure in Betracht ziehen, die zu ihren Themenschwerpunkten passen. Bei einer Reportage über die Belegschaft des Kernkraftwerks Brokdorf suchte der befragte Journalist die dort beteiligten Akteurinnen/Akteure und Atomkraft-Befürworter/-innen über Social Media (J16, Pos. 20). Ein weiteres Beispiel kam von einer Kulturjournalistin:

> „Oder wie im eben beschriebenen Konflikt zwischen Deniz Yücel und dem PEN-Club suche ich nach sämtlichen am Konflikt beteiligten Akteuren“ (J9, Pos. 40).

4.4.2 Themen auf Social Media

Am häufigsten wurden bei der Frage nach wichtigen Themen **Social-Media-Trends** genannt. Neun Journalistinnen/Journalisten sprachen Trends und deren Relevanz für Recherche und Berichterstattung an. Auf Social Media gibt es zahlreiche Trends und Themen mit einer großen Reichweite. So wissen die Journalistinnen/Journalisten, was für die User/-innen relevant ist und lassen sich davon inspirieren (J1, Pos. 52; J4, Pos. 47; J5, Pos. 19; J10, Pos. 42; J12, Pos. 11). In dieser Kategorie wurden die Plattformen Twitter, TikTok und YouTube aufgezählt:

> „Ansonsten achte ich entweder darauf, ob ein Thema gefühlt gerade sehr viele Menschen in meinem Umfeld beschäftigt und betrifft. Also irgendwelche Challenges, z. B. auf TikTok, auf die viele Leute reagieren oder aber, ob ich merke, dass das unsere Zielgruppe ganz genau mitbekommt gerade und auch beschäftigen könnte oder in Zukunft beschäftigen wird“ (J2, Pos. 39).

> „Dafür ist Twitter natürlich ganz gut und es gibt sicher auch Kolleg/-innen die gerade Twitter mit den ‚Trending Topics‘ nutzen, um Themen zu setzten, um herauszufinden über was wird gerade gesprochen, sicher auch meine Redaktion, würde ich sagen. Zumindest auf Chef-Ebene“ (J7, Pos. 14).

> „Trends – wir gucken eigentlich auch jeden Morgen Google-Trends, wir gucken jeden Morgen You-Tube-Trends, Twitter-Trends einfach um so ein bisschen zu spüren, was die Leute heute beschäftigt, wonach sie suchen, weil sie suchen offensichtlich nach einer Sache und dann lohnt es sich natürlich darüber zu sprechen“ (J11, Pos. 82).

Eine Print-Journalistin kritisierte die starke Orientierung an Social-Media-Trends:

> „Online-Trends sind aber sicherlich ein entscheidender Faktor und die Social Media sind maßgeblich dafür verantwortlich, dass bestimmte Themen aus dem Portfolio der Berichterstattung verschwinden. Da online kaum über kulturelle Ereignisse diskutiert wird, findet sie auch im immer geringeren Maß statt“ (J9, Pos. 49).

Es wird deutlich, dass sowohl die Akteurinnen/Akteure als auch die Themen, welche für die Journalistinnen/Journalisten relevant sind, mit der Mediengattung oder dem Fachgebiet zusammenhängen. Die drei befragten Lokaljournalistinnen/-journalisten betonten, dass **regionale/lokale Themen** sehr bedeutsam für sie sind (J1, Pos. 41; J12, Pos. 40; J15, Pos. 45). Zuletzt achteten die Interviewpartner/-innen bei der Themenauswahl auf die **Bedeutsamkeit** dieser und auch darauf, ob sie für die **Zielgruppe** relevant sind (J3, Pos. 38; J10, Pos. 42; J11, Pos. 48).

4.5 Der journalistische Arbeitsprozess

Die Studie untersuchte außerdem, wie die unterschiedlichen Social-Media-Plattformen in den Arbeitsprozess einbezogen werden. Dabei war es von Belang herauszufinden, ob und wie die Journalistinnen/Journalisten auf **Social-Media-Quellen** verweisen. Aus den Interviews ging hervor, dass sie Informationen, Tweets, Töne, Bilder und Videos aus den sozialen Medien für die Berichterstattung entnehmen (J1, Pos. 68). Die Inhalte werden verwendet, um Radiobeiträge mit Tönen auszuschmücken, Texte mit Zitaten anzureichern oder Bilder, Videos und Tweets im Fernsehen einzublenden (J2, Pos. 44; J8, Pos. 65; J9, Pos. 59; J15, Pos. 71). Auch bei Online-Artikeln werden teilweise Tweets und Facebook-Posts eingebunden (J12, Pos. 66).

> „Und ich finde für mich ist Social Media so ein bisschen die Kirsche auf dem Eisbecher. Man hat etwas recherchiert und dann braucht man jetzt gerade beim Radio einen Ton bspw. und das untermauert meine Aussage oder meine Recherche oder vollendet sie. Und dafür finde ich Social Media perfekt, weil man dann ein optimales Gesellschaftsbild zu einer Recherche hat" (J6, Pos. 84).

> „Also im Fernsehen kommt das schon häufiger vor tatsächlich. Wenn Politiker oft etwas twittern usw. und wir dann sagen, auf Twitter hat er etwas veröffentlicht, dann blenden wir es auch ein. Das kommt schon häufiger vor" (J8, Pos. 66).

Werden Inhalte aus Social Media verwendet, so geben die Journalistinnen/Journalisten auch immer die Quelle an (J6, Pos. 97; J13, Pos. 53, Pos. 63; J14, Pos. 73):

> „Wenn ich vor allem Bildmaterial habe, aus Social-Media-Quellen, dann verweise ich immer darauf, sei das Video oder Foto. Informationen muss ich

gegengecheckt haben. Das ist dann wie in einem klassischen Zeitungsbeitrag wo ich dann sage: ‚X hat das gesagt, Y hat das gesagt.'" (J3, Pos. 65).

„Ja klar, das ist ganz normale journalistische Arbeit, wenn wir ein Video nutzen, von einem Twitter-Kanal, dann nennen wir die Quelle. Ich finde es manchmal ein bisschen schwierig, dass dann einfach nur Quelle ‚Twitter' dasteht oder Quelle ‚Instagram'. Wenn, müsste man schon den dementsprechenden Kanal als Quelle angeben" (J5, Pos. 96).

Auf der anderen Seite merkte ein Print-Journalist an, dass er noch nie etwas aus Social Media zitiert hat (J16, Pos. 24).

4.6 Die Zukunft des journalistischen Arbeitsprozesses

Es wurde deutlich, dass die Journalistinnen/Journalisten Social Media einen hohen Stellenwert in ihrem Arbeitsprozess zuschreiben. Social Media werden bereits von den meisten Journalistinnen/Journalisten für die Recherche und die Berichterstattung eingesetzt. Wie die Zukunft von Social Media im Arbeitsprozess von Journalistinnen/Journalisten aussehen wird, blieb bisher jedoch offen. In einigen Punkten sind sich die Interviewpartner/-innen einig: Social Media werden in Zukunft an Bedeutung im Journalismus gewinnen, weswegen deren Relevanz in Redaktionen steigt (J5, Pos. 109; J8, Pos. 81; J12, Pos. 78).

„Ich glaube, dass es auf jeden Fall noch weiter wachsen wird und dass immer neue Features hinzukommen werden und ich glaube auch, dass jetzt schon die allermeisten Leute ihr tägliches Nachrichtenpensum über Social Media konsumieren und dass es sich auf jeden Fall auch in diese Richtung weiterentwickeln wird" (J1, Pos. 79).

„In meinen Augen ist es unvermeidbar, sich mit Social Media auseinanderzusetzen und sich dahinzuentwickeln. Ich meine in einer Zeit, wo sogar die Tagesschau auf TikTok ist, kann sich da eigentlich keiner mehr entziehen. Der wird untergehen, der wird massiv untergehen. Es wird in Zukunft so weit gehen, dass Rundfunk und Fernsehen erst recht mehr auf den Social-Media-Netzwerken machen müssen, man muss präsenter sein, wenn man wieder das Publikum erreichen möchte" (J2, Pos. 74).

J7 erkennt zwar an, dass sich die Gegebenheiten ändern werden, trotzdem denkt die Person, dass die journalistischen Standards gleichbleiben werden:

> „Man wird sich immer verändern müssen und sich anpassen müssen und es wird sich viel verändern noch. Grundsätzlich wird sich aber nichts verändern und das ist das Gute, dass wir Journalist/-innen sind und wissen, wie wir arbeiten und was wichtig ist, was die Kriterien und die Standards sind und dem folgen wir, egal wie die Umwelt ist. Das war schon immer so und das wird auch so bleiben, also da habe ich jetzt weder Erwartungen noch Hoffnungen noch Ängste. Es kommt, wie es kommt und es wird sich immer irgendwie verändern" (J7, Pos. 87).

Abschließend bewerteten die Interviewpartner/-innen die Zukunft des journalistischen Arbeitsprozesses. Der Einbezug von Social Media wird zwar teilweise als Chance gesehen, trotzdem vermuten die Journalistinnen/Journalisten, dass der Arbeitsprozess in Zukunft noch herausfordernder oder schwieriger wird (J1, Pos. 77; J3, Pos. 74-76; J8, Pos. 79; J11, Pos. 79; J13, Pos. 74; J14, Pos. 80).

> „Es wird immer relevanter und es wird in Zukunft eben nicht mehr solche Formate, wie die Tagesschau im Fernsehen geben, sondern es wird einfach über das Handy laufen. Und da müssen wir uns darauf einstellen und ich finde man sollte das jetzt nicht unbedingt als Hindernis betrachten, sondern eher als Chance" (J2, Pos. 76).

> „Eher skeptisch, da ich in meiner bisherigen zehnjährigen Tätigkeit als Freiberuflerin hauptsächlich die negativen Effekte gesehen habe" (J9, Pos. 73).

> „Schwierig. Vor allem, wenn es darum geht, Nachrichten nach außen zu vermitteln. Also für die Recherche ändert sich weniger. Es wird halt noch vielfältiger. Aber die Kommunikation nach außen wird komplexer, weil es schwer ist, jeden Trend mitzumachen. Und außerdem beruhen diese Plattformen auf Reichweiten und Algorithmen. Und da drin zu bleiben und zu sagen, ich biete weiterhin ein qualitativ hochwertiges Angebot an, ist schwierig" (J15, Pos. 80).

Ein mehrmals genannter Vorschlag der Interviewpartner/-innen, die Zukunft des journalistischen Arbeitsprozesses zu erleichtern, ist, Social Media in die Ausbildung zu integrieren oder Weiterbildungen in Bezug auf diese anzubieten (J5, Pos. 111; J10, Pos. 73; J13, Pos. 74). Eine Journalistin betonte außerdem, dass es wichtig sei, auch eigene Zugänge zu Informationen und Nachrichten zu entwickeln. Als Beispiel nannte sie die Entwicklung einer eigenen App, um sich von der Abhängigkeit der Plattformen zu lösen (J4, Pos. 87-88).

5 Schlussbetrachtung

5.1 Diskussion

Das Ziel der Studie war, die Bedeutung von Social Media für die journalistische Recherche und Berichterstattung zu untersuchen. Die Forschung ist bisher stark von quantitativen Studien geprägt, welche sich in dem konkreten Forschungsinteresse und in der Durchführung von der vorliegenden Zielsetzung unterscheiden. Die Aussagekraft der bisher vorhandenen Ergebnisse kann in Frage gestellt werden. In den meisten Studien wurden geschlossene Fragen gestellt, welche die Validität der Ergebnisse einschränkten. Die vorliegende Studie erforschte explorativ und mit offenen Fragen die Bedeutung von Social Media im journalistischen Arbeitsprozess und konnte damit die Tiefen des journalistischen Denkens und Handelns erforschen. Durch die Orientierung an den Gütekriterien (3.6) sollte sowohl eine hohe Glaubwürdigkeit und Verlässlichkeit (interne Validität) als auch Übertragbarkeit und Passung (externe Validität) gesichert werden. Die Ergebnisse zeigen, dass Social Media eine hohe Bedeutung im journalistischen Arbeitsprozess haben. Im Folgenden werden die zentralen Ergebnisse diskutiert und in den Forschungsstand eingeordnet.

Als Ergebnis wurde beschrieben, dass die meisten Journalistinnen/Journalisten Social Media eine hohe Bedeutung zusprechen. Dieses Phänomen deckt sich mit der bereits vorhandenen Forschung. Deren Fazit ist, dass sich Social Media im Journalismus etabliert haben (Neuberger et al., 2014, S. 5). Im Fokus steht dabei die Themenfindung. Damit bestätigt sich das in der theoretischen Fundierung (2.1.3) beschriebene Phänomen, dass Social Media den Ausgangspunkt vieler Recherchen bilden (Nuernbergk, 2018, S. 102). Die bestehende Forschung deckte bisher nicht ab, ob Journalistinnen/Journalisten nur gezielt recherchieren oder ob dies auch zufällig geschieht. In dieser Studie wurde deutlich, dass die Themensuche auf Social Media überwiegend zufällig abläuft. Daneben wurden die Chancen und Risiken der Social-Media- Recherche analysiert. Es wurden folgende Vorteile genannt: Die

Journalistinnen/Journalisten haben Zugang zu aktuellen Informationen aus erster Hand, Social Media haben eine Demokratisierungsfunktion, sie dienen als Inspirationsquelle, sind schnell und es besteht eine Nähe zum Publikum. Neuberger et al. (2014, S. 52) fanden in ihrer Arbeit ebenfalls heraus, dass Social Media bei der Publikumsbeteiligung eine bedeutende Rolle spielen. Auch bei dem Cision State of the Media Report (2022) wurde festgestellt, dass Journalistinnen/Journalisten Social Media nutzen, um mit ihrem Publikum zu interagieren. Auch die Nachteile decken sich mit bisherigen Studien. In der vorliegenden Arbeit nannten die Befragten falsch repräsentierte Meinungen, Falschmeldungen, Filterblasen und Informationsverlust durch kurzgehaltene Beiträge. Die größte Herausforderung von Journalistinnen/Journalisten laut des Cision State of the Media Report (2022) ist die Aufrechterhaltung der Glaubwürdigkeit als vertrauenswürdige Nachrichtenquelle und die Bekämpfung des Vorwurfs von Fake-News. Bei der Frage nach Regeln für die Social-Media-Recherche wurden unterschiedliche individuell auferlegte Kodizes und Regelungen identifiziert. Einige Interviewpartner/-innen erwähnten, dass sie sich an rechtlichen Rahmenbedingungen orientieren. Damit decken sich die Ergebnisse mit bestehenden Forschungsresultaten, dass die allgemeinen politischen, rechtlichen, ökonomischen, technischen und sonstigen gesellschaftlichen Rahmenbedingungen Einfluss auf die Recherche im Journalismus haben (Neuberger & Kapern, 2013, S. 144).

Auch für die Berichterstattung wurde die Rolle von Social Media untersucht. Bei der Nachrichtenauswahl orientieren sich die befragten Journalistinnen/Journalisten an den klassischen Nachrichtenwerten nach Mast (2018, S. 82–83). Aus den Interviews ging außerdem hervor, dass Social Media die Auswahl von Nachrichten beeinflussen. Viele Themen entstehen dort und werden dann in die Berichterstattung einbezogen. Allerdings kann dieser Einfluss nicht garantiert werden, da einige Interviewpartner/-innen betonten, dass Social Media keinen Einfluss haben und es nur ein Tool von vielen sei. Ein weiterer Punkt der vorliegenden Studie war die journalistische Qualität. Letztere wurde im Zusammenhang mit Social Media in bisherigen Studien noch nicht erforscht. In dieser Studie konnte festgestellt werden, dass sich die journalistische Qualität beim Einbezug von Social Media laut der Befragten sowohl verbessert als auch verschlechtert hat. Verbessert hat sie sich hinsichtlich der verschiedenen verfügbaren Meinungen und der schnellen Zugänglichkeit von Informationen. Auf der anderen Seite leidet die Qualität aufgrund der Schnelligkeit, Oberflächlichkeit und dem Streben nach Aufmerksamkeit.

Die Vor- und Nachteile der Berichterstattung über Social Media deckten sich teilweise mit denen der journalistischen Qualität und Recherche, da es den Befragten schwerfiel, Recherche und Berichterstattung separat zu betrachten. Als Vorteile wurden hier direktes Feedback vom Publikum, diverse Berichterstattung und das Erreichen einer breiten Masse genannt. Nachteile waren verzerrte Berichterstattung durch Algorithmen, eine hohe Emotionalität, Falschmeldungen und eine oberflächliche Berichterstattung. Die Interviewpartner/-innen machten deutlich, dass sie stark um Aufmerksamkeit kämpfen müssen und dass der Erfolg der Beiträge auf Social Media sehr genau messbar ist. Bisherige Forschung ergab, dass sich der Druck, Klicks, Likes und Videoaufrufe zu steigern, auf die Journalistinnen/Journalisten auswirkt. 59 % der Journalistinnen/Journalisten sind der Meinung, dass das Vorhandensein detaillierter Publikumsdaten sie dazu bringt, die Art und Weise, „wie sie Geschichten bewerten, zu überdenken" (Cision State of the Media Report, 2022, S. 6).

Ein weiterer Teil der vorliegenden Studie widmete sich den Social-Media-Diensten für die Recherche. Es wurde deutlich, dass Facebook, Instagram und Twitter am häufigsten von den befragten Journalistinnen/Journalisten für unterschiedliche Recherchezwecke genutzt werden. Die Praxis bestätigt die bestehenden Forschungsresultate, dass z. B. Twitter für die Recherche von großer Bedeutung ist (Welchering, 2020, S. 5). Empirische Untersuchungen kamen ebenfalls zu dem Ergebnis, dass Facebook und Twitter am häufigsten für Recherchezwecke genutzt werden (Cision State of the Media Report, 2022; Hanitzsch et al. 2016, S. 5; Neuberger et al. 2014, S. 57; Spangenberg, 2015, S. 121–122). Dagegen wurde Instagram in den Studien kaum thematisiert. Die Journalistinnen/Journalisten nutzen es im Prozess der Recherche jedoch häufiger als Facebook und fast so häufig wie Twitter. Des Weiteren wurde in dieser Studie festgestellt, dass der Aufbau und die Pflege von Expertennetzwerken im Wesentlichen über LinkedIn ablaufen, da es auf dieser Plattform möglich ist, sich mit Menschen aus der eigenen Branche zu vernetzen.

Eine weitere Forschungslücke konnte hinsichtlich der Akteurinnen/Akteure und der Themen, welche für die Journalistinnen/Journalisten auf Social Media von Bedeutung sind, geschlossen werden. Von Bedeutung sind (nachrichtliche) Medienformate, Expertinnen/Experten, andere Journalistinnen/Journalisten, Personen des öffentlichen Lebens, Politikerinnen/Politiker, Kommunen und weitere Akteure. Am häufigsten wurde bei dieser Frage das Thema Social-Media-Trends genannt. Eine Rolle spielen auch regionale und lokale Themen sowie weitere Themen mit gesellschaftlicher Bedeutung oder solche, die für spezifische Zielgruppen relevant sind.

Außerdem wurde untersucht, ob Journalistinnen/Journalisten Social-Media-Quellen verwenden und ob und wie sie auf diese verweisen. Auch zu diesem Thema wurde bisher kaum geforscht. Forscher/-innen fanden mittels einer Inhaltsanalyse heraus, dass die Nutzung von Social-Media-Quellen massiv zugenommen hat. Dabei ist Twitter eine bedeutendere Quelle für die Berichterstattung als Facebook (von Nordheim et al., 2018, S. 821ff). In dieser Studie wurde festgestellt, dass Journalistinnen/Journalisten Informationen, Tweets, Töne, Bilder und Videos aus den unterschiedlichen Social-Media-Plattformen für die Berichterstattung entnehmen, um bspw. Radiobeiträge mit Tönen auszuschmücken, Texte mit Zitaten anzureichern oder Bilder, Videos und Tweets im Fernsehen einzublenden. Auch bei Online-Artikeln werden teilweise Tweets und Facebook-Posts eingebunden. Abschließend wird die Zukunft des journalistischen Arbeitsprozesses herausfordernd und schwierig eingeschätzt. Die Interviewpartner/-innen gaben zudem Vorschläge, wie Social Media das zukünftige Arbeitsbild erleichtern können. Z. B. könnten diese in die Ausbildung integriert oder Weiterbildungen angeboten werden. Ein weiterer Vorschlag war, eigene Zugänge wie Apps zu entwickeln, um sich von der Abhängigkeit der Plattformen zu lösen.

5.2 Fazit

Wie beeinflussen Social Media den Arbeitsprozess der Recherche und die Berichterstattung von Journalistinnen/Journalisten? Die aus den Experteninterviews gewonnenen Argumente und Aussagen konnten die übergreifende Frage und die vier Forschungsfragen der Studie ausführlich beantworten und die theoretischen Annahmen sowie den aktuellen Forschungsstand untermauern und vertiefen. Die Erkenntnisse der Studie werden im Folgenden kurz zusammengefasst. Dabei wird der theoretische Beitrag herausgestellt und es werden Implikationen für die Praxis erörtert.

Theoretischer Beitrag

Die vorliegende Untersuchung leistet vorrangig zwei Beiträge zur wissenschaftlichen Literatur. Die bisher erforschte Nutzung von Social Media im journalistischen Arbeitsprozess konnte durch die qualitative Befragung bestätigt und ausgeweitet werden. Dabei stellte sich heraus, dass Facebook, Twitter und Instagram für verschiedene Recherchezwecke herangezogen werden. Der Umstand, dass die Plattform Instagram in der Analyse einbezogen wurde, lässt sich durch den Wandel der Medienlandschaft erklären (Beisch & Koch, 2021, S. 498; Boetzkes et al., 2008, S. 65). Zweitens konnte die vorliegende Studie folgende neue Erkenntnisse generieren:

- Journalistinnen/Journalisten recherchieren nicht nur gezielt auf Social Media, überwiegend geschieht die Themensuche zufällig.
- Social Media beeinflussen die Nachrichtenauswahl. Social-Media-Themen werden in die Auswahl einbezogen und der Zugang zu letzteren sowie zu Akteurinnen/Akteuren ist durch Social Media unkompliziert.
- Einerseits hat sich die von den Journalistinnen/Journalisten wahrgenommene journalistische Qualität im Zusammenhang mit Social Media aufgrund der verschiedenen verfügbaren Meinungen und der schnellen Zugänglichkeit von Informationen verbessert. Auf der anderen Seite leidet

die Qualität aufgrund der Schnelligkeit, Oberflächlichkeit und dem Streben nach Aufmerksamkeit.

- Relevante Akteurinnen/Akteure sind (nachrichtliche) Medienformate, Expertinnen/Experten, andere Journalistinnen/Journalisten, Personen des öffentlichen Lebens, Politiker/-innen und Kommunen.
- Trend-Themen werden am ehesten auf Social Media betrachtet.
- Informationen, Tweets, Töne, Bilder und Videos aus den sozialen Medien werden zum Ausschmücken der journalistischen Inhalte verwendet. Die Quelle wird dabei immer angegeben.
- Journalistinnen/Journalisten wünschen sich, Social Media in die Ausbildung zu integrieren, Weiterbildungen in Bezug auf Social Media und eigene Zugänge wie Apps, um sich von der Abhängigkeit der Plattformen zu lösen.
- Die Zukunft des journalistischen Arbeitsprozesses wird als herausfordernd und zunehmend komplex eingeschätzt.

Implikationen für die Praxis

Die wichtigste Erkenntnis für die Praxis ist, dass Social Media im journalistischen Arbeitsprozess ihren Platz gefunden haben. Sie sind Themengeber, liefern Interaktionsmöglichkeiten mit dem Publikum und sind ein Korrektiv. Zugleich sind Social Media ein elementarer Bestandteil für die Recherche. Es ist möglich, schnell an aktuelle Informationen zu gelangen und Betroffene, Interviewpartner/-innen oder Protagonistinnen/Protagonisten können leicht identifiziert werden. Diese Möglichkeiten können Journalistinnen/Journalisten nutzen. Daneben ermöglicht die Demokratisierungsfunktion allen Menschen Zugang zu Informationen. Social Media geben Randgruppen und Nischenthemen eine Bühne, worauf Journalistinnen/Journalisten zurückgreifen können. Allerdings wurden auch die Herausforderungen in der journalistischen Praxis deutlich: der Kampf um die Aufmerksamkeit, die Verzerrung durch Algorithmen, Filterblasen und emotionale Meinungen oder die schnelle Art und Weise und Oberflächlichkeit von Social Media. Auf Seite der Journalistinnen/Journalisten ist festzuhalten, dass Social Media herausfordernd sind, aber auch viele Chancen bieten. Sinnvoll ist es, die positiven Seiten von Social Media zu kennen und diese für den Arbeitsprozess zu nutzen. Eine Print-Journalistin fasst die aktuelle Situation passend zusammen:

> „Grundsätzlich würde ich sagen, die Vorteile von Social Media sind größer als die Nachteile, wenn man weiß, wie man damit umzugehen hat" (J13, Pos. 38).

Abschließend lassen sich vier Handlungsempfehlungen für den journalistischen Arbeitsprozess beim Einbezug von Social Media ableiten:

1. Die auf Social Media herrschende Meinungsvielfalt nutzen, um beide Seiten darzustellen, mit dem Publikum zu interagieren und es in die Berichterstattung einzubinden.
2. Den schnellen Zugang zu aktuellen Informationen nutzen, ohne selbst zu schnell Inhalte zu veröffentlichen.
3. Social-Media-Quellen nutzen und Fakten checken.
4. Sich aus der eigenen Filterblase herausbewegen, denn nicht jedes Thema, welches häufig im eigenen Feed vorkommt, ist auch für andere Personen relevant.

5.3 Limitation und zukünftige Forschung

Die qualitative Interviewstudie mit Journalistinnen/Journalisten aus verschiedenen Mediengattungen und Ressorts liefert wertvolle Einblicke in die journalistische Arbeitsweise beim Einbezug von Social Media. Sie leistet einen Beitrag, um Wissen und Verständnis für den journalistischen Arbeitsprozess aus Sicht der Journalistinnen/Journalisten zu erlangen. Es gibt jedoch Limitationen. Diese betreffen vor allem das methodische Vorgehen. Zuerst ist zu nennen, dass durch die Offenheit des qualitativen Vorgehens eine Generalisierbarkeit der Aussagen und Ergebnisse nur begrenzt möglich ist. Die Studie enthält keine exakt quantifizierbaren Ergebnisse und ist dadurch nicht repräsentativ. Zukünftige Forschung in diesem Gebiet sollte quantitativ und mit einer größeren Stichprobe geschehen. Dadurch können statistische Zusammenhänge ermittelt und repräsentative Ergebnisse erzielt werden. Eine quantitative

Studie wäre außerdem objektiver und die Ergebnisse besser vergleichbar.

Begrenzungen ergaben sich auch bei der Erstellung des Leitfadens. Hier wurde davon ausgegangen, dass die Befragten Social Media nutzen. Es hat sich jedoch in einer Interviewsituation herausgestellt, dass ein Journalist Social Media nicht nutzt. Er zieht Social Media weder für die Recherche noch für die Berichterstattung heran. Aus diesem Grund wurden in dem Interview viele Fragen nicht beantwortet. Des Weiteren wurde bei der Leitfadenkonstruktion der Punkt „Alter" nicht berücksichtigt. Die meisten Befragten stellten sich bei der ersten Frage (Informationen zur Person) von sich aus mit ihrem Alter vor. Diejenigen, die ihr Alter nicht nannten, wurden im Nachhinein per E-Mail kontaktiert. Das Alter konnte von allen Teilnehmerinnen/Teilnehmern erfasst werden. Ein weiterer Kritikpunkt bezieht sich auf die Interviewsituation. Die Interviews wurden vor Ort oder per Videochat geführt. Ein Interview wurde in der Gruppe geführt und eines wurde schriftlich ausgefüllt. Diese unterschiedlichen Gegebenheiten beeinflussen die Antworten der Interviewpartner/-innen und erschweren die Vergleichbarkeit der Aussagen.

Die Frage nach der wahrgenommenen journalistischen Qualität beim Einbezug von Social Media deckte nur die individuelle Sicht der Journalistinnen/Journalisten ab. In diesem Zusammenhang wäre es lohnend, in zukünftiger Forschung mittels einer Inhaltsanalyse die tatsächliche journalistische Qualität zu untersuchen und diese mit der wahrgenommenen Qualität zu vergleichen. Außerdem konnten in der vorliegenden Studie aus forschungspragmatischen Gründen nicht alle erhobenen Daten berücksichtigt werden. Nicht ausgewertet wurden z. B. die Kategorien *Beispiel Publikumsbeteiligung* oder *Beitragsveröffentlichung Social Media*. Eine weiterführende Studie könnte aus dem vorliegenden Datenmaterial weitere Erkenntnisse gewinnen. Darüber hinaus untersuchte die vorliegende Arbeit bisher keine Social-Media-Aktivitäten der Journalistinnen/Journalisten. Zukünftige Studien könnten die journalistische Berichterstattung auf Social Media analysieren. Eine weitere Studie könnte sich der Frage der Kommunikation zwischen Journalistinnen/Journalisten und ihrem Publikum widmen.

Zusammenfassend zeigt die Studie Potenziale für weitere Forschung zum Thema Social Media und Journalismus. Anknüpfende Untersuchungen sollten (1) mit differenzierten Methoden (2) die qualitativ gefundenen Ergebnisse mit quantitativen Methoden reproduzieren, (3) vertiefen und (4) mit weiteren Fragestellungen ausweiten.

6 Literaturverzeichnis

Altmeppen, K.-D. & Greck, R. (2012). Facetten des Journalismus als Probleme der Journalismusforschung. In K.-D. Altmeppen, & R. Greck (Hrsg.), *Facetten des Journalismus* (S. 9–18). VS Verlag für Sozialwissenschaften. https://doi.org/10.1007/978-3-531-93261-3

Arens, M. (2008). Lasswell-Formel. In U. Sander, F. von Gross & K.-U. Hugger (Hrsg.), *Handbuch Medienpädagogik* (S. 198–203). VS Verlag für Sozialwissenschaften. https://doi.org/10.1007/978-3-531-91158-8_26

Arnold, K. (2008). Qualität im Journalismus - ein integratives Konzept. *Publizistik, 53*(4), 488–508. https://doi.org/10.1007/PL00022233

Beisch, V. N., & Koch, W. (2021). 25 Jahre ARD/ZDF-Onlinestudie: Unterwegsnutzung steigt wieder und Streaming/Mediatheken sind weiterhin Treiber des medialen Internets. Aktuelle Aspekte der Internetnutzung in Deutschland. *Media Perspektiven 10*(25), 486–503.

Bentele, G., Brosius, H.-B., & Jarren, O. (2013). *Lexikon Kommunikations- und Medienwissenschaft* (2., überarbeitete und erweiterte Auflage). Springer VS.

Boetzkes, C.-E., Klimsa, P., Will, A., & Ohmstedt, H. (2008). *Organisation als Nachrichtenfaktor: Wie das Organisatorische den Content von Fernsehnachrichten beeinflusst* (1. Auflage). VS Verlag für Sozialwissenschaften.

Bogner, A., Littig, B., & Menz, W. (2014). *Interviews mit Experten: Eine praxisorientierte Einführung* (1. Auflage). Springer VS. https://doi.org/10.1007/978-3-531-19416-5

Bossio, D. (2017). *Journalism and Social Media* (1. Auflage). Palgrave Macmillan Cham. https://doi.org/10.1007/978-3-319-65472-0

Brosius, H.-B., Haas, A., & Koschel, F. (2016). *Methoden der empirischen Kommunikationsforschung* (7. Auflage). VS Verlag für Sozialwissenschaften. https://doi.org/10.1007/978-3-531-19996-2

Bruns, A. (2009). Vom Gatekeeping zum Gatewatching: Modelle der journalistischen Vermittlung im Internet. In C. Neuberger, C. Nuernbergk, & M. Rischke (Hrsg.), *Journalismus im Internet* (1. Auflage, S. 107–128). VS Verlag für Sozialwissenschaften. https://doi.org/10.1007/978-3-531-91562-3_3

Brüsemeister, T. (2008). *Qualitative Forschung: Ein Überblick* (2., überarbeitete Auflage). VS Verlag für Sozialwissenschaften. https://doi.org/10.1007/978-3-531-91182-3

Bucher, H.-J. (2003). Journalistische Qualität und Theorien des Journalismus. In H.-J. Bucher & K.-D. Altmeppen (Hrsg.), *Qualität im Journalismus. Grundlagen - Dimensionen - Praxismodelle* (1. Auflage, S. 11–34). Westdeutscher Verlag.

Burkart, R. (2002). *Kommunikationswissenschaft: Grundlagen und Problemfelder; Umrisse einer interdisziplinären Sozialwissenschaft* (4., überarbeitete und aktualisierte Auflage). Böhlau.

Buß, M. (2003). Qualitätsmanagement intermedial: Hörfunk, Fernsehen, Online. In H.-J. Bucher & K.-D. Altmeppen (Hrsg.), *Qualität im Journalismus. Grundlagen - Dimensionen - Praxismodelle* (1. Auflage, S. 269–288). Westdeutscher Verlag.

Cision 2022 State of the Media Report: What Journalists Want from PR Pros. (2022). Abgerufen 29. August 2022, von https://comms.cision.com/State-of-the-Media-2022-Interactive

DJV-Wissen. (2020). Berufsbild Journalistin - Journalist. Abgerufen 27 Juli 2022, von https://www.djv.de/fileadmin/user_upload/Der_DJV/DJV_Infobrosch%C3%BCren/DJV_Wissen_4_Berufsbild_Febr._2020.pdf

Dresing, T., & Pehl, T. (2018). *Praxisbuch Interview, Transkription & Analyse: Anleitungen und Regelsysteme für qualitativ Forschende* (8. Auflage). Eigenverlag.

Eisenegger, M. (2021). Dritter, digitaler Strukturwandel der Öffentlichkeit als Folge der Plattformisierung. In M. Eisenegger, M. Prinzing, P. Ettinger & R. Blum (Hrsg.), *Digitaler Strukturwandel der Öffentlichkeit* (1. Auflage, S. 17–39). Springer VS. https://doi.org/10.1007/978-3-658-32133-8_2

Flick, U. (2010). Gütekriterien qualitativer Forschung. In G. Mey & K. Mruck (Hrsg.), *Handbuch Qualitative Forschung in der Psychologie* (1. Auflage, S. 395–407). VS Verlag für Sozialwissenschaften. https://doi.org/10.1007/978-3-531-92052-8_28

Gläser, J., & Laudel, G. (2009). *Experteninterviews und qualitative Inhaltsanalyse als Instrumente rekonstruierender Untersuchungen* (3., überarbeitete Auflage). VS Verlag für Sozialwissenschaften.

Haller, M. (2004). *Recherchieren (Praktischer Journalismus)* (6. Auflage). UVK Verlagsgesellschaft.

Hanitzsch, T., Steindl, N., & Lauerer, C. (2016). Country Report: Journalists in Germany. *Worlds of Journalism Study.* Abgerufen 29. August 2022, von https://epub.ub.uni-muenchen.de/28095/1/Country%20report%20Germany.pdf

Kaiser, M. (2015). *Recherchieren* (1. Auflage). Springer VS. https://doi.org/10.1007/978-3-658-08721-0

Kaplan, A. M., & Haenlein, M. (2010). Users of the world, unite! The challenges and opportunities of Social Media. *Business Horizons*, *53*(1), 59-68. https://doi.org/10.1016/j.bushor.2009.09.003

Kelle, U., & Kluge, S. (2010). *Vom Einzelfall zum Typus: Fallvergleich und Fallkontrastierung in der qualitativen Sozialforschung* (2., überarbeitete Auflage). VS Verlag für Sozialwissenschaften.

Kepplinger, H. M., & Bastian, R. (2000). Der prognostische Gehalt der Nachrichtenwert-Theorie. *Publizistik*, *45*(4), 462–475. https://doi.org/10.1007/s11616-000-0143-2

Kreutzer, R. T. (2016). *Online-Marketing*. Springer Gabler Wiesbaden. https://doi.org/10.1007/978-3-658-12287-4

Kreutzer, R. T., Rumler, A., & Wille-Baumkauff, B. (2020). *B2B-Online-Marketing und Social Media: Handlungsempfehlungen und Best Practices* (2., vollständig überarbeitete und erweiterte Auflage). Springer Gabler. https://doi.org/10.1007/978-3-658-27675-1

Kuckartz, U. (2018). *Qualitative Inhaltsanalyse: Methoden, Praxis, Computerunterstützung* (4. Auflage). Beltz Juventa.

Kuckartz, U., & Rädiker, S. (2020). *Fokussierte Interviewanalyse mit MAXQDA: Schritt für Schritt* (1. Auflage). Springer VS. https://doi.org/10.1007/978-3-658-31468-2

Kuckartz, U., & Rädiker, S. (2022). *Qualitative Inhaltsanalyse: Methoden, Praxis, Computerunterstützung: Grundlagentexte Methoden* (5. Auflage). Beltz Juventa.

Löffelholz, M. (2003). Kommunikatorforschung: Journalistik. In G. Bentele, H.-B. Brosius, & O. Jarren (Hrsg.), *Öffentliche Kommunikation* (1. Auflage, S. 28–53). VS Verlag für Sozialwissenschaften. https://doi.org/10.1007/978-3-322-80383-2_3

Lünenborg, M. (2005). *Journalismus als kultureller Prozess: Zur Bedeutung von Journalismus in der Mediengesellschaft: ein Entwurf* (1. Auflage). VS Verlag für Sozialwissenschaften.

Machill, M., Beiler, M., Zenker, M., & Gerstner, J. R. (2008). *Journalistische Recherche im Internet: Bestandsaufnahme journalistischer Arbeitsweisen in Zeitungen, Hörfunk, Fernsehen und Online*. Vistas-Verlag. https://www.medienanstalt-nrw.de/fileadmin/lfm-nrw/Forschung/LfM-Band-60.pdf

Maier, M. (2003): Nachrichtenfaktoren: Stand der Forschung. In G. Ruhrmann, J. Woelke, M.

Maier & N. Diehlmann (Hrsg.), *Der Wert von Nachrichten im deutschen Fernsehen: Ein Modell zur Validierung von Nachrichtenfaktoren* (S.27–50). Leske + Budrich.

Mast, C. (Hrsg.). (2018). *ABC des Journalismus: Ein Handbuch* (13., völlig überarbeitete Auflage). Herbert von Halem Verlag.

Meckel, M., Fieseler, C., & Grubenmann, S. (2012). Social Media - Herausforderungen für den Journalismus. *HMD Praxis der Wirtschaftsinformatik, 49*(5), 25–35. https://doi.org/10.1007/BF03340734

Meier, K. (2018). *Journalistik* (4., überarbeitete Auflage). UVK Verlagsgesellschaft.

Meuser, M., & Nagel, U. (2009). Das Experteninterview—Konzeptionelle Grundlagen und methodische Anlage. In S. Pickel, G. Pickel, H.-J. Lauth, & D. Jahn (Hrsg.), *Methoden der vergleichenden Politik- und Sozialwissenschaft* (1. Auflage, S. 465–479). VS Verlag für Sozialwissenschaften. https://doi.org/10.1007/978-3-531-91826-6_23

Mey, G. & Ruppel, P.S. (2018). Qualitative Forschung. In O. Decker (Hrsg.), *Sozialpsychologie und Sozialtheorie. Band 2: Forschungs- und Praxisfelder* (1. Auflage, S. 205–244). Springer VS. https://doi.org/10.1007/978-3-531-19564-3_14

Misoch, S. (2019). *Qualitative Interviews* (2., erweiterte und aktualisierte Auflage). De Gruyter Oldenbourg.

Neuberger, C. (2018). Journalismus in der Netzwerköffentlichkeit. In C. Nuernbergk & C. Neuberger (Hrsg.), *Journalismus im Internet* (2. Auflage, S. 11–80). Springer VS. https://doi.org/10.1007/978-3-531-93284-2_2

Neuberger, C., & Kapern, P. (2013). *Grundlagen des Journalismus* (1. Auflage). Springer VS. https://doi.org/10.1007/978-3-531-94191-2

Neuberger, C., Langenohl, S., & Nuernbergk, C. (2014). *Social Media und Journalismus.* https://www.medienanstalt-nrw.de/fileadmin/lfm-nrw/Publikationen-Download/Social-Media-und-Journalismus-LfM-Doku-Bd-50-web.pdf

Nuernbergk, C. (2018). Recherche im Internet. In C. Nuernbergk & C. Neuberger (Hrsg.), *Journalismus im Internet* (2. Auflage, S. 101–138). Springer VS. https://doi.org/10.1007/978-3-531-93284-2_2

Plotkowiak, T., Stanoevska-Slabeva, K., Ebermann, J., Meckel, M., & Fleck, M. (2012). Netzwerk-Journalismus. Zur veränderten Vermittlerrolle von Journalisten am Beispiel einer Case Study zu Twitter und den Unruhen in Iran. *Medien & Kommunikationswissenschaft, 60*(1), 102–124. https://doi.org/10.5771/1615-634x-2012-1-102

Preppner, K. Sievert, H. (2016). *Journalistische Recherche Im Netz (Journalistic Research in the Internet).* Online Publication of Verlag Kommerskirchen in cooperation with Hochschule Macromedia (2016). http://dx.doi.org/10.2139/ssrn.2795739

Prochazka, F. (2020). *Vertrauen in Journalismus unter Online-Bedingungen: Zum Einfluss von Personenmerkmalen, Qualitätswahrnehmungen und Nachrichtennutzung* (1. Auflage). Springer VS. https://doi.org/10.1007/978-3-658-30227-6

Prochazka, V. F., & Schweiger, W. (2020). Vertrauen in Journalismus in Deutschland: Eine Typologie der Skeptiker. *Media Perspektiven, 4*(1), 196–206. https://www.ard-media.de/fileadmin/user_upload/media-perspektiven/pdf/2020/0420_Prochazka_Schweiger.pdf

Pürer, H. (2015). *Journalismusforschung* (1. Auflage). UVK Verlagsgesellschaft.

Rau, H. (2005). Don Quijote oder der Kampf mit dem Pudding. In C. Fasel (Hrsg.), *Qualität und Erfolg im Journalismus* (1. Auflage, S. 65-82), UVK Verlagsgesellschaft.

Ritchie, J., Lewis, J., & Elam, G. (2003). Designing and Selecting Samples. In J. Ritchie & J., Lewis (Hrsg.), *Qualitative research practice: A guide for social science students and researchers* (1. Auflage, S. 77–108). SAGE Publications.

Schmidt, J.-H. (2013). *Social Media* (1. Auflage). Springer VS. https://doi.org/10.1007/978-3-658-02096-5

Schmidt, J.-H., Merten, L., Hasebrink, U., Petrich, I., & Rolfs, A. (2017). *Zur Relevanz von Online-Intermediären für die Meinungsbildung*. Hans-Bredow-Institut für Medienforschung. https://hans-bredow-institut.de/uploads/media/default/cms/media/67256764e92e34539343a8c77a0215bd96b35823.pdf

Schmidt, J.-H., & Taddicken, M. (Hrsg.). (2017). *Handbuch Soziale Medien* (1. Auflage). Springer VS. https://doi.org/10.1007/978-3-658-03765-9

Scholl, A. (2018). *Die Befragung* (4., bearbeitete Auflage). UVK Verlagsgesellschaft.

Sommer, D., Fretwurst, B., Sommer, K., & Gehrau, V. (2012). Nachrichtenwert und Gespräche über Medienthemen. *Publizistik, 57*(4), 381–401. https://doi.org/10.1007/s11616-012-0162-9

Spangenberg, J. (2015). Soziale Medien und journalistische Berichterstattung. In M. Friedrichsen & R. A. Kohn (Hrsg.), *Digitale Politikvermittlung* (2. Auflage, S. 105–126). Springer VS. https://doi.org/10.1007/978-3-658-06571-3_8

Staab, J. F. (1990). *Nachrichtenwert-Theorie: Formale Struktur und empirischer Gehalt*. Alber.

Strübing, J. (2018). *Qualitative Sozialforschung: Eine komprimierte Einführung* (2., überarbeitete und erweiterte Auflage). De Gruyter Oldenbourg.

Uhlemann, I. A. (2012). *Der Nachrichtenwert im situativen Kontext: Eine Studie zur Auswahlwahrscheinlichkeit von Nachrichten* (1. Auflage). VS Verlag für Sozialwissenschaften.

Verhovnik, M. (2012). Geschlagen, missbraucht, vernachlässigt. In K.-D. Altmeppen & R. Greck (Hrsg.), *Facetten des Journalismus* (S. 267–285). VS Verlag für Sozialwissenschaften. https://doi.org/10.1007/978-3-531-93261-3_15

von La Roche, W., Hooffacker, G., & Meier, K. (2013). *Einführung in den praktischen Journalismus: Mit genauer Beschreibung aller Ausbildungswege Deutschland Österreich ·Schweiz* (19. Auflage). Springer VS. https://doi.org/10.1007/978-3-658-01699-9

von Nordheim, G., Boczek, K., & Koppers, L. (2018). Sourcing the Sources: An analysis of the use of Twitter and Facebook as a journalistic source over 10 years in *The New York Times* , *The Guardian* , and *Süddeutsche Zeitung*. *Digital Journalism, 6*(7), 807–828. https://doi.org/10.1080/21670811.2018.1490658

von Nordheim, (2018, Oktober 23). Journalisten zitieren immer mehr Social-Media-Inhalte. *Europäisches Journalismus-Observatorium (EJO)*. Abgerufen 29. August 2022, von https://de.ejo-online.eu/digitales/journalisten-zitieren-immer-mehr-social-media-inhalte

Welchering, P. (2020). *Journalistische Praxis: Digitale Recherche: Verifikation und Fact Checking* (1. Auflage). Springer VS. https://doi.org/10.1007/978-3-658-30977-0

Wilke, J. (2003). Zur Geschichte der journalistischen Qualität. In H.-J. Bucher, K.-D. Altmeppen (Hrsg.), *Qualität im Journalismus. Grundlagen - Dimensionen - Praxismodelle* (1. Auflage, S. 35–54). Westdeutscher Verlag.

Wille-Baumkauff, B. (2015). *Onlinemarkenkommunikation und Markenloyalität im B2B-Segment*. Springer-Gabler.

Wyss, V. (2016). Journalismus als duale Struktur. In M. Löffelholz & L. Rothenberger (Hrsg.), *Handbuch Journalismustheorien* (1. Auflage, S. 265–279). Springer VS. https://doi.org/10.1007/978-3-531-18966-6_15

Wyss, V., & Keel, G. (2010). Journalismusforschung. In H. Bonfadelli, O. Jarren & G. Siegert (Hrsg.), Einführung in die Publizistikwissenschaft (3., vollständig überarbeitete Auflage, S. 337–378). Haupt Verlag.

Anhang 1: Anschreiben und Aufruf

Sehr geehrte/r Frau / Herr ...,

Haben Sie sich auch schon gefragt, welche Bedeutung Social Media für die Recherche von Journalistinnen und Journalisten haben? Und welche Rolle sie für die Berichterstattung spielen? Ich versuche diese Fragen zu beantworten und benötige dafür Ihre Unterstützung.
Im Rahmen meiner Masterarbeit an der Universität Hohenheim (Master Kommunikationsmanagement und -analyse) untersuche ich den Einfluss von Social Media auf die Recherche und Berichterstattung von Journalistinnen und Journalisten. Um einen Einblick in die vielfältigen Sichtweisen zu erhalten, führe ich eine qualitative Befragung mit Expertinnen und Experten durch.
Ich würde mich sehr freuen, wenn Sie sich die Zeit nehmen würden, mit mir über Ihre Social-Media-Nutzung im journalistischen Arbeitsprozess zu sprechen. Das Interview würde bis Mitte Juni stattfinden und einmalig ca. 30-40 Minuten dauern. Wir könnten es persönlich, telefonisch oder als Video-Gespräch führen. Gerne stelle ich Ihnen meine Ergebnisse im Nachgang zur Verfügung.
Es wäre eine große Hilfe für mich, wenn wir ein solches Interview führen könnten. Wann wäre es zeitlich für Sie am günstigsten? Ich richte mich gerne nach Ihnen. Sollten Sie selbst keine Kapazität für ein solches Interview haben, würde ich mich über die Vermittlung zu einer anderen Ansprechperson mit ähnlicher Position freuen.
Sollten Sie Fragen zu dem Forschungsprojekt haben, lassen Sie es mich bitte wissen.

Mit freundlichen Grüßen

Sophie Katharina Schindler

Aufruf des DJV

18. Mai 2022

Aufruf: Studentin sucht Gesprächspartner*innen

Der DJV Baden-Württemberg will den journalistischen Nachwuchs fördern. Deshalb haben wir nicht nur unser Mentoring-Programm in der zweiten Runde gestartet; wir veröffentlichen auch Anfragen junger Kolleginnen und Kollegen, die Ansprechpartner*innen im Rahmen von Bachelor- oder Masterprojekten suchen. Aktuell sucht Sophie Katharina Schindler, Studentin am Lehrstuhl für Kommunikationswissenschaft der Uni Hohenheim, Interviewpartner*innen für ihr Masterprojekt zum Thema "Social Media als Einflussfaktor auf die Arbeit von Journalistinnen und Journalisten. Sie schreibt:

"Haben Sie sich auch schon gefragt, welche Bedeutung Social Media für die Recherche von Journalistinnen und Journalisten haben? Und welche Rolle sie für die Berichterstattung spielen? Ich versuche diese Fragen im Rahmen meiner Masterarbeit zu beantworten und benötige dafür Ihre Unterstützung. **Um einen Einblick in die vielfältigen Sichtweisen zu erhalten, führe ich eine qualitative Befragung mit Expertinnen und Experten durch.** Ich würde mich sehr freuen, wenn Sie sich die Zeit nehmen würden, mit mir über Ihre Social-Media-Nutzung im journalistischen Arbeitsprozess zu sprechen. Das Interview würde bis Mitte Juni persönlich, telefonisch oder als Video-Gespräch stattfinden und einmalig ca. 30-40 Minuten dauern. Gerne stelle ich Ihnen meine Ergebnisse im Nachgang zur Verfügung. Sollten Sie selbst keine Zeit für ein solches Interview haben, würde ich mich über die Vermittlung zu einer anderen Ansprechperson mit ähnlicher Position freuen."

Anhang 2: Leitfaden

- **Vorstellung:** Sophie Katharina Schindler, Kommunikationsmanagement und -analyse, Masterthesis
- **Projekt:** Social Media als Einflussfaktor auf die Recherche und Berichterstattung von Journalistinnen und Journalisten.
- **Allgemein/ Datenschutz:** Ihre Daten werden vertraulich behandelt und nicht an Dritte weitergegeben.
- **Frage zu Beginn:** Ist es in Ordnung, wenn ich das Gespräch aufzeichne und die Informationen später (anonymisiert) verwende?

Informationen zur Person

1. Bitte stellen Sie sich und Ihre Position/Funktion/Ressort kurz vor.
2. Was gehört zu Ihren täglichen Aufgabenbereichen?
3. Welche Social-Media-Plattformen nutzen Sie im Arbeitskontext und welche im Privatkontext? Gibt es Überschneidungen?

Recherche

1. Wie verwenden Sie Social Media für die Recherche in Ihrer Redaktion? Welche Bedeutung haben Social Media dabei für Sie?
2. Welche Social-Media-Plattformen ziehen Sie dafür heran?
3. Welche Social-Media-Plattform ist besonders gut für… und warum? Begründen Sie Ihre Entscheidung in ein bis zwei Sätzen.

- Augenzeugen, die befragt oder zitiert werden können
- Gegenprüfung von Informationen
- Themenideen
- Resonanz auf die eigene Berichterstattung
- Fakten über ein aktuelles Ereignis
- Hinweise auf Quellen im Internet

- Meinungsverteilung zu einer Streitfrage
- Experten, die befragt oder zitiert werden können
- Hintergrundinformationen zu bestimmten Themen
- Aufbau und Pflege von Expertennetzwerken
- Kontinuierliche Beobachtung prominenter Quellen (Neuberger et al., 2014, S. 163)

5. Man kann auf Social-Media-Plattformen gezielt nach Themen suchen. Oder man kann per Zufall darauf stoßen. Wie ist das bei Ihnen? Recherchieren Sie immer gezielt über Social Media oder stoßen Sie auch durch Zufall auf Themen? Können Sie das in etwa in Prozenten ausdrücken – in wieviel Prozent der Fälle suchen Sie gezielt – und in wieviel Prozent der Fälle stoßen Sie per Zufall auf ein Thema? *(Im Arbeits- und im Privatkontext.)*
6. Auf welche Akteurinnen/Akteure sowie Themen achten Sie dabei? *(Journalistinnen und Journalisten oder auch nicht journalistische Quellen?)*
7. Wo sehen Sie Vorzüge der Social-Media-Kanäle gegenüber anderen Recherchequellen? Wo sehen Sie Nachteile?
8. Welche Regeln gelten in Ihrer Redaktion bei der Social-Media-Recherche? (Neuberger et al., 2014, S. 34)

Qualität der Berichterstattung

1. Welche Kriterien spielen bei der Nachrichtenauswahl eine Rolle? *(Nachrichtenfaktoren, bspw. nach Mast, 2018, S. 80-81)*
2. Wie beeinflussen Social Media diese Auswahl? *(Beziehen Sie durch die Nutzung von Social Media mehr oder weniger Nachrichtenfaktoren ein?)*
3. An welchen Kriterien orientieren Sie sich, um qualitative Beiträge zu verfassen? Qualitativ meint hier Punkte, wie z. B. Richtigkeit, Vollständigkeit, Einhaltung ethischer Grundsätze, Objektivität, Transparenz und Glaubwürdigkeit (Neuberger & Kapern, 2013, S. 144; Prochazka & Schweiger, 2020, S. 199).
4. Was unternehmen Sie, um die Qualität Ihrer Beiträge zu verbessern?

5. Wie hat sich die von Ihnen wahrgenommene journalistische Qualität durch den Einbezug von Social Media verändert?
6. Wo sehen Sie Gefahren in der Berichterstattung, beim Einbezug von Social Media?
7. Wo sehen Sie Chancen?

Eigene Kommunikation

1. Verfassen und veröffentlichen Sie im Arbeitskontext auch journalistische Beiträge auf Social Media?
2. Wenn ja:
3. Verweisen Sie in Ihren Beiträgen direkt auf Social-Media-Quellen? Wann? Wann nicht?
4. Wie nehmen Sie das Feedback zu Ihrer eigenen Kommunikation wahr und wie reagieren Sie darauf?
5. Nennen Sie mir ein Best-Practice-Beispiel, wie auf Publikumsbeteiligung über Social Media eingegangen wurde. *(Individuell oder in der Redaktion.)*

Abschlussfragen

1. Wie beurteilen Sie den journalistischen Arbeitsprozess in Zusammenhang mit Social Media? *(Einfacher, schwerer?)*
2. Wie sehen Sie die Zukunft des journalistischen Arbeitsprozesses in Anbetracht der sich ständig weiterentwickelnden Social-Media-Landschaft?
3. Gibt es von Ihrer Seite noch Punkte, die Sie gerne hinzufügen möchten?

Anhang 3: Codebuch

Codesystem

1 Tätigkeit	16[5]
2 Aufgabenbereiche	0
2.1 Berichterstattung	12
2.2 Interviews	4
2.3 Moderation/Presenting	5
2.4 Planung	14
2.5 Recherche	13
2.6 Social Media	4
2.7 Sonstiges	5
3 Nutzung Social-Media-Plattformen	0
3.1 Facebook	15
3.2 Instagram	17
3.3 LinkedIn	4
3.4 Snapchat	2
3.5 Sonstige	2
3.6 TikTok	8
3.7 Twitter	12
3.8 WhatsApp	4
3.9 YouTube	4

5 Anzahl der Codierungen

4 Social-Media-Recherche	0
4.1 Aktuelles Geschehen	7
4.2 Bedeutung	0
4.2.1 Keine/niedrige Bedeutung	2
4.2.2 Mittelstarke Bedeutung	1
4.2.3 Hohe Bedeutung	8
4.3 Interviewpartner/Protagonisten	6
4.4 Meinungsverteilungen	10
4.5 Themenfindung	14
5 Social-Media-Plattformen Recherche allgemein	0
5.1 Alle Plattformen	5
5.2 Facebook	6
5.3 Instagram	9
5.4 Telegram	1
5.5 TikTok	2
5.6 Twitter	10
5.7 YouTube	2
6 Social-Media-Plattformen Recherche spezifisch	0
6.1 Augenzeugen	0
6.1.1 Facebook	3
6.1.2 Instagram	8
6.1.3 Keine Plattform	1
6.1.4 Snapchat	1

6.1.5 Twitter	8
6.1.6 YouTube	2
6.2 Expertenmeinungen	0
6.2.1 Facebook	2
6.2.2 Instagram	4
6.2.3 Keine Plattform	1
6.2.4 LinkedIn	1
6.2.5 TikTok	1
6.2.6 Twitter	8
6.2.7 YouTube	2
6.3 Fakten	0
6.3.1 Facebook	2
6.3.2 Instagram	2
6.3.3 Keine Plattform	6
6.3.4 Telegram	1
6.3.5 TikTok	1
6.3.6 Twitter	8
6.4 Gegenprüfung	0
6.4.1 Facebook	6
6.4.2 Instagram	4
6.4.3 Keine Plattform	4
6.4.4 Telegram	1
6.4.5 TikTok	2

6.4.6 Twitter	5
6.4.7 YouTube	1
6.5 Hintergrundinformationen	0
6.5.1 Facebook	6
6.5.2 Instagram	8
6.5.3 Keine Plattform	5
6.5.4 TikTok	1
6.5.5 Twitter	8
6.5.6 YouTube	2
6.6 Hinweise auf Quellen	0
6.6.1 Facebook	3
6.6.2 Instagram	3
6.6.3 Keine Plattform	3
6.6.4 Telegram	1
6.6.5 TikTok	1
6.6.6 Twitter	7
6.7 Meinungsverteilungen	0
6.7.1 Facebook	5
6.7.2 Instagram	3
6.7.3 Keine Plattform	2
6.7.4 TikTok	1
6.7.5 Twitter	7
6.8 Netzwerk	0

6.8.1 Facebook	2
6.8.2 Instagram	3
6.8.3 LinkedIn	9
6.8.4 Telegram	1
6.8.5 TikTok	1
6.8.6 Twitter	5
6.9 Prominente Quellen	0
6.9.1 Facebook	1
6.9.2 Instagram	7
6.9.3 Snapchat	1
6.9.4 Telegram	1
6.9.5 TikTok	1
6.9.6 Twitter	5
6.9.7 YouTube	1
6.10 Resonanz	0
6.10.1 Facebook	5
6.10.2 Instagram	7
6.10.3 TikTok	3
6.10.4 Twitter	4
6.10.5 YouTube	1
6.11 Themenideen	0
6.11.1 Facebook	8
6.11.2 Instagram	14

6.11.3 Telegram	1
6.11.4 TikTok	3
6.11.5 Twitter	9
6.11.6 YouTube	1
7 Aufteilung Social-Media-Recherche	0
7.1 50/50[6]	5
7.2 Gezielte Recherche	1
7.3 Zufall	10
8 Themen und Akteure	0
8.1 Akteure	0
8.1.1 (Nachrichtliche) Medienformate	6
8.1.2 Experten	2
8.1.3 Journalisten	6
8.1.4 Personen des öffentlichen Lebens	6
8.1.5 Politik/Kommunen	5
8.1.6 Sonstige	6
8.2 Themen	0
8.2.1 Trends	13
8.2.2 Regionales/Lokales	3
8.2.3 Zielgruppe/Bedeutsamkeit	3
9 Vorteile Social-Media-Recherche	0

6 50 % gezielte Themenrecherche und 50 % zufälliges Auffinden neuer Themen.

9.1 Aktuelle Informationen (aus erster Hand)	3
9.2 Demokratisierungsfunktion	2
9.3 Inspirationsquelle	5
9.4 Nähe/Kommunikationsfunktion	7
9.5 Schnell/prägnant	7
10 Nachteile Social-Media-Recherche	0
10.1 Falsch repräsentierte Meinungen/Radikalisierung	7
10.2 Falschmeldungen	11
10.3 Filterblasen	8
10.4 Informationsverlust	5
11 Regeln Social-Media-Recherche	0
11.1 Rechtliche Rahmenbedingungen	4
11.2 Schulungen	2
11.3 Ungeschriebene Regeln	11
11.4 Vier-Augen-Prinzip	4
11.5 Zwei-Quellen-Prinzip/Faktencheck	13
12 Nachrichtenauswahl	0
12.1 Gefühlswert	7
12.2 Neuigkeitswert	11
12.3 Nutzwert/Relevanz	12
12.4 Regionalität	6
12.5 Zielgruppe	4

13 Nachrichtenauswahl Social Media	0
13.1 Diskussionen über Themen	4
13.2 Einfacher Zugang zu Themen/Akteuren	12
13.3 Einfluss	0
13.3.1 Hoher Einfluss	6
13.3.2 Mittelstarker Einfluss	2
13.3.3 Wenig/kein Einfluss	5
13.4 Schneller	2
14 Qualitative Beiträge	0
14.1 Aufbereitung	16
14.2 Experten hinzuziehen	2
14.3 Faktencheck	6
14.4 Mehrere Quellen	5
14.5 Meinungsvielfalt/Darstellung beider Seiten	11
14.6 Rolle Social Media	10
14.7 Vier-Augen-Prinzip Berichterstattung	4
15 Journalistische Qualität	0
15.1 Gleich	4
15.2 Sonstiges	2
15.3 Verbesserung	15
15.4 Verschlechterung	16
16 Gefahren Berichterstattung Social Media	0

16.1 Algorithmus/Messbarkeit	5
16.2 Emotionalität	3
16.3 Falschmeldungen	5
16.4 Oberflächlichkeit	10
17 Chancen Berichterstattung Social Media	0
17.1 Direktes Feedback	6
17.2 Diverse Berichterstattung	12
17.3 Erreichen einer breiten Masse	11
18 Beitragsveröffentlichung Social Media	0
18.1 Ja	10
18.2 Nein	4
18.3 Wie	4
19 Social-Media-Quellen	22
20 Feedback	0
20.1 Eingang Feedback	11
20.2 Reaktion auf Feedback	17
21 Journalistischer Arbeitsprozess Social Media	0
21.1 Einfacher	7
21.2 Komplexer	12
22 Beispiel Publikumsbeteiligung	16
23 Zukunft	0
23.1 Arbeitsprozess	10
23.2 Ausbildung	4

23.3 Bewertung	12
23.4 Eigene Zugänge	2
24 Wichtige Aussagen	17

1 Tätigkeit

Frage des Leitfadens: Bitte stellen Sie sich und Ihre Position/Funktion/Ressort kurz vor.

Inhaltliche Beschreibung: Dieser Code wird vergeben, wenn die Tätigkeit der befragten Person erläutert wird. Unter diese Kategorie fällt das Medienunternehmen, bei dem die Person tätig ist, die jeweilige Position und Funktion bei dem Medienunternehmen und das Ressort, für das die Person zuständig ist.

Anwendung der Kategorie: Die Kategorie wird codiert, wenn journalistische Tätigkeiten genannt werden. Sie wird nicht codiert, wenn Tätigkeiten außerhalb des journalistischen Bereichs genannt werden, wie z. B. Kaffee kochen.

Herkunft des Codes: Deduktiv.

Ankerbeispiele: *„Ich bin 23 Jahre alt. Ich arbeite beim SWR in der Abteilung Wirtschaft und Umwelt als Web-Producerin und Redakteurin" (J4, Pos. 4).*

„Ich bin Digital-Volontärin bei der Süddeutschen Zeitung. D. h., ich habe noch kein festes Ressort, bin aber hauptsächlich im Investigativen verortet. Also Investigativ-Ressorts mehr oder weniger. Und meine Funktion dort ist Volontärin. Also noch in der Ausbildung. Aber mit einem Schwerpunkt im Bereich Open Source Intelligence. Also viel Online-Recherche" (J13, Pos. 3).

2 Aufgabenbereiche

Frage des Leitfadens: Was gehört zu Ihren täglichen Aufgabenbereichen?

Inhaltliche Beschreibung: Dieser Code wird vergeben, wenn die täglichen Aufgabenbereiche im Arbeitsprozess beschrieben werden. Dieser Code dient zur Strukturierung. Die differenzierte Beschreibung und Anwendung befindet sich in den jeweiligen Subcodes.

Herkunft des Codes: Deduktiv.

2.1 Berichterstattung

Frage des Leitfadens: Was gehört zu Ihren täglichen Aufgabenbereichen?

Inhaltliche Beschreibung: Dieser Code wird vergeben, wenn als täglicher Aufgabenbereich das Erstellen von Wort-, Video- oder Bildbeiträgen genannt wird.

Anwendung der Kategorie: Diese Kategorie wird codiert, wenn die befragte Person Beiträge für Print, Online, Radio oder Fernsehen erstellt.

Herkunft des Codes: Deduktiv-Induktiv.

Ankerbeispiele: *„[U]nd wandle dann diese Rechercheergebnisse und Interviews in Beiträge um. Sei es dann ein Hörfunkstück oder für das Fernsehen" (J3, Pos. 6).*

„Recherche und Beiträge erstellen, für Hörfunk, Online und Fernsehen weniger. Meldungen, Nachrichten und Zulieferungen aller Wellen" (J12, Pos. 6).

2.2 Interviews

Frage des Leitfadens: Was gehört zu Ihren täglichen Aufgabenbereichen?

Inhaltliche Beschreibung: Dieser Code wird vergeben, wenn als täglicher Aufgabenbereich das Interview, das Befragen von Personen oder das Drehen mit Personen genannt wird.

Anwendung der Kategorie: Diese Kategorie wird codiert, wenn Interviews, Befragungen, Meinungsaustausch oder Drehs aufgezählt werden.

Herkunft des Codes: Induktiv.

Ankerbeispiele: *„Ich gehe dann raus und interviewe Menschen, sei es für das Radio oder für das Fernsehen, und wandle dann diese Rechercheergebnisse und Interviews in Beiträge um“ (J3, Pos. 6).*

2.3 Moderation/Presenting

Frage des Leitfadens: Was gehört zu Ihren täglichen Aufgabenbereichen?

Inhaltliche Beschreibung: Dieser Code wird vergeben, wenn als täglicher Aufgabenbereich das Moderieren, das Vortragen oder das Präsentieren („presenting“) genannt wird.

Anwendung der Kategorie: Diese Kategorie wird codiert, wenn die befragte Person in ihrem Bereich Themen, Beiträge oder Sendungen moderiert oder Inhalte präsentiert.

Herkunft des Codes: Induktiv.

Ankerbeispiele: *„Also ich betreue einen Instagram-Kanal, da mache ich Postings und Stories, auch als Presenter und eben auch im redaktionellen Bereich“ (J4, Pos. 6).*

„Und da moderiere ich die Hauptnachrichten seit drei Jahren“ (J7, Pos. 4).

2.4 Planung

Frage des Leitfadens: Was gehört zu Ihren täglichen Aufgabenbereichen?

Inhaltliche Beschreibung: Dieser Code wird vergeben, wenn als täglicher Aufgabenbereich die Planung oder die Vorbereitung von Themen, Drehs, Shows, etc. genannt wird.

Anwendung der Kategorie: Diese Kategorie wird codiert, wenn Planung oder Vorbereitung von Drehs, Moderationen oder Themen angesprochen werden.

Herkunft des Codes: Induktiv.

Ankerbeispiele: *„Treatments schreiben, wie eine Art Drehbuch, Protagonist/-innen kontaktieren, Drehs vorbereiten, selbst auf Drehs gehen" (J1, Pos. 6).*

„Auf jeden Fall das Planen von Themen und das Planen der Bebilderung, von Themen, Interviews" (J10, Pos. 6).

2.5 Recherche

Frage des Leitfadens: Was gehört zu Ihren täglichen Aufgabenbereichen?

Inhaltliche Beschreibung: Dieser Code wird vergeben, wenn als täglicher Aufgabenbereich die Recherche, die Ermittlung oder die Nachforschung genannt wird.

Anwendung der Kategorie: Diese Kategorie wird codiert, wenn die befragte Person (investigative) Recherche betreibt. Dies kann sowohl vor Ort als auch in allen möglichen Kanälen (Print, Radio, Fernsehen, Online oder Social Media) sein.

Herkunft des Codes: Induktiv.

Ankerbeispiele: *„Schwierig zu sagen, weil es jeden Tag anders ist im Moment. Ich habe keine klassischen täglichen Aufgaben, die ich jetzt irgendwie machen muss. Keine Schichten, keine Dienste momentan, sondern recherchiere eben viel parallel an Geschichten, die sich mit unterschiedlichen Themenbereichen beschäftigen, aber eben investigativen Zugang haben und oft einen Zugang, der irgendwie über Online-Recherche angereichert werden kann" (J13, Pos. 5).*

„Und dazu gehört letzten Endes auch die Recherche, die oft außerhalb der Redaktion stattfindet, im Ausland stattfindet, also vor Ort jeweils" (J16, Pos. 9).

2.6 Social Media

Frage des Leitfadens: Was gehört zu Ihren täglichen Aufgabenbereichen?

Inhaltliche Beschreibung: Dieser Code wird vergeben, wenn als täglicher Aufgabenbereich das Erstellen von Social-Media-Beiträgen genannt wird.

Anwendung der Kategorie: Diese Kategorie wird codiert, wenn die befragte Person Wort-, Video- oder Bildbeiträge für Social-Media-Angebote erstellt.

Herkunft des Codes: Induktiv.

Ankerbeispiele: *„Und jetzt eben seit kurzem dann auch Social Media. Das gehört allerdings nicht jeden Tag zu meinen Aufgaben" (J10, Pos. 6).*

„Meine Hauptaufgabe ist jetzt, z. B. am Freitag diese Facebook-Planung durchzutakten bis ins Wochenende hinein. Also Pfingsten heißt dann irgendwie von Freitagabend bis Montagvormittag ist durchgeplant, bis dann jemand anderes übernimmt. Das ist dann bei uns meistens der Sport, die dann ihre eigenen Inhalte und andere Sachen reinstellen. Und dann muss ich gegebenenfalls dann bei Facebook reagieren, wenn diese Leute Kommentare schreiben, sich beschweren" (J14, Pos. 6-7).

2.7 Sonstiges

Frage des Leitfadens: Was gehört zu Ihren täglichen Aufgabenbereichen?

Inhaltliche Beschreibung: Dieser Code wird vergeben, wenn tägliche Aufgabenbereiche sich stark von den anderen Subcodes unterscheiden und nicht eingeordnet werden können.

Herkunft des Codes: Induktiv.

Ankerbeispiele: *„Also ich schneide verschiedenen Sequenzen aus der Show heraus, bereite sie für den Nachmittag vor und informiere natürlich auch den Nachmittag und den Vormittag und den Rest des Tages, darüber was bei uns passiert ist und was sie da so machen können. Dann bereite ich am Nachmittag oder nach der Show die nächste Show vor" (J6, Pos. 8).*

„Und dann versuche ich mich auch immer wieder deutschlandweit mit Kollegen zu vernetzen. Einfach um zu sehen: Welche Themen gibt es woanders? Was kann man davon für die eigene Arbeit mitnehmen? Also so Netzwerkarbeit" (J15, Pos. 7).

3 Nutzung Social-Media-Plattformen

Frage des Leitfadens: Welche Social-Media-Plattformen nutzen Sie im Arbeitskontext und welche im Privatkontext? Gibt es Überschneidungen?

Inhaltliche Beschreibung: Dieser Code wird vergeben, wenn in den Textstellen die Nutzung der verschiedenen Social-Media-Plattformen im Privatkontext und im Arbeitskontext genannt werden. Dieser Code dient zur Strukturierung. Die differenzierte Beschreibung und Anwendung befindet sich in den jeweiligen Subcodes.

Herkunft des Codes: Deduktiv-Induktiv.

3.1 Facebook

Frage des Leitfadens: Welche Social-Media-Plattformen nutzen Sie im Arbeitskontext und welche im Privatkontext? Gibt es Überschneidungen?

Inhaltliche Beschreibung: Dieser Code wird vergeben, wenn Facebook entweder im Arbeitskontext oder im Privatkontext von den Befragten genutzt wird. Er wird außerdem vergeben, wenn Facebook auch im Arbeitskontext und im Privatkontext gemeinsam genutzt wird.

Anwendung der Kategorie: Eingeschlossen in den Code sind alle Wortbeiträge, welche die Nutzung von Facebook ansprechen. Nicht codiert wird, wenn Facebook in dem Kontext genannt wird, dass es nicht genutzt wird.

Herkunft des Codes: Deduktiv.

Ankerbeispiel: *„Ich nutze sowohl privat als auch beruflich Facebook“ (J12, Pos. 8).*

3.2 Instagram

Frage des Leitfadens: Welche Social-Media-Plattformen nutzen Sie im Arbeitskontext und welche im Privatkontext? Gibt es Überschneidungen?

Inhaltliche Beschreibung: Dieser Code wird vergeben, wenn Instagram entweder im Arbeitskontext oder im Privatkontext von den Befragten genutzt wird. Er wird außerdem vergeben, wenn Instagram auch im Arbeitskontext und im Privatkontext gemeinsam genutzt wird.

Anwendung der Kategorie: Eingeschlossen in den Code sind alle Wortbeiträge, welche die Nutzung von Instagram ansprechen. Nicht codiert wird, wenn Instagram in dem Kontext genannt wird, dass es nicht genutzt wird.

Herkunft des Codes: Deduktiv.

Ankerbeispiel: *„[I]nzwischen ist es Instagram, das ist eigentlich die Hauptplattform, würde ich sagen“ (J7, Pos. 11).*

3.3 LinkedIn

Frage des Leitfadens: Welche Social-Media-Plattformen nutzen Sie im Arbeitskontext und welche im Privatkontext? Gibt es Überschneidungen?

Inhaltliche Beschreibung: Dieser Code wird vergeben, wenn LinkedIn entweder im Arbeitskontext oder im Privatkontext von den Befragten genutzt wird. Er wird außerdem vergeben, wenn LinkedIn auch im Arbeitskontext und im Privatkontext gemeinsam genutzt wird.

Anwendung der Kategorie: Eingeschlossen in den Code sind alle Wortbeiträge, welche die Nutzung von LinkedIn ansprechen. Nicht codiert wird, wenn LinkedIn in dem Kontext genannt wird, dass es nicht genutzt wird.

Herkunft des Codes: Induktiv.

Ankerbeispiel: *„LinkedIn habe ich vergessen. LinkedIn nutze ich auch privat, um Leute anzuschreiben, Kontakt herzustellen, wenn man eben keine Mailadresse hat oder Telefonnummer“ (J13, Pos. 10).*

3.4 Snapchat

Frage des Leitfadens: Welche Social-Media-Plattformen nutzen Sie im Arbeitskontext und welche im Privatkontext? Gibt es Überschneidungen?

Inhaltliche Beschreibung: Dieser Code wird vergeben, wenn Snapchat entweder im Arbeitskontext oder im Privatkontext von den Befragten genutzt wird. Er wird außerdem vergeben, wenn Snapchat auch im Arbeitskontext und im Privatkontext gemeinsam genutzt wird.

Anwendung der Kategorie: Eingeschlossen in den Code sind alle Wortbeiträge, welche die Nutzung von Snapchat ansprechen. Nicht codiert wird, wenn Snapchat in dem Kontext genannt wird, dass es nicht genutzt wird.

Herkunft des Codes: Deduktiv.

Ankerbeispiel: *„[A]nsonsten auch ab und zu Snapchat, allerdings relativ selten“ (J2, Pos. 8).*

3.5 Sonstige

Frage des Leitfadens: Welche Social-Media-Plattformen nutzen Sie im Arbeitskontext und welche im Privatkontext? Gibt es Überschneidungen?

Inhaltliche Beschreibung: Dieser Code wird vergeben, wenn eine weitere Social-Media-Plattform entweder im Arbeitskontext oder im Privatkontext von den Befragten genutzt wird. Er wird außerdem vergeben, wenn eine weitere Social-Media-Plattform auch im Arbeitskontext und im Privatkontext gemeinsam genutzt wird. Eine weitere Social-Media-Plattformen ist bspw. VK.com.

Anwendung der Kategorie: Eingeschlossen in den Code sind alle Wortbeiträge, welche die Nutzung von einer weiteren Social-Media-Plattform ansprechen. Nicht codiert wird, wenn eine weitere Social-Media-Plattform in dem Kontext genannt wird, dass sie nicht genutzt wird.

Herkunft des Codes: Induktiv.

Ankerbeispiel: *„VK die russische Plattform, VK.com. Alles auch Foren, Reddit, Discount. Wirklich alles, weil das halt zu meinem Job gehört Social Media auch ein bisschen zu durchforsten“ (J13, Pos. 7).*

3.6 TikTok

Frage des Leitfadens: Welche Social-Media-Plattformen nutzen Sie im Arbeitskontext und welche im Privatkontext? Gibt es Überschneidungen?

Inhaltliche Beschreibung: Dieser Code wird vergeben, wenn TikTok entweder im Arbeitskontext oder im Privatkontext von den Befragten genutzt wird. Er wird außerdem vergeben, wenn TikTok auch im Arbeitskontext und im Privatkontext gemeinsam genutzt wird.

Anwendung der Kategorie: Eingeschlossen in den Code sind alle Wortbeiträge, welche die Nutzung von TikTok ansprechen. Nicht codiert wird, wenn TikTok in dem Kontext genannt wird, dass es nicht genutzt wird.

Herkunft des Codes: Deduktiv.

Ankerbeispiel: *„Ich gucke viel bei TikTok“ (J11, Pos. 8).*

3.7 Twitter

Frage des Leitfadens: Welche Social-Media-Plattformen nutzen Sie im Arbeitskontext und welche im Privatkontext? Gibt es Überschneidungen?

Inhaltliche Beschreibung: Dieser Code wird vergeben, wenn Twitter entweder im Arbeitskontext oder im Privatkontext von den Befragten genutzt wird. Er wird außerdem vergeben, wenn Twitter auch im Arbeitskontext und im Privatkontext gemeinsam genutzt wird.

Anwendung der Kategorie: Eingeschlossen in den Code sind alle Wortbeiträge, welche die Nutzung von Twitter ansprechen. Nicht codiert wird, wenn Twitter in dem Kontext genannt wird, dass es nicht genutzt wird.

Herkunft des Codes: Deduktiv.

Ankerbeispiel: *„Also Twitter z. B. ist eine Plattform, die benutze ich fast nur im Arbeitskontext. Das ist einfach deswegen, weil Twitter eine Plattform ist, in der man eigentlich vor allem wegen Arbeitssachen unterwegs ist. Da sind viele Journalisten darauf, da sind alle Politiker darauf, da sind die wichtigen Ministerien darauf, die Polizei ist darauf. Twitter ist eine Art Ticker-Plattform, die mir oft in bestimmten Situationen hilft" (J8, Pos. 10).*

3.8 WhatsApp

Frage des Leitfadens: Welche Social-Media-Plattformen nutzen Sie im Arbeitskontext und welche im Privatkontext? Gibt es Überschneidungen?

Inhaltliche Beschreibung: Dieser Code wird vergeben, wenn WhatsApp entweder im Arbeitskontext oder im Privatkontext von den Befragten genutzt wird. Er wird außerdem vergeben, wenn WhatsApp auch im Arbeitskontext und im Privatkontext gemeinsam genutzt wird.

Anwendung der Kategorie: Eingeschlossen in den Code sind alle Wortbeiträge, welche die Nutzung von WhatsApp ansprechen. Nicht codiert wird, wenn WhatsApp in dem Kontext genannt wird, dass es nicht genutzt wird.

Herkunft des Codes: Deduktiv-Induktiv.

Ankerbeispiel: *„WhatsApp nutze ich nur als Messenger" (J12, Pos. 8).*

3.9 YouTube

Frage des Leitfadens: Welche Social-Media-Plattformen nutzen Sie im Arbeitskontext und welche im Privatkontext? Gibt es Überschneidungen?

Inhaltliche Beschreibung: Dieser Code wird vergeben, wenn Y-ouTube entweder im Arbeitskontext oder im Privatkontext von den Befragten genutzt wird. Er wird außerdem vergeben, wenn Y-ouTube auch im Arbeitskontext und im Privatkontext gemeinsam genutzt wird.

Anwendung der Kategorie: Eingeschlossen in den Code sind alle Wortbeiträge, welche die Nutzung von YouTube ansprechen. Nicht codiert wird, wenn YouTube in dem Kontext genannt wird, dass es nicht genutzt wird.

Herkunft des Codes: Induktiv.

Ankerbeispiel: *„[...] YouTube nutze ich da auch" (J4, Pos. 8).*

4 Social-Media-Recherche

Frage des Leitfadens: Wie verwenden Sie Social Media für die Recherche in Ihrer Redaktion? Welche Bedeutung haben Social Media dabei für Sie?

Inhaltliche Beschreibung: Dieser Code wird vergeben, wenn beschrieben wird, wie bei der Social-Media-Recherche vorgegangen wird, worauf geachtet wird und welche Bedeutung Social Media für die Recherche haben. Eingeschlossen in den Code sind Anwendungsbeispiele, Themen, Interviewpartnerinnen oder -partner, welche über Social Media gefunden werden. Dieser Code dient zur Strukturierung. Die differenzierte Beschreibung und Anwendung befindet sich in den jeweiligen Subcodes.

Herkunft des Codes: Deduktiv.

4.1 Aktuelles Geschehen

Frage des Leitfadens: Wie verwenden Sie Social Media für die Recherche in Ihrer Redaktion? Welche Bedeutung haben Social Media dabei für Sie?

Inhaltliche Beschreibung: Dieser Code wird vergeben, wenn das aktuelle Geschehen über Social Media verfolgt wird und wenn durch die Social-Media-Recherche weitere (aktuelle) Informationen zugänglich gemacht werden.

Anwendung der Kategorie: Eingeschlossen in den Code sind Aussagen, welche das aktuelle Geschehen und weitere (aktuelle) Informationen thematisieren.

Herkunft des Codes: Induktiv.

Ankerbeispiele: *„Und gerade auch, wenn man Nachrichtenkanalen folgt, sieht man da auch oft mal neue Sachen, die man noch nicht wusste und kann da dann auch tiefer in die Recherche gehen. Es ist ein Recherche-*

Anstoß, aber die Hauptrecherche läuft nicht über Social Media" (J1, Pos. 11).

„Allgemein wird bei uns in der Redaktion Social Media zum einen dafür genutzt, um wirklich ein bisschen auf dem Laufenden zu bleiben und an Politiker/-innen auch nah dranzubleiben. Gerade wenn ich auf Twitter schaue. Es ist einfach ein Medium, wo du sehr schnell mitbekommst, wenn irgendwo etwas passiert und auch deine eigene Arbeit ein bisschen nach außen präsentieren kannst" (J13, Pos. 10).

4.2 Bedeutung

Frage des Leitfadens: Wie verwenden Sie Social Media für die Recherche in Ihrer Redaktion? Welche Bedeutung haben Social Media dabei für Sie?

Inhaltliche Beschreibung: Der Code wird vergeben, wenn die Bedeutung von Social Media für die Recherche bewertet wird. Es bilden sich daraus drei weitere Subcodes (keine/niedrige Bedeutung, mittelstarke Bedeutung und hohe Bedeutung). Dieser Code dient zur Strukturierung. Die differenzierte Beschreibung und Anwendung befindet sich in den jeweiligen Subcodes.

Herkunft des Codes: Induktiv.

4.2.1 Keine/niedrige Bedeutung

Frage des Leitfadens: Wie verwenden Sie Social Media für die Recherche in Ihrer Redaktion? Welche Bedeutung haben Social Media dabei für Sie?

Inhaltliche Beschreibung: Dieser Code wird vergeben, wenn in der Textstelle die Bedeutung von Social Media für die Recherche als unwichtig, unwesentlich oder nur geringfügig relevant bewertet wird.

Anwendung der Kategorie: Eingeschlossen in den Code sind alle Aussagen über die Bedeutung von Social Media für die Recherche. Die Kategorie wird angewendet, wenn Social Media als unbedeutend, unwesentlich, irrelevant, unwichtig, nebensächlich oder nicht wichtig für die Recherche bezeichnet werden oder die Befragten deutlich machen, dass sie Social Media nicht für die Recherche nutzen.

Herkunft des Codes: Induktiv.

Ankerbeispiele: *„Also die Redaktion an sich benutzt es überhaupt nicht […]. Die wenigsten meiner Kolleg/-innen benutzen die sozialen Medien, um wirklich aktiv zu recherchieren, außer vielleicht bei Twitter"* (J7, Pos. 14).

„Also ich bin wahrscheinlich einer der vermutlich vielen Gesprächspartner von Ihnen, die behaupten, es hätte keine Bedeutung oder wenig Bedeutung. Ich bin kein Meinungsjournalist. Twitter ist in meiner Wahrnehmung voller Meinungen. Ich äußere dort meine Meinung auch. Da ich aber bei der ZEIT z. B. keine Leitartikel oder Kommentare schreibe, hilft mir Twitter auch nicht dabei, meine Argumente zu schärfen, etwas auszuprobieren, auf Gegenargumente zu warten" (J16, Pos. 14).

4.2.2 Mittelstarke Bedeutung

Frage des Leitfadens: Wie verwenden Sie Social Media für die Recherche in Ihrer Redaktion? Welche Bedeutung haben Social Media dabei für Sie?

Inhaltliche Beschreibung: Dieser Code wird vergeben, wenn in der Textstelle die Bedeutung von Social Media für die Recherche als mittelmäßig oder durchschnittlich bewertet wird.

Anwendung der Kategorie: Eingeschlossen in den Code sind Aussagen über die Bedeutung von Social Media für die Recherche. Die Kategorie wird angewendet, wenn Social Media als gleichgültig, mittelmäßig oder nebensächlich für die Recherche bezeichnet wird oder die Befragten deutlich machen, dass sie Social Media kaum für die Recherche nutzen.

Herkunft des Codes: Induktiv.

Ankerbeispiel: *„Auch wenn ich das benutze und wahrscheinlich einer bin, von den Kollegen, die das in regulären Recherchen noch eher mal anwenden, benutze ich es natürlich viel weniger als ich es vielleicht sollte oder könnte" (J8, Pos. 11).*

4.2.3 Hohe Bedeutung

Frage des Leitfadens: Wie verwenden Sie Social Media für die Recherche in Ihrer Redaktion? Welche Bedeutung haben Social Media dabei für Sie?

Inhaltliche Beschreibung: Dieser Code wird vergeben, wenn in der Textstelle die Bedeutung von Social Media für die Recherche als wichtig oder relevant bewertet wird.

Anwendung der Kategorie: Eingeschlossen in den Code sind Aussagen über die Bedeutung von Social Media für die Recherche. Die Kategorie wird angewendet, wenn Social Media als wichtig, relevant, bedeutend oder essenziell für die Recherche bezeichnet wird oder die Befragten deutlich machen, dass sie Social Media für die Recherche nutzen.

Herkunft des Codes: Induktiv.

Ankerbeispiele: *„Sie haben eine relativ große Bedeutung, weil ich über Social Media versuche rauszufinden, was für Themen sind im Moment so auf dem Markt und regen sich Leute auf oder worüber sprechen sie? Was freut sie?" (J12, Pos. 11).*

„Also für mich ist Social Media extrem wichtig, weil ich eben diesen, diesen Open Source Intelligence Schwerpunkt habe. D. h., ein großer Teil meiner Arbeit besteht darin, in Social Media nach Informationen zu suchen, nach Personen zu suchen, Zusammenhänge zu verstehen, Inhalte mir anzuschauen. D. h., ich recherchiere extrem viel mit Social Media, bin aber so ein bisschen so ein Sonderfall bei uns in der Redaktion" (J13, Pos. 10).

4.3 Interviewpartner/Protagonisten

Frage des Leitfadens: Wie verwenden Sie Social Media für die Recherche in Ihrer Redaktion? Welche Bedeutung haben Social Media dabei für Sie?

Inhaltliche Beschreibung: Dieser Code wird vergeben, wenn in den Textstellen beschrieben wird, dass über Social Media Interviewpartner/-innen oder Protagonistinnen/Protagonisten gefunden und zugänglich gemacht werden.

Anwendung der Kategorie: Eingeschlossen in den Code ist das Suchen, Finden und Kontaktieren von Interviewpartner/-innen oder Protagonistinnen/Protagonisten.

Herkunft des Codes: Induktiv.

Ankerbeispiel: *„[O]der zum Finden von Interviewpartner/-innen. Also wenn man das Thema hat, dann hilft das total in Gruppen unterwegs zu sein. Und auf Menschen zu stoßen, die vielleicht etwas zum Thema zu erzählen haben" (J10, Pos. 13).*

4.4 Meinungsverteilungen

Frage des Leitfadens: Wie verwenden Sie Social Media für die Recherche in Ihrer Redaktion? Welche Bedeutung haben Social Media dabei für Sie?

Inhaltliche Beschreibung: Dieser Code wird vergeben, wenn in der Textstelle beschrieben wird, dass bei der Social-Media-Recherche Meinungen, Meinungsverteilungen oder Diskussionen identifiziert werden können.

Anwendung der Kategorie: Eingeschlossen in den Code sind Anwendungsbeispiele, Diskussionen, diskutierende Gruppierungen und Meinungsverteilungen, welche in die Recherche der Journalistinnen/Journalisten einfließen. Der Code deckt alles ab, wodurch erkenntlich wird, mit was sich die Menschen aktuell auf Social Media beschäftigen.

Herkunft des Codes: Induktiv.

Ankerbeispiele: *„Ich selbst und die meisten, die ich kenne, benutzen es natürlich eher, um sich einen Eindruck zu verschaffen: Über was wird gesprochen, was ist heute irgendwie in der Diskussion, was ist gerade viral, wie geht es den Leuten, um auch so ein bisschen ein Tagesgefühl zu kriegen" (J7, Pos. 14).*

„Bei der Recherche geht es tatsächlich darum, wenn es ein Thema ist, dass man guckt, wie sich die Leute über dieses Thema in den sozialen Netzwerken austauschen. Da sind die Leute besonders bei Facebook sehr aktiv, hier im ländlichen Raum" (J15, Pos. 12).

4.5 Themenfindung

Frage des Leitfadens: Wie verwenden Sie Social Media für die Recherche in Ihrer Redaktion? Welche Bedeutung haben Social Media dabei für Sie?

Inhaltliche Beschreibung: Dieser Code wird vergeben, wenn beschrieben wird, dass über die Social-Media-Plattformen Themen für die Berichterstattung der Journalistinnen/Journalisten gefunden werden.

Anwendung der Kategorie: Eingeschlossen in den Code ist ausschließlich die Themenfindung über Social Media für journalistische Inhalte.

Herkunft des Codes: Induktiv.

Ankerbeispiele: *„Das macht es eben auch möglich, Themen vorher zu generieren, von denen man auch sonst vielleicht erst zwei Wochen später erfahren wird" (J3, Pos. 11).*

„Also ich folge privat vielen Seiten von Personen, die etwas Spannendes in der Stadt machen und stoße dann eben auf Themen. Aber das funktioniert auch überregional. Wir sind zwar ein regionales Medium, trotzdem können wir auch große Themen, die jetzt in größeren Zeitungen gemacht werden, auf Stuttgart herunterbrechen. Und so kommen wir oft auf Themen. Ja, also ich würde sagen, zur Themensuche auf jeden Fall" (J10, Pos. 13).

5 Social-Media-Plattformen Recherche allgemein

Frage des Leitfadens: Welche Social-Media-Plattformen ziehen Sie dafür heran?

Inhaltliche Beschreibung: Dieser Code wird vergeben, wenn beschrieben wird, welche Social-Media-Plattformen für die Recherche verwendet werden. Dieser Code dient zur Strukturierung. Die differenzierte Beschreibung und Anwendung befindet sich in den jeweiligen Subcodes.

Anwendung der Kategorie: Eingeschlossen in den Code sind alle verschiedenen Social-Media-Plattformen: Facebook, Instagram, LinkedIn, Snapchat, Telegram, TikTok, Twitter und YouTube.

Herkunft des Codes: Deduktiv.

5.1 Alle Plattformen

Frage des Leitfadens: Welche Social-Media-Plattformen ziehen Sie dafür heran?

Inhaltliche Beschreibung: Dieser Code wird vergeben, wenn beschrieben wird, welche Social-Media-Plattformen für die Recherche verwendet werden.

Anwendung der Kategorie: Eingeschlossen in den Code sind alle verschiedenen Social-Media-Plattformen: Facebook, Instagram, LinkedIn, Snapchat, Telegram, TikTok, Twitter und YouTube.

Herkunft des Codes: Induktiv.

Ankerbeispiel: *„Für die Recherche würde ich aber sagen, verwenden wir alles, also wir oder ich recherchiere seit etlichen Jahren über alle diese Plattformen" (J10, Pos. 10).*

5.2 Facebook

Frage des Leitfadens: Welche Social-Media-Plattformen ziehen Sie dafür heran?

Inhaltliche Beschreibung: Dieser Code wird vergeben, wenn beschrieben wird, dass Facebook für die Recherche verwendet wird.

Anwendung der Kategorie: Eingeschlossen in den Code ist die Nutzung von Facebook für die Recherche.

Herkunft des Codes: Induktiv.

Ankerbeispiele: *„Im Studio Stuttgart Kontext würde ich auch sagen vor allem Facebook, muss man sagen, weil da eben diese ältere Generation vertreten ist und weil wir da gucken" (J3, Pos. 14).*

„Also für die Recherche ist wirklich Facebook das Größte" (J15, Pos. 14).

5.3 Instagram

Frage des Leitfadens: Welche Social-Media-Plattformen ziehen Sie dafür heran?

Inhaltliche Beschreibung: Dieser Code wird vergeben, wenn beschrieben wird, dass Instagram für die Recherche verwendet wird.

Anwendung der Kategorie: Eingeschlossen in den Code ist die Nutzung von Instagram für die Recherche.

Herkunft des Codes: Induktiv.

Ankerbeispiele: *„Auch hauptsächlich Instagram, weil das auch unsere Zielgruppe am meisten nutzt" (J1, Pos. 13).*

„Und Instagram ist das, wo ich sage, da nehme ich die Leute mit. Da stellt man auch Fragen. Da muss das Thema aber schon brennen, dass die Leute interagieren. Also meiner Erfahrung nach ist Instagram tatsächlich mehr so zur Information, also von den Leuten. Die nutzen das dann als Informationsquelle. Ist aber weniger für mich geeignet zum Recherchieren. Klar, da gibt es auch mal Beiträge, wo ich sage: ‚Spannend nehme ich mich an', aber nicht in dem Maße wie auf Facebook" (J15, Pos. 14).

5.4 Telegram

Frage des Leitfadens: Welche Social-Media-Plattformen ziehen Sie dafür heran?

Inhaltliche Beschreibung: Dieser Code wird vergeben, wenn beschrieben wird, dass YouTube für die Recherche verwendet wird.

Anwendung der Kategorie: Eingeschlossen in den Code ist die Nutzung von Telegram für die Recherche.

Herkunft des Codes: Induktiv.

Ankerbeispiel: *„Telegram ist natürlich noch ein wichtiges Thema, gerade in der ganzen Querdenker-Szene habe ich das viel zum Recherchieren verwendet und jetzt wieder völlig verdrängt"* (J12, Pos. 44).

5.5 TikTok

Frage des Leitfadens: Welche Social-Media-Plattformen ziehen Sie dafür heran?

Inhaltliche Beschreibung: Dieser Code wird vergeben, wenn beschrieben wird, dass TikTok für die Recherche verwendet wird.

Anwendung der Kategorie: Eingeschlossen in den Code ist die Nutzung von TikTok für die Recherche.

Herkunft des Codes: Induktiv.

Ankerbeispiel: „*[D]ie allererste Anlaufstelle ist natürlich deren Social-Media-Auftritt, also wenn ich irgendetwas recherchiere oder über einen Künstler sagen will, schaue ich natürlich, was haben die gepostet, gerade auf Instagram, auf TikTok, was machen die auf Facebook oder Twitter" (J2, Pos. 11).*

5.6 Twitter

Frage des Leitfadens: Welche Social-Media-Plattformen ziehen Sie dafür heran?

Inhaltliche Beschreibung: Dieser Code wird vergeben, wenn beschrieben wird, dass Twitter für die Recherche verwendet wird.

Anwendung der Kategorie: Eingeschlossen in den Code ist die Nutzung von Twitter für die Recherche.

Herkunft des Codes: Induktiv.

Ankerbeispiele: „*Auf der anderen Seite so ein bisschen auch Twitter, also gerade, wenn ich morgens die Nachrichten präsentiere und ich bin hier um 5 / 5:30 Uhr und da berichten weder Presseagenturen noch Polizeimeldungen noch die Zeitung groß. Die Leute, die dann auf dem Weg zur Arbeit mit der Bahn dann fahren, da wird viel dann getwittert. Da schaue ich dann auch da" (J3, Pos. 14).*

„[…], also gerade in der Pandemie habe ich Twitter bspw. oft benutzt, um morgens zu schauen was gibt es Neues" (J7, Pos. 14).

5.7 YouTube

Frage des Leitfadens: Welche Social-Media-Plattformen ziehen Sie dafür heran?

Inhaltliche Beschreibung: Dieser Code wird vergeben, wenn beschrieben wird, dass YouTube für die Recherche verwendet wird.

Anwendung der Kategorie: Eingeschlossen in den Code ist die Nutzung von YouTube für die Recherche.

Herkunft des Codes: Induktiv.

Ankerbeispiel: *„[…], vor allem aber auch YouTube. Also wenn ich z. B. ein Interview ausgemacht habe, dann gibt es super oft einfach schon Videobeiträge und das hilft mir wahnsinnig. Z. B. beim mich auf denjenigen einstellen, dass ich weiß, was derjenige bei den Gesprächen denkt und was mich im Interview erwartet und deswegen sind Videobeiträge da wirklich am hilfreichsten" (J10, Pos. 15).*

6 Social-Media-Plattformen Recherche spezifisch

Frage des Leitfadens: Welche Social-Media-Plattform ist besonders gut für […]? (Siehe 6.1 bis 6.11)

Inhaltliche Beschreibung: Dieser Code wird vergeben, wenn beschrieben wird, welche Social-Media-Plattformen für die spezifische Recherche von Themengebieten verwendet werden. Dieser Code dient zur Strukturierung. Die differenzierte Beschreibung und Anwendung befindet sich in den jeweiligen Subcodes.

Herkunft des Codes: Deduktiv.

6.1 Augenzeugen

Frage des Leitfadens: Welche Social-Media-Plattform ist besonders gut für Augenzeugen, die befragt oder zitiert werden können?

Inhaltliche Beschreibung: Dieser Code wird vergeben, wenn beschrieben wird, welche Social-Media-Plattformen für die Identifikation von Augenzeugen verwendet werden. Dieser Code dient zur Strukturierung.

Anwendung der Kategorie: Eingeschlossen in den Code sind alle verschiedenen Social-Media-Plattformen zur Identifizierung von Augenzeugen: Facebook, Instagram, LinkedIn, Snapchat, Telegram, TikTok, Twitter und YouTube. Außerdem wird die Kategorie angewendet, wenn genannt wird, dass keine Plattform zur Identifikation von Augenzeugen herangezogen wird.

Herkunft des Codes: Deduktiv.

6.1.1 Facebook

6.1.2 Instagram

6.1.3 Keine Plattform

6.1.4 Snapchat

6.1.5 Twitter

6.1.6 YouTube

6.2 Expertenmeinungen

Frage des Leitfadens: Welche Social-Media-Plattform ist besonders gut für Expertinnen und Experten, die befragt oder zitiert werden können?

Inhaltliche Beschreibung: Dieser Code wird vergeben, wenn beschrieben wird, welche Social-Media-Plattformen für die Identifikation von Expertinnen und Experten verwendet werden. Dieser Code dient zur Strukturierung.

Anwendung der Kategorie: Eingeschlossen in den Code sind alle verschiedenen Social-Media-Plattformen: Facebook, Instagram, LinkedIn, Snapchat, Telegram, TikTok, Twitter und YouTube. Außerdem wird die Kategorie angewendet, wenn genannt wird, dass keine Plattform für Expertenmeinungen herangezogen wird.

Herkunft des Codes: Deduktiv.

6.2.1 Facebook

6.2.2 Instagram

6.2.3 Keine Plattform

6.2.4 LinkedIn

6.2.5 TikTok

6.2.6 Twitter

6.2.7 YouTube

6.3 Fakten

Frage des Leitfadens: Welche Social-Media-Plattform ist besonders gut für Fakten über ein aktuelles Ereignis?

Inhaltliche Beschreibung: Dieser Code wird vergeben, wenn beschrieben wird, welche Social-Media-Plattformen für die Identifikation von Fakten über ein aktuelles Ereignis verwendet werden. Dieser Code dient zur Strukturierung.

Anwendung der Kategorie: Eingeschlossen in den Code sind alle verschiedenen Social-Media-Plattformen: Facebook, Instagram, LinkedIn, Snapchat, Telegram, TikTok, Twitter und YouTube. Außerdem wird die Kategorie angewendet, wenn genannt wird, dass keine Plattform für Fakten über ein aktuelles Ereignis herangezogen wird.

Herkunft des Codes: Deduktiv.

6.3.1 Facebook

6.3.2 Instagram

6.3.3 Keine Plattform

6.3.4 Telegram

6.3.5 TikTok

6.3.6 Twitter

6.4 Gegenprüfung

Frage des Leitfadens: Welche Social-Media-Plattform ist besonders gut für die Gegenprüfung von Informationen?

Inhaltliche Beschreibung: Dieser Code wird vergeben, wenn beschrieben wird, welche Social-Media-Plattformen für die Gegenprüfung von Informationen verwendet werden. Dieser Code dient zur Strukturierung.

Anwendung der Kategorie: Eingeschlossen in den Code sind alle verschiedenen Social-Media-Plattformen: Facebook, Instagram, LinkedIn, Snapchat, Telegram, TikTok, Twitter und YouTube. Außerdem wird die Kategorie angewendet, wenn genannt wird, dass keine Plattform für die Gegenprüfung von Informationen herangezogen wird.

Herkunft des Codes: Deduktiv.

6.4.1 Facebook

6.4.2 Instagram

6.4.3 Keine Plattform

6.4.4 Telegram

6.4.5 TikTok

6.4.6 Twitter

6.4.7 YouTube

6.5 Hintergrundinformationen

Frage des Leitfadens: Welche Social-Media-Plattform ist besonders gut für Hintergrundinformationen zu bestimmten Themen?

Inhaltliche Beschreibung: Dieser Code wird vergeben, wenn beschrieben wird, welche Social-Media-Plattformen für Hintergrundinformationen zu bestimmten Themen verwendet werden. Dieser Code dient zur Strukturierung.

Anwendung der Kategorie: Eingeschlossen in den Code sind alle verschiedenen Social-Media-Plattformen: Facebook, Instagram, LinkedIn, Snapchat, Telegram, TikTok, Twitter und YouTube. Außerdem wird die Kategorie angewendet, wenn genannt wird, dass keine Plattform für das Finden von Hintergrundinformationen herangezogen wird.

Herkunft des Codes: Deduktiv.

6.5.1 Facebook

6.5.2 Instagram

6.5.3 Keine Plattform

6.5.4 TikTok

6.5.5 Twitter

6.5.6 YouTube

6.6 Hinweise auf Quellen

Frage des Leitfadens: Welche Social-Media-Plattform ist besonders gut für Hinweise auf Quellen?

Inhaltliche Beschreibung: Dieser Code wird vergeben, wenn beschrieben wird, welche Social-Media-Plattformen für Hinweise auf Quellen verwendet werden. Dieser Code dient zur Strukturierung.

Anwendung der Kategorie: Eingeschlossen in den Code sind alle verschiedenen Social-Media-Plattformen: Facebook, Instagram, LinkedIn, Snapchat, Telegram, TikTok, Twitter und YouTube. Außerdem wird die Kategorie angewendet, wenn genannt wird, dass keine Plattform für Hinweise auf Quellen herangezogen wird.

Herkunft des Codes: Deduktiv.

6.6.1 Facebook

6.6.2 Instagram

6.6.3 Keine Plattform

6.6.4 Telegram

6.6.5 TikTok

6.6.6 Twitter

6.7 Meinungsverteilungen

Frage des Leitfadens: Welche Social-Media-Plattform ist besonders gut für die Meinungsverteilung zu einer Streitfrage?

Inhaltliche Beschreibung: Dieser Code wird vergeben, wenn beschrieben wird, welche Social-Media-Plattformen für Meinungsverteilung zu einer Streitfrage herangezogen werden. Dieser Code dient zur Strukturierung.

Anwendung der Kategorie: Eingeschlossen in den Code sind alle verschiedenen Social-Media-Plattformen: Facebook, Instagram, LinkedIn, Snapchat, Telegram, TikTok, Twitter und YouTube. Außerdem wird die Kategorie angewendet, wenn genannt wird, dass keine Plattform für das Analysieren von Meinungsverteilungen herangezogen wird.

Herkunft des Codes: Deduktiv.

6.7.1 Facebook

6.7.2 Instagram

6.7.3 Keine Plattform

6.7.4 TikTok

6.7.5 Twitter

6.8 Netzwerk

Frage des Leitfadens: Welche Social-Media-Plattform ist besonders gut für den Aufbau und die Pflege von Expertennetzwerken?
Inhaltliche Beschreibung: Dieser Code wird vergeben, wenn beschrieben wird, welche Social-Media-Plattformen für den Aufbau und die Pflege von Expertennetzwerken herangezogen werden. Dieser Code dient zur Strukturierung.
Anwendung der Kategorie: Eingeschlossen in den Code sind alle verschiedenen Social-Media-Plattformen: Facebook, Instagram, LinkedIn, Snapchat, Telegram, TikTok, Twitter und YouTube. Außerdem wird die Kategorie angewendet, wenn genannt wird, dass keine Plattform für den Aufbau und die Pflege von Netzwerken herangezogen wird.
Herkunft des Codes: Deduktiv.

6.8.1 Facebook

6.8.2 Instagram

6.8.3 LinkedIn

6.8.4 Telegram

6.8.5 TikTok

6.8.6 Twitter

6.9 Prominente Quellen

Frage des Leitfadens: Welche Social-Media-Plattform ist besonders gut für die kontinuierliche Beobachtung prominenter Quellen?

Inhaltliche Beschreibung: Dieser Code wird vergeben, wenn beschrieben wird, welche Social-Media-Plattformen für die kontinuierliche Beboachtung prominenter Quellen herangezogen werden. Dieser Code dient zur Strukturierung.

Anwendung der Kategorie: Eingeschlossen in den Code sind alle verschiedenen Social-Media-Plattformen: Facebook, Instagram, LinkedIn, Snapchat, Telegram, TikTok, Twitter und YouTube. Außerdem wird die Kategorie angewendet, wenn genannt wird, dass keine Plattform für die Beobachtung prominenter Quellen herangezogen wird.

Herkunft des Codes: Deduktiv.

6.9.1 Facebook

6.9.2 Instagram

6.9.3 Snapchat

6.9.4 Telegram

6.9.5 TikTok

6.9.6 Twitter

6.9.7 YouTube

6.10 Resonanz

Frage des Leitfadens: Welche Social-Media-Plattform ist besonders gut für die Resonanz auf die eigene Berichterstattung?

Inhaltliche Beschreibung: Dieser Code wird vergeben, wenn beschrieben wird, welche Social-Media-Plattformen für die Resonanz auf die eigene Berichterstattung herangezogen werden. Dieser Code dient zur Strukturierung.

Anwendung der Kategorie: Eingeschlossen in den Code sind alle verschiedenen Social-Media-Plattformen: Facebook, Instagram, LinkedIn, Snapchat, Telegram, TikTok, Twitter und YouTube. Außerdem wird die Kategorie angewendet, wenn genannt wird, dass keine Plattform für die Resonanz auf die eigene Berichterstattung herangezogen wird.

Herkunft des Codes: Deduktiv.

6.10.1 Facebook

6.10.2 Instagram

6.10.3 TikTok

6.10.4 Twitter

6.10.5 YouTube

6.11 Themenideen

Frage des Leitfadens: Welche Social-Media-Plattform ist besonders gut für Themenideen?

Inhaltliche Beschreibung: Dieser Code wird vergeben, wenn beschrieben wird, welche Social-Media-Plattformen für Suche nach Themen herangezogen werden. Dieser Code dient zur Strukturierung.

Anwendung der Kategorie: Eingeschlossen in den Code sind alle verschiedenen Social-Media-Plattformen: Facebook, Instagram, LinkedIn, Snapchat, Telegram, TikTok, Twitter und YouTube. Außerdem wird die Kategorie angewendet, wenn genannt wird, dass keine Plattform für Themenideen herangezogen wird.

Herkunft des Codes: Deduktiv.

6.11.1 Facebook

6.11.2 Instagram

6.11.3 Telegram

6.11.4 TikTok

6.11.5 Twitter

6.11.6 YouTube

7 Aufteilung Social-Media-Recherche

Frage des Leitfadens: Man kann auf Social-Media-Plattformen gezielt nach Themen suchen. Oder man kann per Zufall darauf stoßen. Wie ist das bei Ihnen? Recherchieren Sie immer gezielt über Social Media oder stoßen Sie auch durch Zufall auf Themen? Können Sie das in etwa in Prozenten ausdrücken – in wieviel Prozent der Fälle suchen Sie gezielt – und in wieviel Prozent der Fälle stoßen Sie per Zufall auf ein Thema?

Inhaltliche Beschreibung: Dieser Code wird vergeben, wenn beschrieben wird auf welche Art und Weise Social Media für die Recherche verwendet werden und ob dies eher durch Zufall oder gezielt geschieht. Dieser Code dient zur Strukturierung. Die differenzierte Beschreibung und Anwendung befindet sich in den jeweiligen Subcodes.

Anwendung der Kategorie: Eingeschlossen in den Code ist eine Einschätzung der Befragten, zu wie viel Prozent über Social Media Themen gezielt gesucht und zu wie viel Prozent Themen durch Zufall gefunden werden. Eine Erläuterung, inwiefern und warum das geschieht, wird ebenfalls aufgenommen.

Herkunft des Codes: Deduktiv.

7.1 50/50

Frage des Leitfadens: Man kann auf Social-Media-Plattformen gezielt nach Themen suchen. Oder man kann per Zufall darauf stoßen. Wie ist das bei Ihnen? Recherchieren Sie immer gezielt über Social Media oder stoßen Sie auch durch Zufall auf Themen? Können Sie das in etwa in Prozenten ausdrücken - in wieviel Prozent der Fälle suchen Sie gezielt - und in wieviel Prozent der Fälle stoßen Sie per Zufall auf ein Thema?

Inhaltliche Beschreibung: Dieser Code wird vergeben, wenn in der Textstelle beschrieben wird, dass Themen und Akteure zur Hälfte durch Zufall gefunden werden und zur Hälfte gezielt über Social Media recherchiert wird.

Anwendung der Kategorie: Eingeschlossen in den Code ist eine Einschätzung der Befragten, dass sie zu 50 % gezielt über Social Media nach Themen suchen und zu 50 % zufällig auf Themen stoßen. Eine Erläuterung, inwiefern und warum das geschieht, wird ebenfalls aufgenommen.

Herkunft des Codes: Induktiv.

Ankerbeispiel: *„Das hält sich ungefähr die Waage, weil ich immer wieder auf Suche gehen muss. Wenn dann gerade keine Geschichte vorliegt oder ich zu dem Thema irgendwie noch Informationen haben will. Aber ich stoße auch immer wieder drauf. Also 50 / 50 würde ich sagen"* (J14, Pos. 41).

7.2 Gezielte Recherche

Frage des Leitfadens: Man kann auf Social-Media-Plattformen gezielt nach Themen suchen. Oder man kann per Zufall darauf stoßen. Wie ist das bei Ihnen? Recherchieren Sie immer gezielt über Social Media oder stoßen Sie auch durch Zufall auf Themen? Können Sie das in etwa in Prozenten ausdrücken - in wieviel Prozent der Fälle suchen Sie gezielt - und in wieviel Prozent der Fälle stoßen Sie per Zufall auf ein Thema?

Inhaltliche Beschreibung: Dieser Code wird vergeben, wenn in der Textstelle beschrieben wird, dass Themen mit höherer Wahrscheinlichkeit gezielt über Social Media recherchiert und gefunden werden.

Anwendung der Kategorie: Eingeschlossen in den Code ist eine Einschätzung der Befragten, dass sie zu mehr als 50 % Themen gezielt über Social Media suchen und zu weniger als 50 % Themen durch Zufall gefunden werden. Eine Erläuterung, inwiefern und warum das geschieht, wird ebenfalls aufgenommen.

Herkunft des Codes: Induktiv.

Ankerbeispiel: *„Also ich würde sagen 80 % / 20 %. 80 % gezielt und 20 % zufällig, wobei die 80 % eben hauptsächlich Star-Informationen sind, die ich ganz gezielt suche und die 20 % sind die Sachen, die mein Algorithmus und meine Timeline mir eben auf meinen Feed spülen und sobald etwas mehr als zwei Mal auftaucht, werde ich hellhörig" (J2, Pos. 37).*

7.3 Zufall

Frage des Leitfadens: Man kann auf Social-Media-Plattformen gezielt nach Themen suchen. Oder man kann per Zufall darauf stoßen. Wie ist das bei Ihnen? Recherchieren Sie immer gezielt über Social Media oder stoßen Sie auch durch Zufall auf Themen? Können Sie das in etwa in Prozenten ausdrücken - in wieviel Prozent der Fälle suchen Sie gezielt - und in wieviel Prozent der Fälle stoßen Sie per Zufall auf ein Thema?

Inhaltliche Beschreibung: Dieser Code wird vergeben, wenn in der Textstelle beschrieben wird, dass Themen auf Social Media mit höherer Wahrscheinlichkeit durch Zufall gefunden.

Anwendung der Kategorie: Eingeschlossen in den Code ist eine Einschätzung der Befragten, dass sie zu mehr als 50 % Themen durch Zufall über Social Media entdecken und zu weniger als 50 %

Themen gezielt suchen. Gegebenenfalls wird eine Erläuterung, inwiefern und warum das geschieht, ebenfalls aufgenommen.

Herkunft des Codes: Induktiv.

Ankerbeispiele: *„Also ich würde sagen, definitiv öfter durch Zufall auf ein Thema, weil wenn ich gezielt etwas suche, dann google ich oder so, deswegen würde ich sagen: 85 % durch Zufall und 15 % gezielt" (J1, Pos. 37).*

„Durch Zufall sicher 60 % und gezielt 40 %" (J12, Pos. 36).

8 Themen und Akteure

Frage des Leitfadens: Auf welche Akteurinnen/Akteure sowie Themen achten Sie dabei? (Journalistinnen/Journalisten oder auch nicht-journalistische Quellen?)

Inhaltliche Beschreibung: Dieser Code wird vergeben, wenn Themen und Akteurinnen/Akteure genannt werden, welche für die Befragten auf Social Media relevant sind. Dieser Code dient zur Strukturierung. Die differenzierte Beschreibung und Anwendung befindet sich in den jeweiligen Subcodes.

Anwendung der Kategorie: Eingeschlossen in den Code sind Themen aus den verschiedenen Ressorts und journalistische sowie nicht-journalistische Akteurinnen/Akteure.

Herkunft des Codes: Deduktiv.

8.1 Akteure

Frage des Leitfadens: Auf welche Akteurinnen/Akteure sowie Themen achten Sie dabei? (Journalistinnen/Journalisten oder auch nicht-journalistische Quellen?)

Inhaltliche Beschreibung: Dieser Code wird vergeben, wenn Akteure genannt werden, welche für die Befragten auf Social Media relevant sind. Dieser Code dient zur Strukturierung. Die differenzierte Beschreibung und Anwendung befindet sich in den jeweiligen Subcodes.

Anwendung der Kategorie: Eingeschlossen in den Code sind journalistische sowie nicht-journalistische Akteurinnen/Akteure. Diese Akteurinnen/Akteure können Künstler/-innen, Influencer/-innen, Politiker/-innen oder auch Formate auf Social Media sein.

Herkunft des Codes: Deduktiv.

8.1.1 (Nachrichtliche) Medienformate

Frage des Leitfadens: Auf welche Akteurinnen/Akteure sowie Themen achten Sie dabei? (Journalistinnen/Journalisten oder auch nicht-journalistische Quellen?)

Inhaltliche Beschreibung: Dieser Code wird vergeben, wenn (nachrichtliche) Medienformate genannt werden, welche für die Befragten auf Social Media relevant sind.

Anwendung der Kategorie: Eingeschlossen in den Code sind Formate, Medienhäuser oder (nachrichtliche) Medienangebote.

Herkunft des Codes: Induktiv.

Ankerbeispiele: *„[A]ndere Redaktionen, das ist für mich eigentlich das Wichtigste. Andere Redaktionen, dann Kollegen, dann Promis und dann kommen andere Nicht-Promis, also was die so umtreibt" (J7, Pos. 42).*

„Und ich muss immer gucken, was macht die Konkurrenz. Also ich folge ganz viel den anderen Medienhäusern in Deutschland, von Spiegel über Deutschlandfunk, Welt, Zeit und dann klar schaue ich auch, was die auf Social Media machen. Ich gucke viel, was die Tagesschau auf Facebook und Twitter und TikTok usw. macht" (J8, Pos. 39).

8.1.2 Experten

Frage des Leitfadens: Auf welche Akteurinnen/Akteure sowie Themen achten Sie dabei? (Journalistinnen/Journalisten oder auch nicht-journalistische Quellen?)

Inhaltliche Beschreibung: Dieser Code wird vergeben, wenn Expertinnen/Experten genannt werden, welche für die Befragten auf Social Media relevant sind.

Anwendung der Kategorie: Eingeschlossen in den Code sind Expertinnen/Experten oder Menschen mit Fachwissen.

Herkunft des Codes: Induktiv.

Ankerbeispiele: *„Da bin ich in der Tat nicht nur bei journalistischen Quellen, sondern auch bei anderen Akteuren. Also Leute vor Ort mit Fachkenntnis" (J12, Pos. 40).*

„Also ich persönlich achte viel auf Leute, die ähnliche Dinge machen wie ich. Also diese ganze OSINT-Community, jetzt vor allem mit Blick auf den Krieg in der Ukraine. Leute, die sich mit dem Thema auskennen: Militär-Expert/-innen, Analysten, Profis im OSINT-Bereich, die geolokalisieren können" (J13, Pos. 34).

8.1.3 Journalisten

Frage des Leitfadens: Auf welche Akteurinnen/Akteure sowie Themen achten Sie dabei? (Journalistinnen/Journalisten oder auch nicht-journalistische Quellen?)

Inhaltliche Beschreibung: Dieser Code wird vergeben, wenn Journalistinnen/Journalisten genannt werden, welche für die Befragten auf Social Media relevant sind.

Anwendung der Kategorie: Eingeschlossen in den Code sind journalistische Akteurinnen und Akteure.

Herkunft des Codes: Induktiv.

Ankerbeispiele: *„Also beides Journalistinnen/Journalisten oder auch nicht journalistische Quellen“ (J1, Pos. 41).*

„Zum einen natürlich Kollegenbeobachtung, also was machen andere, was treibt andere um. Wobei es natürlich ein Unterschied ist, ob man jetzt Medien anschaut oder tatsächlich Kollegen / Individuen“ (J7, Pos. 41).

8.1.4 Personen des öffentlichen Lebens

Frage des Leitfadens: Auf welche Akteurinnen/Akteure sowie Themen achten Sie dabei? (Journalistinnen/Journalisten oder auch nicht-journalistische Quellen?)

Inhaltliche Beschreibung: Dieser Code wird vergeben, wenn Personen des öffentlichen Lebens genannt werden, welche für die Befragten auf Social Media relevant sind.

Anwendung der Kategorie: Diese Personen können Künstler/-innen, Influencer/-innen, Stars oder auch Kulturschaffende sein.

Herkunft des Codes: Induktiv.

Ankerbeispiele: *„[U]nd es gibt ja auch z. B. regionale Influencer, bei denen man dann auch mal recherchiert“ (J1, Pos. 41).*

„In unserem Fall natürlich auch die Stars, die wir spielen, also Ed Sheeran, Coldplay, Imagine Dragons, etc. pp.“ (J2, Pos. 39).

8.1.5 Politik/Kommunen

Frage des Leitfadens: Auf welche Akteurinnen/Akteure sowie Themen achten Sie dabei? (Journalistinnen/Journalisten oder auch nicht-journalistische Quellen?)

Inhaltliche Beschreibung: Dieser Code wird vergeben, wenn Akteurinnen/Akteure genannt werden, welche politisch aktiv sind.

Anwendung der Kategorie: Eingeschlossen in den Code sind Politiker/-innen, Parteien und Kommunen.

Herkunft des Codes: Induktiv.

Ankerbeispiele: *„Ansonsten gibt es natürlich Politiker/-innen, denen man immer folgt“ (J13, Pos. 34).*

„Relevant ist für mich, was kommt von der Kommune? Was kommt von politischen Organisationen? Was kommt von anderen Organisationen oder Vereinen? Und zum Ende dann eher der Privatmensch“ (J15, Pos. 45).

8.1.6 Sonstige

Frage des Leitfadens: Auf welche Akteurinnen/Akteure sowie Themen achten Sie dabei? (Journalistinnen/Journalisten oder auch nicht-journalistische Quellen?)

Inhaltliche Beschreibung: Dieser Code wird vergeben, wenn sonstige Akteurinnen/Akteure genannt werden, welche für die Befragten auf Social Media relevant sind.

Anwendung der Kategorie: Eingeschlossen in den Code sind journalistische sowie nicht-journalistische Akteure, welche nicht in die spezifischen Subcodes eingeordnet werden können. Dies sind bspw. Unternehmen oder Aktivistinnen/Aktivisten.

Herkunft des Codes: Induktiv.

Ankerbeispiele: *„Viel was dann auch in so Gegner-Plattformen läuft, die ganzen S21-Gegner, da folge ich natürlich und schaue mir das an. Ich suche natürlich Akteure, die zu den Themen passen, [...]“ (J8, Pos. 39).*

„Und im Unternehmenskontext, also wenn es jetzt eine Einrichtung ist oder ein Unternehmen, welches sich dazu äußert, dann denke ich, dass es schon durch mehrere Instanzen gegangen ist. Dementsprechend vertraue ich dem mehr. Oder bringe da mehr Vertrauen entgegen als einer Privatperson. Aber wie gesagt, wenn eine Privatperson z. B. ein Thema aufgreift und da auch sehr überlegt und strukturiert und einfach mit

Hintergrundinformationen und Recherche schon darüber etwas sagt, dann würde ich das genauso als relevant erachten" (J10, Pos. 42).

8.2 Themen

Frage des Leitfadens: Auf welche Akteurinnen/Akteure sowie Themen achten Sie dabei? (Journalistinnen/Journalisten oder auch nicht-journalistische Quellen?)

Inhaltliche Beschreibung: Dieser Code wird vergeben, wenn Themen genannt werden, welche für die Befragten auf Social Media relevant sind. Dieser Code dient zur Strukturierung. Die differenzierte Beschreibung und Anwendung befindet sich in den jeweiligen Subcodes.

Anwendung der Kategorie: Eingeschlossen in den Code sind Themen aus den verschiedenen Bereichen und Ressorts.

Herkunft des Codes: Deduktiv.

8.2.1 Trends

Hier wurden mehrere Fragen des Leitfadens zusammengefasst und eine Kategorie gebildet.

Fragen des Leitfadens: Wie verwenden Sie Social Media für die Recherche in Ihrer Redaktion? Welche Bedeutung haben Social Media dabei für Sie? Und auf welche Akteure sowie Themen achten Sie dabei? (Journalistinnen/Journalisten oder auch nicht-journalistische Quellen?)

Inhaltliche Beschreibung: Dieser Code wird vergeben, wenn beschrieben wird, dass bei der Social-Media-Recherche auf Trends geachtet wird oder auf Themen, welche für die Zielgruppe sehr relevant sind.

Anwendung der Kategorie: Eingeschlossen in den Code sind Trends oder virale Themen auf Social Media.

Herkunft des Codes: Induktiv.

Ankerbeispiele: *„Wir gehen auch thementechnisch nach Social-Media-Trends, wenn die interessant oder relevant sind für die Zielgruppe. Da ist durchaus dann TikTok dabei, […]“ (J2, Pos. 11).*

„Natürlich auf Themen, die eine große Reichweite haben bzw. die viele Leute interessieren, also die mir jetzt nicht nur einmal auffallen, sondern Dinge, die mir häufiger auffallen. Auf unterschiedlichsten Profilen, Themen und Akteure“ (J10, Pos. 42).

8.2.2 Regionales/Lokales

Frage des Leitfadens: Auf welche Akteurinnen/Akteure sowie Themen achten Sie dabei? (Journalistinnen/Journalisten oder auch nicht-journalistische Quellen?)

Inhaltliche Beschreibung: Dieser Code wird vergeben, wenn regionale oder lokale Themen genannt werden, welche für die Befragten auf Social Media relevant sind.

Anwendung der Kategorie: Eingeschlossen in den Code sind Themen aus dem regionalen oder lokalen Bereich. Angewendet wird die Kategorie bei regionalen Themen, Kanälen oder Nachrichtendiensten.

Herkunft des Codes: Induktiv.

Ankerbeispiele: *„Da unsere Redaktion hauptsächlich regional arbeitet, zielen wir auf regionale Kanäle ab und regionale Nachrichtendienste und es gibt ja auch z. B. regionale Influencer, bei denen man dann auch mal recherchiert, also schon gezielt auf einen Bereich, würde ich sagen“ (J1, Pos. 41).*

„Also Themen tatsächlich alles, was das Lokale betrifft. Weil wir im Lokalen kaum etwas ausschließen. (J15, Pos. 45)

8.2.3 Zielgruppe/Bedeutsamkeit

Frage des Leitfadens: Auf welche Akteurinnen/Akteure sowie Themen achten Sie dabei? (Journalistinnen/Journalisten oder auch nicht-journalistische Quellen?)

Inhaltliche Beschreibung: Dieser Code wird vergeben, wenn Themen genannt werden, welche bedeutsam für die Zielgruppe sind oder eine gewisse Relevanz und Fallhöhe haben.

Anwendung der Kategorie: Eingeschlossen in den Code sind für die Zielgruppe bedeutsame Themen aus den verschiedenen Bereichen und Ressorts.

Herkunft des Codes: Induktiv.

Ankerbeispiele: *„Auf was ich bei der Themensuche immer achte, ist die Fallhöhe. Das ist das wichtige, weil Themen lassen sich nur gut erzählen und gut verkaufen in Anführungsstrichen, also die Redaktionen kaufen oder spielen die Themen nur, wenn die Fallhöhe hoch ist. Da achte ich bei der Themenrecherche darauf und solche Themen interessieren mich, ziehen mich näher hinein, wenn der Kontrast bei den Themen hoch ist und da sind die Akteure gar nicht so wichtig. Akteure machen oft das, was man von ihnen erwartet. […] Die Akteure, danach würde ich gar nicht suchen, es ist mehr immer das Thema und vor allem die Fallhöhe. Wenn jemand etwas macht, was man nicht von ihm erwartet. Oder eine Situation passiert, bei der man denkt: ‚Ach krass, dass das jetzt passiert ist, das hätte ich gar nicht gedacht.'" (J3, Pos. 38).*

„Relevante Personen oder Personen, die in unserer Zielgruppe relevant sind, also primär das und natürlich Themen, die in unserer Zielgruppe beliebt oder einfach ein Thema sind" (J11, Pos. 48).

9 Vorteile Social-Media-Recherche

Frage des Leitfadens: Wo sehen Sie Vorzüge der Social-Media-Kanäle gegenüber anderen Recherche-Quellen?

Inhaltliche Beschreibung: Dieser Code wird vergeben, wenn Vorteile der Social-Media-Recherche genannt werden. Dieser Code dient zur Strukturierung. Die differenzierte Beschreibung und Anwendung befindet sich in den jeweiligen Subcodes.

Herkunft des Codes: Deduktiv.

9.1 Aktuelle Informationen (aus erster Hand)

Frage des Leitfadens: Wo sehen Sie Vorzüge der Social-Media-Kanäle gegenüber anderen Recherche-Quellen?

Inhaltliche Beschreibung: Dieser Code wird vergeben, wenn als Vorteil der Social-Media-Recherche aktuelle Informationen oder Informationen aus erster Hand genannt werden.

Anwendung der Kategorie: Eingeschlossen in den Code sind aktuelle Informationen, aktuelle Nachrichten und Informationen aus erster Hand.

Herkunft des Codes: Induktiv.

Ankerbeispiel: *„[U]nd die Kommunikation ist schneller und man hat schneller auch aus erster Hand Informationen, also das sind dann natürlich keine Exklusiv-Interviews, aber wenn jetzt irgendwie Promi XY oder Sänger XY das und das sagt, dann hast du das ziemlich schnell" (J11, Pos. 53).*

9.2 Demokratisierungsfunktion

Frage des Leitfadens: Wo sehen Sie Vorzüge der Social-Media-Kanäle gegenüber anderen Recherche-Quellen?

Inhaltliche Beschreibung: Dieser Code wird vergeben, wenn als Vorteile der Social-Media-Recherche das Erreichen von verschiedenen Gruppierungen oder die Demokratisierungsfunktion genannt werden.

Anwendung der Kategorie: Eingeschlossen in den Code sind das Erreichen von und Recherchieren in verschiedenen Gruppierungen und die leichte Zugänglichkeit von Nachrichten für jede und jeden.

Herkunft des Codes: Induktiv.

Ankerbeispiele: *„Also allgemein sehe ich die Vorteile bei der Recherche über Social Media auf jeden Fall, dass Social Media hat sich total entwickelt und Social Media ist für viele Leute nicht mehr nur eine Plattform, wo ich meine Urlaubsbilder poste, sondern wo sich inzwischen auch viel mehr Leben darauf abspielt. Sowohl wir als Journalisten berichten und auch viele andere Leute, die sich dort selbst ihre Bühne kreieren können und deshalb ist Social Media unbedingt ernst zu nehmen und auch gerade bei der Recherche. Weil es demokratisiert wurde, man braucht keine Zeitung mehr, man selbst muss nur ein Thema gut finden und dann mache ich einen Blog auf oder einen Twitter-Account oder sonst irgendetwas und schreibe das auf und wenn das andere Leute, die wo ganz anders sitzen und nicht mal nebenan wohnen auch wichtig finden, dann erlangt dieses Thema Reichweite und dadurch auch an Relevanz" (J3, Pos. 42).*

„Aber klar, die Vorteile sind eben, dass man Menschen erreicht, die sich nicht über die klassischen Kanäle äußern oder erreichbar sind, also mit Zeitungen gar nichts zu tun haben. Deswegen ist es eigentlich ganz sinnvoll, da immer wieder hineinzuschauen" (J14, Pos. 45).

9.3 Inspirationsquelle

Frage des Leitfadens: Wo sehen Sie Vorzüge der Social-Media-Kanäle gegenüber anderen Recherche-Quellen?

Inhaltliche Beschreibung: Dieser Code wird vergeben, wenn als Vorteil der Social-Media-Recherche die Inspiration genannt wird.

Anwendung der Kategorie: Eingeschlossen in den Code sind Ideen, Inspirationen und die Orientierung, was die Menschen gerade auf Social Media bewegt.

Herkunft des Codes: Induktiv.

Ankerbeispiel: *„Man kriegt Ideen, Anreize und Inspirationen. Also Ideen und Inspirationen sowohl für Themen als auch für Moderationen. Also wie hänge ich eine Moderation auf oder wo hänge ich ein Thema auf. Da geht es manchmal so weit, dass ich sogar kleine Geschichten finde, die dazu passen" (J7, Pos. 44).*

9.4 Nähe/Kommunikationsfunktion

Frage des Leitfadens: Wo sehen Sie Vorzüge der Social-Media-Kanäle gegenüber anderen Recherche-Quellen?

Inhaltliche Beschreibung: Dieser Code wird vergeben, wenn als Vorteile der Social-Media-Recherche die Nähe oder die Kommunikationsfunktion genannt werden.

Anwendung der Kategorie: Eingeschlossen in den Code sind Aussagen, die beschreiben, dass Interviewpartner/-innen, Protagonistinnen/Protagonisten oder Personen des öffentlichen Lebens durch Social Media direkt zugänglich gemacht werden.

Herkunft des Codes: Induktiv.

Ankerbeispiel: *„Der Vorteil ist, dass ich relativ nah an den Leuten bin. Und mich eben nicht auf die vermeintliche Expertise von Kollegen verlassen muss. Und dass ich eben auch Stimmungen, Stimmungsbilder einfangen kann, die mir helfen, Themen auch einzuschätzen" (J12, Pos. 42).*

9.5 Schnell/prägnant

Frage des Leitfadens: Wo sehen Sie Vorzüge der Social-Media-Kanäle gegenüber anderen Recherche-Quellen?

Inhaltliche Beschreibung: Dieser Code wird vergeben, wenn als Vorteile der Social-Media-Recherche die schnelle Art und Weise von Social Media oder die komprimierten und prägnanten Informationen genannt werden.

Anwendung der Kategorie: Eingeschlossen in den Code sind Aussagen, welche sich auf die schnelle Art und Weise oder die Prägnanz von Social Media beziehen.

Herkunft des Codes: Induktiv.

Ankerbeispiel: *„Vorteile ganz klar, dass es schneller ist. Gerade in, wir nennen es K-Fall, Katastrophenfall, wenn das Busdepot in die Luft fliegt oder wenn Überschwemmungen sind und solche Sachen" (J8, Pos. 41).*

„Außerdem ist es sehr komprimiert dargestellt, das ist teilweise für den ersten Überblick so wahnsinnig wichtig, dass man eben schnell viele Informationen oder eben diese strukturierten Informationen ansehen kann" (J10, Pos. 44).

10 Nachteile Social-Media-Recherche

Frage des Leitfadens: Wo sehen Sie Nachteile der Social-Media-Kanäle gegenüber anderen Recherche-Quellen?

Inhaltliche Beschreibung: Dieser Code wird vergeben, wenn Nachteile der Social-Media-Recherche genannt werden. Dieser Code dient zur Strukturierung. Die differenzierte Beschreibung und Anwendung befindet sich in den jeweiligen Subcodes.

Herkunft des Codes: Deduktiv.

10.1 Falsch repräsentierte Meinungen/Radikalisierung

Frage des Leitfadens: Wo sehen Sie Nachteile der Social-Media-Kanäle gegenüber anderen Recherche-Quellen?

Inhaltliche Beschreibung: Dieser Code wird vergeben, wenn folgende Nachteile genannt werden: Falsch repräsentierte Meinungen oder Radikalisierung.

Anwendung der Kategorie: Eingeschlossen in den Code sind Aussagen, die darauf abzielen, dass bei der Recherche darauf geachtet werden muss, dass radikale Meinungen auf Social Media bestehen oder dass auf Social Media verschiedene Meinungen stärker wahrgenommen werden als sie es in der Realität sind.

Herkunft des Codes: Induktiv.

Ankerbeispiele: *„Und der Nachteil ist im Prinzip genau derselbe, dass man nah dran ist, auch am Volk in Anführungsstrichen. Und da dann sehr genau gucken muss, was stimmt jetzt und was stimmt nicht und was ist, was ist nicht? Was ist nur laut gebrüllt, aber nicht wirklich ein Stimmungsbild oder so" (J12, Pos. 42).*

„Was der Nachteil ist, dass die Wortmächtigen dann auch wirkmächtiger werden. Also ob sich jetzt der nicht populistische oder nicht so eloquente, aber genauso schlaue Mensch, auf Twitter genauso zeigt, das bezweifle ich" (J16, Pos. 22).

10.2 Falschmeldungen

Frage des Leitfadens: Wo sehen Sie Nachteile der Social-Media-Kanäle gegenüber anderen Recherche-Quellen?

Inhaltliche Beschreibung: Dieser Code wird vergeben, wenn als Nachteile der Social-Media-Recherche Falschmeldungen genannt werden.

Anwendung der Kategorie: Eingeschlossen in den Code sind Aussagen, die falsche Informationen, Falschmeldungen, Fehlinformationen oder Fake-News beinhalten oder umschreiben.

Herkunft des Codes: Induktiv.

Ankerbeispiele: *„Nachteil ist aber auch, dass auf so einer kurzen Seite nicht immer alles stehen kann und dadurch dann vielleicht auch teilweise Falschinformationen weitergeleitet werden oder dass man auch nicht die ganzen Hintergründe kennt und dass sich eben dadurch auch Fake News sehr schnell weiterverbreiten lassen. Viele schreiben ihre Quelle nicht dazu, schreiben einfach irgendeinen Fakt und Leute, die der Person folgen* *und vertrauen, schicken es einfach weiter, ohne dass ein Faktencheck oder so durchgeführt wurde" (J1, Pos. 43).*

„Nachteil ist, dass es natürlich irgendwie nicht so wasserdicht ist, manchmal, dass du auch auf Fehlinformanten kommen kannst, dass Leute Dinge angeben, die gar nicht so sind, dass sie von Dingen betroffen sind. Fällt mir jetzt spontan Gill Ofarim ein, wo wir aber in der Redaktion sehr bewusst mit angezogener Handbremse an Themen gehen. Weil wir wissen, dass so etwas passieren kann" (J11, Pos. 52).

10.3 Filterblasen

Frage des Leitfadens: Wo sehen Sie Nachteile der Social-Media-Kanäle gegenüber anderen Recherche-Quellen?

Inhaltliche Beschreibung: Dieser Code wird vergeben, wenn als Nachteile der Social-Media-Recherche Filterblasen oder filternde Algorithmen genannt werden. Dies bedeutet eine Isolation gegenüber Informationen, die nicht der eigenen Meinung oder dem eigenen Interesse entsprechen.

Anwendung der Kategorie: Eingeschlossen in den Code sind alle Aussagen, welche sich auf Filterblasen oder filternde Algorithmen beziehen.

Herkunft des Codes: Induktiv.

Ankerbeispiel: *„Du hast bei Instagram durch diese Algorithmusgeschichte und so, bist du oft in deinem eigenen Kreis drin und erfährst nur Sachen, die in deiner Bubble relevant sind […]" (J6, Pos. 21).*

10.4 Informationsverlust

Frage des Leitfadens: Wo sehen Sie Nachteile der Social-Media-Kanäle gegenüber anderen Recherche-Quellen?

Inhaltliche Beschreibung: Dieser Code wird vergeben, wenn als Nachteil der Social-Media-Recherche der Informationsverlust genannt wird. Der Informationsverlust lässt sich durch die Schnelligkeit und begrenzten Funktionen von Social Media erklären.

Anwendung der Kategorie: Eingeschlossen in den Code sind alle Aussagen, welche sich auf den Verlust von Informationen beziehen.

Herkunft des Codes: Induktiv.

Ankerbeispiele: *„Nachteil ist aber auch, dass auf so einer kurzen Seite nicht immer alles stehen kann" (J1, Pos. 43).*

„Um das Publikum bei der Stange zu halten, werden Inhalte oft skandalisiert und zugespitzt. Sachliche Information bleibt schneller auf der Strecke und auch die Journalistinnen/Journalisten werden immer mehr in Beschleunigungsprozesse gezwungen, die eine fundierte Recherche erschweren. Diese Beschleunigung in den sozialen Netzwerken kann auch zu einer Trivialisierung der Berichterstattung führen: Weil man nur noch wenig Zeit hat, in die Tiefe zu recherchieren, kann man in bestimmten Bereichen nur noch oberflächliche Betrachtungen eines Sachverhaltes liefern. Will man mehr Zeit investieren, wird man von den sich auf den sozialen Netzwerken überschlagenden Ereignissen überholt, die eigene Berichterstattung ist dann schon wieder veraltet. Darin liegt die größte Gefahr für einen ernsthaften Journalismus" (J9, Pos. 42).

11 Regeln Social-Media-Recherche

Frage des Leitfadens: Welche Regeln gelten in Ihrer Redaktion bei der Social-Media-Recherche?

Inhaltliche Beschreibung: Dieser Code wird vergeben, wenn beschrieben wird, welche Regeln für die Recherche über Social Media gelten. Dieser Code dient zur Strukturierung. Die differenzierte Beschreibung und Anwendung befindet sich in den jeweiligen Subcodes.

Herkunft des Codes: Deduktiv.

11.1 Rechtliche Rahmenbedingungen

Frage des Leitfadens: Welche Regeln gelten in Ihrer Redaktion bei der Social-Media-Recherche?

Inhaltliche Beschreibung: Dieser Code wird vergeben, wenn beschrieben wird, welche rechtlichen Regeln für die Recherche über Social Media gelten und beachtet werden.

Anwendung der Kategorie: Eingeschlossen in den Code sind Persönlichkeitsrechte, Urheberrechte und der Datenschutz.

Herkunft des Codes: Induktiv.

Ankerbeispiel: *„Und man hat natürlich auch immer so ein bisschen die Frage mit Datenschutz-, Persönlichkeitsrechten. Wie viel darf man aus dem Netz von Leuten preisgeben? Wie viel nicht? Wo sind die Grenzen? Also so ein bisschen die rechtliche und auch moralische Perspektive des Ganzen" (J13, Pos. 38).*

11.2 Schulungen

Frage des Leitfadens: Welche Regeln gelten in Ihrer Redaktion bei der Social-Media-Recherche?

Inhaltliche Beschreibung: Dieser Code wird vergeben, wenn beschrieben wird, dass es Schulungen für die (Recherche-)Arbeit mit Social Media gibt.

Anwendung der Kategorie: Eingeschlossen in den Code sind Aussagen zu Seminaren und Schulungen und Aussagen, welche betonen, dass die Arbeit mit Social Media in den journalistischen Ausbildungsprozess integriert wird oder integriert werden sollte.

Herkunft des Codes: Induktiv.

Ankerbeispiel: *„Also natürlich gibt es irgendwie Regeln oder man hat Schulungen, so recherchierst du und so kannst du das nutzen und wir* *hatten jetzt vor kurzem erst wieder eine Telegram-Schulung“ (J8, Pos. 43).*

11.3 Ungeschriebene Regeln

Frage des Leitfadens: Welche Regeln gelten in Ihrer Redaktion bei der Social-Media-Recherche?

Inhaltliche Beschreibung: Dieser Code wird vergeben, wenn beschrieben wird, dass es ungeschriebene Regeln für die Recherche über Social Media gibt.

Anwendung der Kategorie: Eingeschlossen in den Code sind alle Aussagen, welche sich auf ungeschriebene oder selbst auferlegte Regeln beziehen.

Herkunft des Codes: Induktiv.

Ankerbeispiele: *„Das ist eine gute Frage, ich glaube es gibt ziemlich viele ungeschriebene Gesetze, dadurch dass ich nicht Teil des Online-Teams bin, bin ich da vorsichtig“ (J2, Pos. 44).*

„Also wir haben jetzt kein Regelwerk, das irgendwo festgeschrieben ist. Eigentlich gelten da die exakt gleichen Regeln wie sonst im Journalismus auch“ (J13, Pos. 40).

11.4 Vier-Augen-Prinzip

Frage des Leitfadens: Welche Regeln gelten in Ihrer Redaktion bei der Social-Media-Recherche?

Inhaltliche Beschreibung: Dieser Code wird vergeben, wenn beschrieben wird, dass das Vier-Augen-Prinzip eine wichtige Regel für die Recherche über Social Media ist.

Anwendung der Kategorie: Eingeschlossen in den Code sind alle Aussagen, welche sich auf die Absprache mit Kolleginnen und Kollegen beziehen.

Herkunft des Codes: Induktiv.

Ankerbeispiele: *„Naja das sind die Grundprinzipien das Vier-Augen Prinzip […]“ (J7, Pos. 50).*

„Also es ist selten, nein eigentlich nie ist es so, dass ein Thema einfach so durchgeht, ohne dass es besprochen wurde. Das wird bei uns immer kritisch hinterfragt. Also es wird eigentlich, wie jede Agenturmeldung auch gehandhabt und erstmal geguckt, ob es auch noch irgendwo anders reinläuft“ (J11, Pos. 55).

11.5 Zwei-Quellen-Prinzip/Faktencheck

Frage des Leitfadens: Welche Regeln gelten in Ihrer Redaktion bei der Social-Media-Recherche?

Inhaltliche Beschreibung: Dieser Code wird vergeben, wenn beschrieben wird, dass das Zwei-Quellen-Prinzip oder ein Faktencheck wichtige Regeln für die Recherche über Social Media sind.

Anwendung der Kategorie: Eingeschlossen in den Code sind alle Aussagen, welche sich auf das mehrfache Überprüfen von Quellen und das Heranziehen von mehreren Quellen beziehen.

Herkunft des Codes: Induktiv.

Ankerbeispiele: *„Zwei-Quellen-Prinzip, dass Dinge einfach mehrfach bestätigt werden müssen und es eben nicht nur reicht einer Social-Media-Quelle zu vertrauen. Sondern wenn ich bei Twitter sehe, es gibt Krawalle in der Stuttgarter Innenstadt, dann muss ich da entweder selbst hinfahren und mir ein Bild machen oder ich rufe die Polizei an und frage, ob das stimmt. Also das ist das oberste Grundprinzip“ (J7, Pos. 50).*

„[D]ass man eben Quellen checkt und prüft und dann auf jeden Fall nochmal nachfragt“ (J10, Pos. 46).

12 Nachrichtenauswahl

Frage des Leitfadens: Welche Kriterien spielen bei der Nachrichtenauswahl eine Rolle?

Inhaltliche Beschreibung: Dieser Code wird vergeben, wenn beschrieben wird, an welchen Kriterien und Zielsetzungen sich die Journalistinnen/Journalisten orientieren, wenn es darum geht, eine Auswahl aus den verschiedenen Nachrichten zu treffen (Mast, 2018, S. 71). Dieser Code dient zur Strukturierung. Die differenzierte Beschreibung und Anwendung befindet sich in den jeweiligen Subcodes.

Herkunft des Codes: Deduktiv.

12.1 Gefühlswert

Frage des Leitfadens: Welche Kriterien spielen bei der Nachrichtenauswahl eine Rolle?

Inhaltliche Beschreibung: Dieser Code wird vergeben, wenn beschrieben wird, dass sich die Journalistinnen/Journalisten am Gefühlswert orientieren, wenn es darum geht, eine Auswahl aus den verschiedenen Nachrichten zu treffen (Mast, 2018, S. 71-83).

Anwendung der Kategorie: Eingeschlossen in den Code sind Nachrichtenfaktoren, wie Personalisierung, Negativismus, Emotionalität und Konsonanz.

Herkunft des Codes: Deduktiv.

Ankerbeispiel: *„EGUN – jetzt fällt es mir wieder ein. E steht für Emotionalität, ist es etwas, was etwas mit den Menschen macht, wenn sie es hören, oder ist es ihnen eigentlich egal“ (J8, Pos. 47).*

12.2 Neuigkeitswert

Frage des Leitfadens: Welche Kriterien spielen bei der Nachrichtenauswahl eine Rolle?

Inhaltliche Beschreibung: Dieser Code wird vergeben, wenn beschrieben wird, dass sich die Journalistinnen/Journalisten am Neuigkeitswert orientieren, wenn es darum geht, eine Auswahl aus den verschiedenen Nachrichten zu treffen (Mast, 2018, S. 71-83).

Anwendung der Kategorie: Eingeschlossen in den Code sind Nachrichtenfaktoren, wie Aktualität, Frequenz, Schwellfaktor, Überraschung und Variation.

Herkunft des Codes: Deduktiv.

Ankerbeispiel: *„Die typischen Nachrichtenfaktoren, wie sie die Wissenschaft schon tausendfach analysiert hat, aber es ist genau das. Ich komme jetzt gerade aus dieser Sitzung da und da ging es auch darum, dass wir den Nachrichtenfaktoren folgen. Bei den Nachrichtenfaktoren ist es eh ganz klassisch. Da geht es darum, was ist neu"* (J7, Pos. 53).

12.3 Nutzwert/Relevanz

Frage des Leitfadens: Welche Kriterien spielen bei der Nachrichtenauswahl eine Rolle?

Inhaltliche Beschreibung: Dieser Code wird vergeben, wenn beschrieben wird, dass sich die Journalistinnen/Journalisten am Nutzwert orientieren, wenn es darum geht, eine Auswahl aus den verschiedenen Nachrichten zu treffen (Mast, 2018, S. 71-83).

Anwendung der Kategorie: Eingeschlossen in den Code sind Nachrichtenfaktoren, wie Eindeutigkeit, Bedeutsamkeit/Relevanz, Kontinuität und der Bezug auf eine Elite-Nation oder der Bezug auf eine Elite-Person.

Herkunft des Codes: Deduktiv.

Ankerbeispiel: *„Ich achte darauf, ob es andere Menschen betrifft, ob ich es in meinem Umfeld mitbekomme und ich gucke natürlich auch, ob das Menschen – vielleicht jetzt noch nicht, aber später – auch irgendwie* *betreffen wird. Qualität heißt, es muss irgendwie relevant sein. Das ist erstmal der wichtigste Punkt"* (J2, Pos. 53).

12.4 Regionalität

Frage des Leitfadens: Welche Kriterien spielen bei der Nachrichtenauswahl eine Rolle?

Inhaltliche Beschreibung: Dieser Code wird vergeben, wenn beschrieben wird, dass sich die Journalistinnen/Journalisten an der Regionalität orientieren, wenn es darum geht, eine Auswahl aus den verschiedenen Nachrichten zu treffen.

Anwendung der Kategorie: Eingeschlossen in den Code sind alle Aussagen, welche sich auf die Regionalität/Lokalität oder auf regionale/lokale Themen beziehen.

Herkunft des Codes: Induktiv.

Ankerbeispiele: *„Es muss in die Lebenswirklichkeit der Leute passen, in unserer regionalen Berichterstattung"* (J12, Pos. 47).

„Für uns als Süddeutsche Zeitung auch nochmal ein bisschen andere Nachrichtenfaktoren als für andere Medien. Wir haben einen lokalen Fokus. Dinge, die in München und Region passieren, sind die wichtiger als Dinge, die in Hamburg passieren. Und Dinge in Deutschland sind wichtiger als Dinge in den USA. Ansonsten ganz klassisch einfach die Nachrichtenfaktoren" (J13, Pos. 45).

12.5 Zielgruppe

Frage des Leitfadens: Welche Kriterien spielen bei der Nachrichtenauswahl eine Rolle?

Inhaltliche Beschreibung: Dieser Code wird vergeben, wenn beschrieben wird, dass sich die Journalistinnen/Journalisten an der Zielgruppe orientieren, wenn es darum geht, eine Auswahl aus den verschiedenen Nachrichten zu treffen.

Anwendung der Kategorie: Eingeschlossen in den Code sind alle Aussagen, welche sich auf die Zielgruppe beziehen.

Herkunft des Codes: Induktiv.

Ankerbeispiel: *„Natürlich ist es wichtig, dass du dich an deiner Zielgruppe orientierst, aber du kannst nicht allen recht machen" (J6, Pos. 79).*

13 Nachrichtenauswahl Social Media

Frage des Leitfadens: Wie beeinflussen Social Media diese Auswahl? (Beziehen Sie durch die Nutzung von Social Media mehr oder weniger Nachrichtenfaktoren ein?)

Inhaltliche Beschreibung: Dieser Code wird vergeben, wenn beschrieben wird, wie Social-Media-Plattformen die Nachrichtenauswahl beeinflussen. Dieser Code dient zur Strukturierung. Die differenzierte Beschreibung und Anwendung befindet sich in den jeweiligen Subcodes.

Herkunft des Codes: Deduktiv.

13.1 Diskussionen über Themen

Frage des Leitfadens: Wie beeinflussen Social Media diese Auswahl? (Beziehen Sie durch die Nutzung von Social Media mehr oder weniger Nachrichtenfaktoren ein?)

Inhaltliche Beschreibung: Dieser Code wird vergeben, wenn beschrieben wird, dass Social-Media-Plattformen die Nachrichtenauswahl beeinflussen, indem Themen aufgenommen werden, über die auf Social Media viel gesprochen und diskutiert wird.

Anwendung der Kategorie: Eingeschlossen in den Code sind Diskussionen und virale Themen.

Herkunft des Codes: Induktiv.

Ankerbeispiele: *„Wir haben z. B. hier ein Wohngebiet mit einer sehr langgezogenen Straße und das ist ein Treff geworden für die Poser-Szene und die Tuner, die da irgendwie so ihre ‚Fast and the Furious-Rennen' machen. Und so etwas geht tierisch ab in Social Media. Das haben wir dann auch wahrgenommen und leiten dadurch unsere Berichterstattung ab" (J14, Pos. 54).*

„Teilweise mit, natürlich, weil man dann auch merkt, welches Thema brennt. Und dann fragt man nochmal nach und guckt nach den Hintergründen und zeigt vielleicht auf, warum das Thema so aktuell ist. Oder wenn man merkt, da wird ein Problem geschildert, dann fragt man natürlich bei der Kommune oder bei den Stellen nach. Wie kann man dieses Problem beheben? Vielleicht so zu 20 %? 20 % oder 30 % würde ich sagen" (J15, Pos. 56).

13.2 Einfacher Zugang zu Themen/Akteuren

Frage des Leitfadens: Wie beeinflussen Social Media diese Auswahl? (Beziehen Sie durch die Nutzung von Social Media mehr oder weniger Nachrichtenfaktoren ein?)

Inhaltliche Beschreibung: Dieser Code wird vergeben, wenn beschrieben wird, dass Themen und Akteure über Social Media einfacher zugänglich sind und dadurch die Nachrichtenauswahl beeinflusst wird. Es entstehen demzufolge neue Themen und Interviewpartner/-innen für journalistische Beiträge.

Anwendung der Kategorie: Eingeschlossen in den Code sind Themen, Problematiken, Fragen und Akteurinnen/Akteure, welche über Social Media zugänglich gemacht werden.

Herkunft des Codes: Induktiv.

Ankerbeispiel: *„Es beeinflusst die Auswahl insofern, als dass Social Media ein weiterer Kanal ist, der mir solche eventuellen Fälle zuspielt, über den ich von solchen Fällen erfahre. Im Prinzip ist Social Media, wenn ich eine gute Auswahl habe von Personen, denen ich folge, was vielleicht früher 50 Lokalzeitungen gewesen wären. Ich kriege eben mit, wenn ein*

Weinbauer in Franken an den heißen Sommern verzweifelt. Und das kriege ich mit, ohne die Gatekeeper-Funktion einer Lokalredaktion, deren Zeitung ich in Hamburg in der Redaktion sowieso nicht gelesen hätte. Da ist es hilfreich" (J16, Pos. 31).

13.3 Einfluss

Frage des Leitfadens: Wie beeinflussen Social Media diese Auswahl? (Beziehen Sie durch die Nutzung von Social Media mehr oder weniger Nachrichtenfaktoren ein?)

Inhaltliche Beschreibung: Dieser Code wird vergeben, wenn beschrieben wird, welchen Einfluss Social-Media-Plattformen auf die Nachrichtenauswahl haben (wenig/kein Einfluss, mittlerer Einfluss, hoher Einfluss). Dieser Code dient zur Strukturierung. Die differenzierte Beschreibung und Anwendung befindet sich in den jeweiligen Subcodes.

Herkunft des Codes: Deduktiv.

13.3.1 Hoher Einfluss

Frage des Leitfadens: Wie beeinflussen Social Media diese Auswahl? (Beziehen Sie durch die Nutzung von Social Media mehr oder weniger Nachrichtenfaktoren ein?)

Inhaltliche Beschreibung: Dieser Code wird vergeben, wenn beschrieben wird, dass Social Media die Nachrichtenauswahl (stark) beeinflussen.

Anwendung der Kategorie: Eingeschlossen in den Code sind Aussagen, die sich auf einen (starken) Einfluss von Social Media auf die Nachrichtenauswahl beziehen.

Herkunft des Codes: Induktiv.

Ankerbeispiele: *„Aber Social Media beeinflusst die Auswahl natürlich, also Twitter macht das Ganze aktueller, also wir sind viel schneller dabei, als das früher war" (J3, Pos. 51).*

„Stark, weil Social Media auch manchmal die Themen kreiert und wir manchmal auch einfach über Social-Media-Themen sprechen, die gäbe es natürlich nicht, wenn es keine Social Media gäbe" (J11, Pos. 60).

13.3.2 Mittelstarker Einfluss

Frage des Leitfadens: Wie beeinflussen Social Media diese Auswahl? (Beziehen Sie durch die Nutzung von Social Media mehr oder weniger Nachrichtenfaktoren ein?)

Inhaltliche Beschreibung: Dieser Code wird vergeben, wenn beschrieben wird, dass Social Media die Nachrichtenauswahl mittelstark beeinflussen.

Anwendung der Kategorie: Eingeschlossen in den Code sind Aussagen, die sich auf einen mäßigen Einfluss von Social Media auf die Nachrichtenauswahl beziehen.

Herkunft des Codes: Induktiv.

Ankerbeispiel: *„Ich finde Social Media kann ein guter Zusatz sein" (J5, Pos. 83).*

13.3.3 Wenig/kein Einfluss

Frage des Leitfadens: Wie beeinflussen Social Media diese Auswahl? (Beziehen Sie durch die Nutzung von Social Media mehr oder weniger Nachrichtenfaktoren ein?)

Inhaltliche Beschreibung: Dieser Code wird vergeben, wenn beschrieben wird, dass Social Media die Nachrichtenauswahl nur wenig oder gar nicht beeinflussen.

Anwendung der Kategorie: Eingeschlossen in den Code sind Aussagen, die sich auf einen geringen oder keinen Einfluss von Social Media auf die Nachrichtenauswahl beziehen.

Herkunft des Codes: Induktiv.

Ankerbeispiel: *„Nein, weil ich habe am Anfang gesagt, dass das ein Recherchetool von vielen ist. Deshalb ist das nicht anders als bei den anderen, sogar eher weniger. Bei einer klassischen Nachrichtensendung ist das wirklich ein Tool von vielen und es spielt eine untergeordnete Rolle" (J7, Pos. 55).*

13.4 Schneller

Frage des Leitfadens: Wie beeinflussen Social Media diese Auswahl? (Beziehen Sie durch die Nutzung von Social Media mehr oder weniger Nachrichtenfaktoren ein?)

Inhaltliche Beschreibung: Dieser Code wird vergeben, wenn beschrieben wird, dass Social Media die Nachrichtenauswahl beeinflussen, indem sie auf Schnelligkeit und Aktualität ausgelegt sind.

Anwendung der Kategorie: Eingeschlossen in den Code sind alle Aussagen, die sich auf die schnelle Art und Weise und die Aktualität der Social-Media-Plattformen beziehen.

Herkunft des Codes: Induktiv.

Ankerbeispiel: *„Aber Social Media beeinflusst die Auswahl natürlich, also Twitter macht das ganze aktueller, also wir sind viel schneller dabei, als das früher war" (J3, Pos. 51).*

14 Qualitative Beiträge

Hierfür wurden mehrere Fragen des Leitfadens zusammengefasst und daraus wurde eine Kategorie gebildet.

Fragen des Leitfadens: An welchen Kriterien orientieren Sie sich, um qualitative Beiträge zu verfassen? Qualitativ meint hier Punkte, wie z. B. Richtigkeit, Vollständigkeit, Einhaltung ethischer Grundsätze, Objektivität, Transparenz und Glaubwürdigkeit. Und was unternehmen Sie, um die Qualität Ihrer Beiträge zu verbessern?

Inhaltliche Beschreibung: Dieser Code wird vergeben, wenn beschrieben wird, auf was die Journalistinnen/Journalisten achten, um qualitativ hochwertige Beiträge zu verfassen. Dieser Code dient zur Strukturierung. Die differenzierte Beschreibung und Anwendung befindet sich in den jeweiligen Subcodes.

Herkunft des Codes: Deduktiv.

14.1 Aufbereitung

Fragen des Leitfadens: An welchen Kriterien orientieren Sie sich, um qualitative Beiträge zu verfassen? Qualitativ meint hier Punkte, wie z. B. Richtigkeit, Vollständigkeit, Einhaltung ethischer Grundsätze, Objektivität, Transparenz und Glaubwürdigkeit. Und was unternehmen Sie, um die Qualität Ihrer Beiträge zu verbessern?

Inhaltliche Beschreibung: Dieser Code wird bei Aussagen vergeben, welche sich auf die qualitative Aufbereitung und Darstellung unter Berücksichtigung journalistischer Qualitätskriterien beziehen. Die Frage nach der Verbesserung der Qualität soll die journalistischen Qualitätskriterien noch ausweiten.

Anwendung der Kategorie: Eingeschlossen in den Code sind alle Aussagen, welche sich auf die Aufbereitung, Darstellung und Präsentation von journalistischen Beiträgen beziehen. Dabei beschreiben die Befragten, worauf sie in der Aufbereitung achten, um qualitativ hochwertige Beiträge zu erstellen.

Herkunft des Codes: Induktiv.

Ankerbeispiel: *„Die Welt ist komplex und stressig genug. Wir wollen die Leute unterhalten und wenn wir aktuelle Themen haben, versuchen wir diese Themen so unterhaltsam wie nur möglich zu präsentieren" (J5, Pos. 86).*

14.2 Experten hinzuziehen

Fragen des Leitfadens: An welchen Kriterien orientieren Sie sich, um qualitative Beiträge zu verfassen? Qualitativ meint hier Punkte, wie z. B. Richtigkeit, Vollständigkeit, Einhaltung ethischer

Grundsätze, Objektivität, Transparenz und Glaubwürdigkeit. Und was unternehmen Sie, um die Qualität Ihrer Beiträge zu verbessern?

Inhaltliche Beschreibung: Dieser Code wird vergeben, wenn beschrieben wird, dass die Journalistinnen/Journalisten für qualitativ hochwertige Beiträge Expertinnen oder Experten hinzuziehen.

Anwendung der Kategorie: Eingeschlossen in den Code sind alle Aussagen, welche den Einbezug von Expertinnen/Experten oder Menschen mit Fachwissen enthalten.

Herkunft des Codes: Induktiv.

Ankerbeispiel: *„Dann versucht man noch Expertenmeinungen dazuzubekommen, je nachdem wie weit das natürlich geht und nötig ist und man versucht mehrere Blickwinkel von der Situation darzustellen, also das kann über Social Media sein, über Meinungen von Hörern oder natürlich auch Meinungen, Stimmen aus der Redaktion und im Idealfall Experten" (J2, Pos. 51).*

14.3 Faktencheck

Fragen des Leitfadens: An welchen Kriterien orientieren Sie sich, um qualitative Beiträge zu verfassen? Qualitativ meint hier Punkte, wie z. B. Richtigkeit, Vollständigkeit, Einhaltung ethischer Grundsätze, Objektivität, Transparenz und Glaubwürdigkeit. Und was unternehmen Sie, um die Qualität Ihrer Beiträge zu verbessern?

Inhaltliche Beschreibung: Dieser Code wird vergeben, wenn beschrieben wird, dass die Journalistinnen/Journalisten darauf achten, einen Faktencheck durchzuführen.

Anwendung der Kategorie: Eingeschlossen in den Code sind alle Aussagen, welche sich auf die mehrfache Überprüfung von Fakten beziehen.

Herkunft des Codes: Induktiv.

Ankerbeispiel: *„Dann haben wir bei der ZEIT den Faktencheck. D. h. also, jede Person, die ich namentlich nenne, muss es natürlich geben und ich muss es nachweisen, dass es diese Person gibt, durch Interneteinträge, durch Visitenkarten. Ich zeichne Gespräche, die ich führe, auf jede Tatsachenbehauptung, also eine Zahl, sollte belegt werden" (J16, Pos. 37).*

14.4 Mehrere Quellen

Fragen des Leitfadens: An welchen Kriterien orientieren Sie sich, um qualitative Beiträge zu verfassen? Qualitativ meint hier Punkte, wie z. B. Richtigkeit, Vollständigkeit, Einhaltung ethischer Grundsätze, Objektivität, Transparenz und Glaubwürdigkeit. Und was unternehmen Sie, um die Qualität Ihrer Beiträge zu verbessern?

Inhaltliche Beschreibung: Dieser Code wird vergeben, wenn beschrieben wird, dass die Journalistinnen/Journalisten darauf achten, mehrere Quellen für ihre Beiträge zu verwenden.

Anwendung der Kategorie: Eingeschlossen in den Code sind alle Aussagen, welche sich auf das Verwenden von mehr als einer Quelle beziehen.

Herkunft des Codes: Induktiv.

Ankerbeispiel: *„Also da ist es mir immer wichtig, dass ich mehrere Quellen habe und dass es nicht nur eine Quelle ist, von der das kommt. Wenn es eine Ursprungs-Quelle gibt, z. B. eine Person, die jetzt ein Hashtag ins Leben gerufen hat, der gerade sehr relevant ist, wie ‚#metoo', dann versucht man natürlich den ursprünglichen Urheber dieses Ereignisses irgendwie zu bekommen, um dann direkt mit ihm zu reden. Das ist dann der absolute Idealfall" (J2, Pos. 51).*

14.5 Meinungsvielfalt/Darstellung beider Seiten

Fragen des Leitfadens: An welchen Kriterien orientieren Sie sich, um qualitative Beiträge zu verfassen? Qualitativ meint hier Punkte, wie z. B. Richtigkeit, Vollständigkeit, Einhaltung ethischer Grundsätze, Objektivität, Transparenz und Glaubwürdigkeit. Und was unternehmen Sie, um die Qualität Ihrer Beiträge zu verbessern?

Inhaltliche Beschreibung: Dieser Code wird vergeben, wenn beschrieben wird, dass die Journalistinnen/Journalisten darauf achten, verschiedene Sichtweisen in die Berichterstattung einzubeziehen.

Anwendung der Kategorie: Eingeschlossen in den Code sind alle Aussagen, welche sich auf mehrere Perspektiven, das Darstellen mehrerer Seiten oder auf die Meinungsvielfalt beziehen.

Herkunft des Codes: Induktiv.

Ankerbeispiel: *„Mehre Perspektiven von einer Sache darstellen! Also wir probieren auch gerade, wenn es jetzt so eine Opfer-Täter Situation ist, nicht nur die Opfer-Rolle zu beleuchten, sondern da auch ein bisschen Wind aus den Segeln zu nehmen und da auch ausgewogen zu berichterstatten und wir haben festgegebene Sendezeiten und die Sendeplätze dürfen nicht über 01:30 Minuten lang sein, aber wenn ein Thema wichtig ist und wenn es sich trägt – sagt man so schön – darf das auch länger sein und dann lieber zwei verschiedene Meinungen auch On-Air haben, anstatt nur eine und dann ist es unausgewogen" (J11, Pos. 62).*

14.6 Rolle Social Media

Fragen des Leitfadens: An welchen Kriterien orientieren Sie sich, um qualitative Beiträge zu verfassen? Qualitativ meint hier Punkte, wie z. B. Richtigkeit, Vollständigkeit, Einhaltung ethischer Grundsätze, Objektivität, Transparenz und Glaubwürdigkeit. Und was unternehmen Sie, um die Qualität Ihrer Beiträge zu verbessern?

Inhaltliche Beschreibung: Dieser Code wird vergeben, wenn die Rolle von Social Media für die Berichterstattung beschrieben wird. Die Rolle bezieht sich hier auf die Wächterfunktion, Hinweise aus dem Publikum und die Überprüfbarkeit.

Anwendung der Kategorie: Eingeschlossen in den Code sind alle Aussagen, welche sich auf Transparenz, Überprüfbarkeit durch bspw. Likes und Kommentare, die richtige Angabe von Quellen und Hinweise aus dem Publikum beziehen.

Herkunft des Codes: Induktiv.

Ankerbeispiel: *„Auch da ist Social Media neben weiteren Instrumenten oder weiteren Indikatoren eben einer. Und dann ist die Quote beim Fernsehen nach wie vor sehr prägend, aber auch sowas wie Zuschauerzuschriften. Auch das ist ein Indikator, genauso gleichwertig wie Social Media. Das war gerade in der Corona-Zeit sehr interessant, weil man da schon gemerkt hat, inwiefern die Leute dieses Thema umtreibt. Also gerade in diesen ersten Lockdown-Phasen, jedes Mal hat die Art und die Masse an Zuschauerzuschriften zugenommen. Sowohl klassisch, also klassisch heißt inzwischen E-Mail, als auch über Social Media, weil da einfach mehr kam" (J7, Pos. 60).*

14.7 Vier-Augen-Prinzip Berichterstattung

Fragen des Leitfadens: An welchen Kriterien orientieren Sie sich, um qualitative Beiträge zu verfassen? Qualitativ meint hier Punkte, wie z. B. Richtigkeit, Vollständigkeit, Einhaltung ethischer Grundsätze, Objektivität, Transparenz und Glaubwürdigkeit. Und was unternehmen Sie, um die Qualität Ihrer Beiträge zu verbessern?

Inhaltliche Beschreibung: Dieser Code wird vergeben, wenn beschrieben wird, dass das Vier-Augen-Prinzip eine wichtige Regel für die Berichterstattung ist.

Anwendung der Kategorie: Eingeschlossen in den Code sind alle Aussagen, welche sich auf die Absprache mit Kolleginnen/Kollegen oder anderen Journalistinnen/Journalisten beziehen.

Herkunft des Codes: Induktiv.

Ankerbeispiele: *„Also ich versuche immer möglichst Up-To-Date zu bleiben, natürlich werden Themen bei uns in der Redaktion sehr intensiv besprochen, d. h. wenn ich mir nicht so sonderlich sicher bin mit einem Thema, dann kommt es erstmal in die Redaktionssitzung und es wird gefragt, ob das auch ein Thema für andere ist oder ob das jetzt nur, ich sag mal, meine Perspektive oder meine Bubble ist oder ob die anderen auch sagen: ‚Hey, das ist ein cooles Thema.'" (J2, Pos. 53).*

„Ich erbitte Feedback von Kollegen“ (J9, Pos. 53).

15 Journalistische Qualität

Frage des Leitfadens: Wie hat sich die von Ihnen wahrgenommene journalistische Qualität durch den Einbezug von Social Media verändert?

Inhaltliche Beschreibung: Dieser Code wird vergeben, wenn beschrieben wird, wie sich die wahrgenommene journalistische Qualität durch den Einbezug von Social Media verändert hat. Dieser Code dient zur Strukturierung. Die differenzierte Beschreibung und Anwendung befindet sich in den jeweiligen Subcodes (gleichbleibende Qualität, Verbesserung, Verschlechterung).

Herkunft des Codes: Deduktiv.

15.1 Gleich

Frage des Leitfadens: Wie hat sich die von Ihnen wahrgenommene journalistische Qualität durch den Einbezug von Social Media verändert?

Inhaltliche Beschreibung: Dieser Code wird vergeben, wenn beschrieben wird, dass sich die wahrgenommene journalistische Qualität durch den Einbezug von Social Media nicht verändert hat.

Anwendung der Kategorie: Eingeschlossen in den Code sind alle Aussagen, welche sich auf eine gleichbleibende Qualität der Berichterstattung im Journalismus beziehen.

Herkunft des Codes: Induktiv.

Ankerbeispiele: *„Ich habe das Gefühl, es wird besser. Das war vor ein paar Jahren noch ein bisschen anders. Aber wo es auch immer noch Verbesserungsbedarf gibt, weil man eben nicht eins zu eins einfach übernehmen sollte, was, was irgendwo im Netz steht, weil es keine zu 100 % verlässliche Quelle ist“ (J13, Pos. 55).*

„Bei einer Wochenzeitung, glaube ich, sind wir dem nicht ganz so ausgeliefert, weil wir immer noch Zeit haben, darüber nachzudenken […]. Wir haben dienstags Redaktionsschluss, wenn mittwochs etwas Großes passiert, hier eine neue Debatte durchs Land jagt – mittwochs. Dann wissen wir schon, wir sind erst acht Tage später wieder da. Da stellt sich dann die Frage, machen wir noch etwas dazu oder nicht. Und womit können wir dann noch bestehen? Das kann doch nicht das Mitbrüllen sein. Da, glaube ich, sind wir ganz aufmerksam" (J16, Pos. 39)

15.2 Sonstiges

Frage des Leitfadens: Wie hat sich die von Ihnen wahrgenommene journalistische Qualität durch den Einbezug von Social Media verändert?

Inhaltliche Beschreibung: Dieser Code wird für sonstige Aussagen zur wahrgenommenen journalistischen Qualität durch den Einbezug von Social Media vergeben.

Anwendung der Kategorie: Eingeschlossen in den Code sind alle Aussagen, welche sich auf sonstige Aussagen zur Berichterstattung im Journalismus beziehen.

Herkunft des Codes: Induktiv.

Ankerbeispiele: *„Und ich habe auch das Gefühl, dass es, dass wir immer noch am Üben sind bei der Beurteilung dessen, was im Bereich Social Media wichtig ist und was nicht wichtig ist, weil es einfach ein Bereich ist, der im Vergleich zum klassischen Journalismus noch sehr, sehr, sehr jung ist und wir alle noch nicht so trainiert sind darin, wie wir es sein müssten, zu beurteilen, was hat jetzt genug nachrichtlich Relevanz, um daraus eine Nachricht zu machen? Ist es jeder Post von jedem Influencer, wo er irgendwie XY behauptet, oder braucht es eine höhere Schwelle?" (J13, Pos. 55).*

15.3 Verbesserung

Frage des Leitfadens: Wie hat sich die von Ihnen wahrgenommene journalistische Qualität durch den Einbezug von Social Media verändert?

Inhaltliche Beschreibung: Dieser Code wird vergeben, wenn beschrieben wird, dass sich die wahrgenommene journalistische Qualität durch den Einbezug von Social Media verbessert hat.

Anwendung der Kategorie: Eingeschlossen in den Code sind alle Aussagen, welche sich auf eine verbesserte oder höhere Qualität der Berichterstattung im Journalismus beziehen.

Herkunft des Codes: Induktiv.

Ankerbeispiele: *„Ich sehe in Social Media schon einen Vorteil und dadurch auch eine Verbesserung. Ich glaube, dass Journalismus dadurch nahbarer wird" (J4, Pos. 62).*

„Und ich habe das Gefühl, durch viele neue Formate, gerade durch Social-Media-Formate, ändert sich das wieder und die Menschen bilden sich wieder mehr eine Meinung und erfahren mehr Neuigkeiten. Deswegen würde ich sagen, verbessert sich die Qualität sehr" (J10, Pos. 57).

15.4 Verschlechterung

Frage des Leitfadens: Wie hat sich die von Ihnen wahrgenommene journalistische Qualität durch den Einbezug von Social Media verändert?

Inhaltliche Beschreibung: Dieser Code wird vergeben, wenn beschrieben wird, dass sich die wahrgenommene journalistische Qualität durch den Einbezug von Social Media verschlechtert hat.

Anwendung der Kategorie: Eingeschlossen in den Code sind alle Aussagen, welche sich auf eine geringere, niedrigere oder verschlechterte Qualität der Berichterstattung im Journalismus beziehen.

Herkunft des Codes: Induktiv.

Ankerbeispiel: *„Das Publikum ist eher bereit, nicht-journalistischen Beiträgen Aufmerksamkeit und Glauben zu schenken als denen journalistischer Profis. Durch die sich vollziehende Abkehr des Publikums von eingeführten Medienmarken versuchen diese, den neuen Publikumsgeschmack zu bedienen. Deshalb werden Nachrichten in schnellerer Taktung mit geringerer Inhaltstiefe veröffentlicht, um mit der Schnelligkeit der sozialen Medien halbwegs mithalten zu können. Zwar beachten die Medien nach wie vor die gesetzten Standards, diese werden aber in ihren Abgrenzungen aufgeweicht. So werden etwa durch Überschriften eigentlich banale Inhalte aufgebauscht, um bei Leser/-innen einen Anreiz zu setzen, einen Text zu konsumieren" (J9, Pos. 55).*

16 Gefahren Berichterstattung Social Media

Frage des Leitfadens: Wo sehen Sie Gefahren in der Berichterstattung, beim Einbezug von Social Media?

Inhaltliche Beschreibung: Dieser Code wird vergeben, wenn die Gefahren der Berichterstattung beim Einbezug von Social Media beschrieben werden. Dieser Code dient zur Strukturierung. Die differenzierte Beschreibung und Anwendung befindet sich in den jeweiligen Subcodes.

Herkunft des Codes: Deduktiv.

16.1 Algorithmus/Messbarkeit

Frage des Leitfadens: Wo sehen Sie Gefahren in der Berichterstattung, beim Einbezug von Social Media?

Inhaltliche Beschreibung: Dieser Code wird vergeben, wenn als Gefahr der Berichterstattung beim Einbezug von Social Media filternde Algorithmen beschrieben werden. Dies bedeutet eine Isolation gegenüber Informationen, die nicht der eigenen Meinung oder Interesse entsprechen. Außerdem wird er vergeben, wenn von Messbarkeit der journalistischen Beiträge gesprochen wird. Die Beiträge werden durch Likes und Kommentare messbar gemacht.

Anwendung der Kategorie: Eingeschlossen in den Code sind alle Aussagen, welche sich auf Filterblasen oder filternde Algorithmen beziehen sowie auf die Messbarmachung des Erfolgs der journalistischen Beiträge durch Likes und Kommentare.

Herkunft des Codes: Induktiv.

Ankerbeispiel: *„Bei Social Media kann man es haargenau auswerten. Während du z. B. auf der Nachrichtenseite sagen würdest, das ist halt wichtig, weil das Thema Relevanz hat. Es ist zwar kein sexy Thema, es spricht niemanden an, es ist nicht bildstark, aber es ist mega relevant, weil sagen wir mal es geht um Datenschutz. Keiner hat Bock sich einen Social-Media-Post über Datenschutz durchzulesen. Dabei ist es relevant, dass es recherchiert und dass es berichtet wird. Aber wenn man sich halt zu stark daran ausrichtet, wie das in der Community ankommt, was Interaktionen und Likes und Views angeht, ist es eine zu starke Orientierung an dem, was die User wollen und zu wenig daran, was nachhaltig relevant wäre" (J4, Pos. 65).*

16.2 Emotionalität

Frage des Leitfadens: Wo sehen Sie Gefahren in der Berichterstattung, beim Einbezug von Social Media?

Inhaltliche Beschreibung: Dieser Code wird vergeben, wenn als Gefahr der Berichterstattung beim Einbezug von Social Media eine zu hohe Emotionalität zwischen den Social-Media-Userinnen/Usern aufgezählt werden. Alternativ wird er vergeben, wenn keine/keiner der Userinnen/User in Social-Media-Diskussionen von dem eigenen Standpunkt abweicht (verhärtete Fronten).

Anwendung der Kategorie: Eingeschlossen in den Code sind alle Aussagen, welche sich auf Emotionalität, emotionale Meinungen oder verhärtete Fronten auf Social Media beziehen.

Herkunft des Codes: Induktiv.

Ankerbeispiel: *„Die Gefahr ist für mich jetzt neben den Fake-News auch ganz klar die Tatsache, dass sehr viele Dinge auf eine viel zu emotionale Ebene gezogen werden. Dadurch, dass jeder seinen Senf dazugeben kann, dadurch dass Kommentare offen sind, driftet das oft sehr vom eigentlichen Thema ab und da bilden sich oft Fronten in einer Härte und einer Kaltherzigkeit, die erschreckend sind" (J2, Pos. 57).*

16.3 Falschmeldungen

Frage des Leitfadens: Wo sehen Sie Gefahren in der Berichterstattung, beim Einbezug von Social Media?

Inhaltliche Beschreibung: Dieser Code wird vergeben, wenn als Gefahren der Berichterstattung beim Einbezug von Social Media Falschmeldungen genannt werden. Außerdem, wenn als Gefahren der Berichterstattung die fehlende Kompetenz in Redaktionen angesprochen wird.

Anwendung der Kategorie: Eingeschlossen in den Code sind Aussagen, die falsche Informationen, Falschmeldungen, Fehlinformationen/Fake-News oder Aussagen über die journalitische Kompetenz im Umgang mit Social Media beinhalten oder umschreiben.

Herkunft des Codes: Induktiv.

Ankerbeispiele: *„Nachteil ist, wie vorhin schon gesagt, dass auf Social Media jeder Depp etwas posten kann und sobald sich ein Hans dahin stellt und sagt: ‚Hey, ich habe jetzt das und das gesehen und das war so und so', dann sagen zehn Leute ‚so war es', dann verbreitet sich diese vermeintliche Wahrheit, obwohl die Realität ganz anders war" (J2, Pos. 42).*

„Nachteil, was Berichterstattung angeht: Es gibt in den Redaktionen lange noch nicht genug Kompetenz im Umgang mit Social Media, also die Lücke zwischen Leuten, die absolute Social-Media-Experten sind und den Leuten, denen du erklären musst, wie Twitter funktioniert. Der Unterschied ist halt immer noch sehr groß. Und das unter einen Hut zu bringen, ist eben sehr schwierig für Redaktionen, weil wir eben alle auf einem ganz

unterschiedlichen Level sind. Und das führt dann eben immer wieder mal zu Problemen" (J13, Pos. 58).

16.4 Oberflächlichkeit

Frage des Leitfadens: Wo sehen Sie Gefahren in der Berichterstattung, beim Einbezug von Social Media?

Inhaltliche Beschreibung: Dieser Code wird vergeben, wenn als Gefahren der Berichterstattung beim Einbezug von Social Media die Oberflächlichkeit angesprochen wird.

Anwendung der Kategorie: Eingeschlossen in den Code sind Aussagen, die heruntergebrochene Informationen und Fakten, Verflachung von Themen, Schnelligkeit oder fehlende Informationen beinhalten oder umschreiben.

Herkunft des Codes: Induktiv.

Ankerbeispiele: *„Eine Gefahr ist auch, dass nicht immer alles komplett ausgeschmückt werden kann und vielleicht manche Themen zu kurz kommen und nicht in der Gänze dargestellt werden können. Gerade wenn man darauf eingeht, dass eigentlich immer Pro und Contra dargestellt werden sollte, ist es vielleicht bei manchen Themen schwierig, alles in so einem kurzen Post zusammenzufassen" (J1, Pos. 62).*

„Die inhaltliche Verflachung und Verengung des Themenspektrums sind ein Hauptproblem und wohl kaum mehr aufzuhalten. Auch der Druck, neue Nachrichten vor allem schnell zu liefern, kann gefährliche Auswirkungen haben. Gute Recherche braucht schlicht Zeit" (J9, Pos. 57).

17 Chancen Berichterstattung Social Media

Frage des Leitfadens: Wo sehen Sie Chancen in der Berichterstattung, beim Einbezug von Social Media?

Inhaltliche Beschreibung: Dieser Code wird vergeben, wenn die Chancen der Berichterstattung beim Einbezug von Social Media beschrieben werden. Dieser Code dient zur Strukturierung. Die differenzierte Beschreibung und Anwendung befindet sich in den jeweiligen Subcodes.

Herkunft des Codes: Deduktiv.

17.1 Direktes Feedback

Frage des Leitfadens: Wo sehen Sie Chancen in der Berichterstattung, beim Einbezug von Social Media?

Inhaltliche Beschreibung: Dieser Code wird vergeben, wenn als Chance der Berichterstattung beim Einbezug von Social Media das direkte Feedback angesprochen wird.

Anwendung der Kategorie: Eingeschlossen in den Code sind alle Aussagen, welche sich auf Feedback, Kommentare und Anmerkungen des Publikums beziehen.

Herkunft des Codes: Induktiv.

Ankerbeispiel: *„Wir bekommen dadurch so eine Art Druck, Qualitätsdruck, um besser zu werden und auch Themen nicht liegen zu lassen. Also eine Aufmerksamkeit auch auf Themen, die vielleicht sonst irgendwie verlorengehen. Und was man einfach nicht unterschätzen darf, ist dieses große Netzwerk, das für einen Lokaljournalisten ohnehin wichtig ist. Ein Lokaljournalist muss sich auskennen vor Ort und er muss mit den Menschen vernetzt sein. Und das ist natürlich im Namen schon angegeben, dass so ein soziales Netzwerk da ideal ist, um Dinge zu erfahren, die sonst vielleicht untergehen würden" (J14, Pos. 62).*

17.2 Diverse Berichterstattung

Frage des Leitfadens: Wo sehen Sie Chancen in der Berichterstattung, beim Einbezug von Social Media?

Inhaltliche Beschreibung: Dieser Code wird vergeben, wenn als Chance der Zugriff auf viele verschiedene Quellen und eine damit einhergehende diverse Berichterstattung genannt wird.

Anwendung der Kategorie: Eingeschlossen in den Code sind alle Aussagen, welche sich auf einfachere Zugänglichkeit von Quellen, Themen, Randgruppen und ähnliches beziehen. Durch den vereinfachten Zugang wird die diverse Berichterstattung beschrieben.

Herkunft des Codes: Induktiv.

Ankerbeispiel: *„Positiv finde ich ist, dass man recht schnell Zugriff auf verschiedene Quellen hat. Das hat für solche Redaktionen wie jetzt z. B. ein Privatradio natürlich einen riesengroßen Vorteil, weil man eben nicht das Korrespondenten-Netzwerk hat. Ich finde es übrigens auch für regionale und lokale Radiosender total gut, auch gerade für Fernsehsender, weil sie sich an Quellen bedienen dürfen und damit Themen machen können, die sie sonst nicht machen könnten" (J5, Pos. 90).*

17.3 Erreichen einer breiten Masse

Frage des Leitfadens: Wo sehen Sie Chancen in der Berichterstattung, beim Einbezug von Social Media?

Inhaltliche Beschreibung: Dieser Code wird vergeben, wenn als Vorteil der Berichterstattung beim Einbezug von Social Media das Erreichen von verschiedenen Gruppierungen oder die Demokratisierungsfunktion genannt werden.

Anwendung der Kategorie: Eingeschlossen in den Code sind das Erreichen verschiedener Gruppierungen und die leichte Zugänglichkeit von Nachrichten für jede/jeden. Außerdem gilt es auch als Chance, dass Minderheiten zu Wort kommen und deren Sichtweisen in die Berichterstattung einfließen.

Herkunft des Codes: Induktiv.

Ankerbeispiel: *„Und eine Chance ist die generelle Demokratisierungschance, die das Internet bietet. Dass Leute zu Wort kommen, die sonst nicht zu Wort kommen oder sonst nicht gehört oder nicht einmal entdeckt werden. Das ist für mich die zentrale Chance, genauso wie beim Internet" (J7, Pos. 70).*

18 Beitragsveröffentlichung Social Media

Frage des Leitfadens: Verfassen und veröffentlichen Sie im Arbeitskontext auch journalistische Beiträge auf Social Media?

Inhaltliche Beschreibung: Dieser Code wird vergeben, wenn die Veröffentlichung von journalistischen Beiträgen auf Social Media angesprochen wird. Dieser Code dient zur Strukturierung. Die differenzierte Beschreibung und Anwendung befindet sich in den jeweiligen Subcodes (ja, nein, wie).

Herkunft des Codes: Deduktiv.

18.1 Ja

Frage des Leitfadens: Verfassen und veröffentlichen Sie im Arbeitskontext auch journalistische Beiträge auf Social Media?

Inhaltliche Beschreibung: Dieser Code wird vergeben, wenn die befragte Person journalistische Beiträge auf Social Media veröffentlicht.

Anwendung der Kategorie: Eingeschlossen in den Code sind alle zustimmenden Aussagen.

Herkunft des Codes: Deduktiv.

Ankerbeispiel: *„Ja, ich verfasse eigene Social-Media-Beiträge für die Arbeit, sogar täglich" (J1, Pos. 66).*

18.2 Nein

Frage des Leitfadens: Verfassen und veröffentlichen Sie im Arbeitskontext auch journalistische Beiträge auf Social Media?

Inhaltliche Beschreibung: Dieser Code wird vergeben, wenn die befragte Person keine journalistischen Beiträge auf Social Media veröffentlicht.

Anwendung der Kategorie: Eingeschlossen in den Code sind alle ablehnenden oder verneinenden Aussagen.

Herkunft des Codes: Deduktiv.

Ankerbeispiel: *„Nein, ich weise nur auf Twitter auf journalistische Beiträge, indem ich sie verlinke. Also ich sage, in der kommenden Ausgabe findet sich folgender Artikel von mir, über das Thema XY. Ganze Beiträge kriege ich auf der Plattform nicht unter" (J16, Pos. 44).*

18.3 Wie

Frage des Leitfadens: Verfassen und veröffentlichen Sie im Arbeitskontext auch journalistische Beiträge auf Social Media?

Inhaltliche Beschreibung: Dieser Code wird vergeben, wenn die befragte Person erläutert, auf welche Art und Weise sie journalistischen Beiträge auf Social Media veröffentlicht.

Anwendung der Kategorie: Eingeschlossen in den Code sind alle Beschreibungen, wie die Befragten Inhalte oder Beiträge auf Social Media veröffentlichen.

Herkunft des Codes: Induktiv.

Ankerbeispiel: *„Ich habe dann schon früh gemerkt, es ist vielleicht einfach diese Mischung, dieses Infotainment, mit leichten Themen, mit einer kleinen Message und ein bisschen Aktualität. So erreicht man mehr, als wenn man immer nur diesen Zeigefinger hochhebt. Eher auf diese lockere, entspannte Art. Und dann kann man den Leuten eventuell sogar noch eine Message mitgeben, von der das Publikum etwas lernen kann" (J6, Pos. 94).*

19 Social-Media-Quellen

Frage des Leitfadens: Verweisen Sie in Ihren Beiträgen direkt auf Social-Media-Quellen? Wann? Wann nicht?

Inhaltliche Beschreibung: Dieser Code wird vergeben, wenn beschrieben wird, ob und wie Journalistinnen/Journalisten in ihren Beiträgen auf Social-Media-Quellen verweisen.

Anwendung der Kategorie: Eingeschlossen in den Code sind alle Aussagen, die getroffen werden, ob und wie auf Social-Media-Quellen verwiesen wird. Es wird nicht codiert, wenn die Befragten nicht auf Social-Media-Quellen verweisen.

Herkunft des Codes: Deduktiv.

Ankerbeispiel: *„Also im Fernsehen kommt das schon häufiger vor tatsächlich. Wenn Politiker oft etwas twittern usw. und wir dann sagen, auf Twitter hat er etwas veröffentlicht, dann blenden wir es auch ein. Das kommt schon häufiger vor" (J8, Pos. 66).*

20 Feedback

Frage des Leitfadens: Wie nehmen Sie das Feedback zu Ihrer eigenen Kommunikation wahr und wie reagieren Sie darauf?

Inhaltliche Beschreibung: Dieser Code wird vergeben, wenn beschrieben wird, wie Publikumsfeedback aufgenommen wird und wie die Journalistinnen/Journalisten darauf reagieren. Dieser Code dient zur Strukturierung. Die differenzierte Beschreibung und Anwendung befindet sich in den jeweiligen Subcodes (Eingang Feedback, Reaktion auf Feedback).

Herkunft des Codes: Deduktiv.

20.1 Eingang Feedback

Frage des Leitfadens: Wie nehmen Sie das Feedback zu Ihrer eigenen Kommunikation wahr und wie reagieren Sie darauf?

Inhaltliche Beschreibung: Dieser Code wird vergeben, wenn beschrieben wird, wie Publikumsfeedback von den Journalistinnen/Journalisten wahrgenommen oder aufgenommen wird.

Anwendung der Kategorie: Eingeschlossen in den Code sind alle Aussagen, die den Erhalt oder Eingang von Publikumsfeedback beschreiben.

Herkunft des Codes: Induktiv.

Ankerbeispiel: *„Also am Anfang war es ein bisschen ungewöhnlich, weil das Feedback immer sehr ungefiltert war und teilweise war der Gegenwind ein Tritt gegen das Schienbein, verbal. Manchmal habe ich es als sehr harsch wahrgenommen" (J14, Pos. 69).*

20.2 Reaktion auf Feedback

Frage des Leitfadens: Wie nehmen Sie das Feedback zu Ihrer eigenen Kommunikation wahr und wie reagieren Sie darauf?

Inhaltliche Beschreibung: Dieser Code wird vergeben, wenn beschrieben wird, wie die Journalistinnen/Journalisten auf Publikumsfeedback reagieren.

Anwendung der Kategorie: Eingeschlossen in den Code sind alle Aussagen, die Reaktionen auf das Publikumsfeedback beschreiben.

Herkunft des Codes: Induktiv.

Ankerbeispiel: *„Ich gehe dann auch in den Dialog mit den Leuten, um das zu erklären. Hat leider nicht funktioniert, weil ich dann immer noch der Blöde und Böse war, aber zumindest habe ich es versucht" (J14, Pos. 71).*

21 Journalistischer Arbeitsprozess Social Media

Frage des Leitfadens: Wie beurteilen Sie den journalistischen Arbeitsprozess in Zusammenhang mit Social Media? (Einfacher, schwerer?)

Inhaltliche Beschreibung: Dieser Code wird vergeben, wenn beschrieben wird, wie der journalistische Arbeitsprozess in Zusammenhang mit Social Media bewertet wird. Dieser Code dient zur

Strukturierung. Die differenzierte Beschreibung und Anwendung befindet sich in den jeweiligen Subcodes (einfacher, komplexer).

Herkunft des Codes: Deduktiv.

21.1 Einfacher

Frage des Leitfadens: Wie beurteilen Sie den journalistischen Arbeitsprozess in Zusammenhang mit Social Media? (Einfacher, schwerer?)

Inhaltliche Beschreibung: Dieser Code wird vergeben, wenn der journalistische Arbeitsprozess in Zusammenhang mit Social Media als einfacher, im Vergleich zum Arbeitsprozess ohne Social Media, bewertet wird. Auch die Begründung wird aufgenommen.

Anwendung der Kategorie: Eingeschlossen in den Code sind alle Aussagen, den Arbeitsprozess als leichter, einfacher, besser beschreiben.

Herkunft des Codes: Deduktiv.

Ankerbeispiele: *„Ich würde schon sagen, es vereinfacht vieles. Auf der einen Seite die Kommunikation der Nachrichten nach außen, aber auch den Informationsinput für mich" (J15, Pos. 78).*

„Ich glaube, dass es einfacher geworden ist. So wie ich auch finde, dass das, was heute einem unvorstellbar erscheint, wie man ohne Internet recherchieren konnte. Das ist einfach ein zusätzliches Werkzeug, welches mehr Welten aufschließt, mit dem man Distanzen überbrücken kann, gesellschaftliche Distanzen, geografische Distanzen. Man muss sich eben nur immer auch gleichzeitig bewusst sein, dass dieses Werkzeug die Welt auch wieder kleiner machen kann, wenn man es ausschließlich benutzt" (J16, Pos. 49).

21.2 Komplexer

Frage des Leitfadens: Wie beurteilen Sie den journalistischen Arbeitsprozess in Zusammenhang mit Social Media? (Einfacher, schwerer?)

Inhaltliche Beschreibung: Dieser Code wird vergeben, wenn der journalistische Arbeitsprozess in Zusammenhang mit Social Media als schwerer, zunehmend komplex oder aufwendiger bewertet wird. Schwerer, im Vergleich zum Arbeitsprozess ohne Social Media. Auch die Begründung wird aufgenommen.

Anwendung der Kategorie: Eingeschlossen in den Code sind alle Aussagen, den Arbeitsprozess als zunehmend komplex oder schwerer beschreiben.

Herkunft des Codes: Deduktiv.

Ankerbeispiele: *„Komplexer. Es macht mehr Spaß, man hat mehr Möglichkeiten, aber es gibt auch mehr Fallen, in die man tappen kann" (J13, Pos. 72).*

„Also schwerer auf jeden Fall, weil er einfach anspruchsvoller geworden ist, was neue Kanäle sind, neues Tempo, neuer Druck. Also ich habe vorhin erzählt, wann ich angefangen habe, 1993, als freier Mitarbeiter, wenn es früher einen Brand gab, dann bin ich da hin und habe dann bei der Zeitung angerufen und gesagt, ich mache den Artikel und schreibe etwas und schicke ein Foto. Und dann war es am nächsten Tag in der Zeitung. Heute ist die Erwartungshaltung, wenn so etwas passiert, gleich irgendwie eine Nachricht raushauen, gleich Fotos rauszuhauen, die Infos müssen aber trotzdem stimmen. Also der Druck und das Tempo ist deutlich höher geworden" (J14, Pos. 78)

22 Beispiel Publikumsbeteiligung

Frage des Leitfadens: Nennen Sie mir ein Best-Practice-Beispiel, wie auf Publikumsbeteiligung über Social Media eingegangen wurde.

Inhaltliche Beschreibung: Dieser Code wird für alle Textstellen mit einem Beispiel, wie auf Publikumsbeteiligung über Social Media eingegangen wurde, vergeben.

Anwendung der Kategorie: Eingeschlossen in den Code sind Beispiele aus dem Arbeitsleben der Journalistinnen/Journalisten.

Herkunft des Codes: Deduktiv.

Ankerbeispiel: *„Gerade letzte Woche hatten wir bei Dasding vor Ort, das war aktuell am Montag, dass sich ‚die letzte Generation' oder Aktivisten oder Aktivistinnen der ‚letzten Generation' in Stuttgart auf der Straße festgeklebt haben. Darüber haben wir berichtet und da gab es sehr viele Reaktionen und daraufhin hatten wir das Ziel, dass wir gesagt haben: ‚Okay, wir müssen da hin und uns mit den Aktivisten oder Aktivistinnen nochmal näher auseinandersetzen', um eben all diese Fragen unserer Community zu fragen und Vorwürfe, Kommentare, die unsere Community hatte, an diese weitertragen und denen vielleicht auch die Chance geben, darauf zu antworten. Auf der einen Seite, um das Thema noch einmal ein bisschen mehr abzubilden. Auf der anderen Seite, um die Fragen zu beantworten" (J3, Pos. 69).*

23 Zukunft

Frage des Leitfadens: Wie sehen Sie die Zukunft des journalistischen Arbeitsprozesses in Anbetracht, der sich ständig weiterentwickelnden Social-Media-Landschaft?

Inhaltliche Beschreibung: Dieser Code wird vergeben, wenn beschrieben wird, wie die Journalistinnen/Journalisten den journalistischen Arbeitsprozess in Zukunft einschätzen. Dieser Code dient zur Strukturierung. Die differenzierte Beschreibung und Anwendung befindet sich in den jeweiligen Subcodes.

Herkunft des Codes: Deduktiv.

23.1 Arbeitsprozess

Frage des Leitfadens: Wie sehen Sie die Zukunft des journalistischen Arbeitsprozesses in Anbetracht der sich ständig weiterentwickelnden Social-Media-Landschaft?

Inhaltliche Beschreibung: Dieser Code wird vergeben, wenn beschrieben wird, wie die Journalistinnen/Journalisten den journalistischen Arbeitsprozess in Zukunft einschätzen.

Anwendung der Kategorie: Eingeschlossen in den Code sind alle Aussagen, die sich auf die Entwicklung des journalistischen Arbeitsprozesses beziehen.

Herkunft des Codes: Induktiv.

Ankerbeispiel: *„Man wird sich immer verändern müssen und sich anpassen müssen und es wird sich viel verändern noch. Grundsätzlich wird sich aber nichts verändern und das ist das Gute, dass wir Journalist/-innen sind und wissen, wie wir arbeiten und was wichtig ist, was die Kriterien und die Standards sind und dem folgen wir, egal wie die Umwelt ist. Das war schon immer so und das wird auch so bleiben, also da habe ich jetzt weder Erwartungen noch Hoffnungen noch Ängste. Es kommt, wie es kommt und es wird sich immer irgendwie verändern" (J7, Pos. 87).*

23.2 Ausbildung

Frage des Leitfadens: Wie sehen Sie die Zukunft des journalistischen Arbeitsprozesses in Anbetracht der sich ständig weiterentwickelnden Social-Media-Landschaft?

Inhaltliche Beschreibung: Dieser Code wird vergeben, wenn die Journalistinnen/Journalisten die journalistische Ausbildung oder die Medienbildung in Zukunft thematisieren.

Anwendung der Kategorie: In den Code eingeschlossen sind alle Aussagen, welche sich auf Medienbildung, Ausbildung und Weiterbildung beziehen.

Herkunft des Codes: Deduktiv.

Ankerbeispiel: „*Was das Wichtigste ist, dass wir in Deutschland eine absolute Bildung brauchen, in den Schulen schon. Das muss schon in der Grundschule passieren, weil es Alltag ist. Die Leute müssen lernen, mit Social Media umzugehen. Die Journalisten natürlich, aber vor allem auch der Ottonormalverbraucher“ (J5, Pos. 111).*

23.3 Bewertung

Frage des Leitfadens: Wie sehen Sie die Zukunft des journalistischen Arbeitsprozesses in Anbetracht der sich ständig weiterentwickelnden Social-Media-Landschaft?

Inhaltliche Beschreibung: Dieser Code wird vergeben, wenn die Journalistinnen/Journalisten den journalistischen Arbeitsprozess in Zukunft bewerten.

Anwendung der Kategorie: Eingeschlossen in den Code sind alle wertenden Aussagen, welche sich auf die Zukunft des journalistischen Arbeitsprozesses beziehen (schwierig, herausfordernd und ähnliches).

Herkunft des Codes: Deduktiv.

Ankerbeispiele: „*Sehr herausfordernd, den Zahn der Zeit zu treffen und den Nerv auch von den Menschen. Es ist natürlich z. B. schon auch ein Problem, dass die Aufmerksamkeitsspanne gefühlt immer kürzer wird, ich bin aber auch der Meinung, dass man die Leute ein bisschen erziehen kann. Es ist eigentlich der Algorithmus, der den Journalismus auf die Kürze beschränkt und nicht nur die Aufmerksamkeitsspanne von den Leuten. An ganz vielen Dokus merkt man, dass die Leute schon Bock haben auch tiefergehend sich zu informieren und auch längere Dinge zu rezipieren. Und ich glaube, da muss es so ein bisschen mehr einen Einklang zwischen Journalismus und Algorithmus geben und dann funktioniert es“ (J11, Pos. 79).*

„Schwierig. Vor allem, wenn es darum geht, Nachrichten nach außen zu vermitteln. Also für die Recherche ändert sich weniger. Es wird halt noch vielfältiger. Aber die Kommunikation nach außen wird komplexer, weil es schwer ist, jeden Trend mitzumachen. Und außerdem beruhen diese Plattformen auf Reichweiten und Algorithmen. Und da drin zu bleiben und zu sagen, ich biete weiterhin ein qualitativ hochwertiges Angebot an, ist schwierig" (J15, Pos. 80).

23.4 Eigene Zugänge

Frage des Leitfadens: Wie sehen Sie die Zukunft des journalistischen Arbeitsprozesses in Anbetracht der sich ständig weiterentwickelnden Social-Media-Landschaft?

Inhaltliche Beschreibung: Dieser Code wird vergeben, wenn die Journalistinnen/Journalisten betonen, dass es in Zukunft mehr eigene Zugänge der Medienhäuser geben muss.

Anwendung der Kategorie: Eingeschlossen in den Code sind eigene Zugänge der Medienangebote oder Medienhäuser, wie eigene Apps (siehe z. B. Newszone, die Nachrichten-App des SWR).

Herkunft des Codes: Deduktiv.

Ankerbeispiel: *„Ich glaube, dass immer mehr dazu übergegangen wird, eigene Apps zu entwickeln, weil die Abhängigkeit halt scheiße ist" (J4, Pos. 87).*

24 Wichtige Aussagen

Frage des Leitfadens: Gibt es von Ihrer Seite noch Punkte, die Sie gerne hinzufügen möchten?

Inhaltliche Beschreibung: Dieser Code wird für alle weiteren wichtigen Aussagen vergeben, welche keinen Platz im Codesystem gefunden haben.

Herkunft des Codes: Induktiv.

Ankerbeispiel: "*Grundsätzlich würde ich sagen, die Vorteile von Social Media sind größer als die Nachteile, wenn man weiß, wie man damit umzugehen hat*" *(J13, Pos. 38).*

Anhang 4: Transkripte

1 **Interview 1: Kesselgeschichten vom SWR – Dasding vor Ort Redakteurin; 17.05.2022; Dauer: 17:52 Minuten**

2 **Informationen zur Person**

3 **I: Bitte stellen Sie sich und Ihre Position, Funktion und das Ressort kurz vor.**

4 J1: Hallo, ich bin J1. Ich arbeite bei den Kesselgeschichten im Social-Media-Bereich und bin da auch vor der Kamera tätig und wir haben da tatsächlich keine Ressorts, das ist alles themenübergreifend. So decken wir so ziemlich alle Ressorts ab.

5 **I: Was gehört zu Ihren täglichen Aufgabenbereichen?**

6 J1: Recherche, Treatments schreiben, wie eine Art Drehbuch, Protagonist/-innen kontaktieren, Drehs vorbereiten, selbst auf Drehs gehen und manchmal auch Artikel schreiben.

7 **I: Welche Social-Media-Plattformen nutzen Sie im Arbeitskontext und im Privatkontext?**

8 J1: Auf jeden Fall Instagram, die am allermeisten, mittlerweile auch ein bisschen TikTok. Aber hauptsächlich Instagram.

9 **Recherche**

10 **I: Jetzt kommen wir zum zweiten Themenblock. Wie verwenden Sie Social Media für die Recherche in Ihrer Redaktion? Welche Bedeutung haben Social Media dabei für Sie?**

11 J1: In der Recherche verwenden wir Social Media hauptsächlich, um neue Themen und neue Protagonist/-innen zu finden, weil heutzutage viele interessante Persönlichkeiten

auch einen großen Social-Media-Auftritt haben. Und weil man da einfach schon viel über sie herausfinden und sie überhaupt finden kann. Und gerade auch, wenn man Nachrichtenkanälen folgt, sieht man da auch oft mal neue Sachen, die man noch nicht wusste und kann da dann auch tiefer in die Recherche gehen. Es ist ein Recherche-Anstoß, aber die Hauptrecherche läuft nicht über Social Media.

12 **I: Okay. Welche Social-Media-Plattformen ziehen Sie dafür heran?**

13 J1: Auch hauptsächlich Instagram, weil das auch unsere Zielgruppe am meisten nutzt.

14 **I: Jetzt stelle ich verschiedene Fragen und Sie müssen einfach mit einer oder mehreren Plattformen antworten. Welche Social-Media-Plattform ist besonders gut für... Augenzeugen, die befragt oder zitiert werden können?**

15 J1: Instagram und YouTube.

16 **I: Welche ist besonders gut für die Gegenprüfung von Informationen?**

17 J1: Schwierig, vielleicht Instagram und Twitter.

18 **I: Für Themenideen?**

19 J1: Instagram, Twitter und TikTok.

20 **I: Für Resonanz auf die eigene Berichterstattung?**

21 J1: Instagram, TikTok.

22 **I: Für Fakten über ein aktuelles Ereignis?**

23 J1: Ich sage überall Instagram, aber Instagram und Twitter.

24 **I: Hinweise auf Quellen im Internet?**

25 J1: Da würde ich fast sagenTwitter, da steht meistens die Quelle mit dabei und je nach Kanal Instagram.

26 **I: Okay top. Meinungsverteilung zu einer Streitfrage?**

27 J1: Auch Instagram.

28 **I: Experten, die befragt oder zitiert werden können?**

29 J1: Twitter, weil man da die Posts retweeten kann.

30 **I: Hintergrundinformationen zu bestimmten Themen?**

31 J1: Twitter, Instagram und YouTube.

32 **I: Aufbau und Pflege von Expertennetzwerken?**

33 J1: Twitter.

34 **I: Und kontinuierliche Beobachtung prominenter Quellen?**

35 J1: Da würde ich fast alle nennen, da man ja folgen kann, also Instagram, Twitter, TikTok und YouTube.

36 **I: Okay gut. Jetzt kommt eine lange Frage. Man kann auf Social-Media-Plattformen gezielt nach Themen suchen. Oder man kann per Zufall darauf stoßen. Wie ist das bei Ihnen? Recherchieren Sie immer gezielt über Social Media oder stoßen Sie auch durch Zufall auf Themen? Können Sie das in etwa in Prozenten ausdrücken, also in wieviel Prozent der Fälle suchen Sie gezielt und in wieviel Prozent der Fälle stoßen Sie per Zufall auf ein Thema?**

37 J1: Also ich würde sagen, definitiv öfter durch Zufall auf ein Thema, weil wenn ich gezielt etwas suche, dann google ich oder so, deswegen würde ich sagen: 85 % durch Zufall und 15 % gezielt.

38 **I: Cool. Auf welche Akteure sowie Themen achten Sie dabei?**

39 J1: Auf Social Media?

40 **I: Die Frage zielt darauf hinaus, ob man eben auf Journalistinnen und Journalisten achtet oder eben auch auf nicht-journalistische Quellen**

41 J1: Da unsere Redaktion hauptsächlich regional arbeitet, zielen wir auf regionale Kanäle ab und regionale Nachrichtendienste und es gibt ja auch z. B. regionale Influencer, bei denen man dann auch mal recherchiert, also schon gezielt auf einen Bereich, würde ich sagen. Also beides Journalistinnen und Journalisten oder auch nicht journalistische Quellen.

42 **I: Wo sehen Sie Vorzüge der Social-Media-Kanäle gegenüber anderen Recherchequellen? Und wo sehen Sie die Nachteile?**

43 J1: Ein Vorteil ist auf jeden Fall, dass es immer kurz und knackig ist und die wichtigsten Punkte meistens da sind. Nachteil ist aber auch, dass auf so einer kurzen Seite nicht immer alles stehen kann und dadurch dann vielleicht auch teilweise Falschinformationen weitergeleitet werden oder dass man auch nicht die ganzen Hintergründe kennt und dass sich eben dadurch auch Fake-News sehr schnell weiterverbreiten lassen. Viele schreiben ihre Quelle nicht dazu, schreiben einfach irgendeinen Fakt und Leute, die der Person folgen und vertrauen, schicken es einfach weiter, ohne dass ein Faktencheck oder so durchgeführt wurde.

44 **I: Voll gut! Welche Regeln gelten in Ihrer Redaktion bei der Social Media-Recherche?**

45 J1: Keine (lacht). Nein ich würde sagen, auf jeden Fall immer so ein bisschen das vier Augen-Prinzip. Also immer, wenn wir einen Beitrag machen, schauen ja noch die CvDs drüber, wenn man selbst recherchiert, also alle Themen werden auch nochmal zu zweit abgesprochen, heißt da geht es immer durch zwei Hände. Es gilt die unausgesprochene Regel, dass man Fakten nochmal nachrecherchiert und nicht nur auf die Quelle von Social Media vertraut.

46 **Qualität der Berichterstattung**

47 **I: Okay, dann hätten wir den ersten Themenblock schon einmal geschafft. Jetzt kommen wir zur Qualität der Berichterstattung. Also welche Kriterien spielen bei der Nachrichtenauswahl eine Rolle?**

48 J1: Wie ist das gemeint?

49 **I: Wie Sie die Nachrichten auswählen, die dann später veröffentlicht werden.**

50 J1: Regionalität, Aktualität, dann ob es an die Zielgruppe angepasst ist und Themen, die gerade auch generell viele Menschen beschäftigen, also es muss kein aktuelles Thema sein, also kein aktuelles Ereignis, aber Themen, die in der Gesellschaft gerade so im Umlauf sind, würde ich sagen.

51 **I: Und wie beeinflussen Social Media diese Auswahl?**

52 J1: Auf Social Media passiert immer viel Aktuelles. Es gibt tausende Trends und man bekommt einfach mit, was gerade auch die jungen Leute beschäftigt und da kann man sich schon sehr gut inspirieren lassen. Und wenn man eben auch Nachrichtenkanälen folgt, findet man sehr viel Aktualität oder aktuelle Themen.

53 **I: Mega. An welchen Kriterien orientieren Sie sich, um qualitative Beiträge zu verfassen? Qualitativ meint hier z. B. Punkte wie Richtigkeit, Vollständigkeit, Einhaltung ethischer Grundsätze usw..**

54 J1: Um gerade mit dem letzten anzufangen: Bei Ethischen Grundsätze, man muss natürlich immer darauf achten, dass man niemanden diskriminiert oder verletzt mit den Beiträgen, da achten wir in unserer Redaktion z. B. auf das Gendern. Richtigkeit ist auch das mit dem Vier-Augen-Prinzip, dass wir das nochmal weiterleiten und nicht einfach

posten. Wenn wir z. B. auch Bilder von anderen benutzen, schreiben wir die Quelle dazu. Und was war das dritte?

55 **I: Vollständigkeit.**

56 J1: Vollständigkeit. Es ist so, dass gerade, wenn man einen Instagram-Post macht, da kann man nicht so viel Text daraufschrieben und wir machen es dann oft so, dass wir nur das Wichtigste auf den Post selbst schreiben und in der Caption dann nochmal genauer ausführen, um was es geht. Ich denke aber auch, dass alle die über Instagram ihre Nachrichten konsumieren, wissen, dass nicht alles erfasst sein kann, in einem kurzen Post.

57 **I: Und was unternehmen Sie, um die Qualität Ihrer Beiträge zu verbessern? Das ist so eine ähnliche Frage.**

58 J1: Man hat bei Social Media den Vorteil, dass man immer direkt Reaktionen auf den Beitrag sieht und wenn man dann merkt, mein Post ist nicht gut angekommen, dann kann man direkt schauen, woran es gelegen haben könnte, und dann kann man es direkt verbessern und das ist ein klarer Vorteil von Social Media.

59 **I: Wie hat sich die von Ihnen wahrgenommene journalistische Qualität durch den Einbezug von Social Media verändert?**

60 J1: Ich würde sagen, dass ich auf jeden Fall vorsichtiger geworden bin, was Nachrichten auf Social Media angeht, also dass man nicht immer direkt alles glauben sollte, auch gerade, weil da alles so einfach geteilt werden kann und es ist nicht so, ich sag mal so es gibt jetzt keine Box, in der man immer die Quellen angibt. Wenn das so wäre, wäre es vielleicht nochmal anders. Aber man weiß nicht immer, woher die Menschen die Nachrichten haben. Von daher bin ich auf jeden Fall vorsichtiger geworden. Ich finde es aber sehr positiv, dass wenn man die Kanäle hat, denen man vertraut

und von denen man die Quellen kennt, wenn man die abonniert und jeden Tag einfach so ein bisschen News kriegt und nicht so, sage ich mal, jeden Tag eine ganze Fernsehsendung anschauen muss, um informiert zu bleiben oder die Zeitung lesen muss. Es ist so ein „Nebenbeimedium" und man kann sich schnell informieren.

61 **I: Wo sehen Sie Gefahren in der Berichterstattung, beim Einbezug von Social Media? Wo sehen Sie Chancen?**

62 J1: Gefahren sehe ich gerade bei dem Fake-News-Thema, durch das einfache Teilen. Eine Gefahr ist auch, dass nicht immer alles komplett ausgeschmückt werden kann und vielleicht manche Themen zu kurz kommen und nicht in der Gänze dargestellt werden können. Gerade wenn man darauf eingeht, dass eigentlich immer Pro und Contra dargestellt werden sollte, ist es vielleicht bei manchen Themen schwierig, alles in so einem kurzen Post zusammenzufassen.

63 Chancen auf jeden Fall, dass man mehr Leute erreicht, dass viele Leute leicht einen Zugang zu Nachrichten haben, dass viele Leute informiert werden und dass auch jeder seine Meinung äußern kann, auch wenn es natürlich manchmal kritisch sein kann, aber insgesamt finde ich es sehr gut.

64 <u>Eigene Kommunikation</u>

65 **I: Jetzt kommt noch der dritte Inhaltliche Block zur eigenen Kommunikation. Verfassen und veröffentlichen Sie im Arbeitskontext auch journalistische Beiträge auf Social Media?**

66 J1: Ja, ich verfasse eigene Social-Media-Beiträge für die Arbeit, sogar täglich.

67 **I: Verweisen Sie in Ihren Beiträgen direkt auf Social-Media-Quellen? Wann und wann nicht?**

68 J1: Wir verwiesen meistens nicht auf Social-Media-Quellen, weil man muss aber auch sagen, dass auf unserem Kanal unter andrem auch Komödie im Fokus steht und da braucht man sowas nicht. Bei Bildern, die nicht uns gehören, verwenden wir die Quelle, aber nicht bei allen Informationen, die wir in den News z. B. erzählen.

69 **I: Und wie nehmen Sie das Feedback zu Ihrer eigenen Kommunikation wahr und wie reagieren Sie darauf?**

70 J1: Ich finde es sehr gut, dass immer viel Feedback da ist und dass es auf Social Media auch immer so einfach geht Feedback zu geben. Wir versuchen, es auch immer aufzunehmen und auf Kommentare zu antworten. Um dann Interaktionen mit den Follower/-innen zu haben. Ich denke, konstruktives Feedback kann man immer einarbeiten, aber es gibt natürlich auch kein konstruktives Feedback, aber ich glaube das ist auf allen Social-Media-Kanälen so.

71 **I: Nennen Sie mir ein Best-Practice-Beispiel, wie auf Publikumsbeteiligung über Social Media eingegangen wurde.**

72 J1: Ein was?

73 **I: Ein Best-Practice-Beispiel.**

74 J1: Z. B. haben wir morgen ein Interview, wo wir die Community davor gefragt haben, was für Fragen sie an die Protagonist/-innen haben und das ist ein Beispiel wo man mega gut die Community und die Meinungen und die Fragen mitaufnehmen kann. Es ist z. B. auch schon passiert, dass wir Fehler in unseren Posts hatten und dass man dann auf die Kommentare eingeht und auch eingestehen kann, dass es ein Fehler war. Und was auch immer cool ist, manchmal posten wir auch Updates unter unseren Beiträgen, wenn sich etwas geändert hat und das sind schon so Sachen, wo man sehr gut auf die Community eingehen kann und auf das Feedback.

75 **Abschlussfragen**

76 **I: Okay. Sehr, sehr cool. Jetzt kommen wir zu meinen letzen Abschlussfragen. Wie beurteilen Sie den journalistischen Arbeitsprozess in Zusammenhang mit Social Media? Leichter schwerer, alles was Ihnen einfällt.**

77 J1: Also in der Themensuche auf jeden Fall leichter und was die Aktualität angeht auch leichter. Ich habe das Gefühl, auf Social Media muss man besonders schnell sein und da steckt viel mehr Aufwand dahinter als man denkt. In dem Sinne ist es viel Aufwand. Aber ich würde sagen, es ist leichter, viele Leute schnell zu erreichen.

78 **I: Und wie sehen Sie die Zukunft des journalistischen Arbeitsprozesses in Anbetracht, der sich ständig weiterentwickelnden Social-Media-Landschaft?**

79 J1: Ich glaube, dass es auf jeden Fall noch weiter wachsen wird und dass immer neue Features hinzukommen werden und ich glaube auch, dass jetzt schon die allermeisten Leute ihr tägliches Nachrichtenpensum über Social Media konsumieren und dass es sich auf jeden Fall auch in diese Richtung weiterentwickeln wird.

80 **I: Perfekt. Gibt es von Ihrer Seite noch Punkte, die Sie gerne hinzufügen möchten?**

81 J1: Nein.

1 **Interview 2: Hitradio Antenne 1 – Radio-Moderatorin; 20.05.2022, Dauer: 25:38 Minuten**

Informationen zur Person

3 **I: Cool, dann fangen wir jetzt erstmal an, mit dem ersten Block. Und zwar mit den Informationen zur Person. Bitte stellen Sie sich und Ihre Position, Funktion und das Ressort kurz vor.**

4 J2: Also ich bin J2, 35 Jahre alt, seit 8 Jahren beim Rundfunk tätig und arbeite als Tagesmoderatorin beim Hörfunk und auch als Redakteurin, also als journalistische Redakteurin.

5 **I: Was gehört zu Ihren täglichen Aufgabenbereichen?**

6 J2: Sendungsvorbereitung als Moderatorin. Ich kümmere mich einerseits um die Themen, die vorgegeben sind von der Redaktion und arbeite mich da ein, führe gelegentlich Interviews und recherchiere auch eigene Themen.

7 **I: Welche Social-Media-Plattformen nutzen Sie im Arbeitskontext und welche im Privatkontext? Gibt es da Überschneidungen?**

8 J2: Privat und für die Arbeit nutze ich Instagram, Facebook, TikTok, ansonsten auch ab und zu Snapchat, allerdings relativ selten, wenn du privat noch dazuzählen willst, dann noch WhatsApp und Signal, wenn man das noch als Social Media zählen will. Sicherlich auch im Arbeitskontext, aber jetzt nicht für die Recherche, eher, um mit Kollegen zu schreiben.

9 **Recherche**

10 **I: Das ist eine perfekte Überleitung, jetzt komme ich nämlich schon zum nächsten Block, und zwar zum Block Recherche. Wie verwenden Sie Social Media für die Recherche in Ihrer Redaktion und welche Bedeutung haben Social Media dabei für Sie?**

11 J2: Also ich persönlich verwende es eigentlich super häufig, ich würde sogar sagen zu 70 % ehe ich irgendetwas google, aber das liegt hauptsächlich natürlich daran, dass wenn ich mal was mache, dass ich sehr häufig über Künstler spreche und die allererste Anlaufstelle ist natürlich deren Social-Media-Auftritt, also wenn ich irgendetwas recherchiere oder über einen Künstler sagen will, schaue ich natürlich, was haben die gepostet, gerade auf Instagram, auf TikTok, was machen die auf Facebook oder Twitter. Stimmt, Twitter gehört auch noch dazu, das habe ich vergessen. Twitter allerdings mehr für Nachrichten. Außerdem benutze ich lokale Social-Media-Sachen, generell so Stuttgart-Accounts, um zu sehen, was halt lokal los ist, was die Leute gerade beschäftigt. Wir gehen auch thementechnisch nach Social-Media-Trends, wenn die interessant oder relevant sind für die Zielgruppe. Da ist durchaus dann TikTok dabei, Facebook jetzt ein bisschen weniger aktuell. Allerdings nutzen wir im Sender Facebook für unsere Hörer, um allgemein Traffic zu erzeugen, wir machen Umfragen auf Facebook, wir lassen die Leute mitentscheiden, wenn wir ein Thema haben und Kommentare brauchen, dann schreiben wir das auf Facebook und lassen die Leute dann kommentieren, lesen das vor, rufen dann teilweise auch Hörer an, wenn die es mitmachen.

12 **I: Mega, das nimmt mir schon ein paar Fragen vorweg, dann kann ich ein paar überspringen, aber ist schon einmal richtig gut. Jetzt habe ich so eine kleine Auflistung, wo ich frage, welche Social-Media-Plattform ist besonders gut für XY... und warum. Das können Sie in ein bis zwei Sätzen begründen. Nummer eins ist Augenzeugen, die befragt oder zitiert werden können?**

13 J2: Ja, das ist natürlich super, für Radio ist das mega, wenn man die Leute direkt hat, mit denen man dann selbst reden kann.

14 **I: Und über welche Plattform bekommen Sie das am ehesten?**

15 J2: Bei uns würde ich sagen über Facebook, also wenn wir dann / . Also bei uns hauptsächlich darüber, dass wir Aufrufe starten, aber wir machen es über Facebook. Ich habe aber auch schon gesehen, dass es Kollegen über Instagram machen. Und fragen, „Hey, habt ihr das schonmal erlebt (...)?". Die nutzen dann sozusagen ihre eigene Reichweite, auf ihren eigenen Profilen dafür. Also ich würde sagen, Nummer eins ist bei uns Facebook und Nummer zwei Instagram.

16 **I: Gegenprüfung von Informationen?**

17 J2: Das ist eine sehr gute Frage, ich würde sagen, da nutzen wir eigentlich selten eine Plattform, sondern da ist tatsächlich gefragt, dass man mit den Personen dann direkt redet, also dass wir uns da rückversichern. Also, dass man bei der Polizei anruft oder bei wem auch immer die Nachricht aufgetaucht ist. Allerdings ist es natürlich schon so, wenn es auf mehreren Plattformen auftaucht, dann schaut man auch mal auf mehreren. Aber Social Media ist nie unsere einzige Quelle, das wäre zu riskant.

18 **I: Themenideen?**

19 J2: Definitiv TikTok, Instagram.

20 **I: Resonanz auf die eigene Berichterstattung?**

21 J2: Facebook.

22 **I: Fakten über ein aktuelles Ereignis?**

23 J2: Schwierig, da würde ich echt sagen Polizei und offizielle Stellen. Social Media, sehr gefährlich, weil einfach jeder reinschreiben kann, was er will.

24 **I: Hinweise auf Quellen im Internet?**

25 J2: Wie ist das gemeint?

26 **I: Also was ist quasi für Sie die beste Quelle?**

27 J2: Sehr schwierig, das allgemein zu beantworten. Also ich persönlich, da ich hauptsächlich über Künstler recherchiere, ist natürlich für mich deren eigene Instagram-Seite immer ganz praktisch, weil die wissen, was sie da darauf stellen. Oder die eigene Facebook-Seite, das finde ich ganz gut. Dann wenn es um Reaktionen oder Stimmungen geht, ist Facebook natürlich super, also auch mit Meinungen von Hörern. Alles, was Offizielles angeht, da ist blöd gesagt die Facebook-Seite der Tageschau genauso gut wie deren Website, oder die NTV-App. Es kommt ein bisschen auf die Art der Information an.

28 **I: Experten, die befragt oder zitiert werden können?**

29 J2: Tatsächlich am besten, indem man sie googlet und sie direkt anschreibt, also das ist auch nichts unbedingt, was man auf Social Media macht. Außer es sind Social-Media-affine Leute, da kannst du natürlich glück haben, dass wenn du sie über Instagram anschreibst, dass sie dir dann da antworten. Passiert aber eher selten.

30 **I: Hintergrundinformationen zu bestimmten Themen?**

31 J2: Ich persönlich mag Twitter, also gerade was so nachrichtliche Themen angeht, ist aber auch wieder mit Vorsicht zu genießen, weil eben jeder was dazu schreiben kann und natürlich auch sehr leicht Fake-Infos verbreitet werden. Also tatsächlich ist der korrekte Weg bei uns immer der Offizielle. Tut mir leid, das ist voll gar nicht Social Media, dass ich echt eher die Polizei anrufe oder das Amt, oder ich rufe bei dem Bürgermeister an. Das ist dann der offiziellere Weg. Ich will jetzt nicht leugnen, dass Leute das machen. Also nach dem Motto: „Ah, das ist auf Instagram und deswegen machen wir das jetzt so". Allerdings sieht man z. B. an dem

Mensturationsurlaub, wie schnell man da auf falsche Infos kommen kann, in Spanien.

32 **I: Aufbau und Pflege von Expertennetzwerken?**

33 J2: Da finde ich tatsächlich - zählt LinkedIn oder so zu Social Media? - das nutze ich nämlich auch privat. Das finde ich da dann tatsächlich am professionellsten.

34 **I: Kontinuierliche Beobachtung prominenter Quellen?**

35 J2: Da ist natürlich auf jeden Fall Instagram, absolut ideal. Eventuell auch Snapchat, wenn man die amerikanischen Quellen mitnutzen möchte.

36 **I: Man kann auf Social-Media-Plattformen gezielt nach Themen suchen. Oder man kann per Zufall darauf stoßen. Wie ist das bei Ihnen? Recherchieren Sie immer gezielt über Social Media oder stoßen Sie auch durch Zufall auf Themen? Können Sie das in etwa in Prozenten ausdrücken - in wieviel Prozent der Fälle suchen Sie gezielt - und in wieviel Prozent der Fälle stoßen Sie per Zufall auf ein Thema?**

37 J2: Also ich würde sagen 80 % / 20 %. 80 % gezielt und 20 % zufällig, wobei die 80 % eben hauptsächlich Star-Informationen sind, die ich ganz gezielt suche und die 20 % sind die Sachen, die mein Algorithmus und meine Timeline mir eben auf meinen Feed spülen und sobald etwas mehr als zwei Mal auftaucht, werde ich hellhörig.

38 **I: Auf welche Akteure sowie Themen achten Sie dabei?**

39 J2: In unserem Fall natürlich auf die Stars, die wir spielen, also Ed Sheeran, Coldplay, Imagine Dragons, etc. pp. Ansonsten achte ich entweder darauf, ob ein Thema gefühlt gerade sehr viele Menschen in meinem Umfeld beschäftigt und betrifft. Also irgendwelche Challenges, z. B. auf TikTok, auf die viele Leute reagieren oder aber, ob ich merke, dass das unsere

Zielgruppe ganz genau mitbekommt gerade und auch beschäftigen könnte oder in Zukunft beschäftigen wird.

40 **I: Wo sehen Sie Vorzüge der Social-Media-Kanäle gegenüber anderen Recherchequellen? Wo sehen Sie Nachteile?**

41 J2: Vorteile sind auf jeden Fall, dass man gerade im Falle von Künstlern First-Hand-Informationen bekommt, dadurch dass man davon ausgehen kann, dass diese Künstler den Account selbst führen oder aber eben deren Team es führt, also dass deren Informationen, die da rausgegeben werden, sind in dem Fall vielleicht nicht unbedingt die Wahrheit, aber eben das, was der Künstler als die Wahrheit verkaufen möchte.

42 Nachteil ist, wie vorhin schon gesagt, dass auf Social Media jeder Depp etwas posten kann und sobald sich ein Hans dahin stellt und sagt: „Hey, ich habe jetzt das und das gesehen und das war so und so", dann sagen zehn Leute „so war es", dann verbreitet sich diese vermeintliche Wahrheit, obwohl die Realität ganz anders war.

43 **I: Welche Regeln gelten in Ihrer Redaktion bei der Social Media-Recherche?**

44 J2: Das ist eine gute Frage, ich glaube es gibt ziemlich viele ungeschriebene Gesetze, dadurch dass ich nicht Teil des Online-Teams bin, bin ich da vorsichtig. Aber generell haben wir immer die Regel, dass wir beide Seiten darstellen müssen und sobald wir von etwas nur eine Seite bekommen, dann wird das sehr schwer umsetzbar, weil das schnell dann so wirkt, als ob wir im Prinzip voreingenommen sind und nur eine einseitige Berichterstattung machen, dementsprechend ist man da dann sehr vorsichtig. Ansonsten gilt, wenn du eine Quelle hast (Künstler XY berichtet ABC auf seiner Seite) und wir haben das und man bezieht sich darauf und verkauft das als Zitat: „So berichtet der Künstler auf seiner Instagram-Seite", dann ist das natürlich drin. Letztendlich beziehen wir uns

dann auf etwas, was wir nach bestem Wissen und Gewissen geprüft haben.

45 Qualität der Berichterstattung

46 **I: Welche Kriterien spielen bei der Nachrichtenauswahl eine Rolle?**

47 J2: Auf jeden Fall muss die Nachricht für den Hörer interessant sein, sei es nun, dass sie lustig ist oder dass sie ihn vielleicht irgendwie betreffen könnte. Sprich – was weiß ich – ein abgesagtes Konzert in Stuttgart oder solche Sachen und es muss irgendeinen Bezug zum Hörer haben, also das ist eigentlich ein Kriterium, das man hat. Eigentlich ist es das Einzige, es muss in irgendeiner Art einen Bezug zum Hörer haben, entweder sollte es seinen Tag verschönern, sei es nur, dass sich Ava Max in Schlaghosen und Buffalo-Heels sehe und sage: „Hey cool, die Frau läuft rum, wie wir vor 20 Jahren!“ und dass dann der Hörer sich damit identifizieren kann oder ich kann erzählen: „Alle die sich heute aufs Colplay-Konzert gefreut haben in Stuttgart, tja dumm gelaufen musste abgesagt werden. Kehlkopfentzündung oder was auch immer, schreiben die Künstler auf Instagram.“ Es muss in irgendeiner Form für den Hörer relevant sein. Sei es nur, dass es interessant ist oder dass es ihn betrifft oder dass es eine Information für ihn ist, mit der er etwas anfangen kann.

48 **I: Wie beeinflussen Social Media diese Auswahl?**

49 J2: Also, wenn es um Künstler-Recherche geht, auf jeden Fall sehr. Da ist Social Media tatsächlich das Erste, was ich mir angucke, wenn ich Musikmoderationen habe. Zu welchem Künstler kann ich jetzt gerade etwas machen. Dann schaue ich mir natürlich noch die normalen Nachrichten durch, die News und eben seinen Instagram-Account und wenn ich da nichts finde, wird weitergesucht nach einem aktuellen Thema oder so. Das ist tatsächlich, wenn es was gibt, dann wird darüber berichtet und wenn es nichts gibt, dann nicht.

50 **I: An welchen Kriterien orientieren Sie sich, um qualitative Beiträge zu verfassen? Qualitativ meint hier Punkte wie z. B. Richtigkeit, Vollständigkeit, Einhaltung ethischer Grundsätze, Objektivität, Transparenz und Glaubwürdigkeit.**

51 J2: Also da ist es mir immer wichtig, dass ich mehrere Quellen habe und dass es nicht nur eine Quelle ist, von der das kommt. Wenn es eine Ursprungs-Quelle gibt, z. B. eine Person, die jetzt ein Hashtag ins Leben gerufen hat, der gerade sehr relevant ist, wie „#metoo", dann versucht man natürlich den ursprünglichen Urheber dieses Ereignisses irgendwie zu bekommen, um dann direkt mit ihm zu reden. Das ist dann der absolute Idealfall. Dann versucht man noch Expertenmeinungen dazuzubekommen, je nachdem wie weit das natürlich geht und nötig ist und man versucht mehrere Blickwinkel von der Situation darzustellen, also das kann über Social Media sein, über Meinungen von Hörern oder natürlich auch Meinungen, Stimmen aus der Redaktion und im Idealfall Experten.

52 **I: Was unternehmen Sie, um die Qualität Ihrer Beiträge zu verbessern?**

53 J2: Also ich versuche immer möglichst Up-To-Date zu bleiben, natürlich werden Themen bei uns in der Redaktion sehr intensiv besprochen, d. h., wenn ich mir nicht so sonderlich sicher bin mit einem Thema, dann kommt es erstmal in die Redaktionssitzung und es wird gefragt, ob das auch ein Thema für andere ist oder ob das jetzt nur, ich sag mal, meine Perspektive oder meine Bubble ist oder ob die anderen auch sagen: „Hey, das ist ein cooles Thema." Ich achte darauf, ob es andere Menschen betrifft, ob ich es in meinem Umfeld mitbekomme und ich gucke natürlich auch, ob das Menschen – vielleicht jetzt noch nicht, aber später – auch irgendwie betreffen wird. Qualität heißt, es muss irgendwie relevant sein. Das ist erstmal der wichtigste Punkt.

54 **I: Wie hat sich die von Ihnen wahrgenommene journalistische Qualität durch den Einbezug von Social Media verändert?**

55 J2: Schwierig, es ist ein auf und ab, habe ich das Gefühl. Auf der einen Seite ist es total schwierig mit den ganzen Fake-News umzugehen. Auf der anderen Seite ist es auch manchmal cool. Ich bin keine Nachrichtlerin – also nicht mehr. Allerdings habe ich damals sehr viel Twitter benutzt und jetzt in Zeiten den Ukraine-Krieges ist es natürlich mega, dass man Twitter hat, dass man TikTok hat, dass man quasi direkt an der Front mit ist und sieht was da wirklich abgeht. Wobei man da darauf achten muss, dass es nur wieder die Perspektive derjenigen Person ist, die uns zeigt, was sie zeigen möchte. Es ist ein sehr zweischneidiges Schwert. Ich glaube, für so Spaß-Nachrichten oder für Entertainment ist es geil, weil es halt /. Man ist näher dran an den Künstlern. Für Kriegsnachrichten ist es auch geil, weil man auch näher dran ist. Es ist aber auch gefährlicher. Weil man sich eben sehr auskennen muss und man muss schon selbst Social-Media-Seavy sein, um zu erkennen, was jetzt stimmt und was nicht stimmt und wo man im Zweifelsfall herausfindet, was fake ist.

56 **I: Wo sehen Sie Gefahren in der Berichterstattung, beim Einbezug von Social Media?**

57 J2: Die Gefahr ist für mich jetzt neben den Fake-News auch ganz klar die Tatsache, dass sehr viele Dinge auf eine viel zu emotionale Ebene gezogen werden. Dadurch, dass jeder seinen Senf dazugeben kann, dadurch dass Kommentare offen sind, driftet das oft sehr vom eigentlichen Thema ab und da bilden sich oft Fronten in einer Härte und einer Kaltherzigkeit, die erschreckend sind. Muss man ganz klar sagen. Also der Ton ist definitiv rauer geworden in den letzten Jahren und die Leute sind definitiv abgestumpfter. Das ist für mich ein ganz, ganz großes Problem. Mit was für einem Hass die Leute agieren, mittlerweile auch bei kleinsten Kleinigkeiten

schon und wie empfindlich Leute geworden sind und wie wenig / . Oder wie sehr man verlernt hat, Meinungen anderer zu erkennen, anzuerkennen und zu akzeptieren, ohne sie zwangsweise akzeptieren zu müssen. Ich habe so ein bisschen das Gefühl, so eine friedliche Co-Existenz ist fast nicht mehr möglich in vielen Bereichen. Also da gibt es irgendwie immer nur mich und meine Meinung und alle anderen gehören am besten an die Wand gestellt und erschossen.

58 **I: Wo sehen Sie Chancen?**

59 J2: Was ich gut finde ist, dass sich viele Minderheiten auch ein Gehör verschaffen können und vielleicht auch gar nicht so eine kleine Minderheit sind, wie man feststellt, sondern einfach eine sehr verteilte Minderheit. Die jetzt die Möglichkeit haben, sich über Social Media zusammenzufinden und sich vielleicht gemeinsam Gehör zu verschaffen und die jetzt auch auf Themen aufmerksam machen, die man vorher vielleicht nicht so gesehen hat im Alltag, weil es einfach auch gefährlich ist, es auf der Straße zu präsentieren.

60 **<u>Eigene Kommunikation</u>**

61 **I: Verfassen und veröffentlichen Sie im Arbeitskontext auch journalistische Beiträge auf Social Media?**

62 J2: Ich selbst mache das nicht, ich gebe das manchmal in Auftrag an unser Social-Media-Team, das heißt, wenn ich irgendetwas brauche, irgendwelche Hörermeinungen brauche und sage: „Hey, das Thema will ich morgen machen", dann kann ich durchaus die Social-Media-Redaktion fragen, ob die vielleicht irgendetwas auf Facebook schreiben könnten dazu oder irgendeinen Beitrag veröffentlichen können. Sei es jetzt, ein cooles neues Musikvideo, ich spiele den Titel nachher, also könnt ihr das Video bitte auf Facebook verlinken.

63 Ich selbst habe einen Social-Media-Account, wo ich als Privatperson, also das ist so Semi-Privatperson, da wo du mich

auch angeschrieben hast. Das ist schon /. Ich kriege da keine Vorgaben, was ich da mache, aber das ist schon mein Arbeitsaccount. Mein ganz privater Privataccount, der ist komplett abgeschlossen bspw., da kommt keiner rein, außer ich kenne die Person. Da achte ich schon darauf, was ich teile und was ich mache. Also ich achte bspw. darauf, keine zu sarkastischen Beiträge zu teilen, weil ich genau weiß, das verstehen wieder irgendwelche Leute nicht im Zweifelsfall. Ich vertrete schon meine Meinung. Ich bin auch bspw. (unv.) und teile da auch z. B., wenn ich da einen guten Beitrag finde, von der Tagesschau oder wenn da Öffentlich-Rechtliche etwas Gutes machen, zu Rechten von Homosexuellen oder gegen Rassismus, dann teile ich das auch mal oder so Spendenaufrufe, die ich selbst auch gut finde und unterstütze. Die recherchiere ich aber davor, also ich gucke, dass das kein Mist ist, dass ich da in irgendeiner Art und Weise teile.

64 **I: Verweisen Sie in Ihren Beiträgen direkt auf Social-Media-Quellen? Wann? Wann nicht?**

65 J2: Macht das Social-Media-Team.

66 **I: Wie nehmen Sie das Feedback zu Ihrer eigenen Kommunikation wahr und wie reagieren Sie darauf?**

67 J2: Tatsächlich bekomme ich erstaunlich viel Feedback, obwohl ich gar nicht so viele Follower habe. Allerdings bekomme ich mehr Feedback zu privaten Sachen, also jetzt z. B., dass ich Corona habe, jetzt aktuell, da bekomme ich viel Feedback mit Gute Besserung und solchen Sachen. Oder z. B. Urlaubsfotos und so Zeug. Aber politische Sachen, da kriege ich persönlich kein Feedback, sehe aber, dass Traffic darauf ist. Ich merke auch, dass ich dadurch Leute verliere. Also ich habe jetzt auch nicht so viele Follower, als dass man jetzt sagen kann /. die wissen halt, wie ich darauf bin, habe ich das Gefühl. D. h. die entfolgen mir wegen sowas nicht mehr.

68 **I: Nennen Sie mir ein Best-Practice-Beispiel, wie auf Publikumsbeteiligung über Social Media eingegangen wurde.**

69 J2: Ja, das kann ich dir sagen. Also wir haben z. B. oft Facebook-Umfragen und wir lassen die Leute normalerweise machen, aber wenn wir merken, dass da jemand sehr über die Stränge schlägt, wird die Person blockiert, ganz einfach oder stummgeschaltet. Da gibt es gar keine Diskussion.

70 **Abschlussfragen**

71 **I: Super, jetzt kommen wir zu den Abschlussfragen. Wie beurteilen Sie den journalistischen Arbeitsprozess in Zusammenhang mit Social Media?**

72 J2: Ich persönlich, finde es auf der einen Seite schwerer, aus den bereits genannten Gründen der Fake-News. Ich finde aber auch, dass man jetzt viel schneller die Möglichkeit hat, an Informationen heranzukommen oder sich mit Leuten zu vernetzten und ich finde es auf jeden Fall interessanter, anspruchsvoller und bunter.

73 **I: Wie sehen Sie die Zukunft des journalistischen Arbeitsprozesses in Anbetracht der sich ständig weiterentwickelnden Social-Media-Landschaft?**

74 J2: In meinen Augen ist es unvermeidbar, sich mit Social Media auseinanderzusetzen und sich dahinzuentwickeln. Ich meine in einer Zeit, wo sogar die Tagesschau auf TikTok ist, kann sich da eigentlich keiner mehr entziehen. Der wird untergehen, der wird massiv untergehen. Es wird in Zukunft so weit gehen, dass Rundfunk und Fernsehen erst recht mehr auf den Social-Media-Netzwerken machen müssen, man muss präsenter sein, wenn man wieder das Publikum erreichen möchte. Weil knallhart gesagt, die älteren die es nicht nutzen, die sterben langsam weg und die jüngeren die gucken es nicht mehr anders, die kennen es nicht mehr anders. Ich finde es ist eine tolle Möglichkeit, um auch einem etwas unpolitischeren oder politisch ungebildeterem oder eher

desinteressiertem Publikum die Möglichkeit zu geben, in ihrer Sprache gewisse Sachen zu vermitteln. Das Einzige was ein bisschen anstrengend ist, ist tatsächlich, dass man oft nur diese ein, zwei Minuten hat und dass Menschen aufgrund dieser Tatsache – auch leider ich selbst – die geistige Kapazität nicht mehr haben, sich lange zu konzentrieren und auch die Bereitschaft nicht mehr da ist, sich mal irgendwie eine Stunde hinzusetzen und einen informativen Beitrag zu schauen. Und auch wenn es nicht immer möglich ist Sachen sehr einfach und sehr kurz darzustellen, finde ich, ist das doch eine sehr spannende Herausforderung für Journalisten, dass man gezwungen ist, wenn man relevant bleiben möchte eben relevante Themen wirklich in einer Kürze darzustellen, ohne Informationsgehalt einzubüßen.

75 **I: Gibt es von Ihrer Seite noch Punkte, die Sie gerne hinzufügen möchten?**

76 J2: Also ich find Social Media ist auf jeden Fall ein super wichtiges Thema. Ich finde es ist ein bisschen erschreckend, wie viel Verachtung herrscht und dass man sich da noch darüber lustig macht. Also so: „Haha, die jungen Leute und ihr Facebook." Wenn man sich überlegt, dass sogar Facebook, jetzt schon wieder was für die Alten ist, nicht für die Jungen. Das ist einfach eine Sammlung in unserer Kommunikation, in unserer digitalen Welt, die schon längst stattgefunden hat und alle die sich darüber lustig machen, die werden damit irgendwann aufs Maul fliegen. Denn die müssen da hinterherstolpern, sonst wird das einfach nichts. Es wird immer relevanter und es wird in Zukunft eben nicht mehr solche Formate, wie die Tagesschau im Fernsehen geben, sondern es wird einfach über das Handy laufen. Und da müssen wir uns darauf einstellen und ich finde man sollte das jetzt nicht unbedingt als Hindernis betrachten, sondern eher als Chance.

1 **Interview 3: SWR Studio Stuttgart und SWR Ausland – Multimedia-Redakteur und Auslandskorrespondent, 22.05.2022, Dauer: 40:48 Minuten**

2 **Informationen zur Person**

3 **I: Fangen wir mit dem ersten Block an. Bitte stellen Sie sich und Ihre Position, Funktion und das Ressort kurz vor.**

4 J3: Ich bin J3, ich bin 32 Jahre alt, ich habe studiert im Bachelor und Master Islamwissenschaft, komme eigentlich aus Lübeck, wohne seit 4 Jahren in Stuttgart, ich arbeite seit 4 Jahren beim SWR und habe davor mein Multimedia Volontariat beim SWR gemacht und arbeite aktuell zu 50 % im Studio Stuttgart, wo ich Multimedia Reporter bin und sowohl Fernsehen als auch Radio Reportagen oder Berichte, also aktuelle Berichte mache, aber auch die Nachrichten, die Hörfunknachrichten präsentiere als auch Social Media betreue, bzw. als Key-User bei dem Kanal „Kesselgeschichten" zuständig bin. Die anderen 50 % verbringe ich in der Redaktion SWR-Ausland, wo ich auch hauptsächlich digital arbeite, also den Kanal „Weltspiegel" auf Instagram und Facebook betreue und die Podcasts „Weltspiegel" und („Sack Reis?") betreue. Und habe da auch sehr viel mit Social Media und Internet zu tun.

5 **I: Sehr cool. Was gehört zu Ihren täglichen Aufgabenbereichen?**

6 J3: Zu meinen täglichen Aufgabenbereichen gehört im Studio Stuttgart /. Die sind sehr, sehr vielseitig, weil wir im Studio Stuttgart tendenziell ein Multifunktionswerkzeug sind, d. h. wir müssen viel können und sind multifunktional einsetzbar. Zu meinem täglichen Aufgabenbereich /. Hängt also so ein bisschen ab, in welchem Dienst ich bin und was ich mache, aber ich recherchiere, das kann man ganz grundlegend sagen, ich recherchiere lokale Dinge, die in der Großregion Stuttgart passieren. Ich gehe dann raus und interviewe Menschen, sei es für das Radio oder für das Fernsehen, und wandle dann

diese Rechercheergebnisse und Interviews in Beiträge um. Sei es dann ein Hörfunkstück oder für das Fernsehen. ARD-Ausland, da gehört zu meinen täglichen Aufgaben eben der Kontakt mit den Korrespondenten, die Recherche einzelner eher größerer Themen, wie dem Ukraine Krieg und dann auf der einen Seite Material von den Korrespondenten, also Zulieferungen von den Korrespondenten, zu verarbeiten und auf der anderen Seite selbst Dinge aufnehmen und erklären, um das Ganze ein bisschen herunterzubrechen.

7 **I: Voll spannend. Welche Social-Media-Plattformen nutzen Sie im Arbeitskontext und im Privatkontext und gibt es da Überschneidungen?**

8 J3: Im Arbeitskontext nutze ich wesentlich mehr. Ich nutze Twitter, Respektive Tweetdek, Facebook, Instagram, TikTok und im Privatkontext nutze ich hauptsächlich Instagram und Twitter. Und, gut das sind die Social-Media-Plattformen, also YouTube ist keine richtige Social-Media-Plattform.

9 **<u>Recherche</u>**

10 **I: Jetzt kommen wir zum zweiten Block, Recherche. Wie verwenden Sie Social Media für die Recherche in Ihrer Redaktion? Welche Bedeutung haben Social Media dabei für Sie?**

11 J3: Also, Social Media z. B. im Studio Stuttgart hat für mich persönlich eine große Relevanz, weil ich glaube, dass immer mehr Menschen, also dass nicht mehr nur junge Menschen auf Social Media unterwegs sind, sondern auch Menschen der mittleren Generation, also so um die 50 oder 60 und die sind sehr aktiv auf verschiedenen Kanälen und wenn sie was stört, dann posten sie auch was dazu oder verteilen das in irgendeiner Form im Internet. Das macht es eben auch möglich, Themen vorher zu generieren, von denen man auch sonst vielleicht erst zwei Wochen später erfahren wird und deswegen finde ich die Recherche sei es auf Twitter oder auf

Facebook eben sehr, sehr wichtig im regionalen Kontext auf der einen Seite, dass es auch ein bisschen von der älteren Generation für die ältere Generation. Also gerade, wenn ich für SWR1, SWR3, 4 oder SWR Aktuell berichte, dann sind das eher diese Dinge, die ich mir da anschaue. Da hat es für mich persönlich eine größere Relevanz, man muss aber gleichzeitig auch sagen, dass Themen, die nur im Internet sind, oft /. Also man muss sagen, ich setze nicht selbst Themen um, sondern ich schlage Themen vor, in einer Redaktionskonferenz und es muss quasi immer erstmal ein Thema abgekauft werden, also es muss irgendwo laufen. Als Studio Stuttgart sind wir auch nur Zulieferer, also wir haben nur bedingt eine eigene Sendung und es muss eben auch abgekauft werden, jemand muss daran Interesse finden. Und es ist schon so, dass ich persönlich merke, dass es immer noch eine Zurückhaltung gibt, bei den unterschiedlichen Redaktionen, wenn ein Thema nur über Social Media gelaufen ist. Dann wissen ältere, also die Positionen, die entscheiden, das sind auch ältere Leute, die dann nicht wissen oder nicht richtig einschätzen können, sich da auch nicht sicher sind, welche Relevanz das hat. Aber ich finde es wichtig sowohl im Studio Stuttgart also auch beim Weltspiegel digital, also in der Redaktion SWR-Ausland, da arbeiten wir sowieso sehr viel auch mit Social-Media. Auf der einen Seite, weil wir dafür produzieren und auf der anderen Seite, weil wir gerade auch aus und für Regionen berichten, bei denen es auch viele Restriktionen gibt, Russland z. B. oder auch im arabischen Raum, da kann man gar nicht darauf warten, bis irgendetwas in der Zeitung erscheint, weil da die Medien kontrolliert werden, im großen Stil – oder auch in Südamerika – und da spielt sich einfach viel mehr ab, über Social Media, als hier.

12 **I: Okay. Spannend. Welche Social-Media-Plattformen ziehen Sie dafür heran?**

13 J3: Also im Auslandskontext, total viel Twitter, weil die Auslandsbubble eine sehr große Bubble ist und ich natürlich im

arabischen Raum gar nicht so die Details habe, um direkt in die Details einzutauchen, sondern da muss ich mich schon auch darauf verlassen, dass arabische Korrespondenten oder Journalisten, als erstes etwas darüber twittern und man sich dann irgendwie mehr damit beschäftigt. Und dann spielt sich da auch vor allem viel über Facebook ab.

14 Im Studio Stuttgart Kontext würde ich auch sagen vor allem Facebook, muss man sagen, weil da eben diese ältere Generation vertreten ist und weil wir da gucken. Auf der anderen Seite so ein bisschen auch Twitter, also gerade, wenn ich morgens die Nachrichten präsentiere und ich bin hier um 5 / 5:30 Uhr und da berichten weder Presseagenturen noch Polizeimeldungen noch die Zeitung groß. Die Leute, die dann auf dem Weg zur Arbeit mit der Bahn dann fahren, da wird viel dann getwittert. Da schaue ich dann auch da.

15 **I: Okay. Jetzt habe ich eine Auflistung von Dingen, und jetzt müssen Sie einfach sagen welche Social-Media-Plattformen am passendsten sind und eine Mini-Begründung. Also als erstes Augenzeugen, die befragt oder zitiert werden können?**

16 J3: Twitter, weil Augenzeugen sind tendenziell etwas aktuelles und aktuelle Sachen finden tendenziell über Twitter statt und deswegen würde ich sagen da.

17 **I: Gegenprüfung von Informationen?**

18 J3: Facebook, (...) auf der einen Seite würde ich da viele heranziehen, weil die Gegenprüfung von Informationen auch immer mehrere Quellen mit sich zieht und da würde ich dann sowohl auf Facebook, Twitter, als auch auf die klassische Internet-Recherche oder Google-suche zurückgreifen.

19 **I: Themenideen?**

20 J3: Tut mir leid, aber es kommt da total darauf an, für wen ich was mache. Wenn ich für Dasding etwas mache, dann

natürlich nicht bei Facebook, sondern dann gucke ich eher bei Instagram und wenn ich bei SWR Aktuell was mache, dann halt eher auf Facebook, weil es da diese Gruppen und Unter-Gruppierungen gibt, bei denen man halt auch mehr findet. Wenn ich fürs Ausland aktiv bin, dann auf jeden Fall Twitter.

21 **I: Resonanz auf die eigene Berichterstattung?**

22 J3: Eher Twitter, weil es eine Journalistenbubble ist.

23 **I: Fakten über ein aktuelles Ereignis?**

24 J3: Tendenziell wahrscheinlich klassische Internet-Recherche, je nachdem, wie aktuell es ist, wenn es gerade erst vor 10 Minuten passiert ist und es noch keine absehbaren Pressemitteilungen weder der Polizei noch der Agenturen gibt, dann Twitter. Wenn es da aber schon drei Stunden her ist, dann würde ich sagen, klassische Internet-Recherche.

25 **Meinungsverteilung zu einer Streitfrage?**

26 J3: Twitter, Facebook, da gibt es zwar mehr ausgeschriene Meinungen, auch gerade von älteren Leuten und Twitter stellt immer auch eine Bubble dar. Auf der anderen Seite sind in Facebook die Bubbles geschlossener - tut mir leid, dass ich das immer so relativieren muss, vielleicht auch so eine Journalisten-Krankheit - aber wenn ich etwas über das Abtreibungsverbot wissen möchte, das ist so ein großes Thema, was schon lange diskutiert wird, da würde ich mir eher Facebook anschauen, da mich da dann auch die Bubbles interessieren, wie diskutieren das die einen, wie die anderen. Wenn es gerade ein aktuelles Thema ist, wie was weiß ich, Kliemann und der Maskenskandal, kurz nach dem das aufgekommen ist, da würde ich mir eher Twitter angucken, da dort gefühlt mehr miteinander diskutiert wird und man mehr auf unterschiedliche Meinungen trifft und schneller vor allem.

27 **I: Hintergrundinformationen zu bestimmten Themen?**

28 J3: Klassische Internet-Recherche auf jeden Fall, also gerade für den Hintergrund. Social Media ist dafür zu oberflächlich.

29 **I: Aufbau und Pflege von Expertennetzwerken?**

30 J3: Auf jeden Fall Twitter, weil da ganz viele Experten sind. Es ist eine Bubble, gerade für so Politiker und Journalisten und auch Experten und Expertinnen und da sind sehr viele Leute aktiv und da findet man viele. Im Ausland ist es übrigens LinkedIn. Gerade wenn man im Korrespondentennetzwerk unterwegs ist, ist LinkedIn eine Plattform, die größer ist, als man denkt und wo ich auch schon viele Interviews über LinkedIn arrangiert habe.

31 **I: Kontinuierliche Beobachtung prominenter Quellen?**

32 J3: Twitter und Tweetdeck, das ist so ein Abwandler von Twitter und da habe ich ganz viele Listen, wo ich prominente Themen auch verfolgen kann.

33 **I: Okay cool. Man kann auf Social-Media-Plattformen gezielt nach Themen suchen. Oder man kann per Zufall darauf stoßen. Wie ist das bei Ihnen? Recherchieren Sie immer gezielt über Social Media oder stoßen Sie auch durch Zufall auf Themen? Können Sie das in etwa in Prozenten ausdrücken, also in wieviel Prozent der Fälle suchen Sie gezielt – und in wieviel Prozent der Fälle stoßen Sie per Zufall auf ein Thema?**

34 J3: Das Problem ist, da fällt mir die Unterscheidung schwer, weil eigentlich ist jedes Thema, das ich neu finde, ein Zufall. Also auf der einen Seite suche ich natürlich. Also ich gehe nicht durch die Gegend und es schießt mir auf einmal durch den Kopf: „Boom! Man sollte sowas machen!" So kompletter Random-Zufall, das passiert schon auch, vor allem wenn ich so einen Artikel lese und dann denke „ah, das wäre doch interessant" oder „diesen Unterpunkt sollte man nochmal nachfragen, wie sieht es damit aus." Aber prinzipiell ist es schon immer so, dass ich mir Themen auch suche, wenn ich

durch die Agenturen gucke oder irgendetwas lese oder sowas. Aber in dem Moment schaue ich so mit einem halben Auge auf Themen, weißt du wie ich das meine?

35 **I: Ja, es geht Hand in Hand? Gezielt und durch Zufall.**

36 J3: Genau, manchmal ist es Zufall, dass man was findet und sich denkt „oh krass, das könnte man machen." Und es ist auch die Wertigkeit der Themen. Durch Zufall… also manchmal lese ich morgens die Zeitung und dann fällt mir ein Thema auf, was man machen sollte, ist das dann Zufall oder habe ich in dem Moment nach einem Thema gesucht. Hätte ich die Zeitung sonst gar nicht gelesen? Also ich würde sagen es ist immer ein bestimmter Anteil Zufall dabei, aber auf der anderen Seite sucht man auch immer nach Themen. Also so 50 / 50. Als Journalist hat man immer ein offenes Auge für Themen und deshalb sucht man unterbewusst immer.

37 **I: Auf welche Akteure und Themen achten Sie dabei?**

38 J3: Akteure sind gar nicht so wichtig, wichtig ist /. Auf was ich bei der Themensuche immer achte, ist die Fallhöhe. Das ist das wichtige, weil Themen lassen sich nur gut erzählen und gut verkaufen in Anführungsstrichen, also die Redaktionen kaufen oder spielen die Themen nur, wenn die Fallhöhe hoch ist. Da achte ich bei der Themenrecherche darauf und solche Themen interessieren mich, ziehen mich näher hinein, wenn der Kontrast bei den Themen hoch ist und da sind die Akteure gar nicht so wichtig. Akteure machen oft das, was man von ihnen erwartet. Ein Bundeskanzler macht oft das, was man von ihm erwartet oder was man denkt was er eh schon macht oder ein Skateboarder macht das was man von ihm erwartet. Die Akteure, danach würde ich gar nicht suchen, es ist mehr immer das Thema und vor allem die Fallhöhe. Wenn jemand etwas macht, was man nicht von ihm erwartet. Oder eine Situation passiert, bei der man denkt: „Ach

krass, dass das jetzt passiert ist, das hätte ich gar nicht gedacht." Okay so?

39 **I: Ist perfekt! Wo sehen Sie Vorzüge der Social-Media-Kanäle gegenüber anderen Recherchequellen? Wo sehen Sie Nachteile?**

40 J3: Einzelne Kanäle oder insgesamt?

41 **I: Insgesamt.**

42 J3: Also allgemein sehe ich die Vorteile bei der Recherche über Social Media auf jeden Fall, dass Social Media hat sich total entwickelt und Social Media ist für viele Leute nicht mehr nur eine Plattform, wo ich meine Urlaubsbilder poste, sondern wo sich inzwischen auch viel mehr Leben darauf abspielt. Sowohl wir als Journalisten berichten und auch viele andere Leute, die sich dort selbst ihre Bühne kreieren können und deshalb ist Social Media unbedingt ernst zu nehmen und auch gerade bei der Recherche. Weil es demokratisiert wurde, man braucht keine Zeitung mehr, man selbst muss nur ein Thema gut finden und dann mache ich einen Blog auf oder einen Twitter-Account oder sonst irgendetwas und schreibe das auf und wenn das andere Leute, die wo ganz anders sitzen und nicht mal nebenan wohnen auch wichtig finden, dann erlangt dieses Thema Reichweite und dadurch auch an Relevanz.

43 Auf der anderen Seite ist es so, dass man das ganze aus zweierlei Gründen auch mit Vorsicht genießen muss: Die Leute schreien immer am lautesten, die sich von irgendetwas gestört fühlen, das heißt aber nie, dass das die Mehrheit ist. Das sehen wir oft auch bei Facebook-Kommentaren. Da wird irgendetwas gepostet und dann gibt es darunter hundert Kommentare, aber das sind irgendwie 15 Leute, die da die ganze Zeit rumpöbeln, aber der Beitrag hat irgendwie 150.000 Leute erreicht, die natürlich alle nichts dazu sagen, weil sie okay sind mit dem Inhalt. Es gibt nur dann eben immer ein paar

Laute und das müssen sich auch immer Redaktionen und Journalistinnen und Journalisten klar machen, dass das nicht notwendigerweise heißt, dass eine Meinung allgegenwertig ist oder wichtig oder Relevanz hat, nur weil es im Internet eine Bubble hat, die sich darüber aufregt.

44 Und auf der anderen Seite ist es natürlich das klassische Thema von Fake-News und falschen Informationen und Vermischung von Fakten und Meinungen. Wir haben als Journalisten zwar immer die Aufgabe Fakten abzugleichen und mehrere Quellen abzugleichen, aber bei Social Media erst recht, weil die Leute oft irgendwo etwas hören und dann irgendetwas daraus machen, das ist so ein bisschen „Stille Post" und das macht die Recherche noch ein bisschen aufwendiger.

45 **I: Welche Regeln gelten in Ihrer Redaktion bei der Social Media-Recherche?**

46 J3: Ich würde sagen, dass es keine anderen Regeln gibt als die, die schon immer für Journalisten und Journalistinnen gelten. Ich glaube, dass man mittlerweile eher noch mehr hinterfragt. Also nur weil die Polizei etwas twittert, heißt das noch nicht, dass es in den Stein gegossen ist, sondern dass man eben alles abgleichen muss. Das ist eigentlich die einzige Regel, dass man mehrere Quellen haben muss und dass man die Quellen zitieren muss. Aber das ist klassische Recherche, das hat nichts mit Social Media zu tun. Es gibt meiner Meinung nach keine speziellen Rechercheregeln für Social Media.

47 **Qualität der Berichterstattung**

48 **I: Welche Kriterien spielen bei der Nachrichtenauswahl eine Rolle?**

49 J3: Aktualität, Relevanz für eine bestimmte Bevölkerungsgruppe und dadurch auch Relevanz für mehr Menschen. Ist das Thema relevant oder interessiert es eigentlich keinen.

Gesprächswert! Gesprächswert ist das dritte, wo man manchmal auch Themen macht, weil sie einfach /. Wo man sich am Ende des Tages nochmal darüber unterhält. Es muss weder eine große Relevanz haben, noch muss es viele Leute betreffen, aber manchmal ist es eine lustige Nachricht, irgendetwas was gesprächswertig ist und das kommt dann auch in die Auswahl.

50 **I: Cool und wie beeinflussen Social Media diese Auswahl?**

51 J3: Social Media beeinflusst diese Auswahl, dass man auch Themen auf der einen Seite einfacher findet, also das Themenangebot ist ein Größeres. Auf der anderen Seite lässt man sich auch leichter in eine Auswahl hineinziehen, also wenn man in so eine Bubble eintaucht und wenn man sich dann so ein bisschen eingelesen hat, dann denkt man auf einmal „oh, das ist ja mega relevant", aber auf der anderen Seite ist es gar nicht relevant, weil wenn man es aus den anderen Blickwinkeln sieht, dann relativiert sich das alles schnell. Da muss man das nochmal hinterfragen. Aber Social Media beeinflusst die Auswahl natürlich, also Twitter macht das Ganze aktueller, also wir sind viel schneller dabei, als das früher war. Dann die Relevanz kann man eben viel besser testen, also vorher hat man so seine Perspektive gehabt und man wusste gar nicht, wie denken andere Menschen darüber. Diesen zweiten Punkt, den ich eben genannt habe, das lässt sich viel besser abgleichen. Man sieht die Relevanz für andere Leute schneller. D. h. auch da ist Social Media ein sehr guter Punkt. Und lustige Themen oder Themen, die irgendwie Gesprächswert haben verbreiten sich bei Social Media auch besonders gut und schnell, auch da lässt sich schnell etwas erkennen und aufgreifen und auf der anderen Seite auch schnell verbreiten.

52 **I: Ja, okay. Und An welchen Kriterien orientieren Sie sich, um qualitative Beiträge zu verfassen?**

53 J3: Also wie gesagt, die Fakten müssen stimmen. Es muss Relevanz haben für eine Bevölkerungsgruppe, für uns

allgemein, die Gesellschaft. Es muss eine Fallhöhe haben, die Geschichte, die ich erzähle, muss eine gewisse Fallhöhe haben. Was ich meinte, dass man eben Dinge, die man eigentlich nicht erwartet, dass die so eintreffen und die Geschichte muss rund sein. Und rund sein meine ich in zweierlei Hinsicht damit: Auf der einen Seite braucht sie einen Anfang und ein geartetes Ende. Auf der anderen Seite muss ich eben alle oder die unterschiedlichen Stellungen aus unterschiedlichen Blickwinkeln betrachtet haben. Und muss da in unterschiedliche Bubbles einzutauchen, um das zu tun.

54 **I: Und gibt es irgendwelche Methoden, die Sie dann anwenden, um die Qualität Ihrer Beiträge zu verbessern?**

55 J3: Nein, ich würde schon sagen, dass ich auch bei Social Media gucke, weil man da eben noch einmal Randmeinungen findet und Social Media da einem dabei hilft, die Relevanz noch einmal mehr klarzumachen.

56 **I: Okay und wie hat sich die von Ihnen wahrgenommene journalistische Qualität durch den Einbezug von Social Media verändert?**

57 J3: Da würde ich unterscheiden in direkte und indirekte Auswirkungen. Direkte Auswirkungen gibt es eben so, dass wir oft auf Themen stoßen, wo wir denken, dass sie relevant sind, und am Ende sind sie es nicht. Also wo ich mir manchmal denke, da haben ein paar Leute laut geschrien und jetzt müssen wir darüber berichten, oder was. D. h., dass sich Journalistinnen und Journalisten teilweise zu Geschichten hinziehen lassen und hereinziehen lassen, wo ich mir manchmal denke, eigentlich ist die Relevanz von dem Thema nicht wirklich gegeben. Also dem Thema eine solche Bühne zu geben ist nicht erklärbar. Das ist das eine, also ich würde nicht sagen, dass Social Media das unbedingt schlechter macht in der Qualität, so im direkten Einfluss. Im indirekten aber schon, weil wir durch Social Media eben eine Demokratisierung von Nachrichten haben. Die Leute bekommen ihre Infos irgendwoher

und die abonnieren nicht mehr die klassischen Zeitungen, die gucken nicht mehr so oft öffentlich-rechtlichen Rundfunk und dadurch müssen Zeitungen, öffentlich-rechtlicher Rundfunk oder vor allem Zeitungen einfach sparen und dadurch ist indirekt natürlich die Qualität der Berichterstattung betroffen.

58 **I: Wo sehen Sie Gefahren in der Berichterstattung, beim Einbezug von Social Media? Wo sehen Sie Chancen?**

59 J3: Bei den Gefahren eben, dass man sich zu schnell hereinziehen lässt, dass man Themen dadurch sieht, die nicht relevant sind. Oder als relevant betrachtet werden, die nicht relevant sind. Dass man zu schnell ist, also zu schnell etwas publiziert, was vielleicht nicht ausreichend gegenrecherchiert wurde und dass Themen nicht ausreichend rund recherchiert werden und nicht aus allen Blickwinkeln betrachtet werden.

60 Und die Chancen sehe ich eben, dass man auf der anderen Seite viel umfassender berichten kann, dass man Leute hört, die man vorher vielleicht nicht gehört hat, die halt vorher gar keine Plattform hatten, auf der sie gespielt haben. Dass Themen, die ich auch ausspiele, ein Zielpublikum erreichen. Wir versuchen als öffentlich-rechtliche immer die große, breite Mitte zu treffen. Auf der anderen Seite sind auch Themen relevant, die für manche Zielgruppen einfach relevanter sind, weil das dann in dieser Nische eine Bühne findet. Es ist dann auch okay, dass nicht immer alle Leute ein Thema relevant finden. Aber unsere Berichterstattung profitiert davon, weil sie dadurch diverser wird.

61 <u>Eigene Kommunikation</u>

62 **I: Dann kommen wir noch zu zwei kurzen Blöcken und dann sind wir durch. Der erste ist zur eigenen Kommunikation. Verfassen und veröffentlichen Sie im Arbeitskontext auch journalistische Beiträge auf Social Media?**

63 J3: Für die Arbeit natürlich, da bin ich eben viel bei Dasding vor Ort auf der einen Seite, fürs Ausland auf der anderen Seite und da mache ich eben sehr viel Social Media. Bei Instagram, Twitter, Facebook.

64 **I: Verweisen Sie in Ihren Beiträgen direkt auf Social-Media-Quellen? Wann? Wann nicht?**

65 J3: Wenn ich vor allem Bildmaterial habe, aus Social-Media-Quellen, dann verweise ich immer darauf, sei das Video oder Foto. Informationen muss ich gegengecheckt haben. Das ist dann wie in einem klassischen Zeitungsbeitrag wo ich dann sage: „X hat das gesagt, Y hat das gesagt."

66 **I: Wie nehmen Sie das Feedback zu Ihrer eigenen Kommunikation wahr und wie reagieren Sie darauf?**

67 J3: Also ich gucke schon mehr natürlich bei den eigenen Beiträgen, die ich veröffentlicht habe, als die meiner Kollegen und Kolleginnen, wie viele Likes hat der Beitrag bekommen, wie viel wurde der kommentiert und man freut sich besonders, wenn der besonders viel kommentiert oder geliket wurde. Eben das Gegenteil, also wenn er keine Beachtung gefunden hat, dann lässt einen das auch mehr zweifeln, als wenn das dann von Kolleginnen oder Kollegen getan oder gepostet wurde.

68 **I: Nennen Sie mir jetzt ein Best-Practice-Beispiel, wie auf Publikumsbeteiligung über Social Media eingegangen wurde.**

69 J3: Gerade letzte Woche hatten wir bei Dasding vor Ort, das war aktuell am Montag, dass sich „die letzte Generation" oder Aktivisten oder Aktivistinnen der „letzten Generation" in Stuttgart auf der Straße festgeklebt haben. Darüber haben wir berichtet und da gab es sehr viele Reaktionen und daraufhin hatten wir das Ziel, dass wir gesagt haben: „Okay, wir müssen da hin und uns mit den Aktivisten oder Aktivistinnen nochmal näher auseinandersetzen", um eben all diese

Fragen unserer Community zu fragen und Vorwürfe, Kommentare, die unsere Community hatte, an diese weitertragen und denen vielleicht auch die Chance geben, darauf zu antworten. Auf der einen Seite, um das Thema noch einmal ein bisschen mehr abzubilden. Auf der anderen Seite, um die Fragen zu beantworten.

70 Abschlussfragen

71 **I: Richtig cool, mega Beispiel. Jetzt kommen wir noch zu den Abschlussfragen. Wie beurteilen Sie den journalistischen Arbeitsprozess in Zusammenhang mit Social Media? Einfacher? Schwerer? Was fällt Ihnen dazu ein?**

72 J3: Aufwendiger natürlich, weil ich viel mehr an der Hand habe und viel mehr Möglichkeiten habe. Mehr Möglichkeiten machen es natürlich auch immer aufwendiger. Auf der anderen Seite gibt es auch mehr Chancen und dadurch wird unsere Berichterstattung diverser und die Chancen überwiegen da.

73 **I: Wie sehen Sie die Zukunft des journalistischen Arbeitsprozesses in Anbetracht der sich ständig weiterentwickelnden Social-Media-Landschaft?**

74 J3: Schwierig, weil Social Media entwickelt sich extrem schnell und immer schneller und sowohl private Sender, Zeitung, Verlage als auch der öffentlich-rechtliche tun sich mit Weiterentwicklung immer schwer und vor allem in einer immer schnelleren Weiterentwicklung tun sie sich schwer und was dazu führen kann /. Was die Gefahr hat, dass man irgendwann komplett abgehängt wird. Man ist natürlich so schon immer hinterher, das ist auch okay, man muss auf Trends reagieren und nicht immer Trends setzen unbedingt, aber es besteht halt eine große Gefahr meiner Meinung nach, dass man in einigen Jahren nicht mehr hinterherkommt.

75 **I: Gibt es von Ihrer Seite noch Punkte, die Sie gerne hinzufügen möchten?**

76 J3: Ich finde noch einmal wichtig, dass Social Media, dass wir hier in Deutschland in einer Generation oder in einer Gesellschaft leben, die tendenziell sehr alt ist, im Verhältnis zu anderen Ländern. Und Social Media daher wichtig ist, um jungen Menschen eine Stimme zu geben und deren Anliegen eine Plattform zu bieten, die vielleicht auf anderen Plattformen gar nicht gehört wird, weil das Gros der Berichterstattung auf alte Menschen ausgerichtet ist und man sich so Gehör verschaffen kann. Auf der anderen Seite oder in anderen Ländern ist es halt oft so, dass gerade, wenn ich an den nahen oder mittleren Osten denke, dass da viel mehr junge Menschen, als alte Menschen leben und dass die klassischen Medien eben vom Staat kontrolliert werden und dass man sich da überhaupt Knowhow schaffen kann, das heißt dass da Social Media eine große Relevanz hat. Ich würde sagen, egal in welcher Gesellschaftsform wir leben, dass Social Media für die Gesellschaft extrem wichtig ist. Auf der anderen Seite ist es so, dass Social Media auch ein Raum ohne – lange Zeit war und auch größten Teils noch ist – ein Raum ohne Eckpfeiler ist, ohne Abgrenzung ist und man da eben immer aufpassen muss. Wir haben in den klassischen Medien den Presserat, bestimmte Funktionen, wo man Berichterstattung irgendwie kontrollieren kann, im besten Sinne, dass sie eben nicht abgleitet, in kriminelle Anschuldigungen aus Sachen, die nicht recherchiert sind, Hetze und all sowas und das ist eben bei Social Media nicht der Fall und deshalb ist Social Media auch ein Gefahrenpunkt, wie man in den USA sieht, die Gesellschaft irgendwie spalten kann. Das birgt auch viel Gefahr. Also Social Media ist sowohl gut als übel und gerade für uns Journalisten eine große Herausforderung, weil wir viele Möglichkeiten haben, weil wir uns selbstständiger machen können. Auf der anderen Seite eben auch schneller angefeindet werden, schneller in Fallen tappen können, wo wir vorher auch vielleicht keine gesehen haben.

1 **Interview 4: Marktcheck vom SWR – Multimedia-Redakteurin; 24.05.2022; Dauer; 28:47 Minuten**

2 **Informationen zur Person**

3 **I: Also es gibt ein paar Blöcke und die arbeiten wir jetzt ab. Und der erste ist die Information zur Person. Bitte stellen Sie sich und Ihre Position Funktion Ressort kurz vor.**

4 J4: Ich bin J4. Ich bin 23 Jahre alt. Ich arbeite beim SWR in der Abteilung Wirtschaft und Umwelt als Web-Producerin und Redakteurin.

5 **I: Was gehört zu Ihren täglichen Aufgabenbereichen?**

6 J4: Ich fasse mal zusammen, was ich so mache. Also ich betreue einen Instagram-Kanal, da mache ich Postings und Stories, auch als Presenter und eben auch im redaktionellen Bereich. Und dann mache ich Sendebegleitung, wo ich Online-Content zu linear laufenden Fernsehformaten aufbereite.

7 **I: Okay. Und welche Social Media Plattform nutzen Sie im Arbeitskontext und im Privatkontext? Und gibt es da Überschneidungen?**

8 J4: Ich nutze auf der Arbeit hauptsächlich Instagram, YouTube nutze ich da auch, im privaten Bereich, aber hauptsächlich Instagram. Das ist eine sehr große Überschneidung, sonst in geringerem Maße auch TikTok und Twitter, aber hauptsächlich Instagram. Das ist genau gleich wie bei der Arbeit.

9 **Recherche**

10 **I: Okay, jetzt kommen wir zum Rechercheblock. Wie verwenden Sie Social Media für die Recherche in Ihrer Redaktion und welche Bedeutung haben Social Media dafür für Sie?**

11 J4: Wir machen bei dem Instagram Kanal ziemlich viel Seeding mittlerweile. Also wir gehen halt unter die Hashtags, die wir in unseren Beiträgen benutzt haben und liken da alles durch und kommentieren bei Leuten und folgen ihnen dann. Und darüber kriege ich Themenideen. Immer wenn ich das mache, kommen da ich sehr viele Themen. Denn das ist halt die Community, die wir ansprechen wollen, d. h., die beschäftigen sich mit den Themen, die wir bestenfalls abbilden wollen. Also ich finde dort, was die interessiert und das machen wir dann auf unseren Kanal, weil wir genau die ansprechen wollen. D. h., da gibt es sehr viel Inspiration, wenn ich mir Beiträge anschaue, andere Kanäle, aber auch Privatpersonen. Und sonst? Ja, kommt darauf an, je nachdem was ich für ein Thema auch woanders mitbekomme. Wenn wir Themenkonferenzen oder Themenmails haben, kommt es schon auch mal vor, dass ich mir die Unternehmen angucke oder die anderen Accounts, aus dem öffentlich-rechtlichen, was die so posten und das fließt dann auch mit hinein.

12 **I: Und welche Social Media Plattform ziehen Sie dafür heran?**

13 J4: Hauptsächlich Instagram.

14 **I: Okay, gut. Jetzt kommt so eine Auflistung. Das ist vielleicht jetzt nicht ganz so zielführend, was Sie jeden Tag machen, aber trotzdem können Sie sagen, welche Social Media Plattformen Sie dafür am sinnvollsten finden. Und kurz warum. Also einmal Augenzeugen, die befragt und zitiert werden können?**

15 J4: Instagram. Also z. B. bei Taff habe ich das auch mitbekommen, dass wir Leute angeschrieben haben, die eben unter einem bestimmten Hashtag gepostet haben und die dann gefragt, ob sie bei uns mitmachen wollen und ihre Geschichte erzählen wollen.

16 **I: Die Prüfung von Informationen?**

17 J4: Würde ich da nicht machen. Außer es betrifft halt speziell jemanden, der hauptsächlich auf der Social-Media-Plattform stattfindet, wenn es ein Unternehmen oder irgendeine Person ist, die da stattfindet. Dann schon. Aber wenn ich Fakten überprüfe, würde ich nicht auf Social Media überprüfen.

18 **I: Themenideen?**

19 J4: Ja, das ist hauptsächlich Instagram kann, können auch andere Apps sein. Also Twitter kann auch vorkommen.

20 **I: Resonanz auf die eigene Berichterstattung?**

21 J4: Das kommt darauf an, da wo ich poste, oder? Ja, also wenn ich auf YouTube etwas poste, dann gucke ich mir da die Kommentare an und wenn ich auf Instagram poste, dann da.

22 **I: Fakten über ein aktuelles Ereignis?**

23 J4: Twitter.

24 **I: Hinweise auf Quellen im Internet?**

25 J4: Auch keine Social-Media-Plattform.

26 **I: Dann die Meinungsverteilung zu einer Streitfrage?**

27 J4: Dadurch, dass ich Kommunikationswissenschaft studiert habe, weiß ich, dass da auch die Kommentarspalten unter Beiträgen keine repräsentative Sicht darstellen. Deswegen würde ich da auch nicht auf Social Media gucken.

28 **I: Experten, die befragt oder zitiert werden können?**

29 J4: Das kann unterschiedlich sein. Da bin ich auch schon über YouTube-Beiträge daraufgekommen. Wenn ich sehe, dass jemand z. B. in einem längeren Stück den Experten oder die Expertin interviewt hat, kann es sein, dass ich die auch mal darüber finde. Ansonsten es kann überall sein. Auch auf Instagram.

30 **I: Hintergrundinformationen zu bestimmten Themen?**

31 J4: Kann auch sowohl YouTube als auch Instagram sein. Hintergrundinformationen zu bestimmten Themen, da kommt es darauf an, das kann man über Hashtags bei Instagram halt machen. Und wenn man in die Community dann reinkommt, die sich mit dem Thema beschäftigt z. B.. Wir hatten bei Taff einmal das Thema mit diesem Sommer, wo man so ganz viel zu Hause macht. Also alles selbst machen. Also so ein bisschen DIY und zurück zum Basic-Life. Da habe ich ganz viel in der Community recherchiert, weil was machen die? Was bewegt die? Was ist ihnen wichtig? Also wenn es um menschliche Themen geht, kann man es sehr gut über Social Media machen. Und wenn es eher so um Reportage-Sachen geht, dann eher YouTube.

32 **I: Aufbau und Pflege von Expertennetzwerken.**

33 J4: LinkedIn. Wobei, ich weiß nicht, ich finde im journalistischen Bereich sind nicht so viele Menschen auf LinkedIn, wie es in anderen Branchen ist. Manchmal suche ich Leute und dann frage ich mich, „warum hast du kein Linkedin?" Aber ja, wenn dann LinkedIn.

34 **I: Ja oder Facebook-Gruppen oder so?**

35 J4: Wenn es um ein ganz bestimmtes Thema geht?

36 **I: Ja.**

37 J4: Ach so, dann würde ich schon Facebook-Gruppen sagen. Okay, das haben wir auch schon gemacht. Wo wir gesagt haben, wir wollen aus der Camper-Szene jemanden, der halt eine Erfahrung hat, wo er sein Wohnmobil gekauft hat, dann das.

38 **I: Auch cool. Und dann noch die kontinuierliche Beobachtung prominenter Quellen?**

39 J4: So prominente Personen?

40 **I: Ja.**

41 J4: Instagram.

42 **I: Okay, gut. Man kann auf Social Media Plattformen gezielt nach Themen suchen. Oder man kann per Zufall darauf stoßen. Wie ist es bei Ihnen? Recherchieren Sie immer gezielt über Social Media oder stoßen Sie auch per Zufall auf ein Thema? Also können Sie das ungefähr ausdrücken: In Wie viel Prozent der Fälle suchen Sie gezielt und wie viel Prozent per Zufall?**

43 J4: Es kommt darauf an, ich folge auf Instagram z. B. auch Hashtags, also ich bin denen mal bewusst gefolgt, aber die werden mir jetzt immer wieder mal spontan einfach angezeigt in meinem Feed und darüber komme ich schon auf Themen. Da stoße ich immer wieder auch darauf und speichere mir immer wieder Sachen ab, die ich dann für die Öko-Checker verwenden kann. Und ich stoße natürlich auch immer wieder darauf, weil es kann alles sein, es kann auch einfach sein, ich folge der Tagesschau, die machen etwas zum Thema Umwelt und ich nehme das für meinen Account und dann nutzen wir es dort. Und wenn ich gezielt suche, dann ist es eben eher so, dass ich in die Community reingehe und mir dort angucke, was die machen. Ich schaue nicht gezielt nach Hashtags, wie „Umwelt", sondern ich gucke dann halt eher so, was würde, also wer würde sich potenziell für unsere Inhalte interessieren und was interessiert die?

44 **I: Auf welche Akteure und Themen achten Sie dabei? Also quasi auf Journalisten und Journalistinnen oder auch auf nicht journalistische Quellen.**

45 J4: Nein, also überwiegend nicht journalistische Quellen, logischerweise, weil ich will die Leute ansprechen, die nicht Journalisten sind.

46 **I: Und wo sehen Sie die Vorzüge der Social-Media-Kanäle gegenüber anderen Recherchequellen und wo die Nachteile?**

47 J4: Der Vorteil ist eben, dass wir sehr gezielt die Inhalte finden, die Leute interessieren, die uns folgen, die wir ansprechen wollen. Man spürt halt auch so ein bisschen, wie wollen die es aufbereitet bekommen. Ich sehe auch z. B. kleinere Accounts, sage ich mal, Mikro-Influencer/-innen, die eine Community haben, die sehr umweltbezogen ist. Ich gucke mir an, was die machen, wem die Folgen, wer denen folgt und dann sehe ich, was für eine Aufbereitung interessiert die. Was für Inhalte interessieren die, wie stark brauchen die es in der Tiefe vom Inhalt, wie stark sind die im Thema drin. Und dafür ist natürlich viel besser, mir auf Social Media die Sachen anzugucken. Ich würde sagen: Social Media um zu sehen, was wollen die, also was will meine Zielgruppe, dann über andere Recherchewege, um die Inhalte wirklich zu verifizieren und zu gucken was ist richtig. Also ich würde mir jetzt nicht einfach ein DIY abschreiben von einer Influencerin, sondern ich überlege mir, ob das Thema relevant ist. Erst prüfe ich das auf anderen Kanälen, gucke mir die Websites von seriösen Quellen an oder rufe irgendwo an und frag nach, wie ist es wirklich oder gehe vor Ort. Also Social Media zeigt mir, was interessiert die. Und dann Verifikation außerhalb von Social Media.

48 **I: Cool, das war eine tolle eine Antwort. Gibt es sonst noch die Vorteile und Nachteile, die Sie darin sehen? Also in der Recherche über Social Media.**

49 J4: Ich stoße unbewusst auf Themen, das passiert durch Sachen, die in meiner Bubble stattfinden und das ist glaube ich nicht immer so gut, weil dann denkt man, das passiert in meiner Bubble, das ist bei allen anderen auch so präsent, aber es ist nur vielleicht in meiner eigenen Bubble und in meinem eigenen Social-Media-Feed präsent und dann überschätze ich

vielleicht, wie wichtig das Thema für meine Zielgruppe ist. Das passiert schon auch manchmal, dass ich denke, das ist mega das Thema und dann zieht es bei der Community halt nicht so krass, wie ich es erwarten würde.

50 **I: Cool. Gibt es Regeln in Ihrer Redaktion zur Social-Media-Recherche?**

51 J4: Also wir sagen unseren Praktikant/-innen z. B. immer, dass sie nochmal alles gegenchecken sollen, aus mehreren Quellen und aus unabhängigen Quellen, logischerweise, die nicht werbefinanziert sind. Und dass sie eben auch Social Media eher als Inspiration nutzen sollten. Und dann, aber auch selbst wenn wir Beiträge von der Tagesschau haben, sage ich mal auf Instagram, gehen wir trotzdem auf den Artikel und gucken dort, wo die Quellen liegen. Und dann gucken wir da nochmal nach und gucken uns halt die Studien an, die z. B. die Tagesschau verwendet hat. Auch wenn das ein seriöser Instagram-Kanal ist, ist es trotzdem verkürzt, weil du hast die ausführlichen Artikel nicht auf Instagram und die Zusammenhänge, wo vielleicht noch was anderes drin steckt, was du vielleicht für deine Community eher nehmen würdest, steckt da in dieser Kurznachricht meistens nicht drin.

52 <u>Qualität der Berichterstattung</u>

53 **I: Okay, dann kommen wir zum nächsten Block, zur Qualität der Berichterstattung. Welche Kriterien spielen bei der Nachrichtenauswahl eine Rolle? Woran machen Sie fest, dass das jetzt ein Thema ist?**

54 J4: Ich beziehe es jetzt einfach auf die Öko-Checker. Es ist wichtig, dass es sehr verbrauchernah ist. Also es darf nicht zu sehr auf der Metaebene sein. Alles, was zu politisch ist, was die Leute nicht in ihrem Alltag betrifft, ist für uns nicht relevant. Und da muss man aufpassen, dass nicht alles was umweltmäßig eine News ist, ist für die Leute in ihrem Alltag eine News. Und da muss man dann eben darauf achten, dass man

da die Waage hält und dass es die Leute auch wirklich interessiert und die das auch auf sich beziehen können. Hm, was war nochmal die Frage?

55 **I: Welche Kriterien bei der Nachrichtenauswahl eine Rolle spielen.**

56 J4: Ja genau. Also dass man es auf sich selbst beziehen kann. Die Menge muss snackable sein. Wenn das Thema zu groß ist, können wir es auch nicht machen auf Social Media, weil dann müsste man zehn Slides machen und würde trotzdem nicht hinkommen. Wir wollen nichts verkürzt darstellen. Deswegen, wenn das Thema insgesamt zu groß ist, um es herunterzubrechen auf unseren Social-Media-Post, dann machen wir es nicht.

57 **I: Okay und wie beeinflussen Social Media diese Auswahl?**

58 J4: Also es muss runterbrechbar sein. Man muss es in einer klaren, kurzen Fassung darstellen können. Man kann auch sagen okay, es ist, es gibt Pro und Contra, aber man kann es nicht so ausführen, wie wenn man einen Artikel schreiben würde. Manchmal schreiben wir zusätzlich Artikel auf der Website. Die können wir aber nicht auf Social Media posten, es wird einfach verkürzt. Und es muss bildstark sein, Instagram belohnt Bilder. Es belohnt, dass man Gesichter von Leuten sieht. Es beeinflusst mega krass unsere Berichterstattung, weil wir halt Sachen machen müssen, die man schön darstellen kann.

59 **I: Ja, cool. Okay. Und an welchen Kriterien orientieren Sie sich? Um qualitative Beiträge verfassen. Also qualitativ meint hier so was wie Richtigkeit, Vollständigkeit, Einhaltung ethischer Grundsätze usw.**

60 J4: Ja, also damit die Qualität gut ist. Also wir prüfen immer natürlich. Und gucken, ob es Pro- und Contra-Argumente gibt. Also dass du halt eben ausgewogen Berichterstattung

machst. Und was wir auch z. B. haben, wir haben manchmal z. B. Innovationen und da müssen wir halt gucken, dass wir /. Also aktuelles Beispiel Handyhüllen, nachhaltige Handyhüllen, es werden viele Handyhüllen aus Bio-Plastik beworben. Dann kannst du natürlich nicht nur auf die Herstellerinformationen zugreifen und sagen: „Hey wir machen, wir retten Schildkröten mit ihrer Handyhüllle.“ Sondern du musst natürlich auch die Umwelthilfe und alle möglichen anderen Portale checken, um zu gucken, ist das Greenwashing, also das ist bei uns ein großes Thema, dass wir nicht Greenwashing-Trends mitmachen. Und da ist es eben wichtig, dass wir halt einfach verschiedene Quellen prüfen und sonst? Ja, wir achten schon darauf, dass wir nichts zu vereinfacht darstellen. Wie ich vorhin schon gesagt habe, auch wenn wir es gerne kurz und einfach den Leuten erklären wollen, nicht zu vereinfacht und dadurch einseitig. Also da gucken wir auch darauf.

61 **I: Okay. Und wie hat sich – das ist jetzt mal losgelöst von den Öko-Checkern – sich die von Ihnen wahrgenommene journalistische Qualität durch den Einbezug von Social Media verändert?**

62 J4: Ich sehe in Social Media schon einen Vorteil und dadurch auch eine Verbesserung. Ich glaube, dass Journalismus dadurch nahbarer wird, dass immer mehr alte Leute, die nicht auf Social Media sind, die sind eher so darauf wie: „Oh, Sie vom SWR sind da. Oh ja, krass. Und was machen Sie da? Das ist für mich alles einfach das Rätsel, was Sie da machen.“

63 Meine Oma denkt z. B., dass der SWR halt im Fernsehturm ist. Und ich glaube, durch Social Media wird es einfach nahbarer. Es wird nachvollziehbarer. Was machen Journalist/-innen? Wie machen sie das? Und man versteht mehr. Und dadurch kann vielleicht auch mehr Vertrauen aufgebaut werden, weil man einfach mehr zeigen kann, wie die Arbeit funktioniert. Ich habe es z. B. auch gesehen, dass mehr so der

Trend dazu geht, zu zeigen, wie man recherchiert, was wichtig ist und das Vertrauen zu haben, dass man sagt, okay, Ukraine-Bilder. Wir machen so ein Bildcheck, in dem wir es bei der Googlesuche rückwärts eingeben und dann gucken, ist es vielleicht doch ein Video von 2015? Das man halt früher gar nicht so gezeigt, weil man auch nicht die Zeit hatte, in der Berichterstattung zu sagen, hier so haben wir es geprüft. Sondern man hatte nur diesen einen Minutenslot, bevor die nächste Werbung kommt. Da muss man halt die News bringen und nicht noch erklären, wie man es recherchiert hat. Es ist also ein bisschen softer und dadurch aber auch nachvollziehbarer und vielleicht auch glaubwürdiger und man kann einfach mehr auf spitzere Themen daraufgehen. Also wir haben z. B. bei den Öko-Checkern Menstruationstasse gemacht. Würde man im linearen Fernsehen halt einfach nicht machen, weil wie viele Leute verlierst du, wenn du einen Beitrag über die Menstruationstasse hast? Denn es ist wichtig, dass eine Quote an dem Abend gut ist und dass um 20:15 viele Leute dranbleiben. Spitzere Themen kannst du für eine kleinere Zielgruppe auf YouTube platzieren, z. B. oder auf Instagram. Und die werden dann über Hashtags oder über Suchwörter gefunden von speziell dieser Zielgruppe über Jahre hinweg, während du im Fernsehen einfach so was nicht machen kannst. Nischenthemen kannst du über lineare Ausspielwege nicht machen und das finde ich voll gut, dass die trotzdem dann einen Platz finden und gefunden werden können.

64 **I: Richtig gut. Wo sehen Sie Gefahren in der Berichterstattung, beim Einbezug von Social Media und wo Chancen?**

65 J4: Ich glaube, die größte Chance für Redaktionen ist, dass du direktes Feedback bekommst. Der Nachteil ist, dass durch dieses direkte Feedback, einiges beeinflusst wird. Ein Thema kann super relevant sein, aber wir kriegen nur ein Viertel der Likes, die wir auf einen anderen Beitrag bekommen. Dann werden wir dieses Thema nicht mehr so häufig spielen. Wir werden an Reichweite gemessen, weil es halt jetzt so gut

messbar ist. Dann heißt es halt okay, dieses Thema funktioniert nicht. Hat sich nicht gelohnt, den Aufwand da reinzustecken, wo man halt früher vielleicht oder jetzt immer noch im Linearen, wo man die Quote nie so ganz genau kennt und nicht weiß, woran es liegt. Bei Social Media kann man es haargenau auswerten. Während du z. B. auf der Nachrichtenseite sagen würdest, das ist halt wichtig, weil das Thema Relevanz hat. Es ist zwar kein sexy Thema, es spricht niemanden an, es ist nicht bildstark, aber es ist mega relevant, weil sagen wir mal es geht um Datenschutz. Keiner hat Bock sich einen Social-Media-Post über Datenschutz durchzulesen. Dabei ist es relevant, dass es recherchiert und dass es berichtet wird. Aber wenn man sich halt zu stark daran ausrichtet, wie das in der Community ankommt, was Interaktionen und Likes und Views angeht, ist es eine zu starke Orientierung an dem, was die User wollen und zu wenig daran, was nachhaltig relevant wäre.

66 **Eigene Kommunikation**

67 **I: Ja okay, gut, dann zum nächsten Block, zur eigenen Kommunikation verfassen und veröffentlichen Sie im Arbeitskontext auch journalistische Beiträge auf Social Media?**

68 J4: Ja.

69 **I: Verweisen Sie in Ihren Beiträgen direkt auf Social-Media-Quellen, wann und wann nicht?**

70 J4: Es kann vorkommen, dass wir das machen, wenn wir mit Unternehmen zusammenarbeiten oder über die berichten, dass wir dann auf die auf die verweisen, weil wir logischerweise die Info von denen haben. Und sonst? Eher selten. Weil es meist Formate sind, die, sagen wir die Tagesschau, da schauen wir meistens noch auf der Webseite nach, wie die ursprünglich auf die Info gekommen sind, über Social Media. Aber wenn ich da auch Tagesschau hinschreibe, weiß man als User nicht, ob das jetzt eine Social-Media-Quelle war oder ob

das von der Website oder der Sendung kommt. So explizit auf Social Media verweisen wir deshalb nicht.

71 **I: Okay, und wie nehmen Sie das Feedback zu Ihrer eigenen Kommunikation wahr und wie reagieren Sie darauf?**

72 J4: Zu unseren Beiträgen? Also inwiefern?

73 **I: Also Kommentare, Likes?**

74 J4: Ja, aber die sind unterschiedlich. Ich kann da nicht sagen alle sind positiv oder negativ.

75 **I: Aber wie nehmen Sie die wahr und wie reagieren Sie darauf?**

76 J4: Auf welche Art? Also, wir gucken die Kommentare an und beantworten die, also wir gehen halt morgens rein, schauen, was in den Beiträgen passiert ist und wer am meisten Ahnung vom Thema hat, beantwortet einen Kommentar dazu und dann kriegen wir natürlich auch bei Instagram oft Direktnachrichten und das im Dialog immer intensiver, weil dann schreiben die nochmal zurück und wollen noch irgendetwas und dann schreibst du da halt eher bisschen persönlicher und unter den Kommentaren eher einfach nicht so ganz persönlich wie in den Direktnachrichten.

77 Ich finde das gut, dass ich da nicht als Person dahinterstehe, sondern als Format und deshalb nehme ich es nicht so persönlich, wenn jetzt jemand was an meinem Beitrag kritisiert, aber es war anfangs auch krasser. Mittlerweile denke ich, ich mache so viele Posts, wenn dich jetzt da irgendetwas stört /. Wenn es gute Kritik ist, sage ich okay, danke. Manchmal nehmen wir es dann auch auf und machen dann noch etwas daraus. In der Regel ist es einfach Geschmackssache. Und dann denke ich, es passt schon.

78 **I: Okay, dann noch: Nennen Sie mir ein Best-Practice-Beispiel, wie auf Publikums Beteiligung über Social Media eingegangen wurde.**

79 J4: Wie wir mit negativem Feedback. Umgehen z. B.? Oder aber auch mit was?

80 **I: Richtig. Also auch positiv, einfach ein Best-Practice-Beispiel.**

81 J4: Bei uns kommt es schon vor, dass Leute uns Themen vorschlagen und wir dann auf das Thema eingehen und die Person dann auch erwähnen und sagen: „Der Themenvorschlag kam von einer Userin." Und dann halt sagen: „Hey, sie hat vorgeschlagen, macht mal was, wie man natürlich Ameisen bekämpfen kann" und dann markieren wir die Leute und das ist halt cool, weil dann die Leute auch eine starke Zugehörigkeit zu unserem Format entwickeln, wenn sie das Gefühl haben, da kommt auch was an von dem, was sie uns schreiben.

82 Bei negativen Kommentaren, wir haben eine Wall of Hate in der Redaktion, wo wir die ausdrucken und hingehängt haben. Richtige Assi-Kommentare also das ist einfach, da musst du halt humorvoll damit umgehen, manchmal schreibe ich auch irgendetwas zurück. Also einfach etwas Lustiges, da muss man einfach humorvoll antworten, die wollen provozieren, da musst du einfach humorvoll reagieren.

83 <u>Abschlussfragen</u>

84 **I: Okay, jetzt kommen die drei Abschlussfragen und dann haben wir es geschafft. Wie beurteilen Sie den journalistischen Arbeitsprozess im Zusammenhang mit Social Media? Einfacher, schwerer? Was sind so die Gedanken dazu?**

85 J4: Ich glaube, da kommt es darauf an, was man thematisch macht. Wenn man was macht, was Emotionen auslösen soll und was die Menschen in ihrem Privatleben ansprechen soll, macht Social Media das eindeutig leichter, weil man eben

mehr mitbekommt? Was spricht Menschen emotional an? Deswegen funktionieren auch, glaube ich, Kanäle wie SWR Heimat gut auf Instagram. Man merkt, Leute wollen etwas, was sie so richtig catcht, weil irgendein Opa heult oder so und dann läuft das super gut. Man kann auf Social Media direkt alles nachvollziehen mit direktem Feedback und man weiß dann fürs nächste Mal: „Was wollen die sehen?" Und ich glaube, wenn du vielleicht früher bei einem linearen Programm viel öfter Fragezeichen hattest: „Warum ist das jetzt scheiße gelaufen? Lag es daran, dass gutes Wetter war und dass der Tatort gut war und mein Programm gleichzeitig lief." Ist es heutzutage super easy, weil wenn 100 Leute einen Kommentar geliket haben, wo darin stand, dass der Protagonist voll die nervige Stimme hat, dann weißt du das und musst es nicht unbedingt ändern, aber du weißt es und du kannst damit arbeiten.

86 **I: Und wie sehen Sie die Zukunft des journalistischen Arbeitsprozesses in Anbetracht der sich ständig weiterentwickelnden Social-Media-Landschaft?**

87 J4: Ich glaube, dass immer mehr dazu übergegangen wird, eigene Apps zu entwickeln, weil die Abhängigkeit halt scheiße ist. Also wir können uns nicht davon abhängig machen von unserer journalistischen Arbeit /. Also weil das ist ja, das ist nur die eine Komponente, was wollen die Leute sehen? Die andere Komponente ist halt, was will der Instagram-Algorithmus? Also für mich persönlich darf das nicht sein, dass wir uns darüber Gedanken machen. Will Instagram, dass wir Gesicht zeigen, will Instagram/. Also hübsche Menschen funktionieren besser für den Algorithmus, das ist z. B. ultra scheiße. Also ich finde, es ist schon wichtig, dass wir uns davon wegbewegen, dass wir dem nachrennen müssen, was ein bestimmter Algorithmus will, nur damit wir unsere Leute noch erreichen. Und deswegen, glaube ich, sehe ich die Zukunft schon darin, mehr eigene Apps zu entwickeln und die Leute darauf zu ziehen. So was wie NewsZone oder so, also

ich glaube, das ist sehr schwierig und gerade auch TikTok, wo du halt einfach eigentlich ein politisches System dahinter hast, was du jetzt nicht unterstützt. Und da dann zu sagen, wir passen uns aber an, indem wir unsere Inhalte so aufbereiten, dass sie von der Social-Media-Plattform ausgespielt werden - scheiße.

88 Ich glaube, es geht nicht ohne Social Media, aber ich glaube, es muss parallel eigene Plattformen geben, damit du darauf ausweichen kannst. Auch sollte mal etwas sein wie Instagram kriegt ein Shutdown und wird in Deutschland gesperrt, weil sie sich nicht an ihre Richtlinien halten. Es war doch auch mal im Gespräch. Was machst du dann? D. h. du musst die Leute irgendwo erreichen, die müssen eine Anlaufstelle haben, wo die auch dich erreichen können. Auf einer neutralen Plattform.

89 **I: Richtig cool. Gibt es noch Punkte, die Sie gerne hinzufügen möchten zu dem Thema Social Media und Journalismus?**

90 J4: Nein.

1 **Interview 5 und 6 (Gruppeninterview): bigFM – Morningshow-Moderator und -Volontär; 25.05.2022; Dauer: 66:49 Minuten**

2 **Informationen zur Person**

3 **I: Also bitte, stellen Sie sich und Ihre Position, Funktion und das Ressort kurz vor. Wir fangen erst einmal bei J5 an und dann kommt J6.**

4 J5: J5 ist mein Name, ich bin Leiter der Morning Show bei bigFM.

5 J6: Mein Name ist J6, ich bin im Volontariat in der Morningshow bei bigFM.

6 **I: Was gehört zu Ihren täglichen Aufgabenbereichen?**

7 J5: Also tägliche Aufgabenbereiche sind erstmal die Moderation der Sendung, dann halt viel was das Thema Strategie der Sendung angeht, also was können wir in der Sendung noch für verschiedene Kategorien machen. Ich rede mit den Verantwortlichen, ich rede mit Beratern, ich gehe mit den Kollegen, die noch in der Morningshow sind, die Contents durch. Wir sprechen darüber, macht das Sinn für die Morningshow, wie können wir Themen umsetzten. Also ziemlich viel Strategie, aber es hat natürlich auch ein bissen was mit Journalismus zu tun.

8 J6: Meine täglichen Aufgabenbereiche sind eigentlich in erster Linie, dass ich J5 alles Mögliche assistiere, also das sei es die Recherche, sei es Produktion, sei es die Ausarbeitung von allem möglichen Zeugs. Und natürlich auch generell was die Show betrifft, also auch da Recherche, Produktion, Vorbereitung mit allem Drum und Dran, auch die Nachbereitung natürlich fällt dann in mein Aufgabengebiet. Also ich schneide verschiedenen Sequenzen aus der Show heraus, bereite sie für den Nachmittag vor und informiere natürlich auch den Nachmittag und den Vormittag und den

Rest des Tages, darüber was bei uns passiert ist und was sie da so machen können. Dann bereite ich am Nachmittag oder nach der Show die nächste Show vor.

9 **I: Sehr cool. Okay. Welche Social Media Plattform nutzen Sie im Arbeitskontext und im privaten Kontext? Und gibt es Überschneidungen.**

10 J5: Für den Arbeitskontext eigentlich alle Social-Media-Plattformen, das heißt also Instagram, Facebook, TikTok. Das Einzige was ich nicht /. Was heißt alle? Hier das andere, wie heißt das nochmal?

11 **I: LinkedIn?**

12 J5: Nein, LinkedIn ist mein Privat /. Aber was man früher benutzt hat.

13 **I: Twitter?**

14 J5: Twitter auch. Hier was man früher benutzt hat. Snapchat. Benutz ich gar nicht, da bin ich komplett raus. Aber ansonsten sind es so die gängigen Social-Media-Plattformen für die Arbeit. Privat bin ich weniger auf TikTok unterwegs und mehr eigentlich auf Instagram und Facebook.

15 **I: Ok, alles klar.**

16 J6: Also, Privat /. Also nein, beruflich eigentlich auch alle, also wirklich von Instagram über TikTok, Facebook, Twitter. Twitter sogar echt in letzter Zeit sehr viel mehr. Und auf TikTok habe ich mich jetzt echt relativ schnell daran gewöhnt. Privat nutze ich dazu noch Snapchat, also das hilft mir jetzt beruflich nicht so viel, aber nutzt ich privat sehr viel.

17 <u>Recherche</u>

18 **I: Kommen wir zu meinem nächsten Block, da geht es um Recherche. Wie verwenden Sie Social Media für die**

Recherche in Ihrer Redaktion? Welche Bedeutung haben Social Media dabei für Sie?

19 J5: Also das wird jetzt ein bisschen eine längere Antwort. Also wir müssen uns zuerst mal die Frage stellen: „Sind die Themen, die in Social Media passieren auch relevant für unsere Zielgruppe?" Es gibt gewisse Themen, die sind wirklich nur in einer Social-Media-Bubble sinning. Da liegt auch ganz einfach daran /. Also man muss halt immer schauen, weil bei Social Media hat man den großen Vorteil, dass man Themen setzten kann, die nur auf eine gewisse Bubble zugeschnitten sind und die dann auch in dieser Bubble auch sehr gut funktionieren. Und wir müssen beim Radio, also gerade bei uns am Sender, immer gucken: „Ist das für die Masse relevant oder ist es nicht für die Masse relevant?" Ein Beispiel was gut bei Social Media geht, aber auch bei uns für die Masse relevant ist, ist das Thema Amber Heard und Jonny Depp, also dieser Prozess, der auf Social Media durch die Decke ging. Wo auf jeden Fall ein großer Fokus darauf ist. Und sowas können wir natürlich auch für die Sendung nutzen. Um jetzt bei dem Beispiel zu bleiben, es gibt natürlich Ausschnitte aus diesem Prozess, die bei Social Medial durch die Decke gehen, das kann man auch mal benutzen. Daran kann man sich auch mal bedienen, also in so einem bunten Themenumfeld ist das auch total relevant. Wo es halt schwierig wird, ist bei, ich sag mal, ernsteren Themen, z. B.: Ukraine Krieg. Man hat in der Kriegssituation grundsätzlich im Journalismus ein riesengroßes Problem, weil die Wege der Themen und die Dinge, die vor Ort passieren, die sind halt nicht so klar, weil das ist, natürlich eine Ausnahmesituation. Man hat nicht überall die Korrespondenz, wir greifen hauptsächlich auf die dpa zu, die natürlich versuchen so gesicherte Informationen, wie nur möglich zu geben. Social Media hat den Vorteil, dass es schnell ist, hat aber auch den Nachteil, dass bei Social Media keine Journalisten zum großen Teil arbeiten und deshalb auch viel Blödsinn gemacht

wird. Mal von der russischen Propagandaseite abgehsehen, passieren auch super viele Sachen: Bei Social Media werden Ausschnitte gezeigt, nur um Kanäle zu pushen die Reichweite bekommen. Da sagen welche: „Ach guck mal was da gerade passiert ist." Und wenn man ein bisschen recherchiert, merkt man recht schnell: „Ach das Video, das ist gar nicht von da, sondern ist schon ungefähr fünf Jahre alt." Also dementsprechend Social Media kann ein Themengeber sein, auf jeden Fall, aber wir müssen es einordnen für die Masse und wenn es um harte Themen geht, ist es ganz wichtig die Quellen dahingehend nochmal zu prüfen, ob das dann tatsächlich auch so stimmt oder nicht.

20 **I: Ok. Und wir verwenden Sie Social Media für die Recherche in Ihrer Redaktion?**

21 J6: Wie ich vorhin schon erwähnt habe, bin ich so bisschen auf diesen Twitter-Zug aufgestiegen. Der findet für mich gerade neue Relevanz / . Wo ich jetzt mehr Relevanz darin gefunden habe, weil ich einfach gemerkt habe, dass diese Geschwindigkeit, die Twitter irgendwie hat, dass ich die echt gut finde, da du sehr schnell an ein gewisses Meinungsbild kommst, wo du dich sehr gut dran orientieren kannst, wo du weißt, das ist gerade irgendwie der Tonus der Gesellschaft. Natürlich auch das, was gerade auch gesagt geworden ist, man darf sich niemals darauf verlassen beziehungsweise das niemals als Fundament deiner Aussage, deiner Information nehmen, weil es einfach nur Meinungen sind, aber so komme ich gerade bei der Themenfindung ganz schnell auf irgendwie eine Richtung oder eine Idee über was man sprechen könnte. Aber weil es bspw. jetzt gerade bei Twitter sehr schnell funktioniert. Du hast bei Instagram durch diese Algorithmusgeschichte und so, bist du oft in deinem eigenen Kreis drin und erfährst nur Sachen, die in deiner Bubble relevant sind und das ist grade noch das was bei Twitter eigentlich gar nicht so ist, weil du halt eigentlich schon, wenn du jetzt in diese Allgemeinheit reinschaust, in

die Trends, usw., immer so eine Richtung hast, in die du selbst eigentlich gar nicht gehst. Wir müssen aber auch viele Diskussionen in der Redaktion darüber haben, auch im Team, wenn wir die Themen machen, ob die dann tatsächlich relevant sind, weil natürlich sind Social Media immer bubbelig. Ich habe manchmal das Gefühl, dass gerade bei jungen Radioformaten, das oftmals sehr Social Media getrieben ist und dann auf einmal Themen benutzt werden, weil die Argumentation dafür ist: „Ja das geht ja gerade bei TikTok. Ja das geht gerade bei Twitter oder das geht gerade bei Instagram." Das ist aber nicht immer der Themengeber. Wenn wir uns mal anschauen wie viele Nutzer die einzelnen Netzwerke eigentlich haben und wie viele Überschneidungen es dann gibt in der gewissen Zielgruppe, dann wird es schon wieder hektisch. Also es kann ein guter Themengeber sein, egal welches Social-Media-Network, aber es muss auch Sinn für die Masse machen. Das ist immer ganz wichtig.

22 **I: Richtig gut, also war schonmal mega sinnvoll. Jetzt komme ich zu einer kleinen Aufzählung. Welche Social-Media-Plattformen ziehen Sie dafür heran? Begründen Sie Ihre Entscheidung in ein bis zwei Sätzen. Augenzeugen, die befragt oder zitiert werden können?**

23 J5: Da würde ich /. Da wäre ich recht schnell bei Twitter. Twitter hat sich in den USA als Journalistennetzwerk mehr oder weniger etabliert und in Deutschland auch. Da sind auch viele Journalisten darauf, das heißt also so Augenzeugenberichte gerne mal bei Twitter, aber hier auch aufpassen, weil da eben auch viel (Schmu?) hochgeladenen wird, aber ich würde Twitter sagen.

24 J6: Anfangs war ich ganz kurz bei Instagram gewesen, weil ich mir dachte: „Okay, das ist ein bisschen optischer gesehen mit Video oder Bild usw.", war dann aber doch wieder bei Twitter, weil ich gerade an dieses Journalistennetzwerk und so gar nicht gedacht habe, weil ich mir dachte: „Okay es ist

zwar sehr viel (Schmu?) bei Twitter", aber ich würde behaupten es ist mehr (Schmu?) bei Instagram unterwegs und deshalb würde ich eher wahrscheinlich in Richtung Twitter gehen, weil du halt auch wieder diese Geschwindigkeit du hast, einen schnelleren Austausch, du hast du hast eine größere Bandbreite an Möglichkeiten auf die du im Endeffekt zurückgreifen kannst und deshalb wäre ich wahrscheinlich auch bei Twitter.

25 **I: Okay, die Gegenprüfung von Informationen?**

26 J5: Gegenprüfung bei Social /. Wir nutzen Social Media um die Gegenprüfung zu machen? Das ist schwierig zu beantworten, also /. Ok, aber das muss man per Beispiel machen: Also, wenn z. B. auf Instagram erzählt wird, dass das Auswärtige Amt erzählt, dass Leute, die keinen Coronatest haben, die dürfen jetzt nicht mehr in das Theater gehen. Dann kann man natürlich auf den offiziellen Seiten, wie auf Twitter, schauen, ob das tatsächlich so stimmt oder nicht, aber grundsätzlich einen Faktencheck mit Social Media zu machen ist schwierig, weil halt da super viel User Generated Content ist und viel, viel weniger offizieller Content und da dann das zu finden, finde ich extrem schwierig, da würde ich lieber auf offizielle Stellen zurückgreifen. Es gibt z. B. von der dpa auch einen eigenen Faktencheck, was sowas angeht, die Öffentlich-Rechtlichen machen das auch, also würde ich eher auf solche Quellen zurückgreifen als dann auf den User Generated Content bei Social Media.

27 J6: Also ich für meinem Teil muss sagen, dass ich dafür Social Media eigentlich wirklich gar nicht verwende, es sei denn es geht um ein Thema das logischerweise Social Media irgendwie, weiß ich nicht /. Als Beispiel jetzt Bibi und Julian Claßen haben sich getrennt (...). Dann geh ich jetzt nicht auf Google und mach da irgendwie eine riesen Abfahrt darüber, sondern gehe dann logischerweise auf Instagram und gucke: „Okay, haben Sie dazu irgendetwas gebracht? Hat

Julian oder Bibi irgendetwas dazu gesagt?" Aber sonst würde ich es gar nicht nutzen dafür. Also ich nutze es eher für davor, also für die Orientierung, um etwas zu finden und überprüfe dann, was ich gefunden habe. Es ist ein Case-Szenario.

28 J5: Ja, es ist wirklich ein Case-Szenario. Also Beispiel dafür: Wir haben in Deutschland mittlerweile, gerade auf Twitter, eine sehr gut verbreitete Social-Media-Präsenz von den Polizeidienststellen, da kann man immer mal wieder gucken, weil da werden auch die offiziellen Kanäle mit bedient und es ist oft so, dass die Polizei gleichzeitig Pressemitteilungen rausgibt und die Infos auch auf Twitter postet. Das machen größere Polizeidienststellen so (…).

29 **I: Cool dann, für Themenideen, welche Social-Media-Plattformen?**

30 J5: Ich glaube das liegt dann auch ein bisschen daran was man /. Jetzt kommt wieder so ein Case-Szenario. Es ist schwierig allgemeine Aussagen zu treffen. Ich glaube, dass TikTok z. B. lebt ganz viel von Dingen, wie solchen Tanz-Challenges. Die spülen sich mir total oft auf die Timeline oder für Hausfrauen, dass man ein aufgebrauchtes Nutellaglas mit Milch in die Mikrowelle steckt und schon hat man einen Schokodrink. Sowas sehe ich ganz oft auf TikTok, dementsprechend weiß ich nicht. Für On-Air-Themen eher schwierig, um eigene Social Media zu bespielen auf jeden Fall ein guter Themengeber. Was nicht zu unterschätzen ist, ist tatsächlich Facebook, ich folge bei mir z. B. super vielen Zeitungen, die sich speziell mit gewissen Regionen auseinandersetzen, oder Zeitungen, die sich mit Fußball auseinandersetzen oder Online-Portale. Dafür sehe ich dann eher doch Facebook. Instagram, wenn hier Kollegen, wie Gil Ofarim bei Instagram ein Video hochladen, das dann auf einmal zum Thema wird, weil das Thema an sich viel größer wird als das Video, dann ist natürlich auch Instagram eine

Plattform, von der man sich etwas ziehen kann und Twitter natürlich. Die Hashtags, die bei Twitter steil gehen, wobei da auch viel (Schmu?) dabei ist, das darf man nicht vergessen. Das Netzwerk soll auch Spaß machen.

31 J6: Ich hätte mich darauf bezogen, dass ich eigentlich alle Social-Media-Plattformen dafür nutze, weil ich einfach dieses große Spektrum haben möchte an allem Möglichen Dingen. Auch TikTok hätte ich dafür auch benutzt, aber weil einfach meine For-You-Page anders gestaltet ist, jetzt wo ich es häufiger nutze. Vor allem wenn es in diese Richtung geht. Ich habe ganz häufig Kommentare oder Meinungen zu irgendwelchen Themen, die gerade irgendwo auf der Welt passieren, wo dann Leute via TikTok eben ihren Senf dazu geben. Was mir aber schonmal ein bisschen so eine grobes Bild abgibt, darüber, was gerade irgendwie passiert und wo sich Leute auch wieder aufregen und genau das habe ich bei jeder anderen Social-Media-Plattform inzwischen auch genauso, also auch auf Facebook und Twitter oder Instagram. Ich habe ungefähr immer die Fragen: „Was interessiert uns irgendwie gerade? Was interessiert die Allgemeinheit oder wo geht es gerade hin, in welche Richtung geht es?" Z. B. das, was J5 gerade erwähnt hat mit Facebook, habe ich quasi auf Instagram. Also ich habe sehr viele Zeitungen und Portale und alles Mögliche auf Instagram abonniert, um gerade da auch immer wieder Up-to-date zu sein, wenn die irgendwelche Eilmeldungen oder sonst was bringen.

32 **I: Okay, dann die Resonanz auf die eigene Berichterstattung.**

33 J5: Also inwieweit wir Social Media nutzen?

34 **I: Genau, inwieweit Feedback dann kommt.**

35 J5: Wenn mal bei Instagram z. B. / . Das ist immer schwierig, da nicht zu verallgemeinerte Aussagen zu machen, weil das echt immer ein bisschen auf den Case ankommt. Wenn wir

über ein Thema, wenn wir jetzt wirklich über ein Thema diskutieren, dann machen wir z. B. einen Themenslide und die Leute können mit Fragen-Stickern darauf antworten, dann ist das natürlich etwas was man in die Sendung bringen kann. Das filtert man natürlich, gar keine Frage, dass da jetzt nicht irgendwelche komischen Sachen verbreitet werden. Das ist klar, das machst du wie mit Anrufen am Ende des Tages. Aber darauf kann man auf jeden Fall gehen und wenn jetzt jemand unter einem Posting einen lustigen Kommentar macht, kann man den auch mal vorlesen. Auch hier muss man auch immer vorsichtig sein mit der Meinung, klar kann man das auch mal im Radio bringen, aber man muss bei Social Media immer vorsichtig sein mit Kommentaren und Feedback von den Nutzerinnen und Nutzern, weil auch das wieder sehr bubbelig ist und das ist nicht die Allgemeinheit (...). Wir haben in der Stunde 500.000 Hörer, da steht ein Kommentar dann für mich nicht mehr in der Relevanz. Das ist genau das Gleiche. Ich komme kurz mit einem Oldschool-Vergleich. Thema: Hörer im Radio per Telefon. Wenn ich z. B. so eine Frage stelle wie, der Klassiker, Nutella mit oder ohne Butter? Dann glühen die Leitungen durch. Das heißt also ich weiß, wie ich die Leute triggre. Natürlich rufen nur 0,03% der eigentlichen Hörer beim Radio an. Man muss ein bisschen /. Ich plädiere dafür, dass man mehr lernt damit umzugehen und ein bisschen das Gefühl dafür bekommt, dass nicht all das, was man dort an Feedback bekommt, auf einmal die Meinung der Hörer ist oder die Meinung, die ganz Deutschland jetzt auf einmal beschäftigt.

36 **I: Und das gilt für alle Social-Medi-Plattformen so?**

37 J5: Das gilt für alle Social-Media-Plattformen.

38 **I: Und bei Ihnen? Wo denken Sie ist am ehesten die Resonanz auf die eigene Berichterstattung?**

39 J6: Ich sag mal, zum aktuellen Zeitpunkt, ist das für mich hauptsächlich Instagram, weil da kommt aktuell, meines

Erachtens, das meistens Feedback aus dem Social-Media-Bereich. Wenn ich auf Twitter rum gucke, dann ist das gar nicht so viel (...). Auf TikTok geht das ein bisschen höher. Wenn man aktiver wird, dann kommt natürlich auch mehr Resonanz. Aber ich glaube TikTok und Instagram sind so die Plattformen, wo man am meisten Feedback bekommt. Aber dann muss ich mich wieder Rolf anschließen, denn wie man damit umgeht und wie man das auswertet, wie man das präsentiert, das ist eine ganz andere Sache. Da kommt es wirklich darauf an, was sagen die Leute, wer sagt das überhaupt? Vor allem in welcher Masse, sag ich jetzt mal. Wenn mir 10 Leute am Stück schreiben: „J6, das was du gerade gesagt das war blöd", dann tendiere ich dazu zu sagen: „Okay, dann muss tatsächlich irgendetwas komische dabei gewesen sein", aber das ist auch mein Splien, nenn ich es einfach mal, dass ich da irgendwie noch nicht so von weg bin, sondern da schon darauf gucke und irgendwie überlege: „Ok, das ist in eine Richtung gegangen." Aber ich glaube da muss ich noch ein bisschen daran arbeiten, das Ganze ein bisschen ganzheitlicher zu sehen.

40 J5: Und auch hier vielleicht nochmal, es heißt nicht nur, weil ich einem Radiosender oder einem Produkt bei Social Media folge, dass ich automatisch Hörer werde. Das muss man auch vielleicht nochmal ein bisschen differenzieren, weil das hat, natürlich auch nochmal seine eigene Bubble.

41 **I: Okay. Fakten über ein aktuelles Ereignis. Wo findet man die am besten?**

42 J5: Fakten?

43 J6: Faktastisch!

44 J5: Da bin ich tatsächlich bei Twitter, weil da sind, wie schon gesagt, viele offizielle Stellen bei Twitter und da kriegst du schon recht schnell viele Fakten her. Ich gebe dir mal ein anderes Beispiel: Wenn jetzt diese Nacht hier in Stuttgart, das

war letztes Jahr, da sind hier in Stuttgart ein paar Leute ausgerastet.

45 J6: Vorletztes Jahr war das.

46 J5: War das vorletztes Jahr? Wie die Zeit vergeht. Dann guckt man sich halt am nächsten Tag an, wo krieg ich die Infos her und ich habe tatsächlich auf Twitter geguckt und habe bei Twitter halt sehr viele offizielle Stellen dazu bekommen und habe dann aber bei Instagram mit dem Hashtag, beziehungsweise mit dem Ort „Stuttgart“, danach gesucht und habe dann auch recht schnell Videos gefunden, die mir so eine Grundeindruck vermittelt haben. Wobei das halt auch /. Was ist Fakt? Die Videos, da muss man halt aufpassen, weil Videos sind halt auch nur Momentaufnahmen. Wir hatten das Thema mit Polizeieinsätzen, da filmt der eine die letzten 10 Sekunden und der andere filmt die ersten 10 Sekunden und dann wird es schon wieder hektisch. Deshalb ist es da schwierig. Aber bei den offiziellen Stellen und Fakten, würde ich sagen Twitter.

47 J6: Ich fand das auch gut mit dem Beispiel von dieser Krawallnacht in Stuttgart, weil da war ich damals z. B. ganz stark bei Snapchat, weil das hat diese Karte und du kannst anhand dieser Karte quasi gucken: „Ok, wer hat was in seiner Story wo hochgeladen?“, und dann hatte ich damals den Schlossplatz bei mir auf der Karte und du hast ein und dieselbe Situation von mehreren Leuten gefilmt gesehen, aus verschiedenen Perspektiven und so vermeidest du manchmal /. Also klar, es ist immer noch Snapchat, es ist jetzt kein NTV-Bericht, aber du hast teilweise eine Situation aus sehr vielen verschiedenen Perspektiven. Was mir damals bei Snapchat /. Was ich sehr cool finde, dass das Snapchat einfach konnte und ich mach da jetzt manchmal echt, wenn ich irgendwie sehe: „Ok da war ein großes Ereignis, hier da tralala“, da gucke ich mal auf der Karte. Aktuell, wie gesagt, zu meinem eigenen Entertainment (...), aber es hilft doch

manchmal irgendwie sich ein Bild zu machen. Das Problem ist, wenn ich z. B. auf Instagram unterwegs bin, und mit so einem Ereignis verschiedene Videos und Stories und sonstige Geschichten angucke, dann sehe ich immer die gleichen Bilder, weil die sich irgendwie alle auf eine Quelle beziehen und das finde ich irgendwann ein bisschen eintönig. Ich hätte dann gerne immer noch eine andere Seite (...) und da sind solche Sachen immer cool, weil du einfach irgendwie doch nochmal ein anderes Gefühl, vielleicht auch noch mitbekommst, weil du es einfach irgendwie durch einen anderen Winkel gesehen hast. Vielleicht hat der eine bei 10 Sekunden angehalten und plötzlich filmt aber einer bei den nächsten 10 Sekunden weiter und du siehst auf einmal das Ende von dem Video, wo eigentlich alle anderen Quellen bisher abgeschnitten haben. Normalerweise ist das auch mal ganz praktisch. Da hat mir tatsächlich Snapchat geholfen.

48 **I: Richtig cool. Ich freue mich gerade über die Antworten. Okay, also Meinungsverteilung zu einer Streitfrage?**

49 J5: Wir haben seit langer Zeit das News-Voting bei Instagram gemacht, das ist ein aktuelles Nachrichtenthema, mit einer Frage und dann mit einer Antwort A oder B. Man muss bei Social Media einfach folgendes wissen: Du kannst zum allergrößten Teil nur mit einfachen Antworten, die Leute zu einer Abstimmung treiben. Man hat sich irgendwie in Social Media dran gewöhnt, dass alles was man schreibt, nicht besonders lang ist, sondern recht kurz und dementsprechend eine, ich sag mal, reflektierte Meinung zu einem Thema zu bekommen über Social Media, finde ich exorbitant schwierig. Ganz davon abgesehen, dass der wütende Internetmob ganz gerne mal auf irgendetwas eindrischt, muss man auch vorsichtig sein. Aber ich glaube, um richtig gute Meinungen zu bekommen, ist Social Media extrem schwierig. Manche machen das, aber wenn überhaupt, dann über Direct-Message. Jetzt bei uns, in unserem Kontext, dann über Direct Message bei Instagram, da kommen dann

auch lange Nachrichten rein, aber die Kommentarfunktion, Frage-Sticker oder sonstige lustigen Geschichten, sind schwierig. Da sind die Kanäle bei uns dann eher auch andere, z. B. über die App oder über Mail ins Studio, wo sich die Leute wirklich hinsetzen und dann wirklich lange Texte schreiben.

50 J6: Ich hadere auch ein bisschen mit der Thematik, dass man irgendwie auf Kommentare oder so guckt, weil ich bin z. B. generell überhaupt gar kein Kommentarschreiber, wenn ich mich über irgendetwas aufrege, dann rege ich mich einfach auf und brauche da jetzt nicht irgendwelche Hasstexte oder so darunter schreiben. Gerade bei Instagram und Facebook usw., wenn ich sehe, dass da irgendwelche Leute sich ist irgendwie einen ablästern, was da gerade in den Bildern oder im Video passiert, dann gibt mir das tatsächlich gar nicht so viel. Wenn ich jetzt eines dieser Sachen aussuchen müsste, dann wäre es wahrscheinlich Twitter, weil ich mir sage: „Okay, da hast du auch ein sehr schnelles, sehr grobes Meinungsbild." Aber diese Probe ergibt sich aus mehr Leuten als es bspw. bei Instagram oder Facebook wäre. Aber im Allgemeinen schließe ich mich Rolf an, dass es sehr schwierig ist, so etwas überhaupt über Social Media zu bekommen.

51 **I: Und dann, wo finden Sie an den ehesten Hintergrundinformationen zu Themen?**

52 J5: Ich kann natürlich jetzt sagen, es gibt Kanäle bei Instagram, die schon ganz gut sind, die oftmals von den Kollegen der Öffentlich-Rechtlichen gemacht werden. Die NewsWG z. B., die machen das ganz gut auf Social Media. Es ist auch immer ein bisschen angekratzt, also wenn ich jetzt wirklich Hintergrundinfos zum Thema haben will, benutze ich eigentlich kein Social Media, sondern ich beziehe mich da entweder auf die dpa oder mache halt das klassische Drei-Quellen-Prinzip und lese mir halt mehrere Beiträge zum Thema,

aus den verschiedensten Nachrichtenquellen durch, aber Social Media eher weniger.

53 J6: Ich bin noch ein bisschen mehr bei Social Media tatsächlich (...). Das Katapultmagazin z. B., habe ich abonniert (...). Aber im Generellen benutze ich eigentlich meine eigenen Recherchen im Internet oder sonstige Geschichten, weil ich halt sage: „Okay, das ist auch nur etwas, das die rausgefunden haben und auf das komm ich doch sicher auch irgendwie", weil ich nicht glaube, dass, irgendeiner aus der NewsWG dabei war, als ich weiß nicht, passiert ist, sondern die haben auch nur recherchiert und dann denke ich mir: „Okay, überspringe ich den Step jetzt, denen irgendwelche Views zu schenken und recherchiere einfach selber." Deshalb, wenn es mir reinläuft, mache ich es über Social Media, aber generell beruft man sich meistens auf seine eigenen Ergebnisse.

54 **I: Aufbau und Pflege von Expertennetzwerken, also der Austausch mit anderen.**

55 J5: LinkedIn.

56 J6: LinkedIn.

57 J5: Es ist wirklich so. Definitiv LinkedIn. Was die, ich sage mal, die journalistische Ebene angeht, was jetzt Moderatoren und Moderatorinnen von anderen Sendern angeht, das ist es auch viel Insta tatsächlich, aber ansonsten LinkedIn.

58 **I: Okay. Dann noch die kontinuierliche Beobachtung prominenter Quellen?**

59 J5: Kontinuierliche Beobachtung prominenter Quellen? Was heißt das genau?

60 **I: Z. B. Bibi und Julian beobachten und abchecken.**

61 J5: Achso. Schwierig (...). Das finde ich wieder schwierig verallgemeinert. Aber, wenn Bibi und Julian auf Instagram

ihren Beef haben, dann geht man natürlich auf Instagram. Ich könnte jetzt auch nochmal YouTube mit reinbringen, es gibt auch Beefs, die auf YouTube ausgetragen werden und dann guckt man sich die Antworten an und die Reaction-Videos zu den einzelnen Sachen. Auf Twitter ganz genauso, es gibt großartige Twitter-Fights von Unternehmen, die sich da gegenseitig einen verbal auf die Mütze geben. Das finde ich super, aber ich weiß nicht, ich würde jetzt nicht ein spezielles Netzwerk nennen.

62 J6: Da kann ich mich nur anschließen (...). Man ist überall aktiv, beziehungsweise man zieht sich das alles von überall her.

63 **I: Okay. So, jetzt kommt eine längere Frage. Also man kann auf Social Media Plattformen ja gezielt nach Themen suchen oder per Zufall darauf stoßen. Wie ist es bei Ihnen, recherchieren Sie immer gezielt oder stoßen Sie auch per Zufall auf Themen. Können Sie mir die Aufteilung in Prozent angeben?**

64 J5: Also ich würde bei mir tatsächlich 50 / 50 sagen, weil diese gezielte Recherche zu aktuellen Themen, um jetzt nochmal das Beispiel zu nennen, was weiß ich, um nochmal das Amber Heard und Johnny Depp Beispiel zu nehmen, da kann man gezielt sehr gut suchen bei Social Media. Ich benutze hauptsächlich dann Insta oder Twitter für solche Geschichten. TikTok dann halt eher weniger. Ich glaub, das ist, wie schon gesagt, ein anderes Netzwerk. Da guckt man dann gezielt: Was ist los, oder wenn halt was passiert nach Videos zu suchen, die dann bei Twitter oder sowas online gehen, und auf der anderen Seite /. Natürlich, man hat sich seine eigene Bubble aufgebaut und Instagram und Facebook, der Facebook-Konzern, weiß das und spült einem das in die Timeline, was grundsätzlich in seinem Interessensgebiet ist, das wissen wir. Klar stößt man dann so auf Themen, auch außerhalb der Bubble, die muss man nochmal kurz

journalistisch einordnen, wenn dann sagt: „Ah, ist das ein Thema, das vielleicht interessant wäre für die Masse oder ist das wirklich zu krass bubbelig?“ Wir haben diese Diskussion oft, oft auch mit Fabi, weil Fabi sehr in dieser Sport-Bubble drin ist und er mich dann immer fragt: „Ist das interessant?“ Da gibt es auch Dinge, die sich überschneiden. Beispiel, aus meiner Bubble und aus seiner Bubbel gleichzeitig: Ein 19-jähriger Profi, der sich in England geoutet hat, als Fußballspieler. Ich glaube das war der erste, der das überhaupt mit so jungen Jahren getan hat. Das hat es in meiner Bubble reingespült und auch in seine Bubble und dann haben wir gedacht: „Das ist doch ein gutes Zeichen und das kann man auch mal nach außen hin spreaden“, dementsprechend haben wir es dann auch in der Sendung gemacht, aber man muss das halt nun mal wissen, wenn man Social Media benutzt und es ist egal was es für ein Netzwerk ist, das ist dafür gemacht, dass man den Content bekommt, für den man sich selbst interessiert. Da muss man sich immer hinterfragen, grundsätzlich.

65 J6: Bei mir würde ich sagen, dass das 70 / 30 ist. Ich fang meistens mit diesen 30 % an, denke mir: „Okay, findest du hier irgendetwas?“, und dann bin ich irgendwie auch auf so einer Spur und denke mir: „Ah, in die Richtung könnte ich gehen“, und dann entdecke ich das meistens. Ich entdecke eigentlich immer genau das, wonach ich nicht gesucht habe (…). Deshalb würde ich sagen, bei mir ist echt 70 % Zufall, 30 % direkte Suche. Meistens gehe ich mit einer Grundidee an den Computer und sage: „Okay, jetzt hast du diese 30 %“, dann suche ich nach diesen 30 % und finde immer irgendetwas. Niemals das, was ich eigentlich gesucht habe und deshalb ist es bei auf jeden Fall die 70 % Zufall.

66 **I: Okay, auf welche Themen und Akteure achten Sie dabei? Also Journalistinnen und Journalisten oder auch nicht journalistische Quellen.**

67 J5: Ich habe schon den einen oder anderen Journalisten in der Twitter-Bubble. Egal ob das der Bildzeitung-Chefredakteur ist, oder ob das der Welt- oder ob das Zeit- oder auch ARD-Journalisten und Journalistinnen sind. Also ich habe da habe schon einige, denen ich so fest folge. Aber ob das immer Themengeber sind. Ich glaube dadurch, dass wir morgens senden und dadurch, dass sehr, sehr viele Themen erst am Tag entstehen, nutze ich das auch super oft (…) um zu gucken: Was haben wir daraus gemacht, was machen die daraus? (…) Haben wir einen Punkt zu viel oder zu wenig gemacht? Beispiel: Affenpocken. Als wir das Thema in der Show gemacht haben, habe ich dann im Nachgang geguckt, wie berichten die anderen darüber? Am Anfang war es ganz oft so, dass man gesagt hat, das ist jetzt die neue Schwulen-Krankheit. Und dann, wenn man nochmal guckt, was die anderen dazu machen, dann sieht man: „Ah, okay, ja, auch Homosexuelle sind davon betroffen, aber das sind nicht die einzigen, die davon betroffen sind“ und dementsprechend das dann nochmal gegenzuchecken, dafür nutze ich so was halt total gerne.

68 J6: Bei mir ist das auch sehr breit gefächert. Ich habe es schon erwähnt, ich folge einfach einschlägigen Profilen, von denen ich auch immer weiß, da kriegst du irgendetwas her (…). Also das sind durch die Bank weg verschiedene Nachrichtenportale, das sind größtenteils irgendwelche Magazine und dann kommen direkt irgendwelche Journalisten und andere Berichterstatter. Paul Ronzheimer in der Ukraine (lacht) und die bringen mich manchmal auch auf solche Sachen. Also das ist wirklich bei mir super bunt gefächert, da kann ich gar nicht sagen, ob das jetzt Reporter oder Promis sind. Das ist eine bunte Mischung, eine bunte Mischung aus allem, das ist am Ende des Tages meine Art und Weise, der Informationen, die ich haben und geben möchte, einfach eine bunte Mischung aus allem. Dem folge ich auch.

69 **I: Okay. Wo sehen Sie die Vorzüge der Social-Media-Kanäle gegenüber anderen Recherchequellen und wo die Nachteile?**

70 J5: Social Media ist grundsätzlich viel schneller. Das hat einen riesengroßen Vorteil, hat aber auch aus genau dem gleichen Grund den Nachteil, weil wir wissen, auf welche Quellen wir uns als Journalisten beziehen sollten, nämlich auf die, die gecheckt sind. Das ist für uns hauptsächlich eigentlich die dpa. Ich wäre bei der AFP schon vorsichtig, aber die dpa ist eigentlich immer sehr, sehr journalistisch sauber. So, und wenn es nicht die dpa ist, dann könnte es vielleicht noch die ARD sein mit dem Konstrukt der Tagesschau, die auch eigene Recherchen haben und eigene Recherchenetzwerke. Und Social Media hat halt dann den riesengroßen Nachteil, dass du halt /. Das Attentat in München ist ein sehr gutes Beispiel dafür, weil am Anfang da wurden so viele Sachen verteilt, bei Twitter. Oder als in Trier das Auto in die Menschenmenge gerast ist. Da wurden so viele Sachen gespreaded. Wo die Polizei jedes Mal wirklich gepostet hat: „Freunde. Bitte Vorsicht bei Instagram, bei Twitter, bei TikTok. Das sind einfach Falschmeldungen." Und deshalb, um es nochmal zu sagen: Vorteil, Schnelligkeit, Haken dran. Aber immer Obacht: Was gucke ich mir da an? Wo, von welcher Quelle nehme ich mir das? Und das ist halt auch gleichzeitig auch der Nachteil.

71 J6: Also ich habe ein anderes Beispiel dafür. Das war für mich eines der Sachen, die es am besten gezeigt haben: Als die Ukraine-Geschichte angefangen hat. Und als dann auch tatsächlich der Krieg ausgebrochen ist, habe ich wirklich das Paradebeispiel dafür entdeckt. Und zwar ein Kumpel von mir arbeitet für ein hiesiges Kryptowährung-Magazin und kommt selbst aus der Ukraine und hat Videos von Twitter und sonst wo bekommen und hat die direkt als Aufhänger genommen, für seine Recherche für dieses Krypto-Magazin. Problem war, dass ich innerhalb von zwei Klicks

rausgekriegt habe, dass das irgendeine Flugschau aus Moskau war und überhaupt nicht Kiew. Und das war halt für mich ein Paradebeispiel. Okay, das hast du gefunden, das kannst du verwenden, aber solltest es nicht tun und deshalb ist das so auch für mich immer so eine Sache.

72 Die Vorteile sind klar, dass man schnell ein großes Meinungsbild hat, dass du sehr, sehr viele Meinungen hast, aber dass halt auch viel Zeug kommt, was überhaupt nicht dazu passt, wovon du gerade sprichst. Oder wonach du gerade suchst. Also siehe, gerade in meinem Beispiel eben. Du wolltest Bilder aus der Ukraine haben und hast Bilder von einer russischen Flugschau in Moskau bekommen. Aber du siehst, welchen Weg das nehmen kann, wenn du da zu emotional heran gehst (...). Und das ist im Endeffekt dieser Rattenschwanz, den manche Information haben können, der durch Social Media entsteht. Und das ist für mich ein dickes Minus. Auf jeden Fall.

73 **I: Okay. Welche Regeln gelten in Ihrer Redaktion bei der Social Media Recherche?**

74 J5: Wir sind frei (lacht). Das, was ich gerade eben gesagt habe. Wenn es darum geht zu wissen, was Bibi und Julian machen, dann gehen wir auf die Seite und gucken uns das da an und na klar, gehen wir auf deren Seite und gucken uns nicht irgendein gerepostetes Video an. Das wollen wir natürlich nicht, sondern wir gehen direkt auf die Seite, das ist klar. Wir gehen auf die direkte Quelle und wenn es irgendwelche anderen aktuellen Themen sind, die sind immer mit Vorsicht zu genießen. Und bevor wir nicht eine komplette Bestätigung haben, für irgendetwas, wird das auch nicht berichtet. Ich finde es auch ganz, ganz schwierig. Das passiert super oft in Berichterstattungen mit „soll, hätte und könnte" zu arbeiten. Gerade wenn es um krasse Sachen geht. Dann lieber nichts sagen, als irgendeine Scheiße zu erzählen.

75 J6: Naja, also für mich, ich kann da mehr von meinen eigenen Regeln sprechen, die ich mir auferlegt habe. Ich für meinen Teil, sage mir, bevor ich an so eine Information herangehe und bevor ich mir da irgendwie den riesen Kopf darum mache und eventuell sogar noch damit in die Welt hinausgehe, spreche mich immer mit anderen Leuten ab. Also für mich ist diese Kommunikation furchtbar wichtig. Auch gerade was wir vorhin gesagt haben mit diesem Bubble-Thema. Sehe das gerade nur ich so? Bin nur ich so emotional daran? Dann spreche ich das immer an und bekomme dann halt auch von meinen Kollegen direktes Feedback. Also, das ist die Regel, die wir in der Redaktion haben, die noch nicht erwähnt worden ist. Die absolute Ehrlichkeit. Also, wenn wir über Themen sprechen, dann sagt jeder, was er wirklich über dieses Thema denkt, weil sonst passieren eben solche Sachen, dass man automatisch schon in eine falsche Richtung gelenkt ist, weil jeder sagt: „Ja, ja, das ist gut" und das macht man es, obwohl man es gar nicht gut fand. Und deshalb eine absolute Ehrlichkeit, wenn man sich austauscht. Und der Austausch an sich.

76 **Qualität der Berichterstattung**

77 **I: Jetzt kommen wir noch zur Qualität der Berichterstattung. Welche Kriterien spielen bei der Nachrichtenauswahl eine Rolle?**

78 J5: Grundsätzlich gehen wir nach den nach den Nachrichtenwerten, die man mal so gelernt hat, wie Unterhaltungswert oder Aktualität. Also das ist mal die Grundbasis von allem. Jetzt kommen wir aber dazu, dass wir natürlich schon für eine gewisse Zielgruppe senden. 14 bis 35 ist so unsere große Zielgruppe, 20 bis 29 und vielleicht 31 noch unsere Kernzielgruppe. Und da muss man sich natürlich die Frage stellen: Welche Themen sind da relevant? Ich glaube, dass wir manchmal, gerade bei jungen Formaten, uns zu krass, was ich gerade eben auch schon gesagt habe, zu krass

überlegen: Was könnte denn jetzt trendy sein? Und klammern dann ganz oft aus, dass für einen 24-jährigen eine gute und sachliche Berichterstattung über den Krieg in der Ukraine genauso wichtig ist, wie z. B. was Amber Heard und Johnny Depp gerade machen. Und ich finde diese Mischform ist total wichtig, auch solche Sachen wie das 9€-Ticket zu machen, was auch für junge Menschen, genauso wie für Ältere ein gesellschaftlich relevantes Thema ist. Es muss nicht immer dieses anbiedernde „Young Fresh and Juicy", wie ich es ganz gerne nenne, haben. Bei der Themenauswahl genauso wie bei der Präsentation. Und wir diskutieren das auch recht regelmäßig. Das gehört unter anderem zu meinem Job, mich dann mit dem Programmleiter oder der Beratung und Beratern auseinanderzusetzen und auch mit den Leuten, die die Nachrichten machen. Welche Themen sind für uns am Ende des Tages relevant? Und das ist das, was ich gerade eben gesagt habe. Es sind die großen Themen und es sind dann halt auch die bunten, kleinen Themen.

79 J6: Da würde ich mich eigentlich auch ein bisschen ein bisschen anpassen, an das, was J5 gesagt hat. Für mich ist es total wichtig, dass du dieses große Meinungsbild spiegelst, dass du dich jetzt nicht irgendwie festfährst auf diese Zielgruppe. Natürlich ist es wichtig, dass du dich an deiner Zielgruppe orientierst, aber du kannst es nicht allen recht machen. Also ich kann nicht denken, wie jeder 20 bis 31-Jährige (...). Ich versuche natürlich immer diese grobe Masse zu überblicken und da gehört es auch dazu, dass ich seriöse Berichterstattung mache, aber eben auch so einen Krümel an „Young, Fresh and Juicyness" miteinbeziehe. Und ich glaube, gerade wenn du beide Aspekte einbeziehst und in beide Richtungen recherchierst, dass du da einen guten Mittelweg findest.

80 J5: Ich möchte da noch ein Wort benutzen, das ganz gerne benutzt wird, das Thema Diversität. Ich finde, wir sollten in der Themenauswahl eine gewisse Diversität haben. Und ich bin 34, der Kollege ist 24 und die anderen Kollegen sind so

in der Mitte. Wir haben aber auch junge Praktikanten und ich finde es total interessant zu wissen, was passiert in der Zielgruppe oder was interessiert die Leute, dass wir eine Mischform haben und darauf auch in unserer Berichterstattung achten. Egal ob es jetzt die Nachrichtenthemen sind oder ob sie Content für die Sendung sind, dass wir darauf achten.

81 J6: Und ich finde auch gerade diese Diversität bei uns in Redaktion so interessant, weil du hast manchmal so ein Thema, wo du davon ausgehst, ja klar, das kennt keine Sau in der Zielgruppe und dann hast du irgendwie einen 19-jährigen Praktikanten, der sagt: „Ja klar, kenne ich das, das beschäftigt mich jeden Tag." Also teilweise überrascht man sich selbst.

82 **I: Wie beeinflussen Social Media die Auswahl?**

83 J5: Ich finde Social Media kann ein guter Zusatz sein. Also wenn wir z. B. aktuelle Themen haben, wie Frankfurt hat es geschafft, dieses lustige Spiel zu gewinnen. Ich weiß jetzt nicht mehr so ganz genau, aber was ich total geil fand, da gibt es dann so Side-Themen und das Thema war dann, dass auf Social Media ein Video durchging, das aus der Live-Berichterstattung kam. Weil der Bürgermeister von Frankfurt wollte auf diesen Balkon gehen und wollte die Trophäe präsentieren und hat mehr oder weniger den Spielern auf dem Weg zu diesem Teil einfach die Trophäe aus der Hand gerissen, damit er das irgendwie so halten kann. Und das sind so schöne Side-Themen, wo Social Media echt auch mega gut für ist und was wir auch aufgreifen und was wir auch in den Nachrichten z. B. auch aufgreifen, aber auch in den Contents, die wir sonst im Programm machen, man kann auch ein kleines Tönchen dann spielen und dafür ist es richtig, richtig nice.

84 J6: Und ich finde für mich ist Social Media so ein bisschen die Kirsche auf dem Eisbecher. Man hat etwas recherchiert und dann braucht man jetzt gerade beim Radio einen Ton bspw. und das untermauert meine Aussage oder meine Recherche oder vollendet sie. Und dafür finde ich Social Media perfekt, weil man dann ein optimales Gesellschaftsbild zu einer Recherche hat.

85 **I: Okay. An welchen Kriterien orientieren Sie sich, um qualitative Beiträge zu verfassen?**

86 J5: Grundsätzlich muss es unterhaltsam sein, das ist Nummer eins. Jetzt kann man Unterhaltung in mehrfacher Hinsicht definieren. Ich glaube, wenn wir die Morgensendung machen, begleiten wir die Leute auf dem Weg zur Arbeit oder auf dem Weg zur Berufsschule. Die Welt ist komplex und stressig genug. Wir wollen die Leute unterhalten und wenn wir aktuelle Themen haben, versuchen wir diese Themen so unterhaltsam wie nur möglich zu präsentieren (…). Natürlich muss es journalistisch sauber sein. Wir dürfen nichts als Fakt darstellen, was kein Fakt ist. Auch wenn es mal härtere Themen sind. Wir haben bei dieser Nummer mit George Floyd in den USA, immer darauf geachtet, die aktuelle Lage einfach zusammenzufassen und nicht zu richten. Denn was Social Media tatsächlich auch manchmal macht, Social Media richtet ganz gerne mal über irgendein Thema. Egal was es ist, es wird einfach gerichtet, ohne dass es in Deutschland einen Gerichtsprozess dazu gab. Und meiner Meinung nach verurteilt in Deutschland immer noch das Gericht und nicht Social Media. Und das ist auch ein Anspruch, den ich persönlich habe an all das, was wir, was wir da morgens machen, also journalistisch sauber. Aber wir sind hier nicht das Jüngste Gericht.

87 J6: Da kann ich mich eigentlich echt zu 100 % anschließen. Ich kann mich nur wiederholen. Für mich ist die breite Masse super wichtig. Und qualitativ ist für mich nicht

immer nur diese eine Quelle, dieses eine Profil, diese eine Person hier. Qualitativ ist für mich, wie viel Hintergrundrecherche steckt in dem Beitrag? Und deshalb ist für mich einfach eine vielschichtige und diverse Meinung super wichtig.

88 **I: Okay. Und wie hat sich die von Ihnen wahrgenommene journalistische Qualität durch den Einbezug von Social Media verändert?**

89 J6: Da kann ich vielleicht sogar zuerst darauf antworten. Das, was wir vorhin gesagt haben, als wir Pro und Contra aufgezählt haben. Es hat sich positiv verändert dahingehend, dass man ein größeres, viel schnelleres und ein viel breiteres Meinungsbild hat. Oder einfach eine breitere Berichterstattung von vielen Seiten gleichzeitig. Das ist echt gut. Auf der anderen Seite hast du halt leider nicht nur Journalisten auf irgendwelchen Social Media Plattformen. In diesem Spiel, in diesem Journalismus-Spiel, sage ich jetzt mal, spielen auch Leute mit, die da nicht mitzuspielen haben. Früher konntest du davon ausgehen, dass jeder der darüber berichtet hat, der irgendetwas gemacht hat, der hat sich auch tatsächlich damit auseinandergesetzt. Der hat Praxis darin. Und jetzt hast du halt auch ganz normale Leute, die irgendetwas behaupten. Und das hat das bisschen negativ verändert.

90 J5: Positiv finde ich ist, dass man recht schnell Zugriff auf verschiedene Quellen hat. Das hat für solche Redaktionen wie jetzt z. B. ein Privatradio natürlich einen riesengroßen Vorteil, weil man eben nicht das Korrespondenten-Netzwerk hat. Ich finde es übrigens auch für regionale und lokale Radiosender total gut, auch gerade für Fernsehsender, weil sie sich an Quellen bedienen dürfen und damit Themen machen können, die sie sonst nicht machen könnten. In der Art und Weise zumindest mal. Das sehe ich als Vorteil. Ich glaube, dass die Journalistenriege in Deutschland, egal ob

sie alt oder jung sind, wissen, wie sie mit Social Media umzugehen haben. Ich finde es nur beim Endkonsumenten wahnsinnig schwierig, weil mittlerweile sich jeder Journalist schimpfen darf, weil es halt auch einfach nicht geschützt ist. Der Journalist ist kein geschützter Beruf und dementsprechend muss man als Konsument auch wahnsinnig aufpassen, was man sich anguckt. Und vielleicht ist das die große Gefahr von User Generated Content in Social Media, dass es halt keine direkte Quellenprüfung gibt.

91 Eigene Kommunikation:

92 **I: Verfassen und veröffentlichen Sie im Arbeitsontext auch journalistische Beiträge auf Social Media?**

93 J5: Für unsere Zielgruppe machen wir wenige journalistische Beiträge, sondern bei uns sind es größtenteils Unterhaltungsgeschichten. Es gibt an der ein oder anderen Stelle Dinge, die man mal macht. Aber wir haben z. B. festgestellt, dass in unserer Riege einfache, unterhaltsame Dinge eine viel, viel größere Reichweite bekommen als jetzt der große Journalismus.

94 J6: Ich hatte mal eine Kommilitonin, die immer sehr, sehr verbissen darauf war, irgendwie die Welt zu revolutionieren. Und das nächste große Ding aufzudecken und jeden Verbrecher auf dieser Welt hinter Gitter zu bringen. Das hat mich schon so ein bisschen abgeschreckt, weil ich mir immer dachte: „Okay, das ist jetzt keine Richtung, mit der du die Leute tatsächlich erreichst." Ich habe dann schon früh gemerkt, es ist vielleicht einfach diese Mischung, dieses Infotainment, mit leichten Themen, mit einer kleinen Message und ein bisschen Aktualität. So erreicht man mehr, als wenn man immer nur diesen Zeigefinger hochhebt. Eher auf diese lockere, entspannte Art. Und dann kann man den Leuten eventuell sogar noch eine Message mitgeben, von der das Publikum etwas lernen kann.

95 **I: Okay, verweisen Sie in Ihren Beiträgen direkt auf Social Media Quellen, wann und wann nicht?**

96 J5: Ja klar, das ist ganz normale journalistische Arbeit, wenn wir ein Video nutzen, von einem Twitter-Kanal, dann nennen wir die Quelle. Ich finde es manchmal ein bisschen schwierig, dass dann einfach nur Quelle „Twitter" dasteht oder Quelle „Instagram". Wenn, müsste man schon den dementsprechenden Kanal als Quelle angeben. Ich habe auch schon die Quelle Internet gelesen. Das finde ich auch hochinteressant. Also ja, natürlich geben wir die Quelle an, das ist auch total wichtig und gehört zur journalistischen Arbeit dazu.

97 J6: Ja, also ich finde auch, die Quelle angeben ist super wichtig. Ich finde, bei der detaillierten Quellenangabe ist es immer ein bisschen eine Sache. Wenn es heißt, die Quelle ist von XXMausebär69, damit kann der Hörer auch nichts anfangen, wenn wir das gesagt haben.

98 J5: Aber dann solltest du dich aber fragen, ob das eine gute Quelle ist.

99 **I: Okay, wie nehmen Sie das Feedback zu Ihrer eigenen Kommunikation wahr und wie reagieren Sie darauf?**

100 J6: Das Feedback nimmt man einfach als Feedback. Also ich lese mir durch, was die Leute zur Show schreiben, was die Leute zu einzelnen Personen schreiben und versuche es erst mal ganzheitlich einzuordnen. Dann kann man das vielleicht annehmen und verwenden (…) Also ich muss mich auf jeden Fall mit dem Feedback auseinandersetzen und gucken kann ich damit arbeiten und das ist okay.

101 J5: Ich würde dazu raten, Kommentare bei Social Media unter irgendwelchen eigenen Contents nicht zu lesen, weil du machst dich wahnsinnig. Entweder du stehst dazu, was du getan hast oder auch nicht. Jetzt kann man natürlich sagen,

wenn es jetzt einen riesengroßen Shitstorm zu irgendetwas gibt, dann kann man sich nochmal kritisch damit auseinandersetzen. Das ist natürlich auch okay, aber ich würde da gerade im Social-Media-Bereich nicht so viel darauf geben, gerade wenn es Kommentare sind. Wenn das längere und differenzierte Nachrichten sind, ist das nochmal eine ganz andere Hausnummer.

102 **I: Haben Sie mir ein Best-Practice-Beispiel, wie auf Publikumsbeteiligung über Social Media eingegangen wurde?**

103 J5: Na ja, also wenn wir /. Klar, wenn über die Fragesticker Antworten reinkommen, dann /. Wir haben es bei Fabis Malle-Song gemacht, wo es umdie Namensgebung ging. Von ihm als Malle-Künstler. Und haben dann die Leute gefragt. Es sind auch genau solche Sachen. Es sind diese leichten Themen, die auf Social Media funktionieren. Leichte Themen, die eine kurze Antwort beinhalten. Alles, was differenziert sein soll, Themen, die komplex sind, da die Leute bei Social Media zu fragen, sehe ich nicht, weil Leute bei Social Media grundsätzlich darauf getrimmt sind, schnell Kommentare abzugeben und von denen dann zu erwarten, dass sie sich jetzt differenziert mit einem sehr komplexen Thema auseinandersetzen. Nein.

104 **Abschlussfragen**

105 **I: Okay, jetzt komme ich auch schon zu meinen Abschlussfragen. Wie beurteilen Sie den journalistischen Arbeitsprozess im Zusammenhang mit Social Media? Schwieriger, einfacher? Und was sind die Gedanken dazu?**

106 J5: Ich glaube grundsätzlich je mehr Quellen du hast, desto schwieriger wird es und desto komplexer wird es. So ist das auch bei Social Media, weil es halt nun mal mehrere Quellen sind, die dazukommen. Gerade bei aktuellen Themen. Also ich glaube, es macht es komplexer. Es nimmt auch mehr Zeit

in Anspruch, die Dinge, die bei Social Media gespreaded werden, dann auch nochmal zu checken. Punkt.

107 J6: Ich finde auch, dass es gerade das schwierig macht. Das ist das, was ich vorhin gesagt, dass es positiv und negativ gleichzeitig ist. Du hast eine riesengroße Masse und auch eine riesengroße Masse an Informationen. Aber ich finde, um eben dieses Sternchen auf deine Arbeit zu setzen, musst du diese extra Runde gehen und einfach die Sachen gegenchecken. Ich mache das, weil es für mich das einfach dazugehört. Das macht meine Arbeit am Ende des Tages besser. Das macht es für den Hörer greifbarer, wenn ich diese extra Runde gehe. Ich habe jetzt diese 100 Meldungen und ich gucke mir jede einzelne durch und hinterfrage jede einzelne auf die Richtigkeit ihrer Aussagen.

108 **I: Okay. Und wie sehen Sie die Zukunft des journalistischen Arbeitsprozesses in Anbetracht der sich ständig weiterentwickelnden Social Media Landschaft?**

109 J5: Geht den Bach runter. Das war Spaß (lacht). Es war ein Scherz. Bitte nicht so zitieren. Der Journalismus hat schon ein paar Tage hinter sich, wenn man Journalisten aus ihrem klassischen Arbeitsumfeld herausnimmt und sie auf einmal mit Quellen konfrontiert, die eben nicht so klar sind wie dpa oder keine Ahnung, stellt das erstmal vor eine Herausforderung (...). Ich glaube, wir werden in den nächsten Jahren einfach lernen müssen, dass es außer klassischen Quellen diese anderen Quellen gibt und die auch dann dementsprechend so einzuordnen. Thema Hashtags bei Twitter. Also wenn ein Hashtag bei Twitter geht, dann erst mal gucken, ob er relevant für die Zielgruppe und mein Medium ist. Also dieses Einordnen, dieser Alltag, damit normal umzugehen. Ich glaube, das wird in den nächsten Jahren passieren. Ich hoffe, dass die Social-Media-Netzwerke besser darauf achten, dass das, was da verbreitet wird auch stimmt. Ich sehe die Verantwortung da auch nicht bei den Behörden, sondern

ich sehe die Verantwortung ganz klar bei den Social Media, die meiner Meinung nach dafür Sorge zu tragen haben, dass die Quellen, die sie am Ende des Tages dort spreaden, auch richtig sind.

110 J6: Ich muss jetzt hier ganz kurz Professor Dr. Angela Merkel zitieren, die gesagt hat: „Das Internet ist für uns alle Neuland." Das wird auch immer so sein, weil sich das auch ständig weiterentwickelt. Social Media entwickelt sich dahingehend immer weiter und da würde ich auch direkt anknüpfen. Man sollte es einfach so behandeln, als ob es einfach eine normale, seriöse Quelle wäre. Die hinterfrage ich genauso, wie wenn ich ein Zeitungsartikel lese. Ich muss jetzt dem Kollege J5 widersprechen: Ich sehe die Verantwortung nicht bei den Social-Media-Plattformen, sondern ich sehe die Verantwortung bei den Journalisten selbst. Weil ich sage, das ist die Arbeit eines Journalisten, zu hinterfragen, Sachen zu checken. Und genau das finde ich, ist eigentlich eine der Hauptaufgaben eines Journalisten. Und wenn man sagen würde, das prüft jetzt Instagram vorher, was da für Fake-News gespreaded werden. Ich weiß nicht, wo wir da hinkommen, deshalb sage ich, das bleibt beim Journalisten und der Journalismus muss damit in Zukunft einfach warm werden. Auch die Älteren. Und die Jüngeren müssen akzeptieren, dass nicht alles Gold ist, was da rein rauskommt, sondern dass man das einfach differenzierter betrachtet.

111 J5: Ja, das muss sowieso passieren. Was das Wichtigste ist, dass wir in Deutschland eine absolute Bildung brauchen, in den Schulen schon. Das muss schon in der Grundschule passieren, weil es Alltag ist. Die Leute müssen lernen, mit Social Media umzugehen. Die Journalisten natürlich, aber vor allem auch der Ottonormalverbraucher.

1 **Interview 7: SWR Aktuell – Hauptnachrichtensprecher der Nachrichtensendung SWR Aktuell Baden-Württemberg; 25.05.2022; 49:28 Minuten**

2 **Informationen zur Person**

3 **I: Ich fange mit einem kurzen Aufwärmen an. Als erstes die Informationen zur Person. Bitte stellen Sie sich und Ihre Position, Funktion und das Ressort kurz vor.**

4 J7: Also ich bin Moderator bei SWR Aktuell in Baden-Württemberg bei den Fernsehnachrichten. Wichtig, weil SWR Aktuell inzwischen multimedial aktiv ist, in allen Ausspielwegen und wir aber intern schon auch noch zwischen den klassischen Zuständigkeiten unterscheiden. D. h. Online, Hörfunk (wobei Hörfunk gibt es bei uns nicht mehr) und Fernsehen natürlich. Und da moderiere ich die Hauptnachrichten seit drei Jahren.

5 **I: Okay. Was gehört zu Ihren täglichen Aufgabenbereichen?**

6 J7: Mein täglicher Aufgabenbereich, ist natürlich grundsätzlich als Journalist sich zu informieren, über das aktuelle Weltgeschehen ich habe gerade /. Ich komme aus einer Schalte, da habe ich gelernt Journalist kommt von „le jour". Wusste ich bis eben auch nicht oder war mir nicht mehr bewusst. Im Grunde bilden wir das ab, was am Tag passiert ist oder gerade passiert und da muss man sich natürlich auf dem Laufenden halten. So beginnt mein Arbeitstag und offiziell in der Redaktion beginnt er dann mit der ersten Redaktionssitzung. Da gibt es viele Kollegen. Die Kolleg/-innen die schon alles Mögliche vorbereitet haben, auch schon in diversen Schalten waren und ich fange um 10:30 Uhr dann offiziell an, mit der ersten Sitzung und dann nimmt der Tag an Fahrt auf bis es dann zur Sendung abends kommt und was heißt das bei mir, teilnehmen ist schon eine aktive Rolle, weil ich nicht jemand bin der um 16 Uhr kommt und dann halt runtermoderiert,

was da ist. Sondernden, dass ich schon aktiv an der Themenfindung, an der Themenauswahl, an der Themengestaltung und der Themensetzung beteiligt bin. Also nicht nur mit meiner aktiven Arbeit, das was man dann im Fernsehen sieht, also sprich: Wie ich ein Interview führe, wie ich ein Thema anmoderiere, da kann man durchaus keine Meinung, aber zumindest Haltung zeigen, teilweise, eigentlich sollte man das nicht als Nachrichtenmoderator, ich bin neutral und objektiv, aber so ein bisschen kann es durchscheinen, aber des nehmen wir nicht offiziell ins (...). Also je nachdem wie ich ein Thema anmoderiere, komme ich über Zahlen, komme ich über Gefühle, komme ich über harte Fakten, also es gibt durchaus Unterschiede.

7 Jetzt muss ich den Gedanken zu Ende machen, das ist das eine, wie ich aktiv auch gestalte. Und das andere ist eben nicht so sichtbar. Auch radaktionell in der Art Fragen zu stellen, brauchen wir noch jemanden der Themen erklärt, brauchen wir da noch ein zweites Stück dazu, brauchen wir noch Hintergrundinfos usw. und so fort, also da kann ich durchaus Einfluss nehmen, redaktionell.

8 **I: Welche Social-Media-Plattformen nutzen Sie im Arbeitskontext, welche im Privatkontext? Und gibt es da auch Überschneidungen?**

9 J7: Das ist alles eine Überschneidung. Das Einzige, was ich, aber das ist auch nicht privat, was ich privat nutze, ist LinkedIn und bei allem anderen bin ich mehr oder weniger in der öffentlichen Rolle. Auch zumindest, wenn ich mit meinem Profil da bin, aber es hat auch immer eine private Seite auf jeden Fall, aber mit vielem, was ich da nutze und mache was Social Media ist, ist das Berufliche nicht rauszuhalten.

10 **I: Und welche Plattformen sind das?**

11 J7: Alle, außer TikTok, wenig YouTube, Twitter verhältnismäßig wenig für einen Journalisten, aber mit diesem Medium

bin ich noch nie so richtig warm geworden und Facebook, war früher, inzwischen ist es Instagram, das ist eigentlich die Hauptplattform, würde ich sagen.

12 <u>Recherche</u>

13 **I: Jetzt kommen wir zum Recherche-Block. Wie verwenden Sie Social Media für die Recherche in Ihrer Redaktion und welche Bedeutung haben Social Media dabei für Sie?**

14 J7: Also die Redaktion an sich benutzt es überhaupt nicht (...). Die wenigsten meiner Kolleg/-innen benutzen die sozialen Medien, um wirklich aktiv zu recherchieren, außer vielleicht bei Twitter. Das mache ich ab und zu auch, also gerade in der Pandemie habe ich Twitter bspw. oft benutzt, um morgens zu schauen was gibt es Neues. Dafür ist Twitter natürlich ganz gut und es gibt sicher auch Kolleg/-innen die gerade Twitter mit den „Trending Topics" nutzen, um Themen zu setzten, um herauszufinden über was wird gerade gesprochen, sicher auch meine Redaktion, würde ich sagen. Zumindest auf Chef-Ebene. Ich selbst und die meisten, die ich kenne, benutzen es natürlich eher, um sich einen Eindruck zu verschaffen: Über was wird gesprochen, was ist heute irgendwie in der Diskussion, was ist gerade viral, wie geht es den Leuten, um auch so ein bisschen ein Tagesgefühl zu kriegen. Was treibt die Leute heute um, ist es jetzt heute diese Geschichte in Texas oder ist es eher das Wetter oder sind es die Affenpocken. Das benutzen sicher viele erstmal, um die Basis-Recherche zu erweitern, weil inzwischen halt nicht nur wichtig ist, was in der Süddeutschen Zeitung steht oder in der FAZ oder im Spiegel, sondern eben auch, über was wird in den sozialen Medien gesprochen, das ist, würde ich sagen, inzwischen fast genauso wichtig geworden.

15 **I: Und welche Social-Media-Plattformen sind dafür dann relevant?**

16 J7: Da ist es sicher Twitter in Journalisten-Kreisen, aber ich glaube für den normalen Bürger /Bürgerin ist es natürlich eher Instagram, aktuell. Ich glaube Facebook ist im Grunde tot, also was das anbelangt. Ich frage mich manchmal selbst, wer da noch aktiv ist und warum. Aber aktuell ist es ganz klar Instagram.

17 **I: Jetztkommt eine Auflistung und da müssen Sie sagen, welche Social-Media-Plattform Sie heranziehen würden oder eben keine. Die meisten, die ich interviewt habe, haben sich da ewig lange dran aufgehalten, deshalb einfach nur ganz kurz. Welche Social-Media-Plattform ist besonders gut für...**

18 **Augenzeugen, die befragt oder zitiert werden können?**

19 J7: Also, um Augenzeugen zu finden? Instagram oder Twitter.

20 **I: Die Gegenprüfung von Informationen?**

21 J7: Gar nicht. Immer bei der Originalquelle.

22 **I: Themenideen?**

23 J7: Facebook oder Instagram, wobei da widerspreche ich mich also vorher habe ich gesagt Twitter, also Instagram oder Twitter. Facebook hat eigentlich keine Relevanz mehr.

24 **I: Resonanz auf die eigene Berichterstattung?**

25 J7: Das ist bei dem klassischen Medium Fernsehen mit einer Zielgruppe, mit einer Zuseherschaft Ü65 natürlich schwierig zu sagen. Aber auch Insta, weil da kriege ich am meisten Resonanz, auf das was ich tue. Selbst von älteren Zuschauer/-innen.

26 **I: Fakten über ein aktuelles Ereignis?**

27 J7: Fakten? Keine der Plattformen.

28 **I: Meinungsverteilung zu einer Streitfrage?**

29 J7: Twitter.

30 **I: Experten, die befragt oder zitiert werden können?**

31 J7: Auch Twitter.

32 **I: Hintergrundinformationen zu bestimmten Themen?**

33 J7: Keine.

34 **I: Aufbau und Pflege von Expertennetzwerken?**

35 J7: Da LinkedIn, aber mache ich nicht aktiv.

36 **I: Kontinuierliche Beobachtung prominenter Quellen?**

37 J7: Instagram, ganz klar.

38 **I: Man kann auf Social-Media-Plattformen gezielt nach Themen suchen. Oder man kann per Zufall darauf stoßen. Wie ist das bei Ihnen so, recherchieren Sie immer gezielt über Social Media oder stoßen Sie auch durch Zufall auf Themen? Zu wie viel Prozent gezielt und zu wie viel Prozent ungefähr Zufall?**

39 J7: 70 Zufall. 30 gezielt.

40 **I: Okay, spannend. Auf welche Akteure und Themen achten Sie dabei?**

41 J7: Zum einen natürlich Kollegenbeobachtung, also was machen andere, was treibt andere um. Wobei es natürlich ein Unterschied ist, ob man jetzt Medien anschaut oder tatsächlich Kollegen / Individuen.

42 Aber wenn ich das sortieren soll. Ganz klar, Kollegen, andere Redaktionen, das ist für mich eigentlich das Wichtigste. Andere Redaktionen, dann Kollegen, dann Promis und dann kommen andere Nicht-Promis, also was die so umtreibt.

43 **I: Wo sehen Sie Vorzüge der Social-Media-Kanäle gegenüber anderen Recherchequellen? Wo sehen Sie Nachteile?**

44 J7: Also die Vorzüge sind ganz klar, man kriegt schnell mit über was gesprochen wird. Man kriegt Ideen, Anreize und Inspirationen. Also Ideen und Inspirationen sowohl für Themen als auch für Moderationen. Also wie hänge ich eine Moderation auf oder wo hänge ich ein Thema auf. Da geht es manchmal so weit, dass ich sogar kleine Geschichten finde, die dazu passen. Keine Ahnung, jetzt als Beispiel, der VfB steigt auf oder ab. Da macht man sich natürlich Gedanken, wie hänge ich das thematisch auf und wie erzähle ich diese Moderation, warum ist das wichtig und was fällt mir als eigenen Ansatz ein. Und das gab es bspw. auch schon, also nicht, dass sie auf- oder abgestiegen sind, sondern dass ich am Rathaus vorbeigefahren bin und nein, anders gesagt, dass ich bei Facebook gesehen habe, dass das Rathaus Stuttgart die VfB Flagge oder Fahne hisst oder was auch immer und das kann dann auch Teil der Berichterstattung oder Teil der Moderation sein (...).

45 Für sowas ist das ganz gut. Themen, Inspirationen, Recherche, über was wird gesprochen, was ist relevant heute.

46 Für was eignet es sich nicht so, das ist ganz klar: Für Fakten. Alles, was mit Originalquelle oder Primärquelle zu tun hat. Polizei, da rufe ich lieber direkt an und frage nach. Und auch Experten bspw., habe ich da vielleicht auch noch eine Nachfrage und nicht nur diesen einen Satz bei Social Media.

47 **I: Okay, gibt es in der Redaktion irgendwelche Regeln, die bei der Social-Media-Recherche gelten?**

48 J7: Nein. Die Regeln sind wie immer bei der Recherche, wir gehen nach journalistischen Handwerksregeln vor und haben unsere journalistischen Grundprinzipien. Danach folgen wir auch bei der Social Media Recherche.

49 **I: Was sind die Grundprinzipien?**

50 J7: Naja das sind die Grundprinzipien, das Vier-Augen Prinzip und Zwei-Quellen-Prinzip, dass Dinge einfach mehrfach bestätigt werden müssen und es eben nicht nur reicht einer Social-Media-Quelle zu vertrauen. Sondern wenn ich bei Twitter sehe, es gibt Krawalle in der Stuttgarter Innenstadt, dann muss ich da entweder selbst hinfahren und mir ein Bild machen oder ich rufe die Polizei an und frage, ob das stimmt. Also das ist das oberste Grundprinzip.

51 **Qualität der Berichterstattung**

52 **I: Jetzt kommen wir zum nächsten Block, zur Qualität der Berichterstattung. Welche Kriterien spielen bei der Nachrichtenauswahl eine Rolle?**

53 J7: Die typischen Nachrichtenfaktoren, wie sie die Wissenschaft schon tausendfach analysiert hat, aber es ist genau das. Ich komme jetzt gerade aus dieser Sitzung da und da ging es auch darum, dass wir den Nachrichtenfaktoren folgen. Bei den Nachrichtenfaktoren ist es eh ganz klassisch. Da geht es darum, was ist neu, was ist relevant, was ist regional nah (das ist beim SWR auch nicht ganz unwichtig), weniger ist es natürlich so etwas wie Prominenz oder Sex. Sowas ist weniger in den Nachrichten relevant.

54 **I: Beeinflussen Social Media diese Auswahl?**

55 J7: Nein, weil ich habe am Anfang gesagt, dass das ein Recherchetool von vielen ist. Deshalb ist das nicht anders als bei den anderen, sogar eher weniger. Bei einer klassischen Nachrichtensendung ist das wirklich ein Tool von vielen und es spielt eine untergeordnete Rolle.

56 **I: An welchen Kriterien orientieren Sie sich persönlich, um qualitative Beiträge zu verfassen? Qualitativ meint hier Punkte wie z. B. Richtigkeit, Vollständigkeit, Einhaltung**

ethischer Grundsätze, Objektivität, Transparenz und Glaubwürdigkeit.

57 J7: Ethische Grundlagen des Journalismus und Handwerkszeug des Journalismus.

58 **I: Und gibt es irgendetwas, was Sie unternehmen, um die Qualität Ihrer Beiträge noch zu verbessern?**

59 J7: Die sind immer toll (lacht). Was heißt die Beiträge noch zu verbessern. Im Grunde immer wieder daran zu arbeiten, zu reflektieren und es immer wieder ein Stück besser machen zu wollen.

60 Man sieht bei Social Media, es ist ein Maßstab dafür, gerade wenn ich jetzt Rückmeldung kriege, auf meinen persönlichen Kanälen, dann ist es ein Maßstab dafür, wie relevant ein Thema ist und wie gut wir es umgesetzt haben. Weil ich z. B. Rückschlüsse daraus ziehen kann, wird darüber gesprochen, war es gut, dass wir darüber gesprochen haben. Weil die Leute sich melden und sagen: „Hey, cool“ oder „gut“ oder „das habe ich mich den ganzen Tag schon gefragt“ oder „was habt ihr da wieder für einen Scheiß gemacht“. Wobei da meldet sich witzigerweise selten jemand. Auch da ist Social Media neben weiteren Instrumenten oder weiteren Indikatoren eben einer. Und dann ist die Quote beim Fernsehen nach wie vor sehr prägend, aber auch sowas wie Zuschauerzuschriften. Auch das ist ein Indikator, genauso gleichwertig wie Social Media. Das war gerade in der Corona-Zeit sehr interessant, weil man da schon gemerkt hat, inwiefern die Leute dieses Thema umtreibt. Also gerade in diesen ersten Lockdown-Phasen, jedes Mal hat die Art und die Masse an Zuschauerzuschriften zugenommen. Sowohl klassisch, also klassisch heißt inzwischen E-Mail, als auch über Social Media, weil da einfach mehr kam. Man hat gemerkt, das treibt die Menschen um und man hat da auch gemerkt, dass deutlich jüngere auch plötzlich Nachrichten geschaut haben. Und das merke ich schon am Feedback, an der Resonanz bei Social Media.

61 Oder auch Verlinkungen bei Twitter, weil die gibt es natürlich bei mir. Wenn Leute mit der Berichterstattung nicht zufrieden sind oder wenn sie auf einen Missstand aufmerksam machen wollen, das gibt es auch teilweise, dass sie mich dann verlinken bei Twitter, bei bestimmten Themen, weil sie denken, wenn er das liest, dann berichtet der SWR vielleicht oder wir machen schon einmal darauf aufmerksam, dass wir da nicht so zufrieden sind, wie der SWR so etwas üblicherweise berichtet.

62 **I: Okay, spannend. Ja genau. Wie hat sich die von Ihnen wahrgenommene journalistische Qualität durch den Einbezug von Social Media verändert?**

63 J7: Sie hat sich verschlechtert. Weil /. Naja, verschlechtert weiß ich nicht, aber lassen wir das mal.

64 Ich will es anders formulieren, ich will es gar nicht bewerten, ob sie sich verbessert oder verschlechtert hat. Das ist immer ein bisschen schwierig. Wir sitzen oft in der Redaktion und sagen, man müsste doch dringend mal dies oder jenes machen und dann kommst du wieder darauf und sagst „früher was alles besser". Wenn du aber darüber nachdenkst, kommst du nicht zu dem Schluss, weil du weißt A nicht wie es früher war und B war wahrscheinlich früher nicht alles besser. Weil inzwischen wissen wir einfach viel mehr über diese Welt, wir kennen viel mehr Zusammenhänge und wir haben viel mehr Informationsquellen, wir sind vielleicht ein Stück weit intelligenter, nicht in allen Bereichen, leider und wir sind auch nicht schlau - das ist ein Unterschied. Aber ich glaube diesen Vergleich zu ziehen, ob das jetzt besser wird, dadurch oder schlechter ist schwierig. Ich glaube was wichtig ist für Redaktionen, ich glaube soziale Medien haben unglaublich /.

65 Im Grunde war das die zweite Revolution nach dem Internet. Das Internet hat extrem verändert, wie Redaktionen arbeiten, wir profitieren auch extrem viel davon, wir können

recherchieren indem wir ein Wort eingeben und „Enter“ drücken und wir finden alles dazu. Ich weiß gar nicht wie das früher war, ehrlicherweise. Selbst als ich angefangen habe als Journalist zu arbeiten gab es schon Internet, wenn auch rudimentär.

66 So das ist das eine und die zweite Revolution waren dann die sozialen Medien, die und einfach auch das Leben erleichtern, weil wir auch viel einfacher Protagonisten finden oder eben Betroffene finden zu bestimmten Themen. Aktuelles Thema auch der VfB Stuttgart, mit was da im Stadion passiert ist, nach dem Nicht-Abstieg. Es ist viel einfacher an Quellen heranzukommen, an Material heranzukommen. Das ist natürlich etwas, das gäbe es ohne soziale Medien einfach nicht.

67 Auf der anderen Seite glaube ich, hat es auch uns extrem beeinflusst, weil alles nochmal viel schneller geworden ist, alles nochmal oberflächlicher geworden ist und Stichwort „Clickbaiting“, die Gefahr besteht, dass sich redaktionelle Entscheidungsprozesse und redaktionelles Arbeiten noch mehr als bislang am Publikum ausrichten und am Publikumsverhalten, an Publikumserwartungen, Wünschen usw. und ich glaube da besteht die große Gefahr.

68 Also ich will nicht sagen, dass sie schlechter geworden ist, aber dass wir aufpassen müssen, dass wir wahnsinnig darauf achten, dass wir eben nicht durch soziale Medien alleine einem Wunsch des Publikums entsprechen, machen wir natürlich auch nicht, aber wir müssen aufpassen, dass es nicht in diese Richtung geht. Dann Stichwort „Clickbaiting“ und Themensetzung, dass wir da eben wahnsinnig aufpassen, dass wir nicht diesem Diktat folgen, des schnellen, visuellen, draufklicken. Es ist eben dieses Heischen nach Aufmerksamkeit. Das ist so ein bisschen die Gefahr, die ich sehe. Da gibt es gerade in den letzten Monaten auch extrem viele Beispiele, gerade auch seit dem Ukraine-Krieg, wo dann plötzlich irgendwelche Panzer auf irgendwelchen Bildern durch die

Timeline fahren. Oder ein Bsp. fällt mir sogar ein, was mich sogar selbst betroffen hat, in unserer Redaktion. Das war die Forderung die Heizung herunterzudrehen, um Putin zu schaden. Da wird dann plötzlich ein Minister zitiert, mit dieser sehr populistischen Forderung und daraus wird eine Nachricht in den sozialen Medien. Da finde ich muss es finde ich viel mehr noch, als bislang, die Aufgabe von etablierten, nach journalistischen Standards arbeitenden Redaktionen sein, dass solche Nachrichten eingeordnet werden, hinterfragt werden, dass populistische Zitate von Ministern oder von wem auch immer, eben nicht weiter ausgebaut werden, um die Sau durchs Dorf zu treiben. Sondern eher eingeordnet werden, hinterfragt werden. Punkt.

69 **I: Sehr cool, das haben Sie jetzt auch schon ein bisschen miteinbezogen, aber wo sehen Sie Gefahren in der Berichterstattung, beim Einbezug von Social Media? Wo sehen Sie Chancen?**

70 J7: Das ist genau die Gefahr. Und eine Chance ist die generelle Demokratisierungschance, die das Internet bietet. Dass Leute zu Wort kommen, die sonst nicht zu Wort kommen oder sonst nicht gehört oder nicht einmal entdeckt werden. Das ist für mich die zentrale Chance, genauso wie beim Internet. Die Frage ist eben nur, wie wir es schaffen, dass A, diese Stimmen tatsächlich gehört werden und B, Stimmen nicht Überhand kriegen, auch weil sie wissen, wie sie Überhand kriegen können und C, auch die Frage der Schweigespirale oder der Forced Balance, dass eben auch Stimmen und nicht nur Trolle zu Wort kommen. Das ist natürlich eine große Gefahr, wie wir alle wissen und sehen. Das ist die große Frage, wie wir dieses Problem lösen können. Dass da eben immer ein Meinungsungleichgewicht entsteht oder eine Meinungsverschiebung. Vorhin, da ging es um Klimaberichterstattung, in diesem Workshop. Das wusste ich auch nicht, dass es große Akteure gibt, die gerade auch beim Thema Klimaberichterstattung versuchen, die öffentliche Meinung zu beeinflussen,

nach ihren Wünschen. Bei dem Ukraine-Krieg hat man das tatsächlich gesehen, das war sehr offensichtlich nach Kriegsausbruch, dass es Trolle zu geben scheint, die aktiv Pro-Russisch kommentieren und wir müssen davon ausgehen, dass es das bei vielen anderen Themen auch gibt, dass da Trolle programmiert werden, auf Einflussnahme und das ist die große Gefahr von sozialen Medien und nur sich darauf zu verlassen.

71 Und tatsächlich, ist das nicht nur Aufgabe für Journalisten, sondern für die ganze Gesellschaft, aber auch für den Journalismus, da mehr Balance herzustellen. Weil es diese große Chance gibt mit der Demokratisierung, aber die Frage oder Aufgabe ist eben da mehr Balance herzustellen, damit da tatsächlich alle zu Wort kommen oder mehr zu Wort kommen und nicht nur diejenigen, die das wollen, die das aktiv beeinflussen oder die mit der falschen Energie unterwegs sind.

72 **Eigene Kommunikation**

73 **I: Jetzt kommen wir zum nächsten Block, zur eigenen Kommunikation. Verfassen und veröffentlichen Sie im Arbeitskontext auch journalistische Beiträge auf Social Media?**

74 J7: Da gibt es jetzt die Brücke zwischen dem eben und der Frage jetzt. Das wollte ich auch noch ergänzen. Damit eben diese Balance besser wird, glaube ich auch, dass es wichtig ist, das Journalist/-innen als Personen wahrnehmbar in den sozialen Medien unterwegs sind und auch auf diese öffentliche Meinung, Einfluss nehmen ist das falsche Wort, aber moderierend unterwegs sind. Also zum einen um gewisse Dinge zu hinterfragen, zum anderen ist es auch eine große Chance, weil wir aktuell auch so eine wahnsinnige Polarität haben in der Gesellschaft. Ganz viele Themen und Fragstellungen bei denen es nur richtig oder falsch gibt, nur halt aus verschiedenen Blickwinkeln. Und man das Gefühl hat, dass die Menschen nicht mehr miteinander reden, sondern nur noch übereinander, weil sie das Gefühl haben auf der richtigen oder

falschen Seite zu stehen. Und ich glaube da ist eben die große Chance und deshalb glaube ich, dass es so wichtig ist, dass auch Journalist/-innen unterwegs sind in den sozialen Medien.

75 **I: Und Sie sind das auch?**

76 J7: Ich bin es, aber ich würde es gerne noch aktiver betreiben, aber da fehlen mir die Ressourcen. Muss man auch ganz klar sagen, weil natürlich Redaktionen das in aller Regel nicht als Aufgabe eines einzelnen Reporters, Moderators, Redakteurs sehen, da aktiv zu sein. Aber im Grunde könnte man da viel mehr machen, wenn man da mehr Ressourcen hätte.

77 **I: Verweisen Sie in Ihren Beiträgen direkt auf Social-Media-Quellen? Wann? Wann nicht?**

78 J7: Nur dann, wenn es einen direkten Bezug gibt, nur dann, wenn ein Ereignis originär in den sozialen Medien spielt oder dort weitergeführt wird. Also heißt, um jetzt ein konkretes Beispiel zu machen: Die Polizeikontrolle in Mannheim, bei der ein Mann ums Leben kam, oder danach ums Leben kam. Da ist es so, diese Polizeikontrolle ist originär, spielt im richtigen Leben, nicht in den sozialen Medien. Aber danach wurde sehr viel diskutiert in den sozialen Medien, auch wieder sehr bipolar und da verweist man natürlich darauf, dass es große Diskussionen gibt, am digitalen Stammtisch. Hätte man früher auch nicht gemacht. Da hätte man vielleicht gesagt, an den Stammtischen wird darüber diskutiert, inzwischen ist es aber natürlich so, dass es der digitale Stammtisch ist, an dem jeder teilnehmen kann oder jede. Das ist bspw. auch wieder Demokratisierung, eigentlich etwas sehr Gutes, weil es spielt nicht mehr an den Stammtischen, weil es spielt eigentlich an digitalen Stammtischen, da kann jeder mitmachen, da kann jeder seine Meinung äußern, aber die Frage ist dann halt, wie man das besser nutzt.

79 **I: Wie nehmen Sie das Feedback zu Ihrer eigenen Kommunikation wahr und wie reagieren Sie darauf?**

80 J7: Gute Frage, also in meiner Funktion überlege ich mir natürlich gut, ob ich reagiere und ab welcher Schwelle ich reagiere. Ähnlich wie in einer Redaktion, also ich habe früher bspw. auch den Facebook-Kanal vom Nacht Café betreut, als ich noch bei Nacht Café war. Und da überlegt man sich natürlich schon, ab welcher Relevanzschwelle reagieren wir, wenn jemand nur darüber motzt, dass die Sendung jetzt nicht so seinen Vorstellungen entsprochen hat, dann eher nicht so. Aber wenn es dann natürlich direkte Angriffe gibt. Das Thema war falsch gesetzt, die Redaktion hat schlecht gearbeitet, der Moderator war kacke vorbereitet, da gibt es dann schon eine Relevanzschwelle. Ähnlich mache ich das jetzt auch. Wobei (...). Das ist die große Frage, weil ich durchaus so ein Mischprofil habe. Als ich angefangen habe, ich weiß nicht, ob du mir folgst, als ich angefangen habe, habe ich noch viel mehr informiert, ich war aber auch immer unterhaltend unterwegs. Nicht um sonst gibt es den Begriff „Newsfluencer" und dass ist das, was ich vorher gemeint habe, man sollte Social Media mehr mit ernsthaftem, seriösem Journalismus und mit Fakten unterwandern. Was übrigens auch dazu beitragen könnte, diese Demokratisierung und die Balance noch besser herzustellen. Und jetzt gibt es natürlich Unterschiede bei mir, manche Posts sind natürlich auf Interaktion angelegt, da interagiere ich dann auch schneller, aber in der Regel ist es schon so, dass ich versuche zu antworten, außer es ist jetzt beleidigend oder was auch immer, wobei selbst da muss man eigentlich auch antworten, weil man dann auch Grenzen setzten muss. Also was ich am Feedback von sozialen Medien spannend finde, es ist ein guter Indikator dafür, ob ein Thema schon so relevant ist, dass man darüber berichten sollte. Bestes Beispiel dafür ist die Corona-Pandemie. Ich weiß noch, wie ich zu Beginn, das ist jetzt alles relativ ähnlich mit den Affenpocken. Die Frage ist dann immer inwiefern,

haben die Lute schon das Gefühl, das ist relevant für mich, dass betrifft mich – da sind wir wieder bei den Nachrichtenfaktoren – und damals war es so, dass man so das Gefühl hatte, alle bemühen sich zu sagen, das ist harmloser als eine Grippe. Und man hat aber gemerkt, je mehr das Virus sich in Italien ausgebreitet hat, desto mehr habe ich auch bei meinem Insta-Profil gemerkt, wie die Leute Angst haben. Das mache ich bei anderen Themen manchmal auch, einfach eine Umfrage starten oder einfach mal ein Thema spielen und gucken, was an Resonanz kommt. Da merkt man dann, wie es die Leute umtreibt, ob es schon ein Thema ist, ob es relevant ist, ob sie Fragen dazu haben, weil das sehe ich inzwischen als viel größere Aufgabe der Journalisten, als Nachrichten abzubilden oder gesprächswertige Ereignisse abzubilden, weil das tun auch die sozialen Medien. Unsere Aufgabe muss es viel mehr sein, Nachrichten einzuordnen, zu hinterfragen. Das sagen wir zwar immer, dass wir das tun, aber ich finde, dass wir da noch große Luft nach oben haben und dass wir da noch viel mehr machen müssten. Und da sind die sozialen Medien ein ganz gutes Tool, um so ein bisschen herauszufinden, wie sehr treibt das die Leute schon um, wie viele Fragen haben sie und wie viel Angst ist eigentlich da. Und das kann man einfach mal so machen, indem man ein Thema setzt, so als Versuchsballon auf Instagram.

81 **I: Nennen Sie mir ein Best-Practice-Beispiel, wie bei Ihnen auf Publikumsbeteiligung über Social Media eingegangen wurde.**

82 J7: Diese Woche habe ich die Affenpocken, ich habe ein paar Tage gewartet und am vierten oder fünften Tag habe ich das Thema einfach mal so ein bisschen platziert, als Tagesschau-Repost und habe geguckt, was passiert. Ist aber relativ /. Ich kann es direkt vergleichen mit Corona, damals war es deutlich mehr. Die Leute haben geschrieben: „Oh mein Gott, ich habe Angst." Das haben die Leute tatsächlich geschrieben.

Das ist jetzt aktuell noch nicht so. Eher so die Hoffnung, dass das wohl nicht wieder so werden wird.

83 <u>**Abschlussfragen**</u>

84 **I: Okay dann kommen wir jetzt auch schon zu den Abschlussfragen. Wie beurteilen Sie den journalistischen Arbeitsprozess in Zusammenhang mit Social Media? Einfacher, schwerer, was sind so die Gedanken dazu.**

85 J7: Es ist in einem Medienhaus, wie meinem, schwerer, weil da so ein Generationenkonflikt vorhanden ist und nicht alle verstehen, wie soziale Medien funktionieren und wie man das übertragen kann und wie man redaktionelle Prozesse darauf übertragen kann. Es ist eine Herausforderung, gerade für etablierte Medien, die lange nicht verstanden haben, was da für ein Trend entsteht und wie schnell der entsteht und nicht so richtig gewusst haben, wie man damit umgeht. Und ich glaube, dass das immer noch eine Herausforderung ist. Und die zweite Herausforderung, auch in diesem Kontext ist, dass soziale Medien anders funktionieren als die Massenmedien, die wir bislang kannten. Weil soziale Medien über wahninnig starke Identifikation funktionieren, heißt über Personifizierung und dass ist das, was viele Medien noch nicht verstanden haben. Ich glaube das ist eine klare Ressourcen-Frage und eine Frage der Priorisierung.

86 **I: Wie sehen Sie die Zukunft des journalistischen Arbeitsprozesses in Anbetracht der sich ständig weiterentwickelnden Social-Media-Landschaft?**

87 J7: (Lacht) Man wird sich immer verändern müssen und sich anpassen müssen und es wird sich viel ver-ändern noch. Grundsätzlich wird sich aber nichts verändern und das ist das Gute, dass wir Journalist/-innen sind und wissen, wie wir arbeiten und was wichtig ist, was die Kriterien und die Standards sind und dem folgen wir, egal wie die Umwelt ist. Das war schon immer so und das wird auch so bleiben, also

da habe ich jetzt weder Erwartungen noch Hoffnungen noch Ängste. Es kommt, wie es kommt und es wird sich immer irgendwie verändern.

88 **I: Gibt es von Ihrer Seite noch Punkte, die Sie gerne hinzufügen möchten?**

89 J7: Von „Video killed the Radio" hat sich bis heute auch nicht so viel getan, also das ist diese berühmte Medienkonvergenztheorie. Dass sich nicht etwas ersetzt, sondern ergänzt. Dass Medien sich nicht verdrängen, sondern ergänzen. Das ist interessant, da bislang eigentlich noch nichts weg vom Fenster ist, obwohl sich in den letzten 20 Jahren alles neu erfunden hat.

1 **Interview 8: SWR Aktuell und Studio Stuttgart - Multimedia-Redakteur; 27.05.2022; Dauer: 62:26 Minuten**

2 **Informationen zur Person**

3 **I: Gut, als erstes. Bitte stellen Sie sich und Ihre Position, Funktion und das Ressort kurz vor.**

4 J8: Oh, das ist gar nicht so einfach. Ich bin ein bunter Hund beim SWR. Mein Name ist J8. Ich arbeite beim Südwestrundfunk seit inzwischen über vier Jahren und arbeite inzwischen sowohl in der Redaktion Studio Stuttgart als Fernseh-, TV- und Onlinereporter. Also ich bin da viel draußen und an den Themen und Geschichten dran. Als auch in der Redaktion von SWR Aktuell, das sind unsere Fernseh-Nachrichten. Da arbeite ich sowohl in der Fernsehredaktion als Reporter, aber bin da auch mitinvolviert, wenn es darum geht wie gestaltet man heute die Nachrichtenlage, wie bildet man sie heute Abend in der Sendung ab. Unser Flaggschiff beim Fernsehen ist da die 19:30 Uhr -Sendung, wo wir eine halbe Stunde Nachrichten haben, wo es auch darum geht, wie stellt man Themen dar und was für Themen setzt man überhaupt, wenn man eine halbe Stunde zur Verfügung hat. Und auch bei uns in der Online-Abteilung bei SWR Aktuell, beschäftigen wir uns damit, welche Themen setzen wir. Wobei das ist oft gar nicht mehr so die Frage, weil man hat online auch unendlich viel Platz, also setzt man alles was man setzen kann, ein bisschen überspitzt gesagt. Also da sind es so zwei schöne Gegenbeispiele, die ich da so mitkriege. Das sind so meine Redaktionen, in denen ich arbeite. Und dann haben viele Reporter im SWR, da gehöre ich auch dazu, ein paar Steckenpferde, in der Recherche. Das ist bei mir einmal Stuttgart 21, das Großbauprojekt hier in Stuttgart. Da recherchiere ich inzwischen seit über einem Jahr. Und ich hatte mich viel, das ist durch Corona jetzt ein bisschen abgeklungen, mit der Querdenken-Szene beschäftigt. Und jetzt gezwungenermaßen,

habe ich mich auch mit Ukraine-Geflüchteten beschäftigt. Das ist so ein Abriss, von dem, was ich mache.

5 **I: Und jetzt zu den täglichen Aufgabenbereichen, was gehört da so dazu, wenn Sie morgens loslegen?**

6 J8: Das ist unterschiedlich, je nachdem in welcher Redaktion ich gerade arbeite. Also wenn ich bspw. für Studio Stuttgart arbeite, kann es sein, dass ich mich morgens in die Redaktionskonferenz setze. Beim Studio Stuttgart beginnt der Tag um 08:30 Uhr mit unserer ersten großen Redaktionskonferenz, wo sich ausgetauscht wird, wo besprochen wird, was sind heute die Themen, die anstehen, um das müssen wir uns heute kümmern, das ist heute wichtig in Stuttgart und auch in der Region Stuttgart. Und da kann es sein, dass ich in diese Redaktionskonferenz gehe und noch gar nicht weiß, wie mein Tag laufen wird und da kann es sein, dass man da dann ein Thema zugeworfen bekommt. Oder, dass ich da auch mal Zeit habe an meinen Recherchen weiterzuarbeiten. Gerade S21 ist etwas sehr rechercheintensives, da kann man eigentlich gar nicht genug Zeit reininvestiven. Ansonsten, ich bleibe mal beim Beispiel Fernsehen, weil ich hauptsächlich Fernsehen mache. Dann ist es tatsächlich so, wenn ich von Grund auf anfange, wenn ich Thema X habe, dass ich mich dann erstmal reinrecherchiere, reinlese und gucke, haben da Zeitungen darüber berichtet, gibt es da schon Artikel, die veröffentlicht sind, haben wir selbst schon mal darüber berichtet, was sind gute Gesprächspartner, gibt es Leute, mit denen ich mich da eventuell darüber unterhalten kann, die auch vor der Kamera etwas sagen würden. Und wenn ich das alles zusammenhabe, stellt sich natürlich die Frage beim Fernsehen, wie kann ich das in einem Film erzählen, wie viel brauche ich dafür. Und wenn es ein kritisches Thema ist, dann brauche ich eine Pro- und eine Contraseite, die ich gegenüberstelle. Die Sachen gilt es dann alle in der Recherche abzudecken. Wenn ich das dann zusammen habe, dann gilt es Drehtermine auszumachen und dann hinzugehen und mit den Leuten zu

drehen. Und danach geht es in den Schnitt und dann wird geschnitten. Und das ist jetzt ein Ablauf, den ich dir genannt habe, der kann drei Tage dauern. Sodass ich an einem Tag recherchiere, an dem anderen Tag drehe und am übernächsten Tag schneide. Es kann aber auch sein, dass das alles innerhalb von acht Stunden passiert.

7 Das war jetzt mal Studio Stuttgart, bei SWR Aktuell läuft es gar nicht mal so anders.

8 Bei Online-läuft es in der Hinsicht anders, weil bei Online ist man viel mehr am Schreibtisch und schaut sich an, was passiert so in Baden-Württemberg, was sind die Themen, was macht auch die dpa, was machen die Zeitungen und versucht sozusagen daraus Themen zu setzen.

9 **I: Cool okay. Welche Social-Media-Plattformen nutzen Sie im Arbeitstext und welche im Privatkontext? Und gibt es da Überschneidungen?**

10 J8: Ja, klar es gibt Überschneidungen. Also Twitter z. B. ist eine Plattform, die benutze ich fast nur im Arbeitskontext. Das ist einfach, deswegen weil Twitter eine Plattform ist, in der man eigentlich vor allem wegen Arbeitssachen unterwegs ist. Da sind viele Journalisten darauf, da sind alle Politiker darauf, da sind die wichtigen Ministerien darauf, die Polizei ist darauf. Twitter ist eine Art Ticker-Plattform, die mir oft in bestimmten Situationen hilft. Ich bin jetzt keiner, der an einem Thema recherchiert und dann sagt, ich gucke jetzt mal, was auf Twitter läuft – oder selten – sondern es ist da eher so, jetzt als Beispiel gerade ist das Busdepot hochgeflogen hier in Stuttgart, das brennt gerade. Und ich hatte da Dienst, Online-Dienst und da hat man natürlich Twitter die ganze Zeit im Auge behalten, weil das sind die Sachen, die man auf Twitter am schnellsten mitbekommt. Was die Leute da erfahren, was die Leute, die in der Nähe sind, darüber berichten und da ist man dann so ein bisschen Up-to-Date. Deswegen ist Twitter da ein wichtiges Tool. Auch ganz manchmal in

vorbereitenden Recherchen, aber nicht so oft. Ich wollte einmal schauen, ob es Probleme gibt, auf der Goibahnstrecke und habe dann geschaut, ob Leute oft twittern, dass heute ihr Zug Verspätung hat.

11 Wenn ich jetzt /. Facebook und Instagram ist etwas, was ich sowohl als auch benutze. Ich bekomme über diese Plattformen natürlich Ideen, was kann ich in meiner Arbeit anwenden. Das ist so das eine, ich schaue mir die Feeds durch und da folgt man natürlich auch, Deutschlandfunk und den ganzen anderen Medienhäusern, auf diesen Plattformen. Auf Twitter natürlich auch, aber auf Facebook und Instagram natürlich auch. D. h. man bekommt auch so ein bisschen mit, was machen die anderen. Aber man folgt natürlich auch interessanten Menschen, die man auch irgendwie spannend findet. Ich folge auch der Deutschen Bahn, auf allen Plattformen und schaue, was die so machen. Und wenn die berichten, dass ein neuer Test-Zug unterwegs ist, dann ist das natürlich interessant für uns. Dann lese ich es aber privat und dann weiß ich, morgen, wenn ich auf der Arbeit bin, kümmere ich mich wieder darum. Das ist etwas, was ich im privaten Konsum registriere, um es im Arbeitskontext dann zu verwenden. Und das andere ist natürlich, dass man halt in Facebook gut in bestimmten Gruppen recherchieren kann, also z. B. als es um die Ukraine ging. Und das klingt jetzt aber so, als würde ich das die ganze Zeit machen, es ist natürlich trotz allem /. Auch wenn ich das benutze und wahrscheinlich einer bin, von den Kollegen, die das in regulären Recherchen noch eher mal anwenden, benutze ich es natürlich viel weniger als ich es vielleicht sollte oder könnte.

12 <u>Recherche</u>

13 **I: Okay, ich habe jetzt so eine Auflistung von Stichpunkten und da möchte ich wissen, welche Social-Media-Plattform Sie besonders gut fänden und es auch ganz kurz**

begründen, weil es ist eine bisschen längere Auflistung. Welche Social-Media-Plattform ist besonders gut für XY.

14 **Als erstes, Augenzeugen, die befragt oder zitiert werden können?**

15 J8: Twitter, aus den Gründen, die ich vorher schon genannt habe. Leute, die irgendetwas sehen, die auch schnell eine Reaktion, auf das was sie gerade gesehen haben, bekommen wollen, benutzen Twitter für so etwas. Facebook spielt nicht live aus, da kann es sein, dass ich heute eine Meldung von vor vier Tagen angezeigt bekomme. Das ist auch geschickt, aber ich kann nicht so gezielt danach suchen, wie auf Twitter.

16 **I: Die Gegenprüfung von Informationen?**

17 J8: Das kann alles sein, deswegen tue ich mir da mit der Beantwortung schwer. Da würde ich jetzt eher auf Facebook gehen, wobei ich die Gegenprüfung von Informationen auf Social Media insgesamt /. Kann man auf allen machen. Es kommt immer auf die Informationen an, die man prüfen möchte. Aus dem Bauchgefühlwürde ich sagen, es ist Facebook, aber z. B. funktionieren. Wenn es darum geht, welche Person war an welchem Ort, zu welchem Zeitpunkt, funktioniert da Telegram ziemlich gut. Beispiel: Wir hatten mal, dass ein Neonazi irgendwo begraben wurde und wir wollten wissen, welche aus der Nazi-Szene sind da gewesen und wir konnten das auf Telegram nachvollziehen, weil Fotos zu einer bestimmten Zeit, an einem bestimmten Ort gepostet wurden. Dann konnten wir erkennen, die Person musste zu dem Zeitpunkt dort gewesen sein. Dann konnten wir darüber berichten, dass Neo-Nazigrößen, wie XY dagewesen sind.

18 **I: Für Themenideen?**

19 J8: Facebook und Instagram, einfach weil da mehr Erzählerisches und mehr Berichtendes drin ist. Nicht so Ticker-mäßig, man findet oft mehr Hintergründe zu Themen und Verweise.

Auf Facebook auch, da ist ganz viel, hier wenn du mehr lesen möchtest, dann geh auf den Link.

20 **I: Ja, das stimmt. Die Resonanz auf die eigene Berichterstattung?**

21 J8: Wieder die Frage, was ist Resonanz. Also die meiste Resonanz haben wir nach wie vor, vielleicht auch leider, auf Facebook. So ist mein Kenntnisstand von vor einem Jahr, ich weiß nicht, ob sich das inzwischen verändert hat. Aber zum Ende meines Volontariates hieß es noch nach wie vor, dass Facebook für uns die größte Reichweite ist, weil wir im SWR auch online leider die älteren erreichen. Die älteren verwenden Facebook. Es gibt Ausnahmen, wir haben einen sehr, sehr erfolgreichen Instagram-Kanal, mit SWR Aktuell und ich meine Dasding fängt jetzt mit TikTok an, was super wichtig ist. Wo wir gezielter junge Zielgruppen erreichen, was von der Resonanz wichtig ist, weil wir dann die gezielte Resonanz bekommen. Aber sie ist nicht so groß. Auf Facebook erreichen wir die meisten Menschen und da erreichen wir auch das Unterschiedlichste, von Lobbekundungen unserer eigenen Berichterstattung bis zum absoluten Hass.

22 **I: Fakten über ein aktuelles Ereignis?**

23 J8: Da würde ich jetzt, wenn ich mich festlegen müsste, würde ich auf Twitter gehen. Aber da widerstrebt mein journalistisches Herz, eine eigentliche Antwort, eine Aussage zu treffen. Schlussendlich sollte man Fakten, über Social Media, sollte man immer versuchen gegenzuprüfen. Das ist etwas, dem würde ich nie ganz trauen. Das Einzige, wo man so ein bisschen trauen kann, ist die Polizei, die Polizei twittert viel und die Polizei gibt Warnungen über Twitter heraus und gibt Entwarnungen über Twitter heraus und das ist natürlich sinnvoll. Man sagt ja, es gibt so bestimmte Quellen, die man ohne Gegenprüfung schon nennen kann, also denen man vertrauen kann, d. h. nicht vorbehaltslos. Beispiel Busdepot: Die Polizei meldet, das Feuer ist jetzt aus, dann kann man dem

schon vertrauen und es muss nicht nochmal jemand hinfahren und schauen, ob das Feuer jetzt wirklich aus ist oder man muss jetzt nicht nochmal bei der Feuerwehr anrufen und nachfragen: „Ist das Feuer jetzt wirklich aus?" Sondern wenn die Polizei sagt, das Feuer ist aus, dann kann man davon ausgehen. Da ist Twitter dann am ehesten sinnvoll.

24 **I: Hinweise auf Quellen im Internet?**

25 J8: Das hängt immer von demjenigen ab, der auf Social Media postet. Deswegen würde ich mich da auf keine Plattform festlegen wollen. Sondern auf den Absender, wer hat mir das geschrieben. Das kommt auch immer darauf an, was du suchst. Vielleicht habe ich das vorher nicht ganz deutlich gesagt, ich gehe nicht auf Social Media, um Fakten und Informationen zu sammeln, sondern um eine Idee zu bekommen, wo ich die Fakten und Informationen herbekomme. Deswegen gehe ich auf Social Media, um da gezielt Leute zu erreichen, die ich brauche.

26 **I: Meinungsverteilung zu einer Streitfrage?**

27 J8: Also Meinungsverteilung suggeriert schon, dass ich etwas Repräsentatives habe, und das kriegst du in Social Media nie. Wenn du sozusagen viele Meinungen haben willst, dann würde ich sagen Facebook, da kriegst du alles zu hören, aber du kannst niemals davon ausgehen, dass das ein Querschnitt der Gesellschaft ist, weil du hast auf Facebook andere Leute als auf Instagram. Wenn es darum gehen würde, viele Meinungen einzusammeln und viele Positionen zu hören, dann würde ich sagen Facebook, aber es ist nichts Repräsentatives, wie auch bei einer Straßenumfrage.

28 **I: Experten, die befragt oder zitiert werden können?**

29 J8: Twitter, also einfach, weil viele Experten auf Twitter über ihre Arbeit berichten und sagen: „Ich habe eine neue Studie

veröffentlicht“ oder „mich beschäftigt gerade das, was der Bundestag beschlossen hat.“ Also ganz klar Twitter.

30 **I: Hintergrundinformationen zu bestimmten Themen?**

31 J8: Da würde ich glaube eher Facebook sagen, Facebook und Twitter.

32 **I: Genau und dann Aufbau und Pflege von Expertennetzwerken?**

33 J8: Das witzige ist, dass das tatsächlich oft noch klassisch übers Handy funktioniert, also es funktioniert gar nicht so viel über Social Media, sondern da ist noch ganz klassisch oft der Weg -hier meine Handynummer und dann über WhatsApp, Telegram oder SMS. Also das funktioniert noch ganz viel über die klassischen Wege, dass wenn du mich jetzt nach meinem Netzwerk fragst, dann läuft das weder über Twitter /. Also wenn du jetzt von den großen, dann wäre es eher noch Twitter, aber ich würde nie behaupten, dass mein Hauptnetzwerk über Twitter läuft. Es läuft über SMS tatsächlich und WhatsApp, Telegram.

34 **I: Und als letztes noch die kontinuierliche Beobachtung prominenter Quellen?**

35 J8: Auch Twitter.

36 **I: Okay, man kann auf Social-Media-Plattformen gezielt nach Themen suchen. Oder man kann per Zufall darauf stoßen. Wie ist das bei Ihnen? Recherchieren Sie immer gezielt über Social Media oder stoßen Sie auch durch Zufall auf Themen? Können Sie das in etwa in Prozenten ausdrücken – in wieviel Prozent der Fälle suchen Sie gezielt – und in wieviel Prozent der Fälle stoßen Sie per Zufall auf ein Thema?**

37 J8: Oh, das ist schwierig. Wahrscheinlich ist es schon etwa 50 / 50 würde ich sagen, einfach dadurch, dass wenn ich durch Zufall darauf stoße, dann arbeite ich normalerweise nicht,

also dann ist es normalerweise nicht meine Arbeitszeit, sondern weil ich privat gerade in den Kanälen unterwegs bin und mir denke: „Ach, das ist doch ein schönes Thema, das schlage ich morgen mal vor." Und das andere ist, wenn ich auf der Arbeit halt gezielt nach etwas suche und da würde ich sagen es ist so 50 / 50.

38 **I: Perfekt, okay. Auf welche Akteure sowie Themen achten Sie dabei?**

39 J8: Natürlich Akteure, die für meine Themen interessant sind. Wie ich vorher schon gesagt habe, für mich sind dann natürlich so Leute wie die Deutsche Bahn, der Verkehrsminister, sowohl der Verkehrsminister von Baden-Württemberg als auch der auf Bundesebene, der Wissing, das sind dann natürlich Leute, die ich dann interessiert verfolge und schaue, was die machen und was sie posten. Wobei da natürlich auch die klassische Pressemitteilung noch sehr wichtig ist. Wenn da etwas Relevantes ist, dann kriege ich auch immer noch eine Pressemittelung, aber das schaue ich mir natürlich an. Viel was dann auch in so Gegner-Plattformen läuft, die ganzen S21-Gegner, da folge ich natürlich und schaue mir das an. Ich suche natürlich Akteure, die zu den Themen passen, das ist das eine. Und ich muss immer gucken, was macht die Konkurrenz. Also ich folge ganz viel den anderen Medienhäusern in Deutschland, von Spiegel über Deutschlandfunk, Welt, Zeit und dann klar schaue ich auch, was die auf Social Media machen. Ich gucke viel, was die Tagesschau auf Facebook und Twitter und TikTok usw. macht. TikTok, da haben wir noch gar nicht viel darüber geredet.

40 **I: Okay. Wo sehen Sie Vorzüge der Social-Media-Kanäle gegenüber anderen Recherchequellen? Und wo die Nachteile?**

41 J8: Vorteile ganz klar, dass es schneller ist. Gerade in, wir nennen es K-Fall, Katastrophenfall, wenn das Busdepot in die Luft fliegt oder wenn Überschwemmungen sind und solche

Sachen. Dann ist das der große Vorteil, dass du schnell mitkriegst, wie es Leuten geht oder wie Leute darüber gerade denken, reagieren oder was sie dabei umtreibt. Der große Nachteil ist, dass für mich recht klar ist, dass man nur Eindrücke von Menschen und Personen kriegt, aber du kriegst nicht unbedingt hieb und stichhaltige Fakten. Die bekommst du da nicht. Ich wüsste jetzt kein Beispiel, wo ich jetzt auf Social Media einen Fakt gefunden hätte, den ich mir getraut hätte, so zu berichten. Gefühlt gibt es das für mich nicht auf Social Media, sondern ich finde die Leute, von denen ich mir die Fakten bestätigen lassen kann. Das ist der große Nachteil, dass man denkt, Social Media kann man als Recherche, um Infos zu bekommen benutzen, aber im Grunde ist es egal, ob ich jetzt auf Social Media nach einem Virologen suche, der mir sagt, wie gefährlich Corona ist, oder auf Google. Das ist der große Nachteil.

42 **I: Verstehe. Und gibt es Regeln in Ihrer Redaktion bei der Social-Media-Recherche?**

43 J8: Nein, auch deswegen, weil /. Also keine Regel, die sich speziell auf Social Media bezieht. Also natürlich gibt es irgendwie Regeln oder man hat Schulungen, so recherchierst du und so kannst du das nutzen und wir hatten jetzt vor kurzem erst wieder eine Telegram-Schulung. Da wieder auch das Beispiel, wie kann ich überprüfen, wer, wann, wo war. Solche Sachen haben wir. Und natürlich befolgen wir auf Social Media Regeln, aber das sind die klassischen Regeln, die man bei einer Recherche insgesamt befolgt. Die Frage, ob meine Quelle seriös ist, stellt sich bei Social Media genauso, wie wenn ich jemanden vor Ort treffe. Ich würde jetzt nicht sagen, es gibt keine Regeln, weil es gibt natürlich Regeln, wenn man recherchiert, aber es gibt beim SWR jetzt nicht die Anweisungen, wenn ihr jetzt in Social Media recherchiert, dann macht ihr das so oder so. Es gibt natürlich Hilfestellungen, die gibt es schon. Also z. B. wenn man in rechten Netzwerken oder in Querdenken-Netzwerken unterwegs ist, wird

einem empfohlen, das nicht unbedingt mit einem eigenen Account zu machen, den man selbst anlegt, sondern es gibt Tipps und Tricks, wie man so einen Fake-Account anlegt, mit dem man unterwegs sein kann oder es gibt sogar beim SWR tatsächlich schon angelegte Social-Media-Accounts auf bestimmten Plattformen, die bestimmte Personen entsprechen, also wenn du jetzt so sagst, ich möchte zum Thema „warum Frauenvergewaltigung okay ist" dazu möchte ich recherchieren, warum denken das die Leute. Dann kann ich nachfragen, ob es ein entsprechendes Profil in Telegram oder in Facebook gibt und die werden gepflegt tatsächlich, diese Accounts. Sodass man die sich zu Nutze machen kann, wenn man in dieser Szene recherchiert. Da gibt es tatsächlich eine Abteilung, die das macht.

44 **Qualität der Berichterstattung**

45 **I: Jetzt kommen wir zum nächsten Block, zur Qualität der Berichterstattung. Welche Kriterien spielen bei der Nachrichtenauswahl eine Rolle?**

46 J8: Der Zyniker in mir würde sagen, daran wie viele andere Nachrichten wir am Tag schon haben. Heute ist z. B. ein ruhiger Tag, wir haben nur den Kirchentag, ansonsten ist unsere Nachrichtenlage sehr dünn. D. h. wenn jetzt ein Fahrradunfall, das ist jetzt sehr überspitzt gesagt, in der Innenstadt passiert, dann könnte das auf einmal eine Nachricht für uns sein, die aber am Mittwoch keine Nachricht für uns gewesen wäre, weil am Mittwoch hatten wir sehr viele Nachrichten.

47 Also es gibt, also ich glaube das ist etwas, was viele mit der Zeit, mit einem gewissen routinierten Bauchgefühl machen und einschätzen und trotzdem sich immer wieder hinterfragen, auch das gehört bei uns auch dazu. Aber es gibt Kriterien, die man eigentlich checken sollte oder die man auch checkt, ob sie sozusagen einer Nachricht entsprechen. EGUN, so hieß das. EGUN – jetzt fällt es mir wieder ein. E steht für Emotionalität, ist es etwas, was etwas mit den Menschen

macht, wenn sie es hören, oder ist es ihnen eigentlich egal. Dann ist es gesprächswertig, wo die Leute am nächsten Tag darüber sprechen. Dann U für Unterhaltung, das ist aber etwas, was bei uns eher immer in Klammern steht, weil Nachrichten haben nicht direkt etwas mit Unterhaltung zu tun, können es aber sein. Also auch unterhaltsame Nachrichten gibt es, auch in der Seriosität. Und dann gibt es noch ganz viele Ns, also ist es eine Nachricht, ist es eine News, also im Sinne einer Veränderung. Wenn der neue Tiefbahnhof aufmachen wird, hier in Stuttgart. Dann ist das etwas, was bisher immer ein Kopfbahnhof war und oberirdisch lag, wird auf einmal ein Tiefbahnhof und ist unterirdisch und läuft durch, also etwas grundlegendes verändert sich und das ist dann eine News. Nennenswert, was glaube ich auch noch ein N. Also da gibt es dann diverse Ns. Eigentlich überprüft man das, aber irgendwann macht man das auch automatisch. Aber es schadet nicht, eine Nachricht, die man gerade sendet, danach mal durchzugehen. Dieses EGUN-Prinzip ist dann je nach Nachrichtensendung und Nachrichtenausrichtung, die eine Redaktion hat, werden die einzelnen unterschiedlich stark gewichtet. Und das so, um jetzt abzuschließen, gilt natürlich genauso für Social Media.

48 **I: Ja genau, das ist nämlich die nächste Frage, wie beeinflussen Social Media diese Auswahl?**

49 J8: Also ich würde sagen, dass eigentlich Social Media weniger da miteinbezogen wird. Ganz einfach, weil Social Media eher ein Gegencheck oder eine Gegenrecherche ist. Mit Ausnahme vielleicht von Twitter, wenn ein Karl Lauterbach sagt, die Pandemie ist vorbei, auf Twitter, das ist natürlich dann etwas anderes. Aber das ist die Ausnahme nicht die Regel. Es ist nicht so, dass ich auf Social Media etwas sehe und ich sage: „Oh, in der nächsten halben Stunde muss das bei uns in die Nachrichten!“, das passiert eher nicht.

50 **I: Okay. Perfekt. An welchen Kriterien orientieren Sie sich, um qualitative Beiträge zu verfassen?**

51 J8: (Lacht.) Also ich kann jetzt zwei Tage Seminar zu dieser Frage halten, wenn du magst. Also an welchen Kriterien ich mich bediene, um qualitativ hochwertige Beiträge zu machen, also ja. Das kann alles sein. Das ist auch immer vom Thema abhängig. Also eine ganz wichtige Frage ist oft, warum berichte ich überhaupt darüber. Da haben wir eigentlich schon einen der wichtigsten Punkte. Was oft passiert, irgendetwas verändert sich und dann sagt irgendjemand, da machen wir jetzt einen Film oder eine Meldung darüber, weil dann hast du schon das Problem, dass du nicht einmal überprüfst, was ist das EGUN-Prinzip und warum melden wir das. Es wird oft einfach gemeldet. Du merkst es halt, es kann schnell mal herunterfallen und du merkst es auch, wenn es mal herunterfällt. Weil von der Frage, warum berichten wir über etwas, hängt ganz viel ab und zwar alles was danach kommt. Angenommen ich setze jetzt ein Thema: Bleiben wir mal ganz plakativ bei der Eröffnung des Stuttgarter Tiefbahnhofs von Stuttgart 21 und wir wollen darüber berichten. Warum wollen wir also darüber berichten? Ist es nur der Newswert, weil wir sagen es ist anders und deswegen berichten wir darüber. Dann lass uns den Hermann fragen oder den Verkehrsminister Wissing, da noch einen O-Ton holen und berichten, endlich fahren sie durch den Tiefbahnhof und endlich ist der Bahnhof fertig und alles wird jetzt besser und dann ist das erledigt. Und wenn du nach dieser Frage gehst, ist das auch vollkommen in Ordnung. Aber wir beide wissen jetzt, bei Stuttgart21, da fehlt aber noch irgendwie etwas. Da war doch eigentlich ziemlich viel Streit und Stress. Wir würden nicht über die Öffnung berichten, nur weil es jetzt anders ist, als vorher, sondern weil eine 20-30-jährige Geschichte mit einhergeht, wo sich wirklich gegenseitig die Köpfe eingeschlagen wurden. Wo bis heute Menschen der Meinung sind, dass das der größte Fehler ist, den man verkehrstechnisch je

gemacht hat. Also wäre das Warum in der Hinsicht zu beantworten mit, wir berichten über das, weil es eine Änderung ist und weil es viele Leute gibt, die nicht der Meinung sind, dass das gut ist und weil es sogar Gutachten gibt, die das nach wie vor in Frage stellen. Also sind wir dann eben nicht mehr an dem Berichten des bloßen Fakts, dass es so ist sondern an einer Gegenüberstellung und dann brauche ich eine Pro- und eine Contraseite. Das klingt jetzt so banal, aber auch das andere, dass du nur eine Seite darstellst und einfach mal nur meldest, dass eine Brücke eröffnet wurde, das kann man auch mal so machen, wenn es jetzt nicht die Gesellschaft spaltet. Einfach die Frage nach dem Warum und wir nennen das bei uns den Erzählsatz, ist ganz wichtig. Und je klarer du dir den vorher machen kannst, desto besser wird dann die Berichterstattung, weil du dann weißt, woran du bist (...). Du darfst aber gleichzeitig nicht so eingeschossen sein, auf die Frage nach dem Warum und dem Erzählsatz, dass du dich nachher nicht mehr traust dich davon zu lösen. Dass man mit einer Idee oder einer Recherche an einen Film rangeht und sich dann nicht mehr traut, sich davon zu lösen, das ist qualitativ einfach schlecht. Man muss die Offenheit darüber haben, dass etwas anders sein kann, als du es dir vorher recherchiert oder ausgedacht hast. Also dass ist das, was ich immer sage, wenn Beiträge am Reisbrett entstehen und der Reporter dann losgeschickt wird, sie einfach umzusetzen, das darf nicht sein. Und auch, ich werfe es nur ein, weil du wolltest über qualitative Berichterstattung, aber ich werfe es nur ein, das Wort Ausgewogenheit.

52 **I: okay, prima. Wie hat sich die von Ihnen wahrgenommene journalistische Qualität durch den Einbezug von Social Media verändert?**

53 J5: Also es ist etwas, was mich umtreibt, diese Frage, weil ich bin jemand, der wahrscheinlich Social Media, schon eher mehr nutzt, also im Schnitt vom SWR. Ich weiß es nicht, wie es unter gleichalterigen Kollegen ist, da gibt es bestimmt

welche die nutzen es noch viel mehr und welche die nutzen es weniger als ich. Aber ich bin einer, der es mehr nutzt und der auch sagt es gehört zu uns dazu und Social Media gehört zu unserer Gesellschaft dazu. Wir als Rundfunkanstalt, als Leute, die sich mit den Fragen der Gesellschaft beschäftigen, dass wir das berücksichtigen und bei uns miteinbeziehen. Das ist richtig und wichtig, aber es führt dazu, dass wir uns in eine Richtung verändern, die mir oft zu denken gibt. In der Hinsicht, dass wir schnell sein müssen, wir müssen immer ganz schnell sein, dass wir möglichst schnell es auch auf Twitter oder Facebook oder Instagram melden und dass wir auch an dieser Nachricht dran sind, dass wir auch darüber berichten. Wir sind reißerischer, ganz banal, bei unseren Titelüberschriften in unseren Online-Artikeln. SEO, wird dir was sagen, SEO-Relevanz. Wir machen keine schönen Überschriften mehr, sondern wir machen Überschriften, die von Suchmaschinen gefunden werden. Das ist natürlich auch nicht ganz falsch, denn wir wollen, dass wir nicht schwer zu finden sind. Wir sind die Öffentlich-Rechtlichen, wir sollen leicht zu finden sein. Wenn die Leute wissen wollen, was ist in Stuttgart passiert, am Busdepot, dann werden die Leute „Busdepot Brand" eingeben und dann sollen die nach Möglichkeiten bei uns landen und wir werden und würden dann auch nicht unserem öffentlich-rechtlichem Auftrag gerecht werden, wenn wir dann nur schwer zu finden sind. Das wäre nicht richtig. Auf der anderen Seite führt es dazu, dass wir halt dann nur noch diese Wörter in die Überschrift setzen. Brand, Bus, Depot jetzt wissen wir, dass die Leute genau danach suchen, jetzt könnte es aber sein, dass das gar kein Brand war, aber die Leute suchen danach. Und dann kannst du es aber gar nicht richtig, in die Überschrift packen, weil du weißt das wird gar nicht richtig gesucht. Und es stimmt natürlich nur bedingt, ich würde nicht sagen, dass wir Clickbaiting betreiben, aber es hat natürlich manchmal solche Richtungen.

54 **I: Wo sehen Sie Gefahren in der Berichterstattung, beim Einbezug von Social Media? Wo sehen Sie Chancen?**

55 J8: Also die Chancen, die sind ganz klar, wir könnten darüber Leute erreichen, die wir über klassische Kanäle nicht erreichen. Wir tun es auch. Ich weiß nicht, wie es aktuell ist, aber es ist eigentlich so, dass man über Social Media auch nur die Leute erreicht, die man sowieso schon über die klassischen Kanäle hat. Das ist gerade bei Facebook so ein Punkt. Leute, die bei Facebook SWR-Kanälen folgen, sind oft Leute, die sowieso auch noch klassisch Fernsehen gucken. Dabei ist unser Ziel auf Facebook, die zu erreichen, die nicht klassisch Fernsehen gucken. Damit sie eben durch unser Online-Angebot bereichert werden, also das ist so manchmal ein Trugschluss, den man hat. Man erreicht oft nur auf Social Media die, die man eh schon hat und nicht unbedingt neue Gruppen. Weil wir auch oft einfach nur spiegeln, was wir im Linearen machen. Deshalb sind so Sachen, wie die Kesselgeschichten auf TiktTok so wichtig, denn das sind eben nicht nur Sachen, die wir im Linearen machen und dann eins zu eins rüber spiegeln sondern die wir ganz gezielt dafür machen. Und nur mit Sachen, die wir ganz gezielt für die Social-Media-Ausspielwege machen, erreichen wir auch Zielgruppen, die wir mit klassischen linearen Angeboten nicht erreichen. Also das ist jetzt meine Laienauffassung, ich bin jetzt nicht der absolute Experte, was Zielgruppenerschließung angeht. Aber das ist etwas, wovon ich überzeugt bin, dass wir zielgerichtete Produktionen und Berichterstattung machen, die auch für diese Plattformen gedacht sind.

56 (…)

57 Genau also die Chancen, man könnte es machen, dafür müsste man Geld in die Hand nehmen und Personal, es wird an manchen Stellen auch gemacht. SWR Heimat ist so ein Beispiel, Dasding ist so ein Beispiel mit Kesselgeschichten. Aber

es scheitert oft auch am Geld, der Sender muss sparen und man muss sehr um Formate und Ideen kämpfen.

58 (...)

59 <u>Eigene Kommunikation</u>

60 **I: Jetzt kommen wir noch kurz zur eigenen Kommunikation. Verfassen und veröffentlichen Sie im Arbeitskontext auch journalistische Beiträge auf Social Media?**

61 J8: Zwei Antwortteile: Also im Arbeitskontext nicht mehr, habe ich während meines Volontariats immer mal wieder gemacht. Jetzt aktuell einfach, weil ich nicht in dem Dienst bin und mich elegant einfach von den Diensten fernhalte. Also ich bin jetzt niemand, der auf dem Instagram-Kanal oder auf dem Facebook-Kanal von uns agiert.

62 Auf meinen privaten Kanälen ja. Also ich veröffentliche meine eigenen Arbeiten zum Teil auf meinen privaten Kanälen.

63 **I: Verweisen Sie dann in Ihren Beiträgen direkt auf Social-Media-Quellen? Und wann? Und wann nicht?**

64 J8: Wenn ich Social-Media-Quellen habe. Das ist schon schön, wir reden so darüber und es klingt alles so, als wäre das die große tolle Welt von Social Media. Es kommt echt selten vor, dass man auf Social Media eine Quelle hat, die man nicht wo anders hat oder man muss sie auch noch gegenprüfen.

65 Aber klar, ich verweise darauf. Also ganz banal, es ist schon lange her, es gab mal eine Messerstecherei in Ravensburg, da habe ich damals noch im Studio Friedrichshafen gearbeitet und da hat damals der Bürgermeister von Ravensburg diesen Messerstecher tatsächlich dingfest gemacht. Das war echt absurd. Da ist ein Typ durch die Innenstadt gelaufen und hat Leute abgestochen und dann kam der Bürgermeister angerannt und hat gesagt: „Du legst jetzt das Messer hin" und der

hat das dann gemacht. So. Also total skuril. Und dann war der Bürgermeister der Held von Ravensburg. Ich habe dann einen Bericht darüber gemacht, für den Hörfunk und habe daraufhin die Social-Media-Kanäle durchsucht und habe geschaut, was sagen denn die Leute zu dem. Und das zitiere ich dann natürlich und sage dann: „Auf Social Media, wie Twitter, wird der Bürgermeister gelobt, man liest unter anderem X oder man liest Y." Aber das kommt dann ungefähr fünf, sechs Mal im Jahr vor, dass ich so etwas mache.

66 Im Fernsehen natürlich, das habe ich vielleicht jetzt nicht gesagt. Also im Fernsehen kommt das schon häufiger vor tatsächlich. Wenn Politiker oft etwas twittern usw. und wir dann sagen, auf Twitter hat er etwas veröffentlicht, dann blenden wir es auch ein. Das kommt schon häufiger vor.

67 **I: Wie nehmen Sie das Feedback zu Ihrer eigenen Kommunikation wahr und wie reagieren Sie darauf?**

68 J8: Auf Social Media?

69 **I: Ja.**

70 J8: Privat oder im Arbeitskontext?

71 **I: Da wo Sie ein Beispiel haben.**

72 J8: Also privat ist es jetzt, dadurch dass ich nicht so der Typ bin, der große Reichweiten privat hat und auch nicht haben möchte. Kriege ich da keine Kritik. Für die anderen ist das sozusagen die Gelegenheit einmal zu sehen, was der Frieder da so macht.

73 Im Arbeitskontext, als ich das im Volontariat immer mal wieder gemacht habe, war man halt sehr viel mit Kritik konfrontiert. Auf Hass reagieren wir nicht, sondern auf Hass wird gelöscht und dann wird auf die Netiquette verwiesen. Aber was wichtig ist, was ich aus Gesprächen mit Kollegen weiß, was zunehmend auch als wichtig erachtet wird ist, dass man nicht

nur einen Post absetzt und wenn darunter eine Diskussion entsteht, sie einfach laufen lässt. Wir kommentieren aktiv mit, wenn die Diskussion heikel wird (…).

74 **Abschlussfragen**

75 **I: Cool, dann kommen wir jetzt schon zu den zwei Abschlussfragen. Wie beurteilen Sie den journalistischen Arbeitsprozess in Zusammenhang mit Social Media?**

76 J8: Man könnte es bestimmt öfter benutzen, gar keine Frage, man könnte öfter Social Media miteinbeziehen bzw. man könnte mehr die Breite von Social Media miteinbeziehen. Wir sagen nicht, wir recherchieren jetzt auf Social Media, sondern wir suchen uns dann eine Plattform aus und wir suchen dazu jetzt auf XY, z. B. auf Twitter. Und ich denke manchmal könnten wir das mehr miteinbeziehen. Es ist auch so unübersichtlich manchmal in den Social-Media-Kanälen, dass es dann auch oft leichter ist über die klassischen Wege zu gehen.

77 **I: Wie sehen Sie die Zukunft des journalistischen Arbeitsprozesses in Anbetracht der sich ständig weiterentwickelnden Social-Media-Landschaft?**

78 J8: Ha (lacht) du willst jetzt in die Glaskugel gucken, okay. Also die Sache ist und das ist ein allgemeines Problem bei öffentlich-rechtlichen, vielleicht sogar bei Medienhäusern insgesamt, dass es gute Gründe gibt, warum man nicht direkt mitagiert und sich nicht direkt mitverändert. Weil wir auch eine Verantwortung haben als öffentlich-rechtliche. Das war z. B. /. Also ich meine ich habe mich tierisch darüber aufgeregt und fand wir haben viel viel viel zu spät reagiert, das ist gar keine Frage. Aber der Grundgedanke zu sagen, z. B. jetzt bei TikTok auch, zu sagen, wir warten jetzt erstmal ab, wie TikTok sich entwickelt und ob das wirklich eine Plattform wird, die für uns interessant wird, als TikTok getrendet ist, in Deutschland, das war so vor zwei Jahren, wo es hier so wirklich ankam, da hat nur die Tagesschau gesagt wir wagen es

und alle anderen haben sich zurückgehalten, weil es hätte nach einem halben Jahr auch wieder durch sein können. Es hätte nämlich wie Clubhouse laufen können. Clubhouse war für eine kurze Zeit da und war dann wieder weg und da als öffentlich-rechtliche Anstalt zu sagen, wir buttern da jetzt nicht einfach Geld hinein und nachher ist das gar keine Plattform mehr, das ist Verantwortung und die muss man tragen und die ist auch richtig. Es führt aber dazu, dass wir immer zu langsam sind. Wir sind immer zu langsam, wir sind immer zu spät und das rächt sich leider, weil so funktioniert Social Media halt nicht. Social Media funktioniert damit, dass man direkt mit am Ball ist und direkt mit dabei ist.

79 Aber um deine Frage nach der Zukunft zu beantworten, das wird uns zukünftig immer ein Problem sein, weil es ist ein Wiederspruch in sich, dass wir nicht jeden Trend mitmachen, weil wir aus guten Gründen abwarten wollen, ob es überhaupt etwas ist, was für uns sinnvoll ist und deswegen werden wir es zukünftig immer schwerer haben.

80 **I: Aber als Journalist, wie schätzen Sie Ihre Arbeit in Zukunft ein, also leichter oder schwerer?**

81 J8: Ich kann das so nicht beantworten, ob leichter oder schwerer, aber ich glaube es wird leichter werden, weil es leichter werden muss. Es wird irgendwann der Punkt kommen, da geht es nicht mehr anders. Dass man es sich nicht mehr leisten kann, die Augen zu rollen, wenn man sagt man macht jetzt mal was für Facebook oder Instagram. Also jeden Tag sitzen Leute in der Online-Redaktion bei SWR Aktuell, die machen nur Instagram und Facebook. Das wurde schon erkannt. Aber ich glaube, das Verständnis, dass es wichtig ist so etwas zu machen, das wird leichter werden. Es gibt ganze Redaktionen, die sich weigern Online-Content zu machen, es gibt ganze Fachredaktionen. Das ist ein Unding, das ist nicht das Jahr 2022, wo man sich das erlauben kann, aber es gibt Redaktionen, die erlauben sich das bei uns, die sagen wir

machen Hörfunk und wir machen Fernsehen. Online muss dann jemand anderes abdecken, egal ob Online-Artikel oder Social Media oder was auch immer. Noch nicht einmal einen Online-Artikel schreiben diese Leute und das finde ich richtig bitter.

82 **I: Gibt es von Ihrer Seite noch Punkte, die Sie gerne hinzufügen möchten?**

83 J8: Ich könnte ewig viel hinzufügen, aber ich glaube wir lassen es lieber dabei.

1 **Interview 9 (schriftlich ausgefüllt): Freiberufliche Kulturjournalistin; 27.05.2022**

2 **Informationen zur Person**

3 **I: Bitte stellen Sie sich und Ihre Position/Funktion/Ressort kurz vor.**

4 J9: Ich arbeite als freiberufliche Kulturjournalistin für verschiedene Tageszeitungen, ich bin also nicht täglich in redaktionelle Abläufe eingebunden, sondern liefere auf Anfrage Artikel für mehrere Redaktionen. Außerdem arbeite ich als Referentin für Öffentlichkeitsarbeit und Social Media für einen Journalistenverband. Diese Tätigkeit ist weniger journalistisch, sondern eher im Rahmen der PR-Arbeit anzusiedeln.

5 **I: Was gehört zu Ihren täglichen Aufgabenbereichen?**

6 J9: Zu den Aufgaben gehören Recherche und Verfassung von themenbezogenen Artikeln, hauptsächlich aus dem Bereich Film/Medien und Popularmusik. Als Verbandsreferentin publiziere ich Posts zu Verbandsthemen in den sozialen Netzwerken: Ankündigungen zu Veranstaltungen, Pressemitteilungen des Bundesverbands zu medienpolitischen Themen u. ä.

7 **I: Welche Social-Media-Plattformen nutzen Sie im Arbeits- und im Privatkontext?**

8 J9: Facebook, Twitter und Instagram, privat nutze ich Facebook und zur reinen Information Twitter, twittere jedoch nicht als Privatperson. Instagram nutze ich privat ebenfalls nur gelegentlich zur Information, bin dort aber als Privatperson nicht aktiv.

9 **Recherche**

10 **I: Wie verwenden Sie Social Media für die Recherche in Ihrer Redaktion? Welche Bedeutung haben Social Media dabei für Sie?**

11 J9: Als Kulturjournalistin verfolge ich via Twitter gewisse Debatten wie etwa zuletzt den Eklat um Deniz Yücel beim PEN-Club. Hier interessiert mich, wie verschiedene Akteure ein und dasselbe Ereignis aus verschiedenen Blickwinkeln schildern. In gewissen Fällen kann Twitter als zitierfähige Quelle dienen. Bei der Online-Auswertung werden viele Texte inzwischen mit Twitter-Quellen angereichert. Ebenso verhält es sich mit Instagram: Posts aus diesen Netzwerken können als zusätzliche Quellen in die Berichterstattung online einfließen. Facebook spielt im professionellen journalistischen Kontext meiner Erfahrung nach eher eine untergeordnete Rolle

12 **I: Welche Social-Media-Plattformen ziehen Sie dafür heran?**

13 J9: Twitter, gelegentlich Instagram.

14 **Welche Social-Media-Plattform ist besonders gut für...**

15 **I: Augenzeugen, die befragt oder zitiert werden können.**

16 J9: Da habe ich keine Erfahrung in dieser Hinsicht. Ich nutze in solchen Fällen den direkten Kontakt (Interview/Telefongespräch).

17 **I: Gegenprüfung von Informationen:**

18 J9: Keine Plattform.

19 **I: Themenideen.**

20 J9: Twitter, evtl. Instagram

21 **I: Resonanz auf die eigene Berichterstattung.**

22 J9: Da hauptsächlich Twitter.

23 **I: Fakten über ein aktuelles Ereignis.**

24 J9: Hierfür nutze ich keine Netzwerke, sondern arbeite mit Branchendiensten.

25 **I: Hinweise auf Quellen im Internet.**

26 J9: Am ehesten Twitter.

27 **I: Meinungsverteilung zu einer Streitfrage.**

28 J9: Ist schwer ablesbar, da Meinungen in den sozialen Netzwerken schnell verzerrt werden und man selbst schnell in eine Filterblase gerät. Das erfordert gründliche Recherche auch über die Grenzen der eigenen Filterblase hinaus. Über Twitter bekommt man allerdings ein erstes schnelles Stimmungsbild.

29 **I: Experten, die befragt oder zitiert werden können.**

30 J9: Am ehesten Twitter.

31 **I: Hintergrundinformationen zu bestimmten Themen.**

32 J9: Auch am ehesten Twitter.

33 **I: Aufbau und Pflege von Expertennetzwerken.**

34 J9: Twitter.

35 **I: Kontinuierliche Beobachtung prominenter Quellen.**

36 J9: Da wieder Instagram, Twitter

37 **I: Man kann auf Social-Media-Plattformen gezielt nach Themen suchen. Oder man kann per Zufall darauf stoßen. Wie ist das bei Ihnen? Recherchieren Sie immer gezielt über Social Media oder stoßen Sie auch durch Zufall auf Themen? Können Sie das in etwa in Prozenten ausdrücken - in wieviel Prozent der Fälle suchen Sie gezielt - und in wieviel Prozent der Fälle stoßen Sie per Zufall auf ein Thema? (Im Arbeits- und im Privatkontext.)**

38 J9: Suche im beruflichen Kontext: 80 % Zufallsentdeckungen, 20 % gezielt. Verhältnis im Privaten Kontext: 40 % gezielte Suche, 60 % Zufallsentdeckungen.

39 **I: Auf welche Akteure sowie Themen achten Sie dabei? (Journalistinnen und Journalisten oder auch nicht journalistische Quellen?)**

40 J9: Das kommt auf den Kontext an: als Kulturjournalistin folge ich Kulturschaffenden wie Regisseur/-innen oder Schauspieler/-innen, die sich zu einem aktuellen Projekt äußern - also eine 1.Hand-Quelle. Oder wie im eben beschriebenen Konflikt zwischen Deniz Yücel und dem PEN-Club suche ich nach sämtlichen am Konflikt beteiligten Akteuren. In meiner Position beim Journalistenverband schaue ich, was Kolleg/-innen aus anderen Verbänden publizieren. Ich informiere mich über die Kanäle gewisser Institutionen wie „Reporter ohne Grenzen" und bei verschiedenen Hochschulen.

41 **I: Wo sehen Sie Vorzüge der Social-Media-Kanäle gegenüber anderen Recherchequellen? Wo sehen Sie Nachteile?**

42 J9: Die Kanäle sind nah am aktuellen Geschehen und bilden Ereignisse praktisch in Echtzeit ab, das ist ein Vorteil. Sofern man die eigenen Filterblasen durch Recherche in die Breite erweitert, kann man zudem verschiedene Perspektiven auf ein Ereignis bekommen. Problematisch ist aber die Tendenz der schnellen Radikalisierung von Meinungen im Netz. Um das Publikum bei der Stange zu halten, werden Inhalte oft skandalisiert und zugespitzt. Sachliche Information bleibt schneller auf der Strecke und auch die Journalistinnen und Journalisten werden immer mehr in Beschleunigungsprozesse gezwungen, die eine fundierte Recherche erschweren. Diese Beschleunigung in den sozialen Netzwerken kann auch zu einer Trivialisierung der Berichterstattung führen: Weil man nur noch wenig Zeit hat, in die Tiefe zu recherchieren, kann man in bestimmten Bereichen nur noch oberflächliche Betrachtungen eines Sachverhaltes liefern. Will man mehr Zeit investieren, wird man von den sich auf den sozialen Netzwerken überschlagenden Ereignissen überholt, die

eigene Berichterstattung ist dann schon wieder veraltet. Darin liegt die größte Gefahr für einen ernsthaften Journalismus.

43 **I: Welche Regeln gelten in Ihrer Redaktion bei der Social Media-Recherche?**

44 J9: Da ich nicht in eine feste Redaktionsstruktur eingebunden bin, habe ich in meinem Berufsalltag kein festes Reglement. Ungeprüfte Übernahmen sind allerdings tabu, eine gründliche Überprüfung einer Quelle ist selbstverständlich.

45 **Qualität der Berichterstattung**

46 **I: Welche Kriterien spielen bei der Nachrichtenauswahl eine Rolle?**

47 J9: Aktualität, im Tageszeitungsbereich der regionale Bezug, auch der Bezug zu bestimmten Institutionen und Personen und das bisherige Interesse des Publikums an einem bestimmten Themenkomplex. Wenn z. B. Veranstaltungen des Literaturhauses in Stuttgart in der Vergangenheit vom Publikum stark nachgefragt wurden (Auswertung von Online-Zugriffszahlen sind entscheidend), werden solche Veranstaltungen bevorzugt journalistisch begleitet.

48 **I: Wie beeinflussen Social Media diese Auswahl? (Beziehen Sie durch die Nutzung von Social Media mehr oder weniger Nachrichtenfaktoren ein?)**

49 J9: Da ich nicht fest in die Redaktion eingebunden bin, kann ich den Umgang der Redaktion mit Social Media in diesem Zusammenhang schwer abschätzen. Online-Trends sind aber sicherlich ein entscheidender Faktor und die Social Media sind maßgeblich dafür verantwortlich, dass bestimmte Themen aus dem Portfolio der Berichterstattung verschwinden. Da online kaum über kulturelle Ereignisse diskutiert wird, findet sie auch im immer geringeren Maß statt. Dabei wird allerdings eine entscheidende Grenze gezogen: Gewisse kulturelle Themen funktionieren abseits der Social Media in

höheren Altersklassen, Dabei handelt es sich um Themen der sogenannten E-Kultur (ernste Kultur). Dazu gehören: Literatur (keine Trivial- und Unterhaltungsliteratur), klassische Musik und Konzerte, Oper, bildende Kunst, Theater und Tanz. Artikel aus diesem Themenspektrum richten sich an ein älteres, nicht online-affines Publikum und werden besonders im Print-Bereich veröffentlicht. Themen der sog. U-Kultur (Unterhaltungskultur) wie Film, Medien, Popmusik, unterhaltende Literatur u.ä. werden gemäß dem Publikumsinteresse in den sozialen Medien eher auf oberflächlicher Ebene (Fan-tum) abgehandelt, was zu einer verflachten Darstellung dieser Themen führt. Ähnliches gilt für Themen aus der Politik und der Lokalberichterstattung. Weltpolitische Ereignisse interessieren Zeitungsleser weniger, weil man in anderen Medien viel schneller an Informationen kommt. Inhaltlich tiefe Hintergrundgeschichten sprengen dagegen die Aufmerksamkeitsspanne des an kurze Online-Texte gewöhnten Publikums. Deshalb findet die politische Berichterstattung inzwischen auf einer eher oberflächlichen Ebene statt.

50 **I: An welchen Kriterien orientieren Sie sich, um qualitative Beiträge zu verfassen? Qualitativ meint hier Punkte wie z. B. Richtigkeit, Vollständigkeit, Einhaltung ethischer Grundsätze, Objektivität, Transparenz und Glaubwürdigkeit (Kriterien der Orientierung wie z. B. Das Dreistufentest-Verfahren.)**

51 J9: Genau an den genannten. Vollständigkeit ist im Bereich der Kulturkritik schwierig zu bewerkstelligen und als Kritikerin ist auch der Punkt Objektivität ein Kriterium, das sich nicht vollständig einlösen lässt. Notwendig ist in vielen Bereichen ein fundiertes Fachwissen. So kann ein Kulturjournalist ohne Kenntnis der Materie nicht über Sport berichten und umgekehrt. Doch gerade im Bezug auf diese beiden Ressorts gibt es die häufige Meinung, es reiche schon, selbst Fan von Sport- und Kulturereignissen zu sein. Das stimmt auf der

Ebene der sozialen Netzwerke, aber eben nicht im journalistischen Kontext.

52 **I: Was unternehmen Sie, um die Qualität Ihrer Beiträge zu verbessern?**

53 J9: Ich beschäftige mich intensiv mit meinem Fachgebiet und verfolge die Berichterstattung in anderen seriösen Medien. Ich erbitte Feedback von Kollegen.

54 **I: Wie hat sich die von Ihnen wahrgenommene journalistische Qualität durch den Einbezug von Social Media verändert?**

55 J9: Das Publikum ist eher bereit, nicht-journalistischen Beiträgen Aufmerksamkeit und Glauben zu schenken als denen journalistischer Profis. Durch die sich vollziehende Abkehr des Publikums von eingeführten Medienmarken versuchen diese, den neuen Publikumsgeschmack zu bedienen. Deshalb werden Nachrichten in schnellerer Taktung mit geringerer Inhaltstiefe veröffentlicht, um mit der Schnelligkeit der sozialen Medien halbwegs mithalten zu können. Zwar beachten die Medien nach wie vor die gesetzten Standards, diese werden aber in ihren Abgrenzungen aufgeweicht. So werden etwa durch Überschriften eigentlich banale Inhalte aufgebauscht, um bei Leser/-innen einen Anreiz zu setzen, einen Text zu konsumieren.

56 **I: Wo sehen Sie Gefahren in der Berichterstattung, beim Einbezug von Social Media?**

57 J9: Die inhaltliche Verflachung und Verengung des Themenspektrums sind ein Hauptproblem und wohl kaum mehr aufzuhalten. Auch der Druck, neue Nachrichten vor allem schnell zu liefern, kann gefährliche Auswirkungen haben. Gute Recherche braucht schlicht Zeit.

58 **I: Wo sehen Sie Chancen?**

59 J9: Die Möglichkeit, ein Ereignis schnell aus verschiedenen Perspektiven betrachten zu können, ist wertvoll. Zudem liefern die sozialen Netzwerke interessante Quellen /O-Töne zur Anreicherung von Texten.

60 **Eigene Kommunikation**

61 **I: Verfassen und veröffentlichen Sie im Arbeitskontext auch journalistische Beiträge auf Social Media?**

62 J9: Ja.

63 **I: Verweisen Sie in Ihren Beiträgen direkt auf Social-Media-Quellen? Wann? Wann nicht?**

64 J9: Ja, wenn es sich z. B. auf Posts von assoziierten Kolleg/-innen handelt, von denen ich weiß, dass sie seriös arbeiten. Oder ich verweise auf andere Institutionen. Ich führe aber keine Meinungsdebatte fort und beteilige mich auch nicht aktiv, sondern bleibe neutral.

65 **I: Wie nehmen Sie das Feedback zu Ihrer eigenen Kommunikation wahr und wie reagieren Sie darauf?**

66 J9: Konstruktive Kommentare nehme ich auf und nutze sie, um in einen Dialog mit den User/-innen zu treten. Boshafte Kommentare werden zunächst freundlich, aber bestimmt beantwortet. In besonders schweren Fällen breche ich den Kontakt ab und sperre ggf. Nutzer/-innen, die nicht ein Mindestmaß an Fairness in der Kommunikation einhalten.

67 **I: Nennen Sie mir ein Best-Practice-Beispiel, wie auf Publikumsbeteiligung über Social Media eingegangen wurde. (Individuell oder in der Redaktion.)**

68 J9: Da fällt mir aktuell nichts ein.

69 **Abschlussfragen**

70 **I: Wie beurteilen Sie den journalistischen Arbeitsprozess in Zusammenhang mit Social Media? (Einfacher, schwerer?)**

71 J9: In gewisser Weise schwieriger.

72 **I: Wie sehen Sie die Zukunft des journalistischen Arbeitsprozesses in Anbetracht der sich ständig weiterentwickelnden Social-Media-Landschaft?**

73 J9: Eher skeptisch, da ich in meiner bisherigen zehnjährigen Tätigkeit als Freiberuflerin hauptsächlich die negativen Effekte gesehen habe.

74 **I: Gibt es von Ihrer Seite noch Punkte, die Sie gerne hinzufügen möchten?**

75 J9: Nein.

1 **Interview 10: LIFT das Stuttgart Magazin – Print-Redakteurin; 27.05.2022; Dauer: 26:37 Minuten**

2 **Informationen zur Person**

3 **I: Dann habe ich die Aufnahme jetzt gestartet und wir fangen an mit dem ersten Block. Und zwar erst mal die Infos zur Person. Ganz kurz: Stell dich und deine Position, deine Funktion und dein Ressort kurz vor.**

4 J10: Okay, mein Name ist J10. Ich bin 27 Jahre alt und bin Redakteurin beim Lift-Magazin. Und mein Ressort ist gar nicht so einfach zu beschreiben. Wir sind ein sehr kleines Team, deswegen mache ich tatsächlich das Shopping-Ressort und die Bild-Seiten schon seit langem. Und jetzt seit einem Jahr mache ich noch die politischen und gesellschaftlichen Themen, also vorne die Titelthemen, die betreue ich mit meinen Kollegen. Also da arbeiten wir zusammen.

5 **I: Spannend okay. Und was gehört zu deinen täglichen Aufgabenbereichen?**

6 J10: Oh, das ist auch ganz unterschiedlich. Auf jeden Fall das Planen von Themen und das Planen der Bebilderung, von Themen, Interviews und auf jeden Fall das Lesen und Redigieren von anderen Texten. Weil alle unsere Texte dreimal gelesen werden, also auch redaktionsintern, haben wir eigentlich fast alle Seiten von anderen immer wieder auf dem Tisch und redigieren die eben passend oder genauso gut auch das Schön-Machen von meinen eigenen Seiten, also dass das alles gut aussieht und das Kürzen. Und jetzt eben seit kurzem dann auch Social Media. Das gehört allerdings nicht jeden Tag zu meinen Aufgaben.

7 **I: Okay, und welche Social-Media-Plattformen nutzt du im Arbeitskontext und welche im Privatkontext? Und gibt es da Überschneidungen?**

8 J10: Auf jeden Fall gibt es da Überschneidungen. Instagram und Facebook nutzen wir im Arbeitskontext und tatsächlich auch privat, also privat vielleicht auch LinkedIn, das nutzen wir mit dem Lift jetzt noch nicht. Das wollen wir jetzt noch starten. Zählt YouTube auch?

9 **I: Ja.**

10 J10: Okay, dann auf jeden Fall auch YouTube. Wir sind als Lift-Magazin nur auf Facebook und auf Instagram aktiv. Für die Recherche würde ich aber sagen, verwenden wir alles, also wir oder ich recherchiere seit etlichen Jahren über alle diese Plattformen.

11 <u>**Recherche:**</u>

12 **I: Und genau wie recherchierst du da dann so genau?**

13 J10: Das ist ganz unterschiedlich. Also ich folge privat vielen Seiten von Personen, die etwas Spannendes in der Stadt machen und stoße dann eben auf Themen. Aber das funktioniert auch überregional. Wir sind zwar ein regionales Medium, trotzdem können wir auch große Themen, die jetzt in größeren Zeitungen gemacht werden, auf Stuttgart herunterbrechen. Und so kommen wir oft auf Themen. Ja, also ich würde sagen, zur Themensuche auf jeden Fall und dann natürlich zur Verbreitung unserer eigenen Inhalte oder zum Finden von Interviewpartner/-innen. Also wenn man das Thema hat, dann hilft das total in Gruppen unterwegs zu sein. Und auf Menschen zu stoßen, die vielleicht etwas zum Thema zu erzählen haben.

14 **I: Okay. Und dafür ziehst du dann Instagram und Facebook heran?**

15 J10: Ja, vor allem aber auch YouTube. Also wenn ich z. B. ein Interview ausgemacht habe, dann gibt es super oft einfach schon Videobeiträge und das hilft mir wahnsinnig. Z. B. beim mich auf denjenigen einstellen, dass ich weiß, was derjenige

bei den Gesprächen denkt und was mich im Interview erwartet und deswegen sind Videobeiträge da wirklich am hilfreichsten. Aber ansonsten auf jeden Fall Facebook, Instagram und YouTube.

16 **I: Jetzt habe ich so eine kleine Auflistung und da sagst du einfach, welche Social Media Plattformen du dafür passend findest. Und wenn keine, dann keine.**

17 **Also Augenzeugen, die befragt oder zitiert werden können?**

18 J10: YouTube und Instagram.

19 **I: Okay, dann die Gegenprüfung von Informationen?**

20 J10: Facebook und Instagram.

21 **I: Themenideen?**

22 J10: Alle drei: Facebook, YouTube, Instagram.

23 **I: Die Resonanz auf die eigene Berichterstattung?**

24 J10: Facebook. Instagram ein bisschen. Aber eher Facebook.

25 **I: Okay. Fakten über ein aktuelles Ereignis?**

26 J10: Facebook.

27 **I: Okay. Hinweise auf Quellen im Internet?**

28 J10: Keines tatsächlich?

29 **I: Okay, die Meinungsverteilung zu einer Streitfrage?**

30 J10: Instagram?

31 **I: Experten, die befragt oder zitiert werden können?**

32 J10: Auch alle drei: Facebook, YouTube und Instagram.

33 **I: Hintergrundinformationen?**

34 J10: YouTube und Instagram.

35 **I: Aufbau und Pflege von Expertennetzwerken?**

36 J10: Da tatsächlich privat LinkedIn. Und Instagram.

37 **I: Okay und die kontinuierliche Beobachtung prominenter Quellen?**

38 J10: Instagram. Alle. Instagram, Facebook und YouTube.

39 **I: Okay. Cool. Perfekt. Man kann auf Social Media gezielt nach Themen suchen oder eben per Zufall darauf stoßen. Das hast du auch schon so ein bisschen gesagt. Zu wie viel Prozent stößt du per Zufall auf ein Thema und zu wie viel Prozent recherchierst du gezielt über Social Media?**

40 J10: Ich würde sagen 60 % zufällig und 40 % gezielt.

41 **I: Okay, gut. Und auf welche Themen und Akteure achtest du dann dabei?**

42 J10: Natürlich auf Themen, die eine große Reichweite haben bzw. die viele Leute interessieren, also die mir jetzt nicht nur einmal auffallen, sondern Dinge, die mir häufiger auffallen. Auf unterschiedlichsten Profilen, Themen und Akteure. Akteure auf jeden Fall. Inhalte, die gut aufbereitet sind, die auch überlegt aufgenommen sind. Also nicht aus einer Laune heraus, sondern wo sich jemand Gedanken gemacht hat und eben auch recherchiert hat. Akteur/-innen aus den öffentlich-rechtlichen Netzwerken. Also wie gesagt, die großen Medienhäuser, die wir in Deutschland haben, das sind natürlich sichere Quellen, also wenn die ein Thema machen, dann hat es natürlich Relevanz. Ob es dann wieder für Stuttgart interessant ist, ist etwas anderes. Es nützt am besten, wenn ich weiß, das ist im bundesweiten Kontext ein großes Thema und ich sehe, dass es auch in Stuttgart zum Thema werden oder dass es auch Expert/-innen hier aus Stuttgart gibt, die sich dazu äußern. Und im Unternehmenskontext, also wenn es

jetzt eine Einrichtung ist oder ein Unternehmen, welches sich dazu äußert, dann denke ich, dass es schon durch mehrere Instanzen gegangen ist. Dementsprechend vertraue ich dem mehr. Oder bringe da mehr Vertrauen entgegen als einer Privatperson. Aber wie gesagt, wenn eine Privatperson z. B. ein Thema aufgreift und da auch sehr überlegt und strukturiert und einfach mit Hintergrundinformationen und Recherche schon darüber etwas sagt, dann würde ich das genauso als relevant erachten.

43 **I: Okay, und wo siehst du die Vorzüge der Social-Media-Kanäle gegenüber anderen Recherchequellen und wo die Nachteile?**

44 J10: Die Vorteile? Definitiv darin, dass man direkten Zugang hat. Ich habe das Gefühl, teilweise wird es auch öfter gecheckt. Manchmal bekomme ich auf Social Media schneller eine Antwort von potenziellen Gesprächspartner/-innen, als über eine E-Mail. Teilweise gibt es auch keine E-Mail. Viele wollen tatsächlich den Kontakt über Social Media haben. Außerdem ist es sehr komprimiert dargestellt, das ist teilweise für den ersten Überblick so wahnsinnig wichtig, dass man eben schnell viele Informationen oder eben diese strukturierten Informationen ansehen kann. Auf der anderen Seite muss man dann natürlich das ist wahrscheinlich der größte Nachteil muss man dann in dem Fall nochmal nachfragen und eben nochmal selbst mehr Informationen anfordern. Das ist ein Nachteil, dann natürlich Fehlinformationen. Auf jeden Fall muss man alles doppelt gegenchecken und persönlich mit den Menschen sprechen oder in Kontakt treten, weil wenn ich die Pressemitteilung bekomme, da mache ich das nicht mehr zu 100 %, weil ich weiß, dass es durch die vielen verschiedenen Korrekturstufen gegangen ist. Das weiß ich bei Social Media nicht nicht zu 100 %, deswegen würde ich mich da nochmal versichern.

45 **I: Gibt es irgendwelche Regeln in eurer Redaktion, die bei der Social-Media-Recherche herangezogen werden?**

46 J10: Also nicht niedergeschrieben. Nein, höchstens dass wir /. Wir haben alle ein Seminar besucht und da wurde über Online-Journalismus gesprochen. Und da war Teil davon, dass man eben Quellen checkt und prüft und dann auf jeden Fall nochmal nachfragt. Und ansonsten würde ich sagen, dass jeder von uns eigentlich sagt, wir sind auch ein sehr kleines Team, dass jeder von uns falsch von richtig unterscheiden kann.

47 **Qualität der Berichterstattung**

48 **I: Okay, das war es jetzt schon mit dem Rechercheblock. Jetzt kommen wir zur Berichterstattung. Welche Kriterien spielen bei der Nachrichtenauswahl eine Rolle? Also was macht ein Thema zur Nachricht bei dir?**

49 J10: Der Nachrichtenwert auf jeden Fall, obwohl das bei uns auch besonders Thema ist. Ich habe meine Bachelorarbeit auch in dem Thema geschrieben und das ist natürlich /. Wir sind eben keine Tageszeitung. Wir schreiben Vorankündigungen. Bei uns ist der erste Nachrichtenwert tatsächlich, dass es weit in der Zukunft stattfindet. Also im Moment planen wir die Juni-Ausgabe deswegen, wenn wir jetzt noch Sachen für den Juni reinkriegen, bringt das uns nichts und deswegen kommt es tatsächlich auf den Zeitpunkt einer bestimmten Veranstaltung oder eines bestimmten Happenings an. Also für die großen Stadtthemen, die sind z. B. unabhängig von der Zeit sind, da dann Relevanz, wie viele Menschen davon betroffen sind und dass man das nicht schon genauso gelesen hat. Also irgendwie auch ein Alleinstellungsmerkmal. Und der Stuttgart-Bezug, also wir machen nichts ohne Stuttgart-Bezug.

50 **I: Und wie beeinflussen Social Media diese Auswahl?**

51 J10: Beeinflussen nicht direkt. Wenn dann, weil wir über Social Media auf ein Thema kommen. Das beeinflusst natürlich schon die Themen. Aber es ist jetzt nicht so, dass wir jeden Instagram-Trend als Thema aufnehmen.

52 **I: Okay. An welchen Kriterien orientierst du dich, um qualitativ hochwertige Beiträge zu verfassen? Also vollständig, richtig usw. Gibt es da irgendwelche Kriterien, woran du dich orientierst?**

53 J10: Um was für Beiträge zu verfassen?

54 **I: Qualitativ hochwertige.**

55 J10: Die Meinungsvielfalt abzubilden, also sehr viele verschiedene Interessen zu befragen, zu einem Thema. Dazu gehört natürlich auch diverse Gruppen von Menschen zu befragen. Also so viel wie möglich von den Menschen zu übernehmen, in einem Text und Behauptungen, die ich eventuell aufstellen könnte, mit den Menschen abzuklären. Und mir da immer wieder die Rückversicherung zu geben. Oder wenn ich mir bei einem Thema nicht sicher bin, dann vielleicht auch nochmal nachzufragen, ob derjenige das so gemeint hat. Das macht Journalismus hochwertig, wenn man einfach versucht ein möglichst breites Bild und eine breite Masse an Menschen abzubilden.

56 **I: Okay. Und wie hat sich die von dir wahrgenommene journalistische Qualität durch den Einbezug von Social Media verändert?**

57 J10: Also tatsächlich positiv und negativ. Positiv, da viel mehr Menschen Zugang zum Journalismus haben. Ich habe das Gefühl, der Journalismus wird wieder wichtiger, weil wir ganz neue Formate haben und ganz vielseitige Formate, die eben auch nicht mehr dieses lange Lesen von Texten voraussetzen. Oder die Zeitung, wie man sie eben kennt von früher, die man aufschlägt und die einfach nicht handlich genug ist, um sie in der Bahn mitzunehmen oder so. Ich habe das Gefühl,

vor Social Media gab es vermutlich eine lange Zeit, in der jungen Menschen z. B. gar keine Lust hatten, sich mit Journalismus oder mit der Berichterstattung und mit Neuigkeiten und Politik und alles, was da eben dranhängt, auseinanderzusetzen. Und ich habe das Gefühl, durch viele neue Formate, gerade durch Social-Media-Formate, ändert sich das wieder und die Menschen bilden sich wieder mehr eine Meinung und erfahren mehr Neuigkeiten. Deswegen würde ich sagen, verbessert sich die Qualität sehr. Allerdings ist es auch sehr schwierig, dass die Menschen dann den Accounts folgen, die ihre Meinung widerspiegeln, dass man nicht mehr so sehr mit den konträren Meinungen in Zusammenhang kommt oder, dass man da irgendwie keine negativen Beispiele oder keine anderen Sichtweisen mehr vermittelt bekommt, sondern eben genau das, was man gerne hören möchte. Und das war früher bei einer Zeitung, die man in der Hand halten konnte, doch noch vielseitiger, weil es eben viele, viele, viele Menschen gab, die daran mitgearbeitet haben und da hat man vermutlich auch mehr Vielfalt abbekommen.

58 **I: Ja, das stimmt. Also du hast jetzt auch schon ein bisschen auf die nächste Frage geantwortet. Ich frag sie aus Vollständigkeitsgründen nochmal. Wo siehst du Gefahren in der Berichterstattung, beim Einbezug von Social Media und wo Chancen?**

59 J10: Die Chancen auf jeden Fall, dass man eben wieder mehr Menschen erreicht und dass man Wissen kompakter vermitteln kann. Und dass man natürlich auch multimedial sehr, sehr viel abbilden kann und immer gleich auch Bewegtbild dazu hat. Und Menschen eben wieder besser dort abholen kann, wo sie Journalismus also gebrauchen können, gerade in so kurzen Momenten in der Bahn. Aber da sind dann auch die Tücken des Journalismus über Social Media, dass man sich zu kurz mit Themen beschäftigt oder gefühlt eine Zeitung so liest, wie wenn man nur noch die Überschriften lesen würde. Und in der Überschrift steckt eben leider meistens

nicht alles drin. Und da ist nämlich die größte Tücke, dass die Menschen lesefaul werden und sich nicht mehr ernsthaft mit den Themen auseinandersetzen, sondern eben nur noch scannen und dann gefährliches Halbwissen verbreiten können.

60 **Eigene Kommunikation**

61 **I: Okay, jetzt zum nächsten Block, zur eigenen Kommunikation. Verfasst und veröffentlichst du im Arbeitskontext auch journalistische Beiträge auf Social Media?**

62 J10: Ja. Nicht nur für Social Media, sondern da kommen höchstens die Artikel, die wir bereits geschrieben haben, die teasern wir mit Social Media nochmal an. Also wir schreiben noch ein bis zwei Sätze, damit man eben auch online auf unsere Inhalte zugreifen kann. Wir machen aber keinen alleinstehenden Journalismus für Social Media.

63 **I: Okay, aber es passt trotzdem. Dann kommen noch so drei Anschlussfragen. Verweist ihr dann in den Beiträgen direkt auf Social-Media-Quellen und wenn ja, wann und wann nicht?**

64 J10: Also nein, gar nicht. Wir verweisen nur auf unsere eigenen Quellen oder auf unseren eigenen Bericht. Und dann ab und zu auf Social-Media-Quellen, z. B. bei einer neuen Gastronomie, die noch keine Website hat. Dann verweisen wir auf die Social-Media-Seite von denen, stellvertretend für die Website. Wir bevorzugen aber immer die Website, also wir vermeiden es tatsächlich auf Social-Media-Quellen zu verweisen. Wir verlinken allerdings oft, wenn wir ein Interview geführt haben oder wenn wir mit Menschen zusammengearbeitet haben, für ein Fotoshooting oder so, dann verlinken wir in dem Zusammenhang häufig auf die anderen Social-Media-Seiten. Oder wenn wir bei einem Event sind und dann eben sagen wollen, bei welchem Event wir sind, dann noch auf deren Event-Seite. Ich glaube, das ist so das einzige, wo wir Social Media verlinken.

65 **I: Okay, cool. Und wie nimmst du das Feedback zu deiner eigenen Kommunikation wahr und wie reagierst du darauf, wenn z. B. Nutzerkommentare kommen?**

66 J10: Tatsächlich kommen sehr, sehr wenige Nutzerkommentare und das finde ich sehr schade. Wir bekommen höchstens relativ viele Nachrichten von Einrichtungen, die uns ihre Veranstaltungen nahelegen wollen. Aber so wirklich, dass sich jemand mit unseren Inhalten auseinandersetzt und dann auf Social Media Feedback gibt, das kommt leider sehr, sehr selten vor. Wenn es das gibt, dann antworten wir oder wenn es ein Lob ist, dann reagieren wir natürlich entsprechend mit einem Emoji. Wenn es Kritik ist, dann versuchen wir die Konversation schnell zu beenden. Also ernstgemeinte oder ernstzunehmende Kritik, dann versuchen wir, die Konversation relativ schnell und formell auch per Mail abzuhandeln. Aber es kommt ganz selten vor, dass wirklich jemand sich auf einen Bericht bezieht. Da kriegen wir tatsächlich noch mehr Leserbriefe.

67 **I: Und gibt es ein praktisches Beispiel, wie ihr auf Publikumsbeteiligung auf Social Media eingegangen seid?**

68 J10: Wir haben eine Fotoseite gemacht zum Thema Auto-Sticker, wo wir gesagt haben, dass wir merken, dass es wieder mehr Auto-Sticker gibt, in Stuttgart. Es gab also Leute, die irgendwelche Messages auf ihren Autos herumkutschieren und da haben wir auch gefordert, dass uns die Leute Bilder schicken können. Da ist tatsächlich eine Foto-Seite daraus entstanden. Das war ganz cool. Da haben dann auch tatsächlich Leute etwas eingeschickt. Es war allerdings auch nicht nur über Social Media, sondern eben per Mail. Es war relativ breit gefächert. Ich glaube, das wäre tatsächlich das Einzige, was mir einfällt.

69 **Abschlussfragen**

70 **I: Ist doch mega, das passt perfekt. Dann komme ich jetzt schon zu meinen Abschlussfragen. Wie beurteilst du den journalistischen Arbeitsprozess im Zusammenhang mit Social Media? Einfacher, schwerer, was sind deine Gedanken dazu.**

71 J10: Einfacher, weil ich Social Media tatsächlich sehr schätze als Quelle, also ich finde es wahnsinnig viel leichter mit Menschen in Kontakt zu treten. Auch mit Menschen, die eventuell höherrangiger sind als ich, die ich sonst nie angeschrieben hätte. Es fällt leichter, auf verschiedene Stories zu reagieren oder da direkt anzuknüpfen, wenn jemand etwas zu dem Thema macht. Also ich finde Social Media ist tatsächlich eine Bereicherung für die Recherche.

72 **I: Mega, richtig schön. Und wie siehst du die Zukunft des journalistischen Arbeitsprozesses in Anbetracht der sich ständig weiterentwickelnden Social-Media-Landschaft?**

73 J10: Gute Frage. Schwierig, weil ich glaube, dass es viel zu wenig angekommen ist, bei den entscheidungsgebenden Menschen, bei den Leitern von Verlagen. Ich habe das Gefühl, dass die Leute, die guten Journalismus auf Social Media machen, die machen das, weil viel Herzblut von ihnen selbst kommt, aber nicht, weil die Leute unbedingt gefördert werden oder weil es irgendwie Fortbildungen gibt oder weil es im Studium schon integriert wird, wie man guten Journalismus auf Social Media kommuniziert. Und ich glaube, damit hängt zusammen, dass es viele Menschen gibt, die es eben mit Herzblut machen, aber die z. B. die journalistische Sorgfaltspflicht, wie wir ausgebildete Journalistinnen sie kennen, dann mehr oder weniger missachten, einfach weil ihnen das nicht beigebracht wurde. Das ist also eine Mischung aus Blogsphäre und Journalismus. Und da sehe ich teilweise Probleme darin, weil gut aufbereitete Inhalte dann natürlich sehr hilfreich sind, aber mit Vorsicht zu genießen sind, weil

man nicht genau weiß, wer dahintersteckt. Und da wäre aber auch eine riesige Chance für den Journalismus oder für die journalistischen Arbeitsprozesse. Wie gesagt, es mehr zu integrieren, das ernster zu nehmen, aber eben auch das nötige Wissen dazu zu generieren. Die Journalist/-innen, die jetzt eben die nicht mit Social Media aufgewachsen sind, so wie ich es bin, mitzunehmen.

74 **I: Mega cool. Dann gibt es noch Punkte, die du gerne zu dem Thema loswerden würdest.**

75 J10: Es wäre wirklich cool, wenn man mehr Feedback, direktes Feedback von Nutzer/-innen bekommen würde. Genauso wie ich mir denke, dass ich eine Person spannend finde und sie anschreibe, würde ich mir manchmal wünschen, dass die Leute, die unsere Artikel tatsächlich in der Presse lesen, auf Social Media gehen und uns Feedback geben. Und für den Journalismus selbst bin ich einfach sehr gespannt, wie sich das entwickelt.

1 **Interview 11: Dasding, ein Radiosender des SWR – Radio-Moderatorin; 02.06.2022; Dauer: 15:19 Minuten**

2 **Informationen zur Person**

3 **I: Also als erstes mal ein paar Informationen zur Person. Bitte stellen Sie sich und Ihre Position, Funktion und das Ressort kurz vor.**

4 J11: Also ich bin J11, ich bin Moderatorin und Redakteurin bei Dasding, der jungen Radiowelle beim SWR.

5 **I: Und was gehört zu Ihren täglichen Aufgabenbereichen?**

6 J11: Sehr unterschiedlich, wobei so unterschiedlich ist es gar nicht. Aber doch, es ist halt ein Unterschied, ob ich als Moderatorin oder ob ich als Redakteurin eingesetzt werde. Wenn ich moderiere, dann bereite ich einfach /. Ich moderiere eine Sendung, die ist sehr auf tagesaktuelles Politikgeschehen ausgerichtet und einfach Dinge, die an dem Tag passiert sind und weniger unterhaltend sind, sondern einfach faktenbasiert sind, eher journalistisch. Und wenn ich Producerin bin, bzw. Redakteurin dann ist es eher so, dass ich Themen herankarre, mir kreative Umsetzungen von irgendwelchen witzigen Agenturmeldungen überlege, dass ich Töne schneide, dass ich Interviews führe, dass ich Interviewpartner briefe und dass ich Moderationen schreibe, also das gehört glaube ich alles dazu.

7 **I: Okay, sehr cool. Welche Social-Media-Plattformen nutzen Sie im Arbeitskontext und welche im Privatkontext? Gibt es Überschneidungen?**

8 J11: Es gibt eine hundertprozentige Überschneidung, ich kann die verschiedenen sozialen Netzwerke nicht mehr privat nutzen, sondern es ist wirklich so, dass ich immer denke, das wäre ein Thema, also auch nach der Sendung. Ich liege abends im Bett und denke: „Ah, das könnten wir morgen machen.“ Du hast ständig die Augen offen und überlegst dir

immer irgendetwas. Also ich nutze hauptsächlich Instagram, Twitter nutze ich nur im Arbeitskontext, das mache ich privat nicht oder ich gucke nur, da bin ich nicht aktiv. Ich gucke viel bei TikTok, Snapchat nein das nutzt man nicht mehr so dolle. Hauptsächlich ist es Instagram.

9 Recherche

10 **I: Wie verwenden Sie Social Media für die Recherche in Ihrer Redaktion? Welche Bedeutung haben Social Media dabei für Sie?**

11 J11: Eine sehr hohe Bedeutung, also wirklich immens, weil einfach Themen, die unsere Hörerinnen und Hörer interessieren eigentlich im Internet entstehen. Wir kriegen da Trends mit, wir kriegen auch von SWR Aktuell irgendwelche Meldungen oder auch von der Tagesschau, also das ist schon auch eine unserer Mithauptquellen.

12 **I: Okay und welche Social-Media-Plattformen ziehen Sie dafür heran?**

13 J11: Instagram und TikTok.

14 **I: Okay, jetzt kommt eine kleine Auflistung, das trifft vielleicht nicht alles zu, aber sagen Sie mir einfach, was Sie denken, welche Social-Media-Plattform Sie dafür am ehesten heranziehen würden, wenn keine passt das auch. Also ersteinmal Augenzeugen, die befragt oder zitiert werden können?**

15 J11: Ob ich sie quasi auch über Social Media kontaktieren würde?

16 **I: Ja genau, welche Plattform da am ehesten passen würde.**

17 J11: Ah, Instagram.

18 **I: Die Gegenprüfung von Informationen?**

19 J11: Welche Plattform am ehesten?

20 **I: Ja.**

21 J11: Ja also es ist immer so, dass wir auch quasi /. Es ist hauptsächlich Instagram. Also wir haben immer das zwei-Quellen-Prinzip. Aber wenn wir es jetzt in einer Agentur lesen, dann suchen wir jemanden bei Instagram.

22 **I: Themenideen?**

23 J11: Instagram.

24 **I: Resonanz auf die eigene Berichterstattung?**

25 J11: Wo wir die herziehen?

26 **I: Genau, wenn ihr was im Radio quatscht, wo sich die Leute dann melden.**

27 J11: Hauptsächlich per WhatsApp, also es gibt eine WhatsApp-Nummer, es gibt aber auch Resonanz auf Instagram und TikTok.

28 **I: Fakten über ein aktuelles Ereignis?**

29 J11: Auch Instagram, vor allem. Auch TikTok. Also da merken wir schon, so die letzten 3-4 Monate, dass es immer wichtiger wird, weil wir jetzt auch schon /. Früher war es viel Unterhaltung nur und jetzt sind es auch so faktenbasierte Videos, die einfach online kommen.

30 **I: Dann Hinweise auf Quellen im Internet. Welche Plattform?**

31 J11: Instagram.

32 **I: Dann die Meinungsverteilung zu einer Streitfrage?**

33 J11: Wie wir die abfragen?

34 **I: Wo Sie hingehen und schauen, was denken die Leute darüber?.**

35 J11: Instagram oder TikTok.

36 **I: Experten, die befragt oder zitiert werden können`?**

37 J11: Instagram oder TikTok

38 **I: Dann noch Hintergrundinformationen zu bestimmten Themen?**

39 J11: Instagram oder TikTok

40 **I: Und Aufbau und Pflege von Expertennetzwerken?**

41 J11: Spannend, auch primär Instgram, aber TikTok schon auch mit und da ist Twitter auch ein Ding, schon

42 **I: Und zuletzt noch die kontinuierliche Beobachtung prominenter Quellen?**

43 J11: Ah, auch Instagram, TikTok.

44 Was ich noch zu der Vorfrage hinzufügen kann, ist LinkedIn. LinkedIn nutzen wir auch viel, weil da die Leute einfach ihren Beruf angeben und dann ist das ziemlich gut und schnell, um Experten zu kriegen.

45 **I: Jetzt kommt eine längere Frage: Man kann auf Social-Media-Plattformen gezielt nach Themen suchen. Oder man kann per Zufall darauf stoßen. Wie ist das bei Ihnen? Recherchieren Sie immer gezielt über Social Media oder stoßen Sie auch durch Zufall auf Themen? Können Sie das in etwa in Prozenten ausdrücken – in wieviel Prozent der Fälle suchen Sie gezielt – und in wieviel Prozent der Fälle stoßen Sie per Zufall auf ein Thema?**

46 J11: Ich sage mal 90 % gezielt und 100 % zufällig. Also ich weiß nicht, ob ich es richtig beantworte, weil das, was ich vorher beschrieben habe, man liegt im Bett und ist halt noch privat am Handy und natürlich folge ich auch irgendwelchen Seiten oder irgendwie Leute aus meiner Bubble und die teilen irgendetwas in ihrer Story und ich sehe dann Dinge. Also das

ist dann eigentlich ein hundertprozentiger Zufall, dass das passiert. Aber von umgesetzten Themen sind vielleicht so 20 % zufällig entstanden.

47 **I: Auf welche Akteure und Themen achten Sie dabei?**

48 J11: Relevante Personen oder Personen, die in unserer Zielgruppe relevant sind, also primär das und natürlich Themen, die in unserer Zielgruppe beliebt oder einfach ein Thema sind.

49 **I: Und sind das dann hauptsächlich journalistische Quellen oder auch andere?**

50 J11: Auch andere.

51 **I: Wo sehen Sie Vorzüge der Social-Media-Kanäle gegenüber anderen Recherchequellen? Und wo sehen Sie Nachteile?**

52 J11: Nachteil ist, dass es natürlich irgendwie nicht so wasserdicht ist, manchmal, dass du auch auf Fehlinformanten kommen kannst, dass Leute Dinge angeben, die gar nicht so sind, dass sie von Dingen betroffen sind. Fällt mir jetzt spontan Gill Ofarim ein, wo wir aber in der Redaktion sehr bewusst mit angezogener Handbremse an Themen gehen. Weil wir wissen, dass so etwas passieren kann.

53 Also Nachteil ist, dass es nicht hieb- und stichfest ist. Vorteil ist, dass du die Experten oder die Betroffenen immer direkt anschreiben kannst. Du musst nicht über den Pressesprecher gehen oder über einen Manager, oft kannst du die direkt einfach anschreiben und die Kommunikation ist schneller und man hat schneller auch aus erster Hand Informationen, also das sind dann natürlich keine Exklusiv-Interviews, aber wenn jetzt irgendwie Promi XY oder Sänger XY das und das sagt, dann hast du das ziemlich schnell.

54 **I: Und gibt es irgendwelche Regeln in Ihrer Redaktion bei der Social Media-Recherche?**

55 J11: Ja, also immer mindestens zwei Quellen, immer auch Themen besprechen. Also es ist selten, nein eigentlich nie ist es so, dass ein Thema einfach so durchgeht, ohne dass es besprochen wurde. Das wird bei uns immer kritisch hinterfragt. Also es wird eigentlich, wie jede Agenturmeldung auch gehandhabt und erstmal geguckt, ob es auch noch irgendwo anders reinläuft.

56 **Qualität der Berichterstattung**

57 **I: Cool, dann kommen wir jetzt zum nächsten Block, zur Qualität der Berichterstattung. Die erste Frage ist: Welche Kriterien spielen bei der Nachrichtenauswahl eine Rolle?**

58 J11: Es muss gesprächswertig sein, es muss neu sein, es muss auch schon ein bisschen meinungsweisend sein.

59 **I: Okay und wie beeinflussen Social Media diese Auswahl?**

60 J3: Stark, weil Social Media auch manchmal die Themen kreiert und wir manchmal auch einfach über Social-Media-Themen sprechen, die gäbe es natürlich nicht, wenn es keine Social Media gäbe.

61 **I: An welchen Kriterien orientieren Sie sich, um qualitative Beiträge zu verfassen? Also, dass sie vollständig sind und ethisch korrekt usw.?**

62 J11: Mehre Perspektiven von einer Sache darstellen! Also wir probieren auch gerade, wenn es jetzt so eine Opfer-Täter Situation ist, nicht nur die Opfer-Rolle zu beleuchten, sondern da auch ein bisschen Wind aus den Segeln zu nehmen und da auch ausgewogen zu berichterstatten und wir haben festgegebene Sendezeiten und die Sendeplätze dürfen nicht über 01:30 Minuten lang sein, aber wenn ein Thema wichtig ist und wenn es sich trägt - sagt man so schön - darf das auch länger

sein und dann lieber zwei verschiedene Meinungen auch On-Air haben, anstatt nur eine und dann ist es unausgewogen.

63 **I: Was unternehmen Sie, um die Qualität Ihrer Beiträge zu verbessern?**

64 J11: Wenn man noch einmal nachhakt, also wenn man auch manche Situationen von Experten einschätzen lässt, warum ist das so und so, warum verhalten wir uns da so und so und warum ist ein Shitstorm losgebrochen, warum macht die Person das und das. Oder wenn ein Künstler oder eine Künstlerin etwas sagt, dass man die kontaktiert und fragt, ob man mit denen direkt sprechen kann, dass man ein exklusives Interview hat und dann da auch nochmal weiter Fragen stellen kann.

65 **I: Wie hat sich die von Ihnen wahrgenommene Journalistische Qualität verändert?**

66 J11: Da würde ich sagen, gibt es viele gute Seiten, aber auch einige Nachteile.

67 **I: Wo sehen Sie Gefahren in der Berichterstattung, beim Einbezug von Social Media? Wo sehen Sie Chancen?**

68 J11: Die Gefahr ist auf jeden Fall, dass jeder Sender sein kann und jeder auch potenzieller Protagonist, dass schnell so eine Welle entstehen kann und viele Leute Sachen dann nachrennen wo du erstmal sagst: „Jo, langsam nur weil die oder der gesagt hat, das war so, ist es vielleicht nicht so.“ Weil auch die Gesellschaft im Moment so ist, dass sie sehr gerne auf solche Wellen aufspringt und das ist ein Problem.

69 Und der Vorteil von Social Media ist, dass viele verschiedene Altersgruppen und auch soziale Schichten erreicht werden können, in sehr schneller Zeit. Für sie ist es kein Kostenaufwand, wie das z. B. bei Zeitungen der Fall ist. Ein Smartphone hat eigentlich mittlerweile jeder und Instagram oder TikTok kann man kostenlos nutzen. Es ist schon auch eine Chance

sich breit zu informieren und das nicht nur bei tagesaktueller Berichterstattung, sondern allgemein einfach sich breit inspirieren und informieren lassen zu können.

70 Eigene Kommunikation

71 **I: Dann gibt es noch einen Block zur eigenen Kommunikation. Verfassen und veröffentlichen Sie im Arbeitskontext auch journalistische Beiträge auf Social Media?**

72 J11: Ich persönlich nicht. Nein.

73 **I: Auch privat nicht?**

74 J11: Nein. Eigentlich probiere ich mich so politisch und meinungsmäßig neutral wie möglich zu präsentieren, bei Social Media.

75 Abschlussfragen

76 **I: Wie beurteilen Sie den journalistischen Arbeitsprozess in Zusammenhang mit Social Media? Einfacher. schwerer? Was sind so die Gedanken?**

77 J11: Einfacher, ich würde schon sagen, dass es einfacher ist. Gerade wegen der Protagonisten-Suche, wegen den Themen manchmal, wegen Hörerinnen und Hörern oder insgesamt auch bei anderen Medien glaube ich. Direkt bei den Rezipienten einfach zu sein und zu spüren, was sie interessiert, was sie hören wollen, was sie beschäftigt und so. Da würde ich schon sagen, dass es das vereinfacht hat.

78 **I: Wie sehen Sie die Zukunft des journalistischen Arbeitsprozesses in Anbetracht der sich ständig weiterentwickelnden Social-Media-Landschaft?**

79 J11: Sehr herausfordernd, den Zahn der Zeit zu treffen und den Nerv auch von den Menschen. Es ist natürlich z.B. schon auch ein Problem, dass die Aufmerksamkeitsspanne gefühlt immer kürzer wird, ich bin aber auch der Meinung, dass man

die Leute ein bisschen erziehen kann. Es ist eigentlich der Algorithmus, der den Journalismus auf die Kürze beschränkt und nicht nur die Aufmerksamkeitsspanne von den Leuten. An ganz vielen Dokus merkt man, dass die Leute schon Bock haben auch tiefergehend sich zu informieren und auch längere Dinge zu rezipieren. Und ich glaube, da muss es so ein bisschen mehr einen Einklang zwischen Journalismus und Algorithmus geben und dann funktioniert es.

80 **I: Gibt es von Ihrer Seite noch Punkte, die Sie gerne hinzufügen möchten?**

81 J11: Ich habe YouTube ganz außer Acht gelassen, ich weiß nicht, ob das ganz offiziell als - also während meiner Studienzeit war es auch immer so eine Grauzone, ob es ein soziales Netzwerk ist aber YouTube ist natürlich auch ein Ding, was wir nutzen, weil auch da natürlich Reportagen online kommen, wo Experten und Expertinnen teil sind, über die wir dann auch aufmerksam werden oder auch irgendwelche Y-ouTube-Kommentare oder so.

82 Trends - wir gucken eigentlich auch jeden Morgen Google-Trends, wir gucken jeden Morgen YouTube-Trends, Twitter-Trends einfach um so ein bisschen zu spüren, was die Leute heute beschäftigt, wonach sie suchen, weil sie suchen offensichtlich nach einer Sache und dann lohnt es sich natürlich darüber zu sprechen. Das wäre noch so, was ich glaube ich vorhin vergessen habe.

1 **Interview 12: ARD – Reporterin und Korrespondentin im Odenwald; 02.06.2022; Dauer: 21:33 Minuten**

2 **Informationen zur Person**

3 **I: Also erst kommen Informationen zur Person. Stellen Sie sich und Ihre Position, Funktion und das Ressort kurz vor.**

4 J12: Ich bin J12, 55 Jahre alt und ich bin für den SWR und damit für die ganze ARD die Korrespondentin im legendären Neckar-Odenwald-Kreis. Das ist in Nordbaden, nördlichstes Baden-Württemberg und habe da zwei Korrespondentenbüros zu betreuen und ein riesiges Berichtsgebiet und beliefere den gesamten SWR und alle Ausspielwege damit.

5 **I: Okay, und was gehört Ihren täglichen Aufgabenbereichen?**

6 J12: Recherche und Beiträge erstellen, für Hörfunk, Online und Fernsehen weniger. Meldungen, Nachrichten und Zulieferungen aller Wellen.

7 **I: Okay, okay. Welche Social Media Plattformen nutzen Sie im Arbeitskontext und welche im Privatkontext? Gibt es da Überschneidungen?**

8 J12: Ich nutze sowohl privat als auch beruflich Facebook und Twitter. Und privat nutze ich auch Instagram. Aber nur, weil ich ehrenamtlich für ein Museum tätig bin. Also nicht, weil es mir jetzt so gefallen würde. WhatsApp nutze ich nur als Messenger. Nein, Facebook und Twitter.

9 **Recherche**

10 **I: Perfekt. Dann kommen wir direkt schon zum Recherche-Block. Wie verwenden Sie Social Media für die Recherche in der Redaktion und welche Bedeutung haben Social Media dabei?**

11 J12: Sie haben eine relativ große Bedeutung, weil ich über Social Media versuche herauszufinden, was für Themen sind im Moment so auf dem Markt und regen sich Leute auf oder worüber sprechen sie? Was freut sie? Ich versuche also mit allen Einschränkungen ein bisschen Stimmungen und Themen herauszufinden bei Social Media. Und ich nutze insbesondere Twitter, dann auch mal über den Hashtag-Suche. Also wenn ich zu irgendeinem Thema etwas suche, dann Twitter und Facebook.

12 **I: Dann kommt jetzt eine kleine Aufzählung, und zwar welche Social Media Plattform ist besonders gut für XY?**

13 **Also als erste Augenzeugen, die befragt oder zitiert werden können?**

14 J12: Da wäre das Twitter.

15 **I: Die Prüfung von Informationen?**

16 J12: Twitter.

17 **I: Themenideen?**

18 J12: Facebook und Twitter.

19 **I: Die Resonanz auf die eigene Berichterstattung.?**

20 J12: Facebook eher wahrscheinlich.

21 **I: Dann Fakten über ein aktuelles Ereignis?**

22 J12: Twitter.

23 **I: Hinweise auf Quellen?**

24 J12: Auch Twitter.

25 **I: Meinungsverteilungen zu einer Streitfrage?**

26 J12: Da Facebook und Twitter oder darf ich immer nur eines nehmen?

27 **I: Gerne mehrere. Das ist wunderbar. Das ist ja ein qualitatives Interview. Genau dann Experten, die befragt oder zitiert werden können?**

28 J12: Twitter.

29 **I: Hintergrundinformationen?**

30 J12: Auch Twitter.

31 **I: Aufbau und Pflege von Expertennetzwerken?**

32 J12: Auch nur Twitter.

33 **I: Und zuletzt die kontinuierliche Beobachtung prominenter Quellen?**

34 J12: Da würde ich Facebook und Twitter sagen, okay.

35 **I: Man kann auf Social-Media-Plattformen gezielt nach Themen suchen. Oder man kann per Zufall darauf stoßen. Wie ist das bei Ihnen? Recherchieren Sie immer gezielt über Social Media oder stoßen Sie auch durch Zufall auf Themen? Können Sie das in etwa in Prozenten ausdrücken, also in wieviel Prozent der Fälle suchen Sie gezielt und in wieviel Prozent der Fälle stoßen Sie per Zufall auf ein Thema?**

36 J12: Durch Zufall sicher 60 % und gezielt 40 %.

37 **I: Okay. Und auf welche Themen und Akteure achten Sie dann dabei?**

38 J12: Auf welche Themen und Akteure? Wie?

39 **I: Sind es journalistische Inhalte oder auch nicht journalistische Quellen und welche?**

40 J12: Bei den Themen, bin ich nun als Ferien-, Wald- und Wiesen-Korrespondentin im Prinzip offen für alles, wobei mich natürlich ländliche Themen, die auf dem Land spielen, sag ich mal, und nicht in der Großstadt /. Da bin ich in der Tat

nicht nur bei journalistischen Quellen, sondern auch bei anderen Akteuren. Also Leute vor Ort mit Fachkenntnis.

41 **I: Okay. Und wo sehen Sie die Vorzüge der Social-Media-Kanäle gegenüber anderen Recherchequellen und wo die Nachteile?**

42 J12: Der Vorteil ist, dass ich relativ nah an den Leuten bin. Und mich eben nicht auf die vermeintliche Expertise von Kollegen verlassen muss. Und dass ich eben auch Stimmungen, Stimmungsbilder einfangen kann, die mir helfen, Themen auch einzuschätzen. Und der Nachteil ist im Prinzip genau derselbe, dass man nah dran ist, auch am Volk in Anführungsstrichen. Und da dann sehr genau gucken muss, was stimmt jetzt und was stimmt nicht und was ist, was ist nicht? Was ist nur laut gebrüllt, aber nicht wirklich ein Stimmungsbild oder so. Wie soll ich es jetzt nennen? Also man bekommt es sowieso mit Fake-News zu tun. Oder mit Gerüchten oder Hörensagen. Also wo sind die wirklichen Quellen? Da muss man schon auch manchmal ein bisschen gucken.

43 **I: Fall. Okay. Und welche Regeln gelten in der Redaktion bei der Social Media Recherche oder gibt es überhaupt welche?**

44 J12: Das weiß ich nicht so genau. Wir sind vom Funkhaus Mannheim. Aber wie die das handhaben, weiß ich nicht so genau. Aber bei der Recherche gilt, glaube ich, auf jeden Fall, dass wir die sozialen Netzwerke immerhin schon einbeziehen. Das ist das Wunder. Wir sind voll modern. Jetzt habe ich den Kollegen in Mannheim auch mal beigebracht, wie man auf Twitter recherchiert. Es waren jetzt immer mal so ein paar K-Fälle in Mannheim und ich habe dann immer vom Odenwald aus angerufen und gesagt, da geht es jetzt ab, ab da müsst ihr hin, da stehen die Polizeiautos in Mannheim. Und die Kollegen wundern sich, woher ich das weiß. Ja, hallo. Aber welche Regeln da gelten. Auf jeden Fall sind wir angehalten, auch auf Facebook und Twitter und so zu sein, auch

auf Telegram, was ich aber nicht mehr nutze, um zu recherchieren. Telegram ist natürlich noch ein wichtiges Thema, gerade in der ganzen Querdenker-Szene habe ich das viel zum Recherchieren verwendet und jetzt wieder völlig verdrängt.

45 **Qualität der Berichterstattung**

46 **I: Wunderbar. Okay, perfekt. Jetzt kommen wir auch schon zur Qualität der Berichterstattung. Welche Kriterien spielen bei der Nachrichtenauswahl eine Rolle?**

47 J12: Es muss gesprächsfähig sein und es muss in die Lebenswirklichkeit meiner Hörerinnen und Hörer passen in irgendeiner Art und Weise. Mehr muss es fast schon gar nicht sein. Und gefährlich ist es immer dann, wenn es halt auch außergewöhnlich ist. Das ist so das Übliche. Es muss in die Lebenswirklichkeit der Leute passen, in unserer regionalen Berichterstattung.

48 **I: Und wie beeinflussen Social Media die Auswahl?**

49 J12: Das ist schon immer so, dass ich über Social Media merke oder erst lerne oder dann jeweils sehe, was ist überhaupt gesprächswertig. Das Thema, was ich super spannend finde, finden die Facebook-Nutzer vielleicht überhaupt nicht spannend oder die Twitter-Nutzer. Und dann merke ich: „Aha ich bin zu sehr in meiner Blase?“ und guck dann schon bei Social Media, ob ich mit dem Thema überhaupt einen Nerv treffe.

50 **I: Ja, perfekt. An welchen Kriterien orientieren Sie sich, um qualitative Beiträge zu verfassen?**

51 J12: An den journalistischen Kriterien. Es muss eine saubere Recherche sein. Ich muss Fakten zusammentragen. Ich muss das Interesse der Hörerinnen und Hörer oder der Nutzerinnen und Nutzer im Auge behalten. Und ich muss meine Beiträge so verfassen, dass auch das komplizierteste Thema zu verstehen ist und einen Mehrwert für die Nutzerinnen und Nutzer bringt.

52 **I: Okay. Und gibt es noch irgendetwas, was die Qualität noch verbessert?**

53 J12: Ja, handwerklich einfach. Die Qualität wird dann verbessert, wenn du richtig schön formulieren kannst. Und wenn du richtig schöne Radio-Beiträge bauen kannst oder Online-Beiträge. Aber es sind tatsächlich handwerkliche Dinge und ansonsten die Qualität. Nein.

54 **I: Okay. Und wie hat sich die von Ihnen wahrgenommene journalistische Qualität allgemein durch den Einbezug von Social Media verändert?**

55 J12: Das hat zwei Seiten. Die gute Seite ist, denke ich, dass Journalisten mehr das Ohr raus aus ihrer eigenen Blase und ran an die Social-Media-Nutzer halten, glaube ich schon. Auf der anderen Seite hat es natürlich den Nachteil, dass dieser ganze Clickbait zunimmt und dass Journalisten immer mehr zu einer sensationsheischenden News gehen, um möglichst viele Klicks oder möglichst viel Aufmerksamkeit in den sozialen Netzwerken zu kriegen. Und dahinter, um nicht unterzugehen. Das ist eine sehr, sehr zweischneidige Sache. Sehr deutliche Vorteile, aber auch deutliche Nachteile.

56 **I: Also auch in der Qualität?**

57 J12: Ja, das Thema Schnelligkeit. Wir müssen schnell sein. Das hat auch was mit den sozialen Netzwerken zu tun. Wir müssen schnell unsere News raushauen, damit sie dann auch bei Facebook und bei Twitter wahrgenommen werden. Und das ist der Qualität sicher nicht immer zuträglich, um es mal vorsichtig zu formulieren. Aber da zwingen uns die sozialen Netzwerke zu einer Geschwindigkeit, die der journalistischen Qualität nicht immer guttut.

58 **I: Okay. Und gibt es auch bei der Berichterstattung Chancen, die Social Media mit sich bringt?**

59 J12: Ja, auf jeden Fall würde ich sagen. Auch Einbeziehung und Interaktion mit den Nutzern und Nutzerinnen unserer journalistischen Angebote. Also wo komme ich denn so schnell in Kontakt mit denen, wie auf den sozialen Netzwerken? Ich bekomme dann direktes Feedback. Das mag manchmal anstrengend sein, aber ich bekomme direktes Feedback und ich kann mit den Leuten interagieren. Und ich kann sie sogar irgendwie einbeziehen in meine journalistische Arbeit.

60 <u>Eigene Kommunikation</u>

61 **I: Wunderbar. Dann kommen wir jetzt zum nächsten Blog, zur eigenen Kommunikation verfassen und veröffentlichen Sie im Arbeitskontext auch journalistische Beiträge auf Social Media?**

62 J12: Was? Die Frage ist mir ein bisschen unklar. Also wir machen schon, ich sage mal ich mache eine Geschichte, die erscheint bei uns auf der SWR-Online-Seite und die teile ich dann bei Facebook, aber das mache ich auch als Privatperson, da weiß ich nicht, wie das gemeint ist, die Frage.

63 **I: Das ist eine Filter Frage, weil dann kommen jetzt noch Fragen, wie es mit der Publikumsbeteiligung usw. aussieht. Also wie nehmen Sie das Feedback zur eigenen Kommunikation wahr und wie reagieren Sie darauf?**

64 J12: Auch, wenn ich z. B. SWR Beiträge teile, bekomme ich eigentlich nie direktes Feedback, so von wegen der Beitrag ist scheiße oder das Thema ist spannend oder so, aber ich merke dann an der Zahl derer, die das z. B. wiederum teilen. Da sehe ich schon, ist es interessant oder ist es überhaupt nicht interessant. Also insofern kriege ich kein direktes Feedback, sondern nur über die Interaktion in Form von Teilen.

65 **I: Okay. Und verweisen Sie in den Beiträgen direkt auf Social Media Quellen?**

66 J12: Nein. Das heißt doch, online. Online machen wir das. Da binden wir sogar Tweets und Facebook-Posts mit ein, in einer unserer Online-Seite.

67 **I: Okay. Und gibt es ein Best-Practice-Beispiel, wie vielleicht auf Publikumsbeteiligung über Social Media eingegangen wurde?**

68 J12: Von mir oder darf es auch etwas anderes sein?

69 **I: Das darf auch etwas anderes sein.**

70 J12: Also, ich weiß nicht. Zählst du den WhatsApp zur Social Media dazu?

71 **I: Ja, doch, ja.**

72 J12: Also, die Heilbronner Stimme hat mal, wie ich fand sensationell /. Es ist sogar schon sicher drei, vier Jahre her. Die haben anlässlich des Jahrestags der schweren Bombardierung Heilbronns, 1945 oder 44 oder was? Haben Sie sich eine WhatsApp-Gruppe aufgebaut. Also da konnte man einfach beitreten und dann haben die, ich sage mal eine Woche vor diesem Jahrestag der Bombardierung, haben sie angefangen immer mal wieder Nachrichten zu schicken bei WhatsApp. So nach dem Motto: Heute am 25. Dezember 1944, heute um diese Uhrzeit fangen die Engländer an ihre Bomber zu präparieren und so näherte sich das immer an den Tag. Und dann haben sie immer Nachrichten geschickt, jetzt fliegen die Bomber los und dann lassen sie die Bomben abfallen. Und du warst via WhatsApp live an diesem Ereignis von 1944 dabei. Und in dieser Gruppe da waren 50.000 Leute oder so. Es war sensationell, es war richtig gut gemacht und man bekam dann auch noch Links zu irgendwelchen Hintergrundinfos und es war echt Gänsehaut-mäßig. Es war richtig, richtig cool gemacht und du hast da wahrscheinlich Leute dabeigehabt, die sich noch nie Gedanken gemacht über den Krieg gemacht haben oder über die Geschichte von Heilbronn. Aber du

hattest das Gefühl ganz Heilbronn sitzt in dieser WhatsApp Gruppe und erlebt es nochmal. Das fand ich z. B. eine super Sache.

73 Und was fällt mir jetzt ansonsten noch so ein, nein bei uns nicht so richtig.

74 <u>Abschlussfragen</u>

75 **I: Das war ja ein super Beispiel. Okay, dann komme ich noch zu meinen Abschlussfragen. Wie beurteilen Sie den journalistischen Arbeitsprozess im Zusammenhang mit Social Media? Einfacher? Schwerer? Was sind die Gedanken?**

76 J12: Es ist ein bisschen kompliziert geworden und es kostet außerdem alles Zeit. Und du stocherst damit so ein bisschen in Wespennestern. Also musst du sehr aufmerksam, sehr genau gucken, wie und was geht da ab gerade dynamisch oder so in den sozialen Netzwerken? Insofern ist es ein bisschen komplizierter geworden. Andererseits erschließe ich durch Social Media ganz neue Quellen, an die ich sonst nicht gekommen wäre oder auf die auch ich überhaupt nicht gekommen wäre. Also kann ich jetzt wieder einerseits, andererseits sagen.

77 **I: Okay. Und wie sehen Sie die Zukunft des journalistischen Arbeitsprozesses in Anbetracht der sich ständig weiterentwickelnden Social-Media-Landschaft?**

78 J12: Also ich würde sagen, die Journalisten müssten vielmehr auf Social Media vertreten sein und auch die großen öffentlich-rechtlichen Anstalten und die großen Verlagshäuser müssten es viel mehr noch nutzen. Und dann denke ich, könnte man wieder so die Basis einbeziehen, gerade im regionalen und lokalen Journalismus. So manches ist extrem spannend und hilfreich. Man könnte Leute abstimmen lassen. Worüber sollen wir berichten? Es gibt schon Onlinemagazine, die das machen, so „Krautreporter" oder wie die alle heißen.

Da liegen, glaube ich, ganz viele Chancen, die aber eben noch nicht überall wahrgenommen werden oder nicht gesehen werden.

79 **I: Okay, perfekt. Gibt es noch Punkte, die Sie gerne zu dem Thema hinzufügen würden?**

80 J12: Nö, wir sind /. Also ich bin kein Digital-Native und ich habe schon das Gefühl, dass grade erstaunlicherweise, gerade viele Frauen in meinem Alter /. Also ich habe Kollegen, die sind stolz drauf, dass sie kein Facebook- und Twitter-Account haben - super. Ich finde Facebook ganz, ganz furchtbar. Aber für mich ist das irgendwie selbstverständlich, dass ich mich da in irgendeiner Weise mich umgucke. Also das wird sicher in zehn Jahren ganz anders sein. Wir sind einfach in einem Transformationsprozess. Das findet halt alles statt, während diese Generation, diese Oldies noch am Ruder sind. Ja, wir haben auch Kollegen bei uns in Mannheim im Funkhaus, die sich weigern, in Sachen online zu denken oder so.

1 **Interview 13: Süddeutsche Zeitung – Digital-Volontärin; 03.06.2022; Dauer: 27:13 Minuten**

2 **I: Bitte stellen Sie sich und Ihre Position, Funktion und das Ressort kurz vor.**

3 J13: Also, ich bin J13. Ich bin Digital-Volontärin bei der Süddeutschen Zeitung. D. h., ich habe noch kein festes Ressort, bin aber hauptsächlich im Investigativen verortet. Also Investigativ-Ressorts mehr oder weniger. Und meine Funktion dort ist Volontärin. Also noch in der Ausbildung. Aber mit einem Schwerpunkt im Bereich Open Source Intelligence. Also viel Online-Recherche.

4 **I: Okay, und was gehört zu Ihren täglichen Aufgabenbereichen?**

5 J13: Schwierig zu sagen, weil es jeden Tag anders ist im Moment. Ich habe keine klassischen täglichen Aufgaben, die ich jetzt irgendwie machen muss. Keine Schichten, keine Dienste momentan, sondern recherchiere eben viel parallel an Geschichten, die sich mit unterschiedlichen Themenbereichen beschäftigen, aber eben investigativen Zugang haben und oft einen Zugang, der irgendwie über Online-Recherche angereichert werden kann. Im weitesten Sinne. Viel mehr Aufgabenbeschreibung kriege ich gerade nicht hin.

6 **I: Okay, und welche Social Media Plattform nutzen sie im Arbeitskontext und welche im Privatkontext? Gibt es da auch Überschneidungen?**

7 J13: Ja, gibt es. Im Arbeitskontext alle. Also wirklich alle, die man sich vorstellen kann. Facebook, Instagram, Twitter, aber auch Telegram, VK die russische Plattform, VK.com. Alles auch Foren, Reddit, Discount. Wirklich alles, weil das halt zu meinem Job gehört Social Media auch ein bisschen zu durchforsten. Privat nutze ich Instagram, Twitter, TikTok, Facebook. Facebook nicht mehr wirklich. Ja, das war es mehr oder

weniger. Ich hoffe, ich habe nichts vergessen. Aber das sind die hauptsächlichen Plattformen.

8 <u>Recherche</u>

9 **I: Jetzt kommen wir zum zweiten Block, zur Recherche. Wie verwenden Sie Social Media für die Recherche in Ihrer Redaktion und welche Bedeutung haben Social Media dabei für Sie?**

10 J13: Ich muss das ein bisschen trennen, wie ich es benutze und wie es der Rest der Redaktion benutzt. Das ist sonst ein bisschen verzerrt. Also für mich ist Social Media extrem wichtig, weil ich eben diesen Open Source Intelligence Schwerpunkt habe. Das heißt, ein großer Teil meiner Arbeit besteht darin, in Social Media nach Informationen zu suchen, nach Personen zu suchen, Zusammenhänge zu verstehen, mir Inhalte anzuschauen. Das heißt, ich recherchiere extrem viel mit Social Media, bin aber so ein bisschen so ein Sonderfall bei uns in der Redaktion. Allgemein wird bei uns in der Redaktion Social Media zum einen dafür genutzt, um wirklich ein bisschen auf dem Laufenden zu bleiben und an Politiker/-innen auch nah dranzubleiben. Gerade wenn ich auf Twitter schaue. Es ist einfach ein Medium, wo du sehr schnell mitbekommst, wenn irgendwo etwas passiert und auch deine eigene Arbeit ein bisschen nach außen präsentieren kannst. Und darüber hinaus wird Social Media bei uns viel auch zur Protagonisten-Suche genutzt. Wenn man für irgendein Thema Protagonisten braucht, dass man dann halt mal auf Facebook oder Instagram sucht oder um Leute anzuschreiben, um Kontakt herzustellen. LinkedIn habe ich vergessen. LinkedIn nutze ich auch privat, um Leute anzuschreiben, Kontakt herzustellen, wenn man eben keine Mailadresse hat oder Telefonnummer. Oder um über Inhalte zu stolpern, über die man dann vielleicht mal ein Thema machen könnte. Das ist so eher das, was das Gros der Redaktion macht, aber jetzt nicht so intensiv, wie ich das teilweise mache.

11 **I: Okay, spannend. Welche Social Media Plattform ist besonders gut für? Da kommt jetzt so eine kleine Auflistung und da können Sie einfach sagen, welche Plattform gut passt.**
Augenzeugen, die befragt oder zitiert werden können?

12 J13: Also geht es darum, die Plattform zu nennen, wo man solche Augenzeugen am besten findet?

13 **I: Ja, genau.**

14 J13: Twitter glaube ich, Twitter ist sehr hilfreich dafür. Und vielleicht auch Facebook.

15 **I: Die Prüfung von Informationen?**

16 J13: Eigentlich alle Social-Media-Formate, wo es Videos gibt, weil du über Videos ganz oft Informationen gegenprüfen kannst. Dadurch, dass jemand etwas visuell festhält und du es dann geolokalisieren kannst. Also kann ich jetzt kein Medium ausmachen, das da besser oder weniger gut geeignet ist. Kommt immer auf das Thema an.

17 **I: Themenideen?**

18 J13: Instagram und Telegram.

19 **I: Die Resonanz auf die eigene Berichterstattung?**

20 J13: Twitter, definitiv.

21 **I: Okay. Dann Fakten über ein aktuelles Ereignis?**

22 J13: Auch Twitter und Telegram.

23 **I: Hinweise auf Quellen?**

24 J13: Twitter, Telegram. Manchmal auch Instagram.

25 **I: Okay, Meinungsverteilungen zu einer Streitfrage?**

26 J13: Auch hauptsächlich Twitter.

27 **I: Hintergrundinformationen?**

28 J13: Eigentlich alle. Alle, außer Twitter. Aber da dann viel Instagram, Facebook. VK auch. Je nachdem, zu was man recherchiert.

29 **I: Okay! Und dann noch die kontinuierliche Beobachtung prominenter Quellen?**

30 J13: Telegram. Eigentlich auch alle. Also kontinuierlich beobachten kannst du über alle.

31 **I: Okay. Man kann auf Social Media Plattformen ja gezielt nach Themen suchen oder per Zufall darauf stoßen. Wie ist es bei Ihnen so? Recherchieren Sie immer gezielt oder stoßen Sie auch per Zufall auf Themen? In wie viel Prozent der Fälle suchen Sie gezielt und wie viel per Zufall?**

32 J13: Also ich würde sagen, 70 % etwa sind Zufall, 75 % und 25 % ist gezieltes Suchen. Also ich bin keiner, der irgendwie Telegram aufmacht und sich denkt, jetzt suche ich mal ein Thema. Also so recherchiere ich eigentlich nicht. Was natürlich passiert ist, wenn du ein Thema hast, dass du dann auf Telegram gehst und dort nach Ansatzpunkten suchst. Aber es passiert noch häufiger, dass du generell einfach beobachtest und durchscrollst und dann über irgendetwas stolperst, wo du denkst, da könnte was drinstecken. Das könnte Thema sein.

33 **I: Okay. Und auf welche Akteure und Themen achten Sie dabei?**

34 J13: Also ich persönlich achte viel auf Leute, die ähnliche Dinge machen wie ich. Also diese ganze OSINT-Community, jetzt vor allem mit Blick auf den Krieg in der Ukraine. Leute, die sich mit dem Thema auskennen: Militär-Expert/ innen, Analysten, Profis im OSINT-Bereich, die die geolokalisieren können. Ansonsten gibt es natürlich Politiker/-innen, denen man immer folgt. Ich persönlich auch so ein bisschen die

Verschwörungstheoretiker-Ecke vor allem auf Telegram, also Corona-Leugner und und Co. Die hat man immer ein bisschen im Blick. Ja, ich glaube, das sind so die Hauptsächlichen.

35 **I: Okay, wenn ich jetzt kurz blöd fragen darf, was bedeutet OSINT?**

36 J13: Oh, sorry. OSINT ist die die Abkürzung für Open Source Intelligence. Das ist so der Sammelbegriff für alles, was man im Internet findet. Social Media, Satellitenbilder, Videos, Datenbanken, alles.

37 **I: Okay, sehr gut dann. Wo sehen Sie die Vorzüge der Social-Media-Kanäle gegenüber anderen Recherchequellen und wo die Nachteile?**

38 J13: Vorteil ist, man hat ein unglaubliches Sammelsurium an Inhalten, die man woanders einfach nicht findet, weil es sehr, sehr viele Menschen gibt, die sehr, sehr viel über sich und andere im Netz preisgeben. Und das kann für uns ein großer Vorteil sein. Einfach weil wir über Themen stolpern, die wir sonst nicht entdeckt hätten und teilweise auch schon sehr viele Infos über Personen oder Inhalte kriegen, ohne auch nur einen Anruf tätigen zu müssen. Der große Nachteil ist einerseits, dass es eben oft keine 100% seriösen Quellen sind, auf die man sich direkt so verlassen kann. Also ich kann nicht einfach abschreiben, was auf Social Media steht, das wäre unseriös. Und man hat natürlich auch immer so ein bisschen die Frage mit Datenschutz-, Persönlichkeitsrechten. Wie viel darf man aus dem Netz von Leuten preisgeben? Wie viel nicht? Wo sind die Grenzen? Also so ein bisschen die rechtliche und auch moralische Perspektive des Ganzen. Grundsätzlich würde ich sagen, die Vorteile von Social Media sind größer als die Nachteile, wenn man weiß, wie man damit umzugehen hat.

39 **I: Okay. Und welche Regeln gelten in Ihrer Redaktion bei der Social-Media-Recherche?**

40 J13: Also wir haben jetzt kein Regelwerk, das irgendwo festgeschrieben ist. Eigentlich gelten da die exakt gleichen Regeln wie sonst im Journalismus auch. Es gibt klare journalistische Standards, wie das Zwei-Quellen-Prinzip, du musst die Leute konfrontieren, du kannst es nur einfach abschreiben, was sie im Netz über sich sagen, ohne ihnen nochmal die Möglichkeit zu geben, da Stellung zu beziehen. Du musst das, was du behauptest, belegen können. Wie gesagt, mit mindestens zwei Quellen. Das heißt nur Social Media reicht einfach nicht. Du musst die Persönlichkeitsrechte und Urheberrechte wahren. Also das sind alles so Dinge, die gelten sonst für den Journalismus auch. Und in Social Media dann eben nochmal gesondert.

41 <u>**Qualität der Berichterstattung**</u>

42 **I: Wunderbar, perfekt. Dann kommen wir jetzt zum nächsten Block, zur Qualität der Berichterstattung. Welche Kriterien spielen bei der Nachrichtenauswahl eine Rolle?**

43 J13: Bei der Nachrichtenauswahl. Soll ich jetzt alle Nachrichtenfaktoren aufzählen?

44 **I: Die, die wichtig sind.**

45 J13: Relevanz, Aktualität, Nähe und Negativität auch immer. Ja, wirklich. Ich könnte jetzt alle klassischen Nachrichtenfaktoren auswählen, die zählen bei uns auch im Bereich Social Media ganz klassisch zur Auswahl von Nachrichten. Für uns als Süddeutsche Zeitung auch nochmal ein bisschen andere Nachrichtenfaktoren als für andere Medien. Wir haben einen lokalen Fokus. Dinge, die in München und Region passieren, sind die wichtiger als Dinge, die in Hamburg passieren. Und Dinge in Deutschland sind wichtiger als Dinge in den USA. Ansonsten ganz klassisch einfach die Nachrichtenfaktoren.

46 **I: Und wie beeinflussen Social Media die Auswahl? Also beziehen Sie dadurch z. B. mehr oder weniger Nachrichtenfaktoren ein?**

47 J13: Also ich glaube nicht, dass wir dadurch andere Nachrichtenfaktoren einbeziehen oder andere dadurch unwichtiger werden. Aber das Spektrum an Nachrichten, die aus denen wir auswählen können, ist wesentlich größer. Dadurch, weil im Netz einfach so viel passiert, was nicht auf Pressekonferenzen verkündet wird oder in irgendwelchen Parlamentssälen gesprochen wird. Sondern ein Teil der aktuellen Realität in Gesellschaft und Politik findet eben mittlerweile auch im Netz statt. Und dadurch müssen wir die Nachrichtenfaktoren eben auch permanent auf die Dinge anwenden, die nicht in der Realität, sondern im Netz stattfinden.

48 **I: Spannend, ja. An welchen Kriterien orientieren Sie sich, um qualitative Beiträge zu verfassen? Also richtig, vollständig.**

49 J13: Richtig, vollständig, Zwei-Quellen-Prinzip. Wir müssen alles, was wir behaupten, immer irgendwie belegen können. Fact-Checking. In manchen Bereichen mehr, in manchen weniger. Es braucht Neuigkeitswert. Also irgendwo muss eine Nachricht drinstecken. Je nachdem, in welchem Bereich du bist, also gerade bei investigativem Journalismus braucht es oft auch eine Form von Exklusivität. Also es muss irgendetwas sein, was wir haben, was sonst eben niemand hat. Das muss nicht immer unbedingt ein Dokument oder eine Quelle sein, sondern das kann, auch wenn man ein bisschen vom investigativen Journalismus weggeht, die Erzählweise einfach sein. Es muss irgendetwas sein, was uns einzigartig macht, uns von der Konkurrenz ein bisschen abhebt. Es muss gut geschrieben sein, es muss verständlich sein. Es muss schön aufbereitet sein.

50 **I: Okay. Und was gibt es noch? Irgendetwas, um die Qualität noch zu verbessern?**

51 J13: Was wir noch mehr machen sollten, oder?

52 **I: Genau, z. B..**

53 J13: Was man eigentlich nie genug machen kann, ist wirklich diesen Fact-Checking-Part. Das ist etwas, wo man immer noch mehr machen kann, weil wir das manchmal nicht so intensiv machen, in der Redaktion, weil es einfach im Tagesgeschäft nicht wirklich möglich ist, also wirklich alles, was herausgeht, nicht nur zu redigieren und die Rechtschreibfehler herauszustreichen, sondern auch jeden Fakt nochmal zu überprüfen und quasi so eine Fußnote zu hinterlegen, wie man es auch in der Masterarbeit machen muss. Quelle direkt hinten dransetzen. Transparenz spielt vor diesem Hintergrund glaube ich auch eine große Rolle bei der Qualität. Einfach Transparenz, transparent machen, wo beziehen wir unsere Infos her? Wo sind unsere Quellen? Und das geht schon los bei Links setzen. Transparenter in Online-Texten.

54 **I: Wunderbar. Und wie hat sich die von Ihnen wahrgenommene journalistische Qualität durch den Einbezug von Social Media noch verändert?**

55 J13: Oh. Ich habe das Gefühl, dass die journalistische Qualität leider schon auch ein Stück weit darunter gelitten hat, weil viele meiner Kolleg/-innen diese Standards, diese journalistischen Standards, von denen ich am Anfang gesprochen habe, nicht immer eins zu eins auf Social Media übertragen, weil sie denken /. Ich weiß nicht, was sie denken. Aber sie tun es zumindest nicht. Und ich habe auch das Gefühl, dass es, dass wir immer noch am Üben sind bei der Beurteilung dessen, was im Bereich Social Media wichtig ist und was nicht wichtig ist, weil es einfach ein Bereich ist, der im Vergleich zum klassischen Journalismus noch sehr, sehr, sehr jung ist und wir alle noch nicht so trainiert sind darin, wie wir es sein müssten, zu beurteilen, was hat jetzt genug nachrichtlich Relevanz, um daraus eine Nachricht zu machen? Ist es jeder Post von jedem Influencer, wo er irgendwie XY

behauptet, oder braucht es eine höhere Schwelle? Das ist so das eine und das andere ist, dieses man darf nicht einfach aus dem Netz abschreiben. Das ist auch etwas, was, glaube ich, viele im Journalismus mittlerweile verstanden haben. Ich habe das Gefühl, es wird besser. Das war vor ein paar Jahren noch ein bisschen anders. Aber wo es auch immer noch Verbesserungsbedarf gibt, weil man eben nicht eins zu eins einfach übernehmen sollte, was, was irgendwo im Netz steht, weil es keine zu 100 % verlässliche Quelle ist.

56 **I: Okay, und wo sehen Sie die Gefahren in der Berichterstattung, beim Einbezug von Social Media und wo die Chancen. Auf Berichterstattung bezogen.**

57 J13: Chancen sind natürlich die große Reichweite, die man dadurch hat. Also man erreicht Gruppen, Zielgruppen, die man vorher gar nicht erreicht hat und kann die vielleicht ein bisschen an sich binden. Das ist so die allergrößte Chance im Journalismus, was Social Media angeht, weil es bestehen doch nochmal ganz neue Chancen, sich neu zu erfinden als Medium. Also wir als Süddeutsche Zeitung sind eigentlich eine Print-Zeitung. Davon kriegt man bei Instagram z. B. aber gar nicht so viel mit, weil wir da Videos machen, oder bei Spotify machen wir Podcasts. Also du kannst dich als Medium neu erfinden und auf ein anderes Level heben, dadurch, dass du soziale Medien nutzt.

58 Nachteil, was Berichterstattung angeht: Es gibt in den Redaktionen lange noch nicht genug Kompetenz im Umgang mit Social Media, also die Lücke zwischen Leuten, die absolute Social-Media-Experten sind und den Leuten, denen du erklären musst, wie Twitter funktioniert. Der Unterschied ist halt immer noch sehr groß. Und das unter einen Hut zu bringen, ist eben sehr schwierig für Redaktionen, weil wir eben alle auf einem ganz unterschiedlichen Level sind. Und das führt dann eben immer wieder mal zu Problemen. Z. B., wenn es bei uns um Shitstorms geht, da ist die SZ immer wieder auf

Twitter ganz vorne dabei. Also das ist etwas, wo wir definitiv noch besser werden müssen. Wo es in den Redaktionen immer wieder Diskussionen darüber gibt: Wie reagiert man auf Shitstorms? Wann reagiert man, worauf reagiert man und worauf reagiert man nicht? Und das ist alles noch so ein bisschen in der Entwicklung. Also da und da müssen wir echt noch viel lernen und wahrscheinlich auch viele Fehler machen, um eben nicht nur auf Shitstorms ordentlich zu reagieren, sondern sich im besten Fall auch zu vermeiden und zu verstehen, wie Dynamiken im Netz funktionieren. Also, dass man eben ganz schnell die Kontrolle über irgendetwas verliert, was draußen in der Welt ist. Dass ein Tweet, bei dem man irgendeine falsche Formulierung wählt, eben noch viel größere Auswirkungen haben kann, als wenn man in der Zeitung in der Überschrift einen Buchstabendreher drin hat. Das Gespür für den Umgang mit Social Media, ist etwas, wo es bei uns echt noch hapert. Weshalb dann auch immer wieder Dinge passieren, die nicht so gut sind.

59 Eigene Kommunikation

60 **I: Jetzt kommen wir zur eigenen Kommunikation. Verfassen und veröffentlichen Sie im Arbeitskontext auch journalistische Beiträge auf Social Media?**

61 J13: Ja, mache ich.

62 **I: Okay. Verweisen Sie dann in den Beiträgen direkt auf Social-Media-Quellen und wann und wann nicht?**

63 J13: Ich verweise auf Social-Media-Quellen, wenn ich welche benutzt habe. Grundprinzip: Jetzt gerade, beim Ukraine Krieg, da hat Social Media eine große Rolle gespielt bei mir. Ich habe z. B. Videos von TikTok von der Grenze analysiert. Und da ging es zum einen um die Videos an sich, die wir eben gefunden haben. Dann haben wir darauf verwiesen, dass wir die bei dem und dem gefunden haben. Und wir haben auch auf die Leute verwiesen, die uns Hinweise darauf geliefert

haben, wo dieses Video entstanden sein könnte und dass die eben auch von Social Media kamen. Also das ist etwas, was mir persönlich sehr wichtig ist, da sind wir wieder bei der Transparenz. Transparent machen, woher die Infos kommen. Wir können nicht schreiben, wir haben das entdeckt und hier ist es aufgenommen worden und verschweigen dabei, dass die Vorarbeit ganz andere geleistet haben. Das geht nicht. Den zweiten Teil der Frage, habe ich vergessen.

64 **I: Das ist eigentlich gut beantwortet. Nächste Frage: Wie nehmen Sie das Feedback zu Ihrer eigenen Kommunikation wahr und wie reagieren Sie darauf?**

65 J13: Also das Feedback, das ich über Social Media bekomme? Es sind zum einen Kommentare auf Videos, die wir z. B. gemacht haben, wo ich irgendwie im On zu sehen bin oder Kommentare darauf, wenn ich eigene Artikel, die ich geschrieben habe, twittere. Das ist so meistens das, was ich tue und darauf bekomme ich Feedback. Das ist sehr gemischtes Feedback. Es gibt viele Leute, die das Wahrnehmen und Teilen und sich über die Information freuen oder den journalistischen Beitrag. Es gibt aber natürlich auch immer Trolle, die einfach irgendeinen Shit darunterschreiben. Also wenn es berechtigte Kritik ist oder angemessenes Feedback, mit dem ich umgehen kann, dann bedanke ich mich in den allermeisten Fällen fürs Feedback und versuche irgendwie drauf zu reagieren. Auch bei Leserbriefen, die mich erreichen. Also jetzt egal ob Social Media oder sonst irgendwie. Wenn es nur dummes rumhaten ist, ignoriere ich das mittlerweile. Wenn es strafrechtlich relevant wird, zeige ich es halt an.

66 **I: Okay. Jetzt betrachten wir nochmal die Redaktion: Nennen Sie mir ein Best-Practice-Beispiel, wie auf Publikumsbeteiligung über Social Media eingegangen wurde.**

67 J13: Aus unserer Redaktion Best-Practice? Da muss ich jetzt kurz überlegen Wie machen wir das denn?

68 **I: Wenn Ihnen nichts einfällt, ist es auch nicht so schlimm.**

69 J13: Das, was ich immer noch am besten an Publikumsbeteiligung finde, ist eigentlich, neben unserer Leserbriefseite, die wir jeden Tag haben, das ist etwas sehr Klassisches, aber das haben wir zumindest jeden Tag in der Zeitung, dass wir Leserbriefe abdrucken. Aber das ist auch echt aus dem letzten Jahrhundert. Am coolsten finde ich es eigentlich, wenn wir so Insta-Live-Formate machen, also wo irgendwelche Redakteur/-innen z. B. bei einer investigativen Recherche zu einem gewissen Zeitpunkt live gehen und sich mit jemand anderem unterhalten. Und dann kann man Fragen stellen im Chat und die werden dann beantwortet. Das wird leider noch nicht so gut wahrgenommen bei uns, was auch viel mit uns selbst zu tun hat. Wir hätten vielleicht besser Werbung machen müssen. Und dann haben wir immer wieder Veranstaltungen im Jahr, die ich sehr gut finde. Lange Nacht der Autoren haben wir im Herbst wieder. Da können Leute sich live dazuschalten und uns mit Fragen löchern. Das finde ich, sind super Formate.

70 **Abschlussfragen**

71 **I: Okay, perfekt. Dann kommen wir noch zu den Abschlussfragen Wie beurteilen Sie den journalistischen Arbeitsprozess in Zusammenhang mit Social Media?**

72 J13: Komplexer. Es macht mehr Spaß, man hat mehr Möglichkeiten, aber es gibt auch mehr Fallen, in die man tappen kann.

73 **I: Und wie sehen Sie die Zukunft des journalistischen Arbeitsprozesses in Anbetracht der sich ständig weiterentwickelnden Social-Media-Landschaft.**

74 J13: Auch komplexer. Also ich glaube, dass es nicht mehr reicht, Journalist zu werden, auf einer Journalistenschule zu sein und dann jahrzehntelang mit den Recherchemethoden und Recherchewegen und Art und Weisen der

Berichterstattung weiterzumachen, wie man es irgendwann mal gelernt hat. Sondern die Anforderungen an Journalist/-innen werden immer mehr in die Richtung gehen, dass du dich ständig weiterbilden musst, dass du dich ständig weiterentwickeln muss, anpassen musst an die neue Realität. Weil wir nun mal Teil davon sind und das nach vorne treiben und uns dann nicht abhängen lassen können.

75 **I: Perfekt. Gibt es von Ihrer Seite noch Punkte, die Sie gerne hinzufügen würden?**

76 J13: Nein, ich glaube, ich habe alles gesagt.

77 **I: Perfekt. Vielen Dank.**

1 **Interview 14: Kreiszeitung Böblinger Bote – Kultur- und Online-Redakteur; 03.06.2022; Dauer: 29:13 Minuten**

2 **Informationen zur Person**

3 **I: Dann starte ich jetzt die Aufnahme. Und dann beginne ich jetzt mit dem ersten Block, den Informationen zur Person. Bitte stell dich und deine Position, Funktion, Ressort und Alter kurz vor.**

4 J14: Mein Name ist J14. Ich bin 48 Jahre alt, bin Redakteur bei der Kreiszeitung Böblinger Bote. Da habe ich angefangen als freier Mitarbeiter schon 1993 und habe ganz viele verschiedene Entwicklungsschritte mitgemacht. Ich bin Print- und Online-Redakteur. Wir sind eine relativ kleine Mannschaft, deswegen diese komische Dopplung. Also ich bin sowohl für Print als auch für Online zuständig. Und Online heißt bei uns Homepage, Social Media, Facebook.

5 **I: Perfekt. Und was gehört zu deinen täglichen Aufgabenbereichen?**

6 J14: Also mein täglicher Aufgabenbereich ist zum einen Print und zum anderen Online, da geht es darum unsere Homepage zu bespielen und zu kuratieren. Wir haben so einen Top zehn Bereich, aus dem wir wechselnd sechs verschiedene Artikel platzieren, also unser Schaufenster. Die rotieren dann immer so ein bisschen durch, plus einen Themenbereich, wo wir herausragende Geschichten ins Schaufenster stellen. Und auch bin ich zuständig. Und dann machen wir eben eine Facebook-Planung. Sprich, wenn jetzt irgendwie aktuell etwas hereinkommt oder auch sonst gute Geschichten da sind, dann takten wir die auf unserer Facebookseite durch, dass da immer so ein Grundrauschen passiert, meistens im Stunden-Rhythmus oder wenn jetzt irgendwie eine größere Polizeimeldung hereinkommt, dann schieben wir die auch aktuell dazwischen. Meine Hauptaufgabe ist jetzt, z. B. am Freitag

diese Facebook-Planung durchzutakten bis ins Wochenende hinein (...).

7 Und dann muss ich gegebenenfalls bei Facebook reagieren, wenn diese Leute Kommentare schreiben oder sich beschweren. Wobei ich weiß jetzt nicht genau, wie offen man hier so über den Alltag spricht. Aber bei uns ist es so, dadurch, dass wir eine kleine Mannschaft sind, ist diese Moderation bei uns nur schwer zu leisten. Wir lassen leider sehr viel durchgehen.

8 **I: Okay, jetzt hast du schon einiges vorweggenommen. Aber welche Social Media Plattformen nutzt du im Arbeitskontext, welche im Privatkontext und gibt es da auch Überschneidungen?**

9 J14: Also ich habe früher im Privaten Facebook genutzt und ich war auch zwischendurch mal ein bisschen auf Instagram unterwegs. Mittlerweile habe ich mich im Privaten weitgehend zurückgezogen, weil es eben mein Problem war, dass sich berufliches und privates überschnitten hat und die Leute mich sehr oft auf Facebook angeschrieben haben. Also ich bin privat wenig nur noch auf sozialen Medien unterwegs, also eigentlich nur noch WhatsApp. Und in der Arbeit Facebook und Instagram. Das sind so die klassischen Kanäle, die wir bespielen und wir sind nicht auf TikTok. Wir sind auch auf anderen Kanälen unterwegs. Eine Zeit lang hatten wir einen WhatsApp-Newsletter, den wir bespielt haben. Machen wir mittlerweile auch nicht mehr. Also eigentlich sind es so die beiden Plattformen, auf denen wir uns bewegen. Und natürlich ganz normal die Homepage.

10 **<u>Recherche</u>**

11 **I: Okay, jetzt kommen wir zum nächsten Block, zur Recherche. Wie verwendest du Social Media für die Recherche in der Redaktion und welche Bedeutung haben Social Media dabei für dich?**

12 J14: Das hängt tatsächlich von den Themen ab. Also z. B. ist es so, dass wir von außen immer wieder mal Hinweise bekommen, über Facebook. Das hat dann teilweise recht humorvollen Charakter. Also ich kann mich erinnern an einen Post von jemandem, der geschrieben hat: „Tatütata, was ist da los?" Das war dann ein bisschen nervig, weil wir wussten weder, wo das Tatütata ist oder sonst etwas. Aber ja, es gibt tatsächlich immer wieder mal Leute, die uns anschreiben. Und dann gibt es natürlich auch für uns die Möglichkeit. Also Beispiel: Wir haben ein AfD Bundestagsabgeordneten, der gleichzeitig Pressesprecher von Alice Weidel ist und da nutzen wir natürlich schon Facebook, um dann immer wieder mal zu gucken, was der für Zeugs raushaut und für komische Kommentare und daraus dann gegebenenfalls Geschichten zu stricken. Ähm, was war die Frage?

13 **I: Wie Social Media für die Recherche genutzt werden und welche Bedeutung sie dabei haben?**

14 J14: Ja. Insofern hat das schon eine Bedeutung. Es hängt von den Personen ab. Also nicht jeder bei uns ist da so affin. Aber was mich angeht, ja, natürlich. Also als in diesem Grenzbereich in dem ich mich bewege, irgendwie auch Kultur, schaue ich natürlich schon immer wieder mal, wenn z. B. irgendwelche Veranstalter oder Theatergruppen oder so irgendetwas posten. Irgendwie ein Bild von hier, Eindrücke von unserer Probe. Dann bekomme ich vielleicht ein paar Dinge mit, die ich so nicht mitbekommen würde, weil die mir noch keine Pressemitteilungen geschickt haben. Aber ich sehe dann eben auf Instagram oder sonst wo dieses Foto von irgendwelchen Proben oder so und daraus ergibt sich dann manchmal schon eine Geschichte.

15 **I: Okay. Und welche Social-Media-Plattformen sind dafür die sinnvollsten?**

16 J14: Wie gesagt, aus meiner Sicht eben Facebook und Instagram. Aber ich habe da eine etwas limitierte Sichtweise, weil ich auf den anderen Plattformen einfach nicht mehr aktiv bin.

17 **I: Okay, jetzt kommt eine kurze Aufzählung und da bitte ich dich einfach kurz zu sagen, welche Social Media Plattformen du dafür am ehesten verwenden würdest. Und wenn keine, dann keine. Also als erstes: Augenzeugen, die befragt oder zitiert werden können?**

18 J14: Facebook.

19 J14: Was ich vergessen habe zu sagen ist, dass wir Twitter automatisch über Facebook spielen. Facebook-Posts gehen auch auf Twitter heraus, das wird aber ansonsten nicht in der klassischen Funktion bei uns genutzt, dass man als Persönlichkeit etwas macht. Aber vielleicht das noch. Manchmal nutze ich tatsächlich Twitter. Wenn dann Politiker etwas posten, die ich dann da kontaktiere.

20 **I: Dann die Gegenprüfung von Informationen?**

21 J14: Wahrscheinlich dann genau dasselbe. Also Facebook und gegebenenfalls Twitter oder Instagram.

22 **I: Themenideen?**

23 J14: Auch da Facebook, Twitter, Instagram und falls jemand natürlich irgendwie Twitter-Posts heraushaut, dann auch da.

24 **I: Die Resonanz auf die eigene Berichterstattung?**

25 J14: Hauptsächlich und fast ausschließlich Facebook.

26 **I: Fakten über ein aktuelles Ereignis?**

27 J14: Dito Facebook.

28 **I: Meinungsverteilung zu einer Streitfrage?**

29 J14: Ja genau. Facebook-Kommentare, gegebenenfalls dann auch noch Twitter-Kommentare.

30 **I: Hinweise auf Quellen?**

31 J14: Auch hier Facebook und Twitter.

32 **I: Und Experten, die befragt oder zitiert werden können?**

33 J14: Dito. Facebook, Twitter, vielleicht auch Instagram.

34 **I: Hintergrundinformationen?**

35 J14: Dieselben.

36 **I: Aufbau und Pflege von Expertennetzwerken?**

37 J14: Ja genau dieselben Antworten.

38 **I: Und dann noch die kontinuierliche Beobachtung prominenter Quellen?**

39 J14: Auch da. Da ist natürlich Twitter eine Plattform, wie sie sich auf Facebook (unv.) oder auf Instagram darstellen.

40 **I: Okay, cool. Man kann auf Social-Media-Plattformen gezielt nach Themen suchen oder per Zufall darauf stoßen. Wie ist es bei dir so? Recherchierst du immer gezielt oder stößt du auch per Zufall auf ein Thema? Kannst du es ungefähr in Prozent ausdrücken?**

41 J14: Das hält sich ungefähr die Waage, weil ich immer wieder auf Suche gehen muss. Wenn dann gerade keine Geschichte vorliegt oder ich zu dem Thema irgendwie noch Informationen haben will. Aber ich stoße auch immer wieder drauf. Also 50 / 50 würde ich sagen.

42 **I: Okay, und auf welche Themen und Akteure achtest du dann?**

43 J14: Aus meiner Sicht, als Kulturredakteur sind es natürlich hauptsächlich Themen im Bereich Theater, Veranstaltungen,

Konzerte, Künstler. Aber wenn ich es ein bisschen weiter fasse und das betrifft dann auch die Kollegen und ich bin jetzt nicht so starr auf die Kultur fixiert, dann ist es oft auch Politik oder irgendwelche Akteure aus der kommunalen Ebene.

44 **I: Okay. Wo siehst du die Vorzüge der Social-Media-Kanäle gegenüber anderen Recherche-Quellen und wo die Nachteile?**

45 J14: Die Nachteile sind, dass Social Media immer sehr mit Vorsicht zu genießen ist. Das ist eine Erfahrung, die ich oft gemacht habe und nach wie vor mache, dass Menschen Dinge teilen, ungeprüft teilen und für bare Münze nehmen. Also einfach: Es ist noch aufwendiger und noch schwieriger, glaubwürdige Informationen zu bekommen, weil da einfach viele Leute mit einer eigenen Agenda unterwegs sind. Aber klar, die Vorteile sind eben, dass man Menschen erreicht, die sich nicht über die klassischen Kanäle äußern oder erreichbar sind, also mit Zeitungen gar nichts zu tun haben. Deswegen ist es eigentlich ganz sinnvoll, da immer wieder hineinzuschauen. Und wir haben ein großes Netzwerk. Also ich meine, als Lokalzeitung hat man natürlich hauptsächlich den Blick auf den Landkreis, aber wenn jetzt irgendjemand hier in irgendeiner Form (unv.) zu tun hat, jetzt in den USA oder sonst wo hockt und sich da zu etwas äußert, komme ich natürlich an Dinge, die ich sonst nicht bekommen würde. Passt so?

46 **I: Ja super. Alles bestens. Das ist individuell beantwortbar. Also, welche Regeln gelten in der Redaktion, bei der Social-Media-Recherche?**

47 J14: Also Regeln, die wir wahrscheinlich einfach auch für andere Lokalarbeiten anwenden würden. Also in Lokalredaktionsarbeiten, nämlich Informationen nicht ungeprüft übernehmen. Und dann ein sachlicher, höflicher Austausch im Umgang mit den Menschen. Immer die Gegenseite anhören.

Also eigentlich alle Regeln, die man so für die lokale Berichterstattung auch ansieht. Mit einer Extraportion Vorsicht.

48 **Qualität der Berichterstattung**

49 **I: Wunderbar. Perfekt. Danke. Dann kommen wir schon zum nächsten Block, zur Berichterstattung. Welche Kriterien spielen bei der Nachrichtenauswahl eine Rolle?**

50 J14: Geht es jetzt um Social Media oder allgemein?

51 **I: Allgemein.**

52 J14: Da sind es auch die klassischen Kriterien, die man erzählt, wenn man vor einer Schulklasse steht, nämlich Reichweite, Betroffenheit, welche Aufmerksamkeit ein Thema hat, also bspw. irgendwie jetzt Polizeiberichterstattung, da dann die Schwere der Verletzungen oder Ausmaße beim Brand oder so was. Ja, und ansonsten ist es eben Originalität oder Skurrilität. Alles, was eben die Geschichte spannend und lesenswert macht.

53 **I: Cool. Und wie beeinflussen Social Media die Auswahl?**

54 J14: Ja, also da ist es eben dieser Punkt von Betroffenheit oder von Interesse. Social Media ist insofern hilfreich, weil man dann immer wieder bei bestimmten Themen sieht, was die auslösen im Internet. Also wenn sich zu einem bestimmten Thema die Leute sehr stark äußern oder diskutieren, beeinflusst uns das schon. Wir haben z. B. hier ein Wohngebiet mit einer sehr langgezogenen Straße und das ist ein Treff geworden für die Poser-Szene und die Tuner, die da irgendwie so ihre „Fast and the Furious-Rennen“ machen. Und so etwas geht tierisch ab in Social Media. Das haben wir dann auch wahrgenommen und leiten dadurch unsere Berichterstattung ab. Wir haben dadurch den Fokus auf solchen Themen.

55 **I: Gut. Also an welchen Kriterien orientierst du dich, um qualitative Beiträge zu verfassen?**

56 J14: An welchen Kriterien? Zum einen geht es natürlich darum, dass der Text inhaltlich und faktisch stimmen sollte, also dass ist ein vorderstes Qualitätskriterium, also dass die Inhalte und die Fakten stimmen und geprüft sind. Dann ein weiteres Kriterium, dass möglichst viele Stimmen zu Wort kommen und ausgeglichen sind, dass es vielleicht mehrere Blickwinkel auch noch bietet. Und ansonsten natürlich, wie bei allem sollte es auch so geschrieben sein, dass es spannend und gut lesbar ist und man sich da nicht durchquälen muss.

57 **I: Okay. Und gibt es noch irgendetwas, was der Qualität nochmal so die Kirsche auf den Eisbecher setzt? Also um die Qualität zu verbessern?**

58 J14: Aus meiner Sicht ist es immer Humor. Ich schreibe gerne Glossen deswegen, wenn der Text auch noch einen gewissen Witz hat oder einen gewissen Charme hat, mit dem man sich ein bisschen abhebt, natürlich immer auf das Thema bezogen, das passt nicht immer. Aber wenn man das irgendwie schafft, einen besonderen Dreh zu bekommen und was auch die Kirsche irgendwie ist, ist letztendlich immer ein guter szenischer Einstieg oder einfach eine gut erzählte Geschichte. Also, dass es sich eben nicht liest, wie ein klassischer Zeitungsartikel, der von A nach B alles durchdekliniert, sondern einen irgendwie hineinzieht, weil es eine spannende Geschichte ist.

59 **I: Okay, und jetzt: Wie hat sich die von dir wahrgenommene journalistische Qualität durch den Einbezug von Social Media verändert?**

60 J14: Also die Qualität? Also eine Veränderung, die ich feststelle, ist, dass die Qualität manchmal leidet, wenn es um Tempo geht. Also Social Media erzeugt einen gewissen Druck. Bestes Beispiel sind Polizeimeldungen oder solche Dinge, die dann hereinkommen und schnell wieder herausgejagt werden sollen und dann manchmal Tempo vor Sorgfalt erwartet wird. Also dieser Spruch, der da in Redaktionen rumgeistert, ist „quick and dirty" und da fühle ich mich

manchmal ein bisschen unwohl dabei, weil wenn man dann so etwas macht, dann kann es durchaus passieren, dass sich da Probleme einschleichen. Ansonsten ist es so, dass Social Media natürlich auch eine Qualitätsverbesserung bringt, weil wir sehr, sehr schnell Rückmeldungen bekommen zu dem, was wir da machen. Und wenn wir Fehler machen und darauf hingewiesen werden, dann können wir diese gegebenenfalls noch korrigieren, bevor der Artikel gedruckt wird, weil er vielleicht einfach im Internet schon mal vorher draußen ist. Dieser öffentliche Druck bei Social Media, wo immer beobachtet wird, bringt uns dazu, vor allem in der Konkurrenzsituation, in der wir speziell hier stehen, weil wir haben mehrere Zeitungen als Konkurrenz im Landkreis. Das zwingt uns dazu Sachen nicht liegen zu lassen. Das ist natürlich so eine Art Wächterfunktion, die die Community dann hat und sagt: „Schaut mal hier, warum schreibt ihr nicht drüber?“ Von daher glaube ich schon, dass es auch ein Qualitätsgewinnen bedeutet.

61 **I: Okay, du hast es schon ein bisschen angeteasert, aber die Frage stelle ich aus Vollständigkeitsgründen trotzdem noch. Wo siehst du dann die Gefahren in der Berichterstattung, beim Einbezug von Social Media und wo die Chancen?**

62 J14: Also die Gefahren? Um damit anzufangen ist zum einen natürlich, dass man auf das falsche Pferd oder auf Fake-News aufspringen kann und sich dann auch eine Agenda vorschreiben lassen kann. Also ich war einmal bei einem Seminar, da war das Stichwort Lautsprecher. Also mit anderen Worten, das sind so Themen wie Flüchtlingskrise oder irgendwie vermeintlich große Themen, die aufgeblasen werden, weil die kleine Gruppe von Menschen sich da zu so einer Art Community-Mob zusammenrafft und dann das Problem herstellt oder darstellt, das eigentlich gar nicht existiert. Also dass man dann getrieben wird. Das ist eine der Gefahren. Und wie gesagt, dass einfach schlichtweg falsche Dinge darinstehen.

Und ansonsten, die Vorteile, die ich vorhin schon aufgezählt habe. Wir bekommen dadurch so eine Art Druck, Qualitätsdruck, um besser zu werden und auch Themen nicht liegen zu lassen. Also eine Aufmerksamkeit auch auf Themen, die vielleicht sonst irgendwie verlorengehen. Und was man einfach nicht unterschätzen darf, ist dieses große Netzwerk, das für einen Lokaljournalisten ohnehin wichtig ist. Ein Lokaljournalist muss sich auskennen vor Ort und er muss mit den Menschen vernetzt sein. Und das ist natürlich im Namen schon angegeben, dass so ein soziales Netzwerk da ideal ist, um Dinge zu erfahren, die sonst vielleicht untergehen würden.

63 Eigene Kommunikation

64 **I: Alles klar, dann kommen wir schon zum nächsten Blog, zur eigenen Kommunikation. Verfasst und veröffentlichst du im Arbeitskontext auch journalistische Beiträge auf Social Media?**

65 J14: Ich muss die Frage noch präzisiert bekommen, ob ich meine eigenen Artikel auf Social Media veröffentliche. Oder worum geht es genau?

66 **I: Ob du Beiträge auf Social Media veröffentlichst, die journalistisch sind.**

67 J14: Ja, aber eben nur meine eigenen. Ich habe jetzt keinen Blog oder irgendetwas und da ist niemand, der für sich selbst dann nochmal irgendwie Social Media veröffentlicht. Und was /. Aber meine eigenen Beiträge, ja, die Vermarktung sozusagen (...). Also wenn ich so eine Glosse schreibe z. B., dann stelle ich die mit besonderem Ehrgeiz hinein. Also nicht nur, weil ich für die Zeitung arbeite, sondern weil die von mir ist. Weil ich dann auch möchte, dass Leute das wahrnehmen und vielleicht dann auch Rückmeldung bekomme.

68 **I: Okay, und wie nimmst du dann das Feedback zu deiner eigenen Kommunikation wahr und wie reagierst du darauf?**

69 J14: Also am Anfang war es ein bisschen ungewöhnlich, weil das Feedback immer sehr ungefiltert war und teilweise war der Gegenwind ein Tritt gegen das Schienbein, verbal. Manchmal habe ich es als sehr harsch wahrgenommen. Mittlerweile ist es aber etwas, womit ich, glaube ich, gelernt habe umzugehen. Zum einen. Und zum anderen ist es natürlich so, dass man, wenn man in der Zeitung schreibt, so gut wie nie Rückmeldungen bekommt, außer man hat irgendwie wirklich Mist gebaut oder hat irgendwie was ganz, ganz Tolles gemacht und kriegt einen Leserbrief. Aber auf Facebook ist es eben so, dass entweder über Gefällt-mir, Emojis oder über Kommentare dann doch relativ schnell eine Rückmeldung kommt. Und ich finde es dann immer ganz interessant, weil gerade diese Humor-Texte, die ich dann schreibe. Aber auch bei anderen Texten ist es für mich interessant rückgemeldet zu bekommen, wie die Leute das sehen. Also vielleicht kurzer Exkurs: Ich habe vor zwei Jahren, als Corona ausgebrochen ist, diese Glossen-Affinität genutzt, und hab so eine Art Corona-Tagebuch gemacht. Und das waren dann einfach alltägliche Beobachtungen. Also nicht alle waren witzig, manche waren auch ernsthaft, aber teilweise waren sie halt auch witzig. Und bin auch auf verschiedene Themen eingegangen und da war es dann extrem spannend zu sehen, was für Rückmeldungen da kamen. Also zum einen von den Corona-Leugnern und zum anderen von denen, für die die Maßnahmen gar nicht scharf genug sein konnten. Das war wirklich spannend zu sehen, so unmittelbar zurückgespiegelt zu bekommen, was man da schreibt.

70 **I: Okay, und hast du dann darauf reagiert?**

71 J14: Ja, habe ich, also ganz oft habe ich den Satz gebracht, den ich sehr oft bringen muss, nämlich: „Lest euch einfach mal

den Artikel durch." Ich habe die Erfahrung gemacht, dass der Konsum auf Social Media ganz stark nur auf Verkürzungen und nur Überschriften reduziert ist. Was dazu führt, dass wenn die Texte in die falsche Richtung locken oder Themen nicht gut genug hergeben, dann hat es den Effekt, dass Leute eigentlich in die völlig falsche Richtung kommunizieren. Ich hatte als Beispiel mal einen Bericht in diesem Corona-Tagebuch über eine Absperrung von Spielplätzen. Die Pandemie war irgendwie gerade recht hochgekocht und (...) ich habe in diesen Text reingeschrieben, also sinngemäß reingeschrieben, wo das noch alles hinführt und was das für Ausmaße annimmt. Und wenn die Leute sich nur vernünftig genug verhalten würden, dann müsste man solche Maßnahmen nicht ergreifen. Also wenn die Leute Masken tragen würden oder Abstand halten würden. Aber das ist mir dann echt um die Ohren geflogen. Und da habe ich dann eben auf den Text hingewiesen. Also da steht eigentlich drin, wenn ihr vernünftig genug seid, dann bräuchten wir das nicht. Aber ich sehe ein, dass man im Moment, eben weil die Leute nicht vernünftig sind, so handeln muss. Aber genau. Ich gehe dann auch in den Dialog mit den Leuten, um das zu erklären. Hat leider nicht funktioniert, weil ich dann immer noch der Blöde und Böse war, aber zumindest habe ich es versucht.

72 **I: Okay. Und verweist so in deinen Beiträgen auch auf Social-Media-Quellen.**

73 J14: Ja, das tu ich schon. Letztendlich gehört es auch dazu, irgendwie zu dokumentieren, als Journalist und Quellen anzugeben. Und wenn jetzt irgendwie eine Information von Social Media kommt oder irgendwie ein anderer Beitrag oder Meinungen oder Zitate, dann geben wir das als Quelle an.

74 **I: Okay. Und gibt es ein Best-Practice-Beispiel, wie ihr in der Redaktion z. B. auf Publikumsbeteiligung über Social Media eingegangen seid?**

75 J14: Also, z. B. diese Flugfeld-Thematik mit diesen Posern und Auto-Schraubern und das war ein Thema, das kam als Polizeimeldung relativ banal, schlicht und unbearbeitet auf Social Media heraus, hat aber eine riesige Resonanz erzeugt und daraufhin haben wir das Thema weitergespielt und es hat sich dann gegenseitig befruchtet, wie man so schön sagt. Also es gab dann weitere Artikel, die dann wieder auf Facebook Resonanz erzeugt haben, die wiederum deinen Artikel befruchtet haben. Anderes Beispiel: Ich hatte einmal einen Bericht über eine Polizeikontrolle, bei der Motorradfahrer kontrolliert wurden und ein Motorradfahrer war da besonders aggressiv und negativ und hat uns unterschlagen und unterstellt, dass wir tendenziös berichten. Daraufhin habe ich diese Kommentare, die da kamen, dass die teilweise sehr gehässig waren, Richtung Zeitung, aufgegriffen und da wieder ein Artikel gemacht und auch über dieses Hin und Her, weil die Leute sich auch gegenseitig angegiftet haben. Meine Stoßrichtung war, dass da viel Aggression unterwegs ist auf der Straße und die eigentlichen Verlierer, die Menschen sind, die dann bei diesen Unfällen sterben. Und das ging auch ein paar Mal hin und her und hat auch eine große Resonanz erzeugt.

76 **Abschlussfragen**

77 **I: Okay, spannend. Dann kommen wir schon zu den Abschlussfragen. Wie beurteilst du den journalistischen Arbeitsprozess im Zusammenhang mit Social Media? Einfacher, schwerer? Was sind die Gedanken dazu?**

78 J14: Also schwerer auf jeden Fall, weil er einfach anspruchsvoller geworden ist, was neue Kanäle sind, neues Tempo, neuer Druck. Also ich habe vorhin erzählt, wann ich angefangen habe, 1993, als freier Mitarbeiter, wenn es früher einen Brand gab, dann bin ich da hin und habe dann bei der Zeitung angerufen und gesagt, ich mache den Artikel und schreibe etwas und schicke ein Foto. Und dann war es am nächsten Tag in der Zeitung. Heute ist die

Erwartungshaltung, wenn so etwas passiert, gleich irgendwie eine Nachricht raushauen, gleich Fotos rauszuhauen, die Infos müssen aber trotzdem stimmen. Also der Druck und das Tempo ist deutlich höher geworden. Das fällt mir dazu ein. Natürlich auch wie vorhin erwähnt, es gibt auch Vorteile und Dinge, die die Arbeit bereichern, weil einfach Einflüsse von außen kommen, die wir vorher so nicht hatten oder auch Netzwerk-Möglichkeiten, die wir davor nicht hatten. Aber grundsätzlich ist die Arbeit dadurch nicht unbedingt einfacher geworden.

79 **I: Okay und wie siehst du die Zukunft des journalistischen Arbeitsprozesses in Anbetracht der sich ständig weiterentwickelnden Social-Media-Landschaft?**

80 J14: Ehrlichgesagt nicht sehr optimistisch, weil was ich feststelle, ist zum einen, dass wir, wenn wir nicht Artikel gratis heraushauen, uns immer damit zurechtfinden müssen mit der Kritik, warum wir das nicht mehr tun. Also die Erwartungshaltung, die da draußen ist, ist eben, dass gerade durch Social Media, dass die Nachrichten kostenlos zur Verfügung stehen und eigentlich keinen Wert haben, obwohl sie eben durchaus einen Wert haben, meiner Meinung nach. Das ist das eine und das andere ist eben, durch Social Media wird der Wert von Zeitung immer weiter heruntergesetzt, die Leute reden Zeitung schlecht in Social Media, das erlebe ich ganz oft. Es gibt ganz wenige positive Beispiele, wo die Leute sagen: „Das war jetzt super, was ihr gemacht habt. Und die Zeitung Hurra, hurra!" Also im Grunde kann man es immer nur falsch machen. Und ja, also ich glaube, wir erreichen die Leute eben auch auf die klassischen Wege nicht mehr. Und diese Chance, die die meisten, sich ausgerechnet haben auf Facebook und Social Media Menschen an die Zeitung zu binden, Reichweite zu generieren. Wir fahren es zwar nach wie vor weiter, wir tun immer noch so, als wäre das so und vielleicht ist es auch ein bisschen so, aber ich rechne irgendwie

nicht damit, dass wir jetzt einen großen Personenkreis über Social Media zur Zeitung holen, das sehe ich irgendwie nicht.

81 **I: Okay, das war jetzt schon das Interview. Gibt es noch Punkte, die du gerne hinzufügen möchtest?**

82 J14: Manchmal wäre es schön, wenn die Menschen nicht solche Kotzbrocken wären. Das ist wirklich unglaublich. Es ist unglaublich, was du dir in den Kommentaren anhören musst. Vor allem, wie Sachen eskalieren können. Also ich habe schon die schlichtesten und banalsten Dinge gehabt. Und die Kommentare gehen von null auf Todesdrohungen, innerhalb von wenigen Sekunden teilweise. Und es ist wirklich für mich erschreckend zu sehen, wie enthemmt diese Leute da sind und wie sie miteinander umgehen. Also wie gesagt, wir haben bei uns leider nicht die Personalstärke, um eine vernünftige Moderation zu haben und es ist teilweise, als würdest du neben dem Unfall stehen und dabei zuschauen, wie der immer schlimmer wird. Ja, es gibt viel, was ich, was ich gut finde an Social Media. Aber nicht ohne Grund bin ich privat nicht mehr darin, weil für mich ist Facebook und Social Media eigentlich entweder Selbstdarstellung oder Hassbotschaften. Und das ist für mich eigentlich ein bisschen traurig für die Möglichkeiten, die das ursprünglich gehabt hätte oder haben könnte.

1 **Interview 15: Freie Lokaljournalistin – freie Journalistin und Texterin; 15.06.2022; Dauer 27:25 Minuten**

2 (...)

3 **Informationen zur Person**

4 **I: Perfekt. Dann fangen wir auch schon an mit den Informationen zur Person. Bitte stellen Sie sich und Ihre Position, Funktionen, das Ressort und das Alter kurz vor.**

5 J15: Also ich bin J15, ich bin 41 Jahre alt und arbeite als freie Journalistin im Landkreis Limburg Weilburg im Lokalen, ich habe eine eigene Online-Nachrichtenseite und arbeite auch als Freie für verschiedene Tageszeitungen und beschäftige mich tatsächlich mit allem, was lokal anfällt. Also Kommunalpolitik, gesellschaftliche Themen, Ehrenamt, alles, was vor der Haustüre passiert.

6 **I: Okay und was gehört zu Ihren täglichen Aufgabenbereichen?**

7 J15: Also ich besuche Termine, wo ich Einladungen habe. Dazu gehört Parlamentsarbeit, Vereinstermine, Pressegespräche zu verschiedenen Themen. Dann schreibe ich natürlich zu Hause die Artikel dazu und man nimmt nicht nur die Themen, die von außen kommen, sondern man setzt auch eigene Themen. Bei mir ist das z. B. der Klimawandel, wo ich dann tatsächlich auch selbst dazu Recherche betreibe und mit diversen Interviewpartnern spreche. Das ist so der eine Teil. Und dann versuche ich mich auch immer wieder deutschlandweit mit Kollegen zu vernetzen. Einfach um zu sehen: Welche Themen gibt es woanders? Was kann man davon für die eigene Arbeit mitnehmen? Also so Netzwerkarbeit.

8 **I: Ja, okay. Und welche Social-Media-Plattform nutzen Sie dabei? Also im Arbeitskontext und im Privatkontext und überschnitten.**

9 J15: Facebook, Instagram, Twitter, LinkedIn.

10 **Recherche**

11 **I: Okay. Sehr gut. Danke. Dann kommen wir jetzt zum nächsten Block, zur Recherche Wie verwenden Sie Social Media für die Recherche und welche Bedeutung haben Social Media dabei für Sie?**

12 J15: Bei der Recherche geht es tatsächlich darum, wenn es ein Thema ist, dass man guckt, wie sich die Leute über dieses Thema in den sozialen Netzwerken austauschen. Da sind die Leute besonders bei Facebook sehr aktiv, hier im ländlichen Raum. Also da würde ich für die Recherche doch am meisten von profitieren, weil dann die einzelnen Kommunen oder auch die einzelnen Bürger zu Themen schreiben. Und dann kann man aus den Kommentaren heraus Gesprächspartner finden, vor allem bei Themen, wo es um Pro und Contra geht. Oder man wird direkt angeschrieben: „Das und das ist passiert, wäre das ein Thema für dich?“ Dass man da dann für sich auch Themen aufnimmt, weil sie dort das erste Mal vorgekommen sind. Vor allem hier im Lokalen ist man auch bekannt. Man ist anders bekannt, man kennt hier seine Gesprächspartner und dann kann man das auch recht schnell zuordnen, wenn irgendetwas kommt oder findet auch Überschneidungen von verschiedenen Interessengruppen und so und da würde ich schon sagen, hat das eine große Bedeutung für die Recherche.

13 **I: Okay und Sie haben Facebook erwähnt. Was für Plattformen ziehen Sie dann noch heran?**

14 J15: Also für die Recherche ist wirklich Facebook das Größte. Und Instagram ist das, wo ich sage, da nehme ich die Leute mit. Da stellt man auch Fragen. Da muss das Thema aber schon brennen, dass die Leute interagieren. Also meiner Erfahrung nach ist Instagram tatsächlich mehr so zur Information, also von den Leuten. Die nutzen das dann als

Informationsquelle. Ist aber weniger für mich geeignet zum Recherchieren. Klar, da gibt es auch mal Beiträge, wo ich sage: „Spannend nehme ich mich an“, aber nicht in dem Maße wie auf Facebook.

15 **I: Alles klar. Jetzt kommt so eine kleine Aufzählung. Und da müssen Sie einfach kurz sagen, welche Social-Media-Plattform Sie da besonders passend finden. Und wenn keine, dann keine.**

16 **Also, Augenzeugen, die befragt oder zitiert werden können?**

17 J15: Facebook.

18 **I: Die Gegenprüfung von Informationen?**

19 J15: Ja, auch Facebook.

20 **I: Themenideen?**

21 J15: Facebook, Instagram, Twitter.

22 **I: Die Resonanz auf die eigene Berichterstattung?**

23 J15: Twitter, Instagram.

24 **I: Fakten über ein aktuelles Ereignis?**

25 J15: Finde ich in den sozialen Netzwerken schwierig, im Lokalen, vor allem, weil da sehr viel Meinung ist, teilweise bei Facebook. Also da muss man dann schon auch woanders nachgucken.

26 **I: Okay. Hinweise auf Quellen?**

27 J15: Oh, das ist schwierig. Ja, könnte man auf Facebook finden, auf den anderen weniger. Aber da muss man dann tatsächlich auch Google noch mit heranziehen. Nur mal als Beispiel: Ich habe noch eine touristische Seite, die entstand während Corona und da schreibe ich darüber, was möglich ist,

hier. Und unten habe ich auch immer einen Blog mit allen Informationen. (…) und ich werde so oft angerufen, ob man bei mir Erdbeeren pflücken kann, also ob ich das Erdbeerefeld bin, ob ich das Angebot bin und deswegen /. Ich finde das sehr schwierig, weil die Leute selbst eine Quelle nicht mehr richtig ausmachen können. Und da finde ich schwierig, nur die sozialen Netzwerke als Quelle zu nehmen. Also da muss man dann schon nachfragen, wie das passt, wie das stimmt und da ist sehr viel Hörensagen, also das wirklich als Quelle zu nehmen, hier im Lokalen schwierig.

28 **I: Und als Hinweis auf eine Quelle?**

29 J15: Also, wenn Links geteilt werden?

30 **I: Z. B. genau.**

31 J15: Das sind dann auch eher Facebook und Twitter.

32 **I: Okay, dann die Meinungsverteilung zu einer Streitfrage?**

33 J15: Ja doch auch eher Facebook.

34 **I: Dann Experten, die befragt oder zitiert werden können?**

35 J15: Ah, Twitter.

36 **I: Dann Hintergrundinformationen?**

37 J15: Auch eher Facebook.

38 **I: Aufbau und Pflege von Expertennetzwerken?**

39 J15: Da würde ich tatsächlich alle nehmen. Also Facebook, Twitter, Instagram und LinkedIn.

40 **I: Okay. Und dann noch die kontinuierliche Beobachtung prominenter Quellen?**

41 J15: Da ist Instagram ein bisschen besser.

42 **I: Prima. Okay. Man kann ja auf Social-Media-Plattformen gezielt nach Themen suchen oder man kann per Zufall darauf stoßen. Wie ist es bei Ihnen? Recherchieren Sie immer gezielt über Social Media oder stoßen Sie auch durch Zufall auf Themen? Können Sie das etwa in Prozent ausdrücken? Also in wie viel Prozent der Fälle suchen Sie gezielt und wie viel stoßen Sie per Zufall auf ein Thema?**

43 J15: Also gezielte Suche ist tatsächlich in den sozialen Netzwerken wirklich ein bisschen weniger als das Spontane. Da würde ich vielleicht so sagen: 40, 60, also 40 % gezielt und 60 % durch Zufall.

44 **I: Auf welche Akteure und Themen achten Sie dabei? Also bei der Social Media Recherche.**

45 J15: Also Themen tatsächlich alles, was das Lokale betrifft. Weil wir im Lokalen kaum etwas ausschließen. Relevant ist für mich, was kommt von der Kommune? Was kommt von politischen Organisationen? Was kommt von anderen Organisationen oder Vereinen? Und zum Ende dann eher der Privatmensch.

46 **I: Und auch Journalistinnen und Journalisten?**

47 J15: Da ich hier im Lokalen mit die Aktivste bin und ich viele Kollegen habe, die sagen, man braucht keine sozialen Netzwerke, um Journalismus zu betreiben, die weniger. Die journalistischen Kollegen sind tatsächlich dann eher bei so großen Themengebieten relevant, wie beim Klimawandel und so und dann guckt man natürlich auch, was die machen und wie sie es aufbereiten. Aber jetzt rein für die eigene Arbeit, dann weniger, eher das, was hier vor Ort ist.

48 **I: Alles klar, perfekt. Wo sehen Sie die Vorzüge der Social-Media-Kanäle gegenüber anderen Recherchequellen und wo die Nachteile?**

49 J15: Also Nachteile wirklich darin, dass dort sehr viel Meinung ist, wo man erstmal differenzieren muss? Ist das jetzt relevant? Ist das eine Meinung, weil jemand sich missverstanden fühlt? Ist es eine Meinung, die ich untermauern kann? Vorteil ist wirklich die Vielfältigkeit, dass man wirklich an Betroffene herankommt, weil die sich dann eher melden. Z. B. beim Straßenverkehr oder Verkehr allgemein. Da weiß ich nicht immer, wo wohnt vielleicht jemand und fühlt sich gerade durch den Verkehr belästigt und braucht eine Änderung und den kriege ich halt eher über die sozialen Netzwerke gegriffen als über das Internet allgemein. Oder wenn ich jetzt ins Telefonbuch gucke oder so, also man findet eher Betroffene.

50 **I: Okay. Und gibt es irgendwelche Regeln bei der Social-Media-Recherche, an die Sie sich halten?**

51 J15: Das ist eine gute Frage. Man macht das automatisch. Klar gegenprüfen, wo tu ich die Privatperson einordnen. Also private Meinung eher mit Vorsicht genießen, als wenn es von dem offiziellen Kanal, also von der Kommune oder so kommt. Und bei privaten Meinungen wirklich gucken, wo gehört er hin, wo muss ich ihn zuordnen? Auch durch die sozialen Netzwerke wird häufig etwas zu einem Thema aufgebauscht, so nach dem Motto: „Das müssen Sie dringend recherchieren." Wenn man dann danach guckt, merkt man, das ist so ein bisschen /. Dann wird versucht, die Presse für ein Thema zu vereinnahmen, was eigentlich kein Thema ist. Also da muss man so ein bisschen mit Vorsicht herangehen. Also nicht auf jedes über jedes Stöckchen hüpfen, was einem hingehalten wird.

52 **Qualität der Berichterstattung**

53 **I: Ja, das ist sehr, sehr spannend und relevant. Jetzt kommen wir schon zum nächsten Block, zur Qualität der Berichterstattung. Welche Kriterien spielen bei der Nachrichtenauswahl eine Rolle?**

54 J15: Ist es relevant? Hat es einen Wert für die Leser? Also man kriegt dutzende Pressemitteilungen über den Tag verteilt. Und wenn dann jemand schreit: „Ja, wir haben das und das besucht und angeschaut, war sehr schön", dann hat es keinen Nachrichtenwert. Also, ich muss schon gucken, trifft es den Leser indirekt oder ich muss hier vor allem im Bereich Ehrenamt drauf aufmerksam machen. Einfach weil hier, wenn ich das Ehrenamt wegnehme, passiert hier nicht mehr viel. Und ich habe in der ländlichen Region in den zwölf Jahren, wo ich hier tätig bin, festgestellt, dass man trotzdem regelmäßig über das Ehrenamt berichten muss, weil die Leute das Angebot als selbstverständlich nehmen. Und ich habe tatsächlich auch am Anfang ganz naiv gedacht, es reicht, wenn wir einmal über irgendetwas schreiben, aber es reicht tatsächlich nicht. Also so, alle zwei Jahre kann man sich das wieder vornehmen und sagen, dass es Leute gibt, die sind da, das machen die für euch, ihr könnt sie unterstützen.

55 **I: Okay. Und beeinflussen Social Media die Auswahl?**

56 J15: Teilweise mit, natürlich, weil man dann auch merkt, welches Thema brennt. Und dann fragt man nochmal nach und guckt nach den Hintergründen und zeigt vielleicht auf, warum das Thema so aktuell ist. Oder wenn man merkt, da wird ein Problem geschildert, dann fragt man natürlich bei der Kommune oder bei den Stellen nach. Wie kann man dieses Problem beheben? Vielleicht so zu 20 %? 20 % oder 30 % würde ich sagen.

57 **I: Okay, cool. An welchen Kriterien orientieren Sie sich, um qualitative Beiträge zu verfassen?**

58 J15: Am Pressekodex.

59 **I: Und was unternehmen Sie, um die Qualität der Beiträge noch zu verbessern?**

60 J15: Man versucht sich auch mal zu reflektieren. Also dadurch, dass ich hier ein Einzelkämpfer bin und keinen Redakteur habe, also ich bin mein eigener Redakteur, frage ich auch bei verschiedenen Personen in regelmäßigen Abständen immer mal wieder nach. Ist das noch okay? Ist das noch das, was ihr von mir gewohnt seid? Was wird von mir erwartet? Man hinterfragt es auch bei den Lesern. Ja, man nutzt online natürlich auch die Mittel, die gegeben sind durch WordPress. Dass man da schaut, dass die Texte ordentlich sind und nicht einfach nur schreibt, sondern wirklich auch dann danach geht passive Sätze zu vermeiden und lange Sätze zu vermeiden. Da gibt es heutzutage recht viele technische Tools, damit die Texte ansprechend sind.

61 **I: Und auch über Social Media? Tauschen Sie sich da irgendwie aus, dass Sie sich da irgendwie noch verbessern können? Oder das eher weniger?**

62 J15: Das eher weniger. Also eher auf Instagram, dass man da guckt, was läuft und was nicht. Aber selten, dass da von der Qualität gefragt wird. Aber es ist tatsächlich so, wenn man dann mal einen Fehler hat, steigen die Reaktionen. Also normal wird alles hingenommen. So nach dem Motto: Ja, nett, das sieht man dann halt auf dem Blog, was gelesen wird. Aber wenn dann mal irgendwo ein Fehler ist, dann quillt das Postfach über und die Kommentarspalten und dann muss es teilweise nur ein Rechtschreibfehler sein und dann interagieren die Leute.

63 **I: Okay. Und jetzt nochmal allgemein: Wie hat sich die von Ihnen wahrgenommene journalistische Qualität durch den Einbezug von Social Media verändert?**

64 J15: Ich würde sagen, es ist vielfältiger. Einfach, weil man viel mehr Meinungen zusammenbekommt. Und auch Themen.

65 **I: Okay, jetzt nochmal bei der Berichterstattung. Wo sehen Sie die Gefahren beim Einbezug von Social Media und wo die Chancen?**

66 J15: Also Gefahr wirklich, dass man über ein Stöckchen hüpft und etwas mitnimmt, was vielleicht gar nicht so Thema ist. Chance ist, mehr Leute zu erreichen. Vor allem auch die junge Generation. Weil eine Tageszeitung wird halt nicht mehr in jedem Haushalt abonniert. Selbst in meinem Altersbereich kenne ich ganz viele Leute, die eine Tageszeitung überhaupt nicht mehr haben. Und junge Leute lesen auch nicht. Das merke ich speziell auf Instagram. Da teile ich nicht nur Links, sondern tatsächlich auch immer so kleine Facts, dass man so ein paar Grundinformationen hat, zum Thema und dass man dann trotzdem den Leuten zeigt, wie wichtig unsere Arbeit ist. Dass man dann auch mal reagiert, wenn Gerüchte oder so sind, dann mache ich das auch mal, dass ich darunterschreibe: „Das ist eine falsche Quelle, das ist ein falsches Gerücht." Also wirklich die Chance zu zeigen, was Journalismus ist und dass wir Journalismus brauchen.

67 **I: Okay. Also, das sind die Chancen?**

68 J15: Ja. Und auch Ziele erreichen. Soziale Netzwerke sind eine Möglichkeit, die Leute mit den Themen zu erreichen, die man sonst nicht erreichen wird.

69 **Eigene Kommunikation**

70 **I: Okay, jetzt noch nochmal. Verweisen Sie in Ihren Beiträgen dann auf der Internetseite direkt auf Social-Media-Quellen?**

71 J15: Ja, also wenn ich zu einem Thema ein Meinungsbild aufnehme, schreibe ich dann auch direkt hinein, z. B. „auf Facebook wird das Thema sehr stark diskutiert." Ich lasse dann die Namen weg. Also ich gebe nur das Meinungsbild wieder und sage aber, wo ich das herhabe.

72 **I: Perfekt. Und wie nehmen Sie Feedback zu Ihrer eigenen Kommunikation wahr und wie reagieren Sie darauf?**

73 J15: Ich bekomme Feedback, das auf alle Fälle. Also entweder, die Leute schreiben mich direkt an und kommen mit mir ins Gespräch, zu einem Thema. Oder auch - wir sind hier lokal - da werde ich dann von außen angesprochen. Wenn ich draußen unterwegs bin. Also da werde ich dann auch in „Real Life" angesprochen, auf die Arbeit, die man in sozialen Netzwerken macht. Und meistens ist es positiv. Also ich habe tatsächlich auch schon gehabt, wenn man Themen aufgreift, wie z. B. zu Beginn der Querdenker Bewegung, habe ich da auch geschrieben. Klar, dann erfährt man auch Gegenwind, dann merkt man auch, welche großen Kreise die haben, um sich gegen einen zusammenzutun. Das war dann auch sehr schwierig und da wiederum, weil ich im Lokalen bin, weil ich Thema war und auch meine Familie, habe ich mich dann schon zurückgenommen. Je nach Thema wird man auch negativ beeinflusst, weil man dann befürchtet, dass irgendetwas passiert. Dann zieht man sich auch zurück. Sehr heiß ist auch immer Wahlberichterstattung, weil die Parteien natürlich alle möchten, dass man sie in einem positiven Licht darstellt. Und wenn die dann mal kritisiert werden, dann ist das Gejammere erstmal recht groß. Ich habe aber inzwischen mir einen guten Ruf hier verschafft, weil die Parteien festgestellt haben, ich bin neutral allen Parteien gegenüber. Also ich kritisiere jede Partei, wenn sie Mist baut und das kommt dann auch schon mal / . Also es gibt auch mal negative Sachen, aber wie gesagt, der Hauptteil ist tatsächlich positiv.

74 **I: Okay, und wie reagieren Sie dann darauf? Wenn jetzt jemand jammert?**

75 J15: Wenn mir Parteilichkeit vorgeworfen wird, dann schicke ich einfach ein paar Links, wo dann halt andere Parteien betroffen waren. Wie gesagt, mit den Querdenkern war dann, dass man zurücktritt. Aber so bei positivem Lob und das

freut mich natürlich. Und dann weise ich gerne auch darauf hin, dass man das dann auch unterstützen kann, finanziell.

76 **Abschlussfragen**

77 **I: Jetzt kommen wir auch schon zu meinen Abschlussfragen Wie beurteilen Sie den journalistischen Arbeitsprozess in Zusammenhang mit Social Media? Also einfacher, schwerer? Was sind so die Gedanken dazu?**

78 J15: Ich würde schon sagen, es vereinfacht vieles. Auf der einen Seite die Kommunikation der Nachrichten nach außen, aber auch den Informationsinput für mich.

79 **I: Und wie sehen Sie die Zukunft des journalistischen Arbeitsprozesses in Anbetracht der sich ständig weiterentwickelnden Social-Media-Landschaft?**

80 J15: Schwierig. Vor allem, wenn es darum geht, Nachrichten nach außen zu vermitteln. Also für die Recherche ändert sich weniger. Es wird halt noch vielfältiger. Aber die Kommunikation nach außen wird komplexer, weil es schwer ist, jeden Trend mitzumachen. Und außerdem beruhen diese Plattformen auf Reichweiten und Algorithmen. Und da drin zu bleiben und zu sagen, ich biete weiterhin ein qualitativ hochwertiges Angebot an, ist schwierig.

81 **I: Ja, verständlich. Gibt es denn von Ihrer Seite noch Punkte, die Sie zu dem Thema gerne hinzufügen möchten?**

82 J15: Das war schon recht breit abgefragt. Also ich mache es tatsächlich sehr gerne, in den sozialen Netzwerken. Ich bin dort auch sehr gerne unterwegs, gebe Einblicke in meine Arbeit, ich bin sehr transparent in meiner Arbeit und zeige auch auf, welche Themen es gibt und versuche dann auch meine Themen zu setzen. Also ich bin ein starker Verfechter für die Demokratie und setze mich auch im Klimawandel ein und versuche da natürlich dann auch etwas zu bewegen, was mir teilweise auch gelingt. Da bin ich dann auch stolz darauf.

Kann man so sagen. Und das Kommunizieren ist einfach eine ganz andere Sache, weil die Hürde, jemanden anzurufen ist schon recht hoch. Also sich zu überlegen, ist das Thema jetzt so drängend, dass ich zum Telefonhörer greifen muss, ist recht hoch und die sozialen Netzwerke geben einfach eine niedrigere Hürde, dass die Menschen mit mir in Kontakt treten können und ich auch mit den Menschen in Kontakt treten kann. Und das finde ich schon eine gute Sache.

1 **<u>Interview 16: DIE ZEIT - Redakteur; 15.06.2022; Dauer: 22:06 Minuten</u>**

2 J16: Was mir wichtig ist, ist dass Sie keine Rückschlüsse auf meine Kolleginnen und Kollegen ziehen, weil ich auch glaube, dass ich hier eine spezielle Position und Funktion habe, die sich nicht verallgemeinern lässt.

3 **I: Okay, alles gut. Da brauchen Sie sich keine Sorgen machen.**

4 J16: Gut.

5 **<u>Informationen zur Person</u>**

6 **I: Okay, dann starte ich jetzt einfach mal mit meinen Fragen. Als erstes die Informationen zur Person. Bitte stellen Sie sich und Ihre Position, Funktion und das Ressort kurz vor.**

7 J16: Mein Name ist J16. Ich bin 50 Jahre alt, aufgewachsen im Ruhrgebiet, ich habe in Dortmund Journalistik und Raumplanung studiert und bin seit über 20 Jahren Redakteur bei der ZEIT. Ich bin keinem Ressort zugehörig, sondern bin ressortunabhängiger Reporter, was bedeutet ich darf und soll für alle Bereiche des Hauses schreiben, in allen Formen und kann mich frei bewegen, durch das ganze Blatt.

8 **I: Spannend. Was gehört zu Ihren täglichen Aufgabenbereichen?**

9 J16: Oh, da ich bei einer Wochenzeitung arbeite, sehen die Tage sehr, sehr unterschiedlich aus. Also zu den täglichen Aufgabenbereichen gehört sicher, die Nachrichtenlage im Blick zu haben. Das tu ich durch das Lesen abonnierter Zeitungen sowie auch dadurch, dass ich online gehe und auch Gespräche führe. Zu täglichen Aufgabenbereichen gehört sicherlich auch der Austausch mit Kollegen, mal informell, mal in Konferenzen. Dazu gehören Telefonate, wenn ich einem

Thema auf der Spur bin. Dazu gehört, sich auch durch Bücher einzulesen in Themenbereiche. Und dazu gehört letzten Endes auch die Recherche, die oft außerhalb der Redaktion stattfindet, im Ausland stattfindet, also vor Ort jeweils. Und dann das Aufschreiben. Ich kann es gar nicht nach Tageszeit benennen, weil ich als freier Reporter bei einer Wochenzeitung keinen geregelten Tagesablauf habe.

10 **I: Alles bestens. Welche Social Media Plattformen nutzen Sie denn im Arbeitskontext und auch im Privatkontext? Und überschneiden sie sich?**

11 J16: Also das einzige, wo ich aktiv bin, ist Twitter. Und dann habe ich noch einen sehr, sehr schlecht gepflegten Instagram-Account, der nur dazu dient zu sehen, was meine Kinder so erleben.

12 **Recherche**

13 **I: Okay, dann kommen wir jetzt mal zur Recherche. Wie verwenden Sie denn Social Media für die Recherche und welche Bedeutung haben Social Media für Sie?**

14 J16: Also ich bin wahrscheinlich einer der vermutlich vielen Gesprächspartner von Ihnen, die behaupten, es hätte keine Bedeutung oder wenig Bedeutung. Ich bin kein Meinungsjournalist. Twitter ist in meiner Wahrnehmung voller Meinungen. Ich äußere dort meine Meinung auch. Da ich aber bei der ZEIT z. B. keine Leitartikel oder Kommentare schreibe, hilft mir Twitter auch nicht dabei, meine Argumente zu schärfen, etwas auszuprobieren, auf Gegenargumente zu warten. Ich merke das einigen Kolleginnen und Kollegen an. Jetzt rede ich doch über meine Kollegen und ich meine auch aus anderen Häusern, dass in deren Kopf durch Twitter ein Kommentar wächst oder ein Essay. Und da lese ich drei, vier Tage später, in welcher Zeitung auch immer, tatsächlich etwas zugespitzt oder abgewogen, was ich auf Twitter schon als Diskussion verfolgt habe. Was mir selten passiert ist, dass

ich Tweets lese von Personen, denen etwas widerfahren ist, was ich für Reportagen-Stoff gebrauchen kann oder dass ich Tweets lese von Personen wie Rechtsanwälten, wie Richtern, wie Fahrrad-Aktivisten, die sagen: „Ich habe hier einen Fall", die schreibe ich seltener Weise mal an, über die direkte Nachricht und frage, ob ich mit ihnen in Kontakt treten darf. Das ist einige Male passiert. Nach meinem Wissen ist aber noch nie ein Artikel daraus geworden.

15 **I: Okay, interessant. Tatsächlich haben bisher alle Social Media als relativ relevant empfunden. Deswegen ist es super spannend, da jetzt auch mal eine konträre Meinung zu haben. Mein Leitfaden ist sehr Social-Media-lastig, also beantworten Sie einfach so, wie es passt. Als nächstes kommt nämlich eigentlich die Frage: Welche Social-Media-Plattformen ziehen Sie dafür heran?**

16 J16: Da kann ich auch wieder nur sagen, es ist bei mir nur Twitter. Aber ich merke, wenn ich die Medienwelt beobachte und auch, wenn ich immer wieder internen Konferenzen folge. Es ist schon so, dass soziale Medien einen riesigen Einfluss haben auf die Themensetzung, auch in traditionellen Medien, z. B. Printmedien. Und dadurch werden dann Themen, die vielleicht vorher keine Themen waren, doch zu Diskussionsthemen. Also z. B. das Pflichtjahr, was der Bundespräsident angestoßen hat. Ich glaube, das ist auf Twitter groß diskutiert worden und da habe ich mich auch daran beteiligt. Und ich glaube, einige Redakteurinnen und Redakteure werden dann, dadurch darauf aufmerksam (...). Also ich streite es nicht als Ganzes ab, sondern nur für mich streite ich es ab. Weil ich mit anderem Handwerkszeug unterwegs bin.

17 **I: Wunderbar. Man kann auf Social-Media-Plattformen ja gezielt nach Themen suchen oder per Zufall darauf stoßen. Wie ist es bei Ihnen? Recherchieren Sie immer gezielt über Social Media oder stoßen Sie auch durch Zufall auf Themen? Können Sie das etwa in Prozent ausdrücken?**

18 J16: Ja, also wenn ich jetzt mein Verhalten auf Twitter, meiner einzigen Social-Media-Plattform, anschaue, ist es rein zufällig. Also ich gebe da selten etwas in die Lupe, in den Suchbereich ein und wenn ich etwas eingebe, dann weil ich bestimmte Accounts suche, aber nicht um Themen zu finden. Was mir andersherum passiert ist, wenn ich ein Thema habe und das weiter google, dann stoße ich natürlich auf Leute, die sich auf Social-Media-Plattformen zu etwas geäußert haben. Oder ich versuche, mir einen Eindruck zu verschaffen über mögliche Gesprächspartner. Allein dadurch, dass ich zwangsläufig auf deren Social-Media-Profile gerate. So um. Also eine Suche führt mich zu Social Media. Ich suche nicht auf Social Media.

19 **I: Okay, auch ein sehr schönes Zitat. Und auf welche Themen und Akteure achten Sie dabei?**

20 J16: Ich glaube, die Frage passt nicht. Also ich merke nur, ich muss mich fragen, ob ich heute bei meinen normalen Recherchen nach Gesprächspartnern häufiger und eventuell zu häufig auf Akteure stoße, die in sozialen Medien präsent sind. Ich kann ein Beispiel nennen: Ich habe letztes Jahr eine Reportage geschrieben über die Belegschaft des Kernkraftwerks Brokdorf. Ich bin kein Atomkraft-Befürworter. Ich finde aber, dass diese Belegschaften, diese Atomkraftwerke 30 bis 40 Jahre lang großartige Arbeit gemacht haben, weil in Deutschland nichts explodiert ist. Und ich wollte denen gewissermaßen ein Denkmal setzen und sagen immer, wenn im Ruhrgebiet, wo ich herkomme, die Zeche geschlossen wird, kommt der Ministerpräsident und Kapellen spielen und Atomkraftwerke schließen leise. Wenn ich dann google, wer kann mir Hintergründe dazu sagen, wer ist ein Atomkraft-Lobbyist oder Befürworter? Stoße ich jetzt nicht mehr auf Professoren oder auf physikalische Genies, sondern auf die Pro-Atomkraft-Aktivisten, die auf Twitter sehr aktiv sind. Das heißt also auch bei meiner Suche, bei meiner Stoßrichtung, die irgendwann immer bei sozialen Netzwerken auch ankommt,

könnte es sein, dass ich jetzt noch mehr die Lauteren finde und diejenigen, die sich populistisch äußern und dadurch scheinbar präsenter sind im Netz.

21 **I: Wo sehen Sie die Vorzüge der Social-Media-Kanäle gegenüber anderen Recherche-Quellen und wo die Nachteile?**

22 J16: Also Vorzug ist auch, glaube ich, ganz klar für mich, dass zwar immer von Blasen und Bubbles geredet wird, in denen wir uns bewegen. Gleichzeitig finde ich aber auch, dass (...) Twitter einfach Grenzen niederreißt. Das heißt, ich bin ja wirklich ganz dicht dran an den Gedankengängen eines Spitzenpolitikers oder eines Aktivisten, der sich für Fahrradwege in München einsetzt. Also das heißt, ich, ich kann Gedankenströme lesen, die unsichtbar bleiben. Und das finde ich für eine Recherche extrem bereichernd. Ich habe nicht das das Gefühl, dass mein Weltbild sich geschlossen hat. Was der Nachteil ist, dass die Wortmächtigen dann auch wirkmächtiger werden. Also ob sich jetzt der nicht populistische oder nicht so eloquente, aber genauso schlaue Mensch, auf Twitter genauso zeigt, das bezweifle ich.

23 **I: Ja, verstehe ich. Und haben Sie irgendwelche Regeln für sich, wenn Sie über Social Media recherchieren?**

24 J16: Ja, das ist für mich immer eine Anfangsrecherche. Also ich glaube, ich habe noch nie irgendetwas von Twitter zitiert. Also das heißt, für mich ist es der Weg, zufällig von einem Fall zu erfahren und dann gezielt dort Quellen anzuschreiben. Weiter bin ich nie gegangen.

25 Qualität der Berichterstattung

26 **I: Okay, dann kommen wir jetzt zum nächsten Block, zur Qualität der Berichterstattung. Als erstes: Welche Kriterien spielen bei der Nachrichten Auswahl eine Rolle?**

27 J16: Auweia, das müssen Sie mal genauer erklären, was sie damit meinen.

28 **I: Also jetzt mal losgelöst von den aktuellen Nachrichten, welche Geschichte wird bei Ihnen zur Geschichte, die Sie dann veröffentlichen? Und welche Themen fallen hier hinten herunter?**

29 J16: Also für mich als Reporter ist es wichtig, dass ich etwas zu beschreiben habe, was man im weitesten Sinne Schicksal nennen könnte. Das muss nicht das große Drama sein, aber es muss im Leben eines Menschen oder in der Entwicklung eines Ortes oder in dem Erleben einer Gruppe vorgefallen sein. Das muss nicht etwas Negatives sein, es kann auch etwas Schönes sein. Es muss etwas passiert sein. Und wenn dieses Passiert-Sein, wenn dieses Geschehen eine gewisse Relevanz hat oder man eine Lehre daraus ziehen kann, dann halte ich das für wert, beschrieben zu werden.

30 **I: Und jetzt kommen wir wieder zu Social Media. Wie beeinflussen denn Social Media dann diese Auswahl?**

31 J16: Ja. Da kann ich mich doch nur wiederholen. Es beeinflusst die Auswahl insofern, als dass Social Media ein weiterer Kanal ist, der mir solche eventuellen Fälle zuspielt, über den ich von solchen Fällen erfahre. Im Prinzip ist Social Media, wenn ich eine gute Auswahl habe von Personen, denen ich folge, was vielleicht früher 50 Lokalzeitungen gewesen wären. Ich kriege eben mit, wenn ein Weinbauer in Franken an den heißen Sommern verzweifelt. Und das kriege ich mit, ohne die Gatekeeper-Funktion einer Lokalredaktion, deren Zeitung ich in Hamburg in der Redaktion sowieso nicht gelesen hätte. Da ist es hilfreich.

32 **I: Ja, okay. Und an welchen Kriterien orientieren Sie sich, um qualitative Beiträge zu verfassen?**

33 J16: Naja, wir sollten wahrhaftig sein. Also, sie sollten wahrhaftig sein. Sie sollten gut geschrieben sein, also lesbar auch

Freude am Lesen vermitteln. Sie sollten relevant sein. Was noch? Das war schon einiges. Das reicht.

34 **I: Okay. Und gibt es noch irgendetwas, was die Kirsche auf den Eisbecher setzt, um die Qualität noch zu verbessern?**

35 J16: Was meinenSie damit, was sagen denn andere so?

36 **I: Also wirklich sehr unterschiedlich. Manche sagen, sie gehen nochmal heraus und fragen nochmal nach. Manche gucken doch nochmal in Social Media nach.**

37 J16: Ah, okay. Also, bei der ZEIT haben wir eine Art Faktencheck. Da ich ja sowieso nicht Geschichten aus Social Media bastle. Stellt sich, glaube ich, das Problem, was Sie ansprechen mir gar nicht. Also ich bin immer draußen. Jeder Mensch, über den ich schreibe, hat mit mir gesprochen. Also ich zitiere selten bis gar nicht aus irgendwelchen Social-Media-Äußerungen. Trotzdem ist es so, dass ich auf Wunsch dieser Gesprächspartner, wenn Sie es wollen, schicke ich ihnen direkte Zitate nochmal zum Gegenlesen. Das biete ich von mir selbst nicht an, wenn die fragen, muss ich drauf eingehen. Dann haben wir bei der ZEIT den Faktencheck. D. h. also, jede Person, die ich namentlich nenne, muss es natürlich geben und ich muss es nachweisen, dass es diese Person gibt, durch Interneteinträge, durch Visitenkarten. Ich zeichne Gespräche, die ich führe, auf jede Tatsachenbehauptung, also eine Zahl, sollte belegt werden. Und es gilt natürlich immer das Zwei-Quellen-Prinzip. Also wenn mir Herr A sagt, Frau B hat Schulden, muss ich auch Frau B fragen, ob das stimmt.

38 **I: Ja, wunderbar. Perfekt. Wie hat sich die von Ihnen wahrgenommene journalistische Qualität durch den Einbezug von Social Media verändert?**

39 J16: Ich glaube, dass sie sich im Großen und Ganzen zum Schlechten verändert hat, weil den Begriff des Agenda-Settings gab es schon lange, also dass Medien gewisse Themenkonjunkturen feiern und man konzentriert sich sehr lange auf

ein bis zwei Themen und dann vergisst man diese Themen wieder und damit auch ehrlichgesagt die Menschen, die damit verbunden sind. Also man zieht Menschen in eine Berichterstattung herein, in der sie manchmal auch zu Opfern werden, in der sie viel Aufmerksamkeit erfahren, in der es manchmal Missverständnisse gibt und vergisst sie wieder. Und ich glaube, dass sich diese Wellenbewegung um Aufmerksamkeit und Nicht-Aufmerksamkeit, die Amplitude ist größer geworden, durch die sozialen Medien, und die Geschwindigkeit auch. Das hat sich verändert. Bei einer Wochenzeitung, glaube ich, sind wir dem nicht ganz so ausgeliefert, weil wir immer noch Zeit haben, darüber nachzudenken (…). Wir haben dienstags Redaktionsschluss, wenn mittwochs etwas Großes passiert, hier eine neue Debatte durchs Land jagt – mittwochs. Dann wissen wir schon, wir sind erst acht Tage später wieder da. Da stellt sich dann die Frage, machen wir noch etwas dazu oder nicht. Und womit können wir dann noch bestehen? Das kann doch nicht das Mitbrüllen sein. Da, glaube ich, sind wir ganz aufmerksam. Und was ich schon finde ist, wenn man reinen Meinungsjournalismus macht, was ich gar nicht negativ finde, also kommentierend, dann habe ich das Gefühl, dass Social Media nicht unbedingt etwas Schlechtes sind. Man kommt auch über Social Media dazu, andere Meinungen überhaupt erstmal wahrzunehmen. Da könnte ich mir vorstellen, dass z. B. eine akademische Blase einer Qualitätszeitung früher viel kleiner und dichter war, als sie es heute ist. Wenn Redakteurinnen und Redakteure gleichzeitig auf Twitter erleben, wie der ukrainische Soldat selbst darüber denkt.

40 **I: Ja, das stimmt. Und wo sehen Sie die Gefahren in der Berichterstattung, beim Einbezug von Social Media? Und wo die Chancen.**

41 J16: Das, was ich gerade gesagt habe.

42 **Eigene Kommunikation**

43 **I: Dann zur eigenen Kommunikation: Verfassen und veröffentlichen Sie auch journalistische Beiträge auf Social Media?**

44 J16: Nein, ich weise nur auf Twitter auf journalistische Beiträge, indem ich sie verlinke. Also ich sage, in der kommenden Ausgabe findet sich folgender Artikel von mir, über das Thema XY. Ganze Beiträge kriege ich auf der Plattform nicht unter.

45 **I: Und verweisen Sie, wenn Sie Beiträge machen, auf Social Media Quellen?**

46 J16: Nein.

47 **Abschlussfragen**

48 **I: Okay, dann kommen wir jetzt schon zu den Abschlussfragen. Wie beurteilen Sie den journalistischen Arbeitsprozess im Zusammenhang mit Social Media? Einfacher, schwerer? Was sind da die Gedanken dazu?**

49 J16: Ich glaube, dass es einfacher geworden ist. So wie ich auch finde, dass das, was heute einem unvorstellbar erscheint, wie man ohne Internet recherchieren konnte. Das ist einfach ein zusätzliches Werkzeug, welches mehr Welten aufschließt, mit dem man Distanzen überbrücken kann, gesellschaftliche Distanzen, geografische Distanzen. Man muss sich eben nur immer auch gleichzeitig bewusst sein, dass dieses Werkzeug die Welt auch wieder kleiner machen kann, wenn man es ausschließlich benutzt.

50 **I: Und wie sehen Sie die Zukunft des journalistischen Arbeitsprozesses in Anbetracht der sich ständig weiterentwickelnden Social-Media-Landschaft?**

51 J16: Das muss ich gestehen, habe ich keine Antwort.

52 **I: Okay, alles gut. Gibt es denn von Ihrer Seite noch Punkte, die Sie zu dem Thema gerne hinzufügen möchten?**

53 J16: Nein, nein, eigentlich nicht. Außer, dass ich nicht weiß, ob ich jetzt dazu gepasst habe. Das müssen Sie selbst am Ende beurteilen.

54 Also, eine weitere Sache habe ich noch, was ich natürlich von einigen anderen Journalisten in anderen Medienhäusern höre, dass durch Social Media auch ein quick-getriebener Realismus entstanden ist, den ich furchtbar finde. Das kann ich aus meinem eigenen Erleben als auch aus meinem eigenen Berufsleben nicht erzählen. Aber es gibt z. B. Kolleginnen und Kollegen aus dem Sportjournalismus, die sagen früher konnten sie eine Hintergrund-Recherche zu irgendeinem Kader eines Fußballvereins machen. Und heute verbringen sie ihre Tage damit, eine Bildergalerie der Spielerfrauen des FC Dingsbums zusammenzustellen, weil man weiß, das gibt die meisten Klicks. Und das wird dann auch weiter verlinkt und verschickt über Social Media. So etwas macht den eigentlichen Journalismus kaputt. Das ist wichtig. Ich kann es nur aus meinem Erleben, in meiner privilegierten Position bei einer privilegierten Zeitung nicht berichten. Zum Glück. Davon sind wir zum Glück unabhängig, weil wir werden halt für etwas anderes geklickt. Wir wollen auch gelesen und geklickt werden, aber genau für das Gegenteil dessen. Ja, deswegen ist es bei uns nicht so relevant.

55 **I: Ja, prima. Perfekt. Also, dann stoppe ich jetzt mal die Aufnahme. Haben Sie vielen Dank für das Interview. Sehr spannend und aufschlussreich, auch mal eine andere Perspektive zu hören.**

Politische Kommunikation

herausgegeben von Prof. Dr. Frank Brettschneider

ISSN 2195-1500

1 *Markus S. Müller*
Die Stimmen der Anderen – Presseschauen als Wegbereiter einer europäischen Öffentlichkeit?
Brücken in ausländische Medienarenen als Mittel zur Reduzierung des europäischen Demokratiedefizits
ISBN 978-3-8382-0420-8

2 *Justina Bülow*
Pflege(notstand) in Deutschland
Eine Inhaltsanalyse von Medien-Frames
ISBN 978-3-8382-1710-9

3 *Sophie Katharina Schindler*
Social Media und Journalismus
Eine qualitative Befragung von Journalistinnen und Journalisten zur Bedeutung von Social Media für Recherche und Berichterstattung
ISBN 978-3-8382-1816-8

ibidem.eu